上海交通大学
学术出版基金资助项目

A project supported by
Shanghai Jiaotong University Academic Publishing Fund

高风险金融交易法律规制研究

A Study on Legal Regulation of High-Risk Financial Transactions

徐冬根 著

内容提要

本书对高风险金融交易法律规制的基本原理进行了深入的研究，提出了“高风险金融交易”的新概念，并从法学、金融学、逻辑学、哲学、语言学等多学科视角，对“高风险金融交易”的新概念进行了分析和论证。对高风险金融交易法律规制的学理分析，涉及四个层面的问题：高风险金融交易法律规制的经济学分析、法理学分析、国际金融法分析以及国际法分析。分别对金融衍生商品交易的法律规制、风险投资机构对创业企业股权投资行为的法律规制、以及跨国融资机构在我国股权投资过程中通过对赌条款追求高风险利润投资行为的法律规制进行了系统解析。

本书可作为我国高校法律、金融、财经、企业管理等专业的教学参考书，也可作为银行工作人员、企业管理人员、财务人员、律师、法官、公证员等业务参考书。

图书在版编目(CIP)数据

高风险金融交易法律规制研究/徐冬根著. —上海：上海交通大学出版社，2014

ISBN 978-7-313-12398-5

Ⅰ.①高… Ⅱ.①徐… Ⅲ.①金融交易—金融法—研究—中国
Ⅳ.①D922.280.4

中国版本图书馆 CIP 数据核字(2014)第 288662 号

高风险金融交易法律规制研究

著　　者：徐冬根
出版发行：上海交通大学出版社　　地　　址：上海市番禺路 951 号
邮政编码：200030　　电　　话：021-64071208
出 版 人：韩建民
印　　制：上海春秋印刷厂　　经　　销：全国新华书店
开　　本：787mm×960mm　1/16　　印　　张：24
字　　数：325 千字
版　　次：2015 年 1 月第 1 版　　印　　次：2015 年 1 月第 1 次印刷
书　　号：ISBN 978-7-313-12398-5/D
定　　价：49.00 元

目录

CONTENTS

绪　论

创新是学术研究的重要价值所在。对高风险金融交易法律规制的研究，就是一个创新课题研究。高风险金融交易是国际金融交易社会实践高度发展的产物，法学研究必须针对高风险金融交易社会实践的发展，通过理论创新和制度创新，引导高风险金融交易，并对高风险金融交易进行积极的法律规制。

“高风险金融交易”的概念，就目前我们的认识能力而言，主要包括风险投资机构对创业企业股权的投资行为，利用远期、期货、期权、互换等衍生工具进行金融交易的行为，国际融资机构在我国股权投资过程中通过对赌条款追求高风险利润的投资活动等各种高风险金融投资与交易的行为。但是，“高风险金融交易”是一个动态的概念，其外延将随着新的从事同类金融交易活动行为的不断产生而延伸。

一、高风险金融交易法律规制研究的跨学科性

市场经济条件下法律行为的新特点急需法学给予科学解释，亟待法律给予合理调整。在私法领域中，法律行为是引起权利变动的重要原因之一。德国学者胡果于 1805 年首创“法律行为”这一概念，经过近两个世纪的发展，在私法领域中学者给予了充分的研究。我国《民法通则》第 54 条规定：民事法律

行为是公民或法人设立、变更、终止民事权利和义务的合法行为。而大多数学者认为人们通常所说的民事法律行为就是法律行为[①]，并且认为法律行为是民商事关系得以维持的重要因素。在现实生活中，高风险金融交易作为一类特殊的行为，是国际金融法的规制对象，属于国际金融法的范畴。本著作以法学分析为主线，以多学科为视角，提出"高风险金融交易"这一类型概念，并进行了充分论证，在此基础上对"高风险金融交易"的相关行为及其法律规制进行系统研究。

之所以对"高风险金融交易"主题进行跨学科研究，一方面是因为问题本身具有跨学科性；另一方面也是因为在面对现实问题的解决上，单一国际金融法学科出现了解释上的盲点或弱点，需要完善自身理论体系，因此借鉴其他学科的知识和理论体系，并最终将它们转化为国际金融法自身理论体系的一部分，这也是国际金融法学科理论完善的一条重要发展路径。"跨学科研究不是为了打破学科研究的分工而进行的学科统一化过程，而是在学科分工的前提下，为进一步完善并发展本学科所进行的以其他学科知识概念体系为借鉴的本学科的理论创新过程。因此，跨学科研究不是多学科知识的汇集与简单堆放，而是学科借鉴过程中的理论创新。"[②]通过多学科的交融，可以促进本学科研究的发展[③]。法律问题有时犹如大象，如果仅仅从一个方面去看待，犹如盲人摸象，只能看到问题的一部分，无法看清问题的全貌。为了看清法律问题的全貌，我们必须从多学科的视角来看待[④]。从多学科视角研究高风险金融交易法律规制问题，为学术创新提供了方法论基础。

---

① 邹瑜，顾明：《法学大辞典》，中国政法大学出版社 1991 年版，第 419 页；周振想：《法学大辞典》，团结出版社 1994 年版，第 370 页。

② 丰霏、王天玉：《法律制度激励功能的理论解说》，载《法制与社会发展》2010 年第 1 期，第 148 页。

③ See Kenneth G. Dau-Schmidt, Conomics and Sociology: the Prospects for an Interndisciplinary Discourse on Law, 1997 *Wis. L. Rev.* 389, 405(1997).

④ See Kim Diana Connolly, Elucidating the Elephant: Interndisciplinary Law School Classes, 11 *Wash. U. J. L.* & Pol'y 11, 13(2003).

法律从本质上说就是跨学科的。法律调整的对象就是现实社会和现实生活的具体问题，这些问题涉及多个学科。[①] 高风险金融交易的法律规制是用法律工具对金融交易的行为进行调整和规范。而金融交易本身可能涉及多个领域和多门学科，如金融学、投资学、证券学、管理学等等。因此，以法学研究为主线，从跨学科角度对高风险金融交易法律规制问题展开研究，具有其客观性、现实性和必要性。

二、高风险金融交易法律规制研究现状评析

通过对中外学术界有关高风险金融交易法律规制内容的研究状况进行文献检索和梳理，我们认为呈现出以下几个明显的特点[②]：

第一、整体上，从法学角度对高风险金融交易相关内容进行的研究程度远远不及其他学科对高风险金融交易相关内容的研究。在已有的对高风险金融交易相关内容问题的研究著述中，侧重点主要在于针对高风险金融交易相关内容中，包括风险投资机构对创业企业股权的投资行为，利用远期、期货、期权、互换、国际融资机构在我国股权投资过程中通过对赌条款追求高风险利润的投资活动的行为的研究，这是世界范围内对高风险金融交易相关内容进行研究的主要领域和主体内容。Arthur B. Laffer & Eugene F. Fama 发表的论文 Information and Capital Markets[③] 涉及信息与金融市场的关系；D Gordon Smith 发表的论文 The Exit Structure of Venture Capital[④] 涉及风险投资的退出渠道问题；Joseph Hellrung 在学术论文《对冲基金规制：投资者在敲

① See Kim Diana Connolly, Elucidating the Elephant: Interndisciplinary Law School Classes, 11 *Wash. U. J. L.* & Pol'y 11, 17(2003).

② 参见徐冬根、徐达维：《高风险金融交融法律规制之创新研究》，载《江西社会科学》2010 年第 1 期，第 144－145 页。

③ Arthur B. Laffer & Eugene F. Fama, Information and Capital Markets, 44 *Journal of Business* 289 (July 1971).

④ D. Gordon Smith, The Exit Structure of Venture Capital, 53 *UCLA Law Review*, 315(2005).

门,但是美国证券交易委员会是否在他们冲进来之前把屋子打扫干净?》一文中[①],对对冲基金及其立法进行了系统的研究等。在国内也是如此。目前有关高风险金融交易内容的著述,几乎均是从金融实务的角度出发,如Donald R. van Deventer and Kenji Imai合著、并由李佩芝翻译的《信用风险模型与巴塞尔资本协议》[②],John J. Stephens著、并由徐杰翻译的《用金融衍生商品管理货币风险》[③],Don M. Chance著的中文翻译著作《衍生性金融工具与风险管理》[④],谢剑平的《期货与期权—金融工程入门》[⑤],谢哲胜、张静怡、林学晴合著的《选择权》[⑥],林义相的《金融资产管理—金融产品与金融创新》[⑦],余波的《金融产品创新的经济分析》[⑧],陈学彬、邹平座的《金融监管学》[⑨],袁文平的《投资基金》[⑩],姜波克的《国际金融新编》[⑪],陈金荣的《衍生金融工具交易与系统性金融风险》[⑫]等,均属于此类学术研究成果。

第二、从法律视角出发,对高风险金融交易,包括风险投资机构对创业企业股权的投资行为,利用远期、期货、期权、互换、国际融资机构在我国股权投资过程中通过对赌条款追求高风险利润的投资活动的学术研究成果,以集中某一特定领域或者某一具体交易方式为主。如王娇莺的《场外金融衍生交易

---

① Joseph Hellrung, Hedge Fund Regulation: Investors are Knocking at the Door, but can the SEC Clean House Before Everyone Rushes In? 9 *North Carolina Banking Institute*, 317(2005).

② Donald R. van Deventer and Kenji Imai:《信用风险模型与巴塞尔资本协议》,李佩芝译,台湾金融研训院2004年版。

③ John J. Stephens:《用金融衍生工具管理货币风险》,徐杰译,人民大学出版社2004年版。

④ Don M. Chance:《衍生性金融工具与风险管理》,中信出版社2004年版。

⑤ 谢剑平:《期货与期权—金融工程入门》,人民大学出版社2004年版。

⑥ 谢哲胜、张静怡、林学晴:《选择权》,五南出版社2003年版。

⑦ 林义相:《金融资产管理—金融产品与金融创新》,五南出版社1998年版

⑧ 余波:《金融产品创新的经济分析》,中国财政经济出版社2004年版。

⑨ 陈学彬、邹平座著:《金融监管学》,复旦大学出版社2004年版。

⑩ 袁文平:《投资基金》,西南财经大学出版社1998年版。

⑪ 姜波克:《国际金融新编》,复旦大学出版社1997年版。

⑫ 陈金荣:《衍生金融工具交易与系统性金融风险》,中国社会科学出版社2012年版。

双边履约保障法律机制分析——以CSA机制为中心视角》[①],伍兴龙的《美国金融衍生交易监管法律制度的经验与启示》[②],王斐民的《金融衍生交易破产保护的法律规则》[③],刘燕、楼建波的《金融衍生交易的法律解释》[④],王旸的《衍生金融工具法律问题研究》[⑤],黄思璇的《交换交易法律规范之研究》[⑥],施纯贞的《店头市场衍生性金融商品相关法律问题之研究》[⑦],林淑闵的《金融交换交易相关法律问题之研究》[⑧],江念慈的《银行以自有资金操作衍生性金融商品之监理》[⑨]等。有关金融衍生商品及其规制的相关学术著作,主要包括顾功耘主编的《金融衍生商品的法律规制》[⑩],宁敏的《国际金融衍生交易法律问题研究》[⑪]。

第三、大陆法学者对高风险金融交易相关内容的研究远较英美法学者为不足。现今对高风险金融交易相关内容的法律研究成果中,研究大陆法的学者所发表的该方面的研究成果远不及研究英美法的学者。目前所能看到的有关英国和美国包括风险投资机构对创业企业股权的投资行为,利用远期、期货、期权、互换、对冲基金投资等衍生商品进行金融投资和交易的行为的高风险金融交易及其法律法律规制的研究成果比较多,英文研究成果如E Brewer和H Genay合作发表的论文Funding Small Businesses Through the SBIC

① 王娇莺:《场外金融衍生交易双边履约保障法律机制分析——以CSA机制为中心视角》,载《金融论坛》2013年第12期。

② 伍兴龙:《美国金融衍生交易监管法律制度的经验与启示》,载《时代金融》2013年第12期。

③ 王斐民:《金融衍生交易破产保护的法律规则》,载《法律适用》2013年第7期。

④ 刘燕、楼建波:《金融衍生交易的法律解释》,载《法学研究》2012年第1期。

⑤ 王旸:《衍生金融工具法律问题研究》,中国政法大学2006年博士学位论文。

⑥ 黄思璇:《交换交易法律规范之研究》,政治大学法律研究所2004年硕士论文。

⑦ 施纯贞:《店头市场衍生性金融商品相关法律问题之研究》,东吴大学法律研究所2003年硕士论文。

⑧ 林淑闵:《金融交换交易相关法律问题之研究》,政治大学法律研究所1997年硕士论文。

⑨ 江念慈:《银行以自有资金操作衍生性金融商品之监理》,东吴大学法律研究所1996年硕士论文。

⑩ 顾功耘:《金融衍生工具的法律规制》,北京大学出版社2007年版。

⑪ 宁敏:《国际金融衍生交易法律问题研究》,中国政法大学出版社2002年版。

Program[①],以及 Ronald. J. Gilson 发表的论文 Engineering A Venture Capital Market: Lessons From the American Experience[②],Jane K Winn 发表的论文 The Impact of the Internet on US Regulation of Securities Markets[③], Jonathan Kelly 发表的论文 United Kingdom Legal and Regulatory Issues in Derivatives-Past, Present and Future[④], Bashar H. Malkawi 发表的论文 Financial Derivatives between Western legal tradition and Islamic finance: a comparative approach[⑤],以及 Rodrigo Zepeda 发表的论文 Hedge Funds, High Risks, and Headaches-Negotiating and Documenting Hedge Fund Derivatives[⑥],中文研究成果如彭丁带的《美国风险投资法律制度研究》[⑦],詹庭祯的《从美国法制论我国店头金融衍生性商品之法律规范》[⑧]等;而有关大陆法的这方面的研究成果,仅有李勋的《德国对冲基金监管制度研究》[⑨]等少量研究成果;此外,欧洲银行监管委员会主席丹尼尔诺伊(Danièle Nouy)在《直接监管对冲基金》(Indirect Supervision of Hedge Funds)一文中,强调间接监管能够防范大部分对冲基金风险,建议作为对冲基金的交易对手的银行和券商应当

---

① E. Brewer, H. Genay, Funding Small Businesses Through the SBIC Program, Economic Perspectives, Federal Reserve Bank of Chicago, May 1994.

② Ronald. J. Gilson, Engineering a Venture Capital Market: Lessons from the American Experience, 55 *Stanford Law Review*, April 2003.

③ Jane K. Winn, The Impact of the Internet on US Regulation of Securities Markets, *Yearbook of International Financial and Economic Law* (1997), Kluwer Law International, 1999.

④ Jonathan Kelly, United Kingdom Legal and Regulatory Issues in Derivatives-Past, Present and Future, *A special IFLR Supplement*, April 1999.

⑤ Bashar H. Malkawi, Financial Derivatives between Western Legal Tradition and Islamic Finance: a Comparative Approach, 15(1), *J. B. R.* 41-55(2014).

⑥ Rodrigo Zepeda, Hedge Funds, High Risks, and Headaches-Negotiating and Documenting Hedge Fund Derivatives , 29(6), *J. I. B. L. R.* 2014,349-359(2014).

⑦ 彭丁带:《美国风险投资法律制度研究》,北京大学出版社 2005 年版。

⑧ 詹庭祯:《从美国法制论我国店头金融衍生性商品之法律规范》,政治大学法律研究所 1998 年硕士论文。

⑨ 李勋:《德国对冲基金监管制度研究》,载《时代法学》2007 年第 4 期。

加强内部控制，银行和券商监管机构也应当加强监管[①]。显然，美国、英国等英美法国家，其高风险金融交易活动开展得比较成功，其灵活的判例法制度也更适合高风险金融交易展开。在世界范围内的国际金融中心，以美国纽约、英国伦敦执其牛耳。大量的高风险金融交易相关合同会选择在这些地方达成并履行。目前国际金融市场的交易，包括国际高风险金融交易相关内容，在选择适用法律时，通常选择国际金融中心所在地(如美国纽约或者英国伦敦)的法律。这种客观的金融实践所带来的一个后果就是英美国家对金融方面的研究，包括国际金融法研究，远远走在了大陆法系国家的前面，大陆法系国家以高风险金融交易相关内容为课题的研究成果自然也就不及英美国家。

第四、从民商法角度对高风险金融交易相关内容的研究，相较对高风险金融交易相关内容监管的研究远远不足。许多研究成果的视角基本以对高风险金融交易相关内容的监管为主，从政府、行业宏观监管的角度出发，从高风险金融交易相关内容的风险管理，对高风险金融交易相关内容的财务管理要求、信息披露要求等出发进行研究，如熊玉莲的《金融衍生商品法律监管问题研究》[②]，陈欣的《衍生金融交易国际监管制度研究》[③]，莫憬华的《金融衍生商品市场法律监管问题研究》[④]，许进胜的《店头市场衍生性金融衍生商品管理之研究》[⑤]，美国戴尔·奥特斯勒教授(Dale A. Oesterle)在《监管对冲基金》一文中，认为对冲基金间接监管非常必要，反对直接监管[⑥]。我国国际法教授胡德胜在《建立对冲基金国际监管制度刍议》中从国际合作角度探讨对冲基金的监管，并提出了一些监管建议。但是这篇文章以东南亚经济危机为背景，难免片面

---

① See Danièle Nouy, Indirect Supervision of Hedge Funds, *Financial Stability Review*-Special Issue on Hedge Funds, No. 10, April 2007.

② 熊玉莲：《金融衍生工具法律监管问题研究》，华东政法学院 2006 年博士学位论文。

③ 陈欣：《衍生交融交易国际监管制度研究》，北京大学出版社 2006 年版。

④ 莫憬华：《金融衍生工具市场法律监管问题研究》，华东政法大学法律 2005 年硕士学位论文。

⑤ 许进胜：《店头市场衍生性金融商品管理之研究》，中正大学法律研究所 1999 年硕士论文。

⑥ Dale A. Oesterle, Regulating Hedge Funds, *Public Law and Legal Theory Working Paper Series*, No. 71.

看待对冲基金监管问题[①]。相对而言，从私法的视角，对当事人作为市场主体，或对高风险金融交易相关内容合同以民商法层面对其合约性质、条款内容、条款的有效性、违约的法律后果等法律问题进行研究的成果相对较少。

三、高风险金融交易法律规制问题研究的必要性

从上面的学术文献检索可以看出，国内外国际金融法的研究，即使引用法律经济学的分析工具，微观分析还是着重于金融衍生商品的合同法律关系之上，宏观分析着重在于市场监管之上。尽管如此，直接从法学视角研究高风险金融交易法律规制的学术作品仍然十分有限。

我们通过对“中国知网”和“中国优秀博士论文库”、“优秀硕士论文库”的检索，没有发现以“高风险金融交易法律规制”为主题的研究成果，通过LexisNexis以及Westlaw等英文法律数据库的检索，也没有发现同样的选题。可见，从法律视角出发的专门针对高风险金融交易法律规制的研究尚付阙如，这与国际范围内对高风险金融交易法律规制研究的不成熟状况相一致。这种状况可能有几个原因：

其一，由于现代高风险金融交易相关内容的正式运用与飞速发展是近二三十年间的事，法学理论研究、立法与司法一定程度上都还没有适应这种变化。

其二，研究主体决定了研究成果的非公开化。如果认为国内高风险金融交易相关内容尚不发达，故而没有形成孕育法律研究的土壤的话，但即使在国外，在金融法制发达的英美国家，国际高风险金融交易相关内容方面的法学公开研究成果与其他方面的法学研究相比也是较少的。现阶段对高风险金融交易相关内容的法律研究，基本是由侧重专业的执业律师，而不是由更侧重理论的法学研究者完成的，而律师工作的职业特点决定了其研究成果见诸公众的

① 参见王庆华:《透视美国对冲基金》，载《江苏统计》1999年第6期。

相对更少。这使得高风险金融交易相关内容的法律问题显得更为神秘,似乎与其他领域的法律研究形成了不相往来的局面。

其三,最重要的原因是,目前虽然有一些学者意识到包括风险投资机构对创业企业股权的投资行为,利用远期、期货、期权、互换、国际融资机构在我国股权投资过程中通过对赌条款追求高风险利润的投资活动具有高风险的特征[①],但是尚未从理论上上升到一个新的逻辑层面,还没有对这些具有共性的高风险交易方式进行归纳和提炼。

综上所述可知,高风险金融交易由于其天然具有的高度复杂性,给整个金融、经济乃至我们赖以生存的社会都施加着越来越大的影响。高风险金融交易的重要性与复杂性使得各个领域都面临着它带来的冲击与挑战,各学科都在加紧对金融衍生交易的研究。但应当承认,目前我国法学界对高风险金融交易相关内容的研究已经远远落后于高风险金融交易本身的迅速发展,甚至比不上其他学科对高风险金融交易相关内容的研究。近年来,从实务视角看,各国在高风险金融交易法律制度建设中虽然已经取得了一系列的重大进展。高风险金融交易区别于基础金融商品的独特法律性质,为对其实施有效法律规制设置了众多值得研究的艰深课题。对高风险金融交易法律问题进行更为深入的研究十分必要,并具有重要的理论意义和实践意义。虽然上述国内外的学术研究成果,为我们进一步研究高风险金融交易的法律规制奠定了重要的学术理论基础,但是高风险金融交易有其独特的法律属性,需要我们作出专门的深入研究。

提出并论证"高风险金融交易"这一类型概念,并对如何规制"高风险金融交易"进行深入系统分析,是一项具有创新性的研究工作,无论对于金融法律实务还是国际金融法学术研究,都具有重要的意义。在实践上有助于加强高风险金融交易法律规制,在学术上有助于推动国际金融法学术研究创新。

---

① 陈欣:《衍生交融交易国际监管制度研究》,北京大学出版社 2006 年版,第 22 页。

四、本书的逻辑体系和结构安排

法律是具有普遍性的行为规范。所谓普遍性，是指法律从纷繁复杂的社会关系中高度抽象而来，舍弃了个别社会关系的特殊性，而表现为同类社会关系一般共性，换言之，法律只对社会关系作类的调整或者规范调整，而不作个别调整。法律所适用的对象不是特定的事件，而是一般的事件。普遍性是法律的本质要件，法律的普遍性使其保障最低限度的自由、平等、安全，并使得公平竞争和法律可预见性成为可能。

根据法律普遍性规范的特点，我们对高风险金融交易法律规制的研究，也必须与此相适应，对高风险金融交易法律规制的普遍性问题进行深入系统的研究。为此，本著作在结构体系安排上，设“高风险金融交易概念创新与法律规制”为第一章，作为绪论，对“高风险金融交易”概念创新进行了以多学科为视角的研究；以“高风险金融交易法律规制的学理研究”为第二章，作为高风险金融交易法律规制研究的总论部分，探索高风险金融交易法律规制的基本原理，包括从法律经济学和法律哲学的视角，对高风险金融交易法律规制的基本原理进行探索，从理论上分析论证高风险金融交易法律规制的理论价值和实际应用价值。学理研究能够为我们对高风险金融交易法律规制提供一个宏观层面和抽象层面的认识，能够将我们的学术提升到一个更高的逻辑层面，对高风险金融交易法律规制的研究具有重大的意义。如果我们期望相关研究成果能够为高风险金融交易法律规制提供更有建设性和指导性的帮助，那么从现在开始就必须反思高风险金融交易法律规制的研究方法。我们不能满足于高风险金融交易法律规制学理研究方面所取得的成果，更不能将这部分研究看作是高风险金融交易法律规制研究的重点。高风险金融交易法律规制的学理研究应该继续加强，不过重点应该放在两个方面：一方面学理研究要有意识地考虑对具体高风险金融交易法律规制研究的指导作用，另一方面又要注意从具体的高风险金融交易法律规制研究中吸取灵感和知识。对具体的高风险金融交易法律规制的研究应该成为我们的重点。在对具体的高风险金融交易法律规制的研究中,一方面要以相关的法律、法规和国际条约、国际惯例的理解和研究为起点;另一方面还要将国际条约和国际惯例与我国的实际情况结合起来。本著作还将通过分论部分,即此后的三个章节,分别对高风险金融交易之相关交易行为的法律规制进行了研究,具体包括:第三章金融衍生品及其高风险的法律规制,第四章风险投资及其高风险的法律规制和第五章国际融资机构在我国股权投资过程中通过对赌条款追求高风险利润投资行为的法律规制。

法律的普遍性特征使得法律只注意其适用对象的一般性而忽视其特殊性,然而适用于一般情况能导致正义的法律,适用于个别情况的结果可能是不公正的。考察任何一种社会关系,都可以发现层出不穷的情况。因为在任何事物的关系中,除了存在一般性的方面外,还存在着大量的特殊性。而事物的个别性和特殊性是普遍性不可调和的对立物。法律常常在获得一般正义的同时丧失了个别正义[①]。因此,如果本书的第一章和第二章分别作为绪论和总论部分,我们对高风险金融交易法律规制考量的法哲学基础是法律的普遍性特征要求,从维护高风险金融交易法律规制中的法律一般正义的视角进行研究的话,则本书第三章、第四章和第五章作为高风险金融交易法律规制的分论部分,则是为了实现法律的个别正义。对高风险金融交易法律规制所涉及的包括风险投资机构对创业企业股权的投资行为,对利用远期、期货、期权、互换等衍生品进行金融交易的行为,对对冲基金追求高风险利润的投资或交易等各种高风险金融投资和交易行为等个别问题的法律规制进行研究,从而使得我们在关注法律一般正义的同时,兼顾法律的个别正义,使我们的研究体现出多层次性和多视角性,使我们的研究结果具有更大的科学性。对于高风险金融

① 参见徐国栋:《民法基本原则解释——成文法局限性之克服》,中国政法大学出版社 1992 年版,第 138 页。

交易的相关业务和行为法律规制的研究，我们应在充分认识到具体的高风险金融交易行为表现方式的基础上，加强对高风险金融交易法律规制制度、规制机制的研究。

正是基于以上的法哲学观，在本书第三章、第四章和第五章中对高风险金融交易的相关业务和行为法律规制的发展情况分别进行了考察，对高风险金融交易的相关业务和行为法律规制的脉络进行梳理，把握高风险金融交易的相关业务和行为法律规制的发展趋势，为我国立法吸收和建立高风险金融交易业务法律规制提供理论上和立法上的准备。采取科学的研究方法，组织合理研究框架和体系，对作为动态过程、立体架构的高风险金融交易法律规制的规则有一个全面、深入和科学的理解，才能一方面更有针对性地推动我国高风险金融交易活动的实践发展，使高风险金融交易在国际资金融通和投资上的优势可以在我国很好地发挥，从而为我国进一步建立健康的金融市场创造更好的法律环境。另一方面更有效地提升我国高风险金融交易法律规制的学术研究水平，推动我国国际金融法的发展。

本书的逻辑体系和结构安排

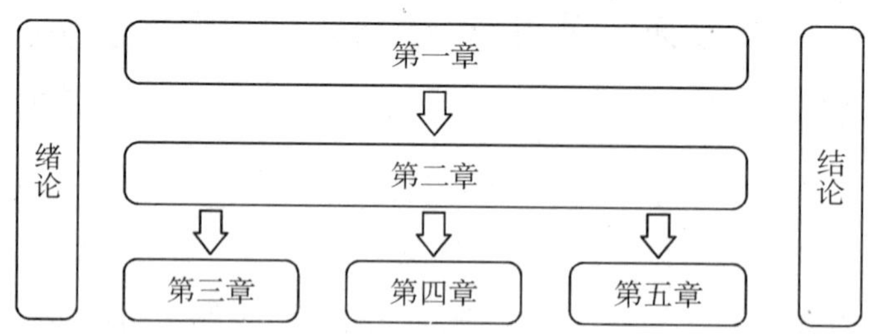

第一章　高风险金融交易概念创新与法律规制

创新是学术研究的目标和评价标准。“理论创新在很大程度上表现为新概念、新范畴的提出。”①“高风险金融交易”就是笔者在本著作中提出，并尝试从多学科视角予以论证的一个创新的概念。高风险金融交易概念的创新，是中国国际金融法学理论创新的产物，同时反过来又将促使中国国际金融法实务的进一步发展，推动中国金融法制建设的完善。

第一节　高风险金融交易概念创新研究

在学术体系中，概念有着基础性的作用。在学术研究中，学术思想的发展总是同概念、范畴的创新相连的。与变革理论体系一样，概念、范畴的创新是极其重要的。概念的创新标志着学术思想的革新或者新的学术思想的产生。人类的学术发展史表明，新概念、新范畴的出现，既是相关领域学术进步和创新的标志，也会引发更大范围和更深程度的变革。

---

① 张文显：《法哲学范畴研究（修订版）》，中国政法大学出版社 2001 年版，第 384 页。

一、高风险金融交易是一个新的学术概念

国际金融法领域中的“高风险金融交易”主要是指以金融衍生交易为代表的那些为了获得高收益而自愿承担高风险而从事金融投资与交易的行为，包括从事风险投资机构对创业企业股权的投资行为，利用远期、期货、期权、互换等衍生工具进行金融交易的行为，国际融资机构在我国股权投资过程中通过对赌条款追求高风险利润的投资或交易等从事各种高风险金融投资与交易行为的总称。

综观高风险金融交易发展的过程，我们认为，高风险金融交易的法律特征主要体现在以下几个方面：第一，高风险金融交易是一种具有超过普通金融交易风险的行为。随着社会实践的发展、金融投资和金融交易活动的多样化，我们发现除了金融衍生工具这类从事金融投资与交易的行为具有高风险之外，还存在着其他一些从事金融投资或者金融交易的行为，如风险投资机构从事风险投资的行为，国际融资机构在我国股权投资过程中通过对赌条款追求高风险利润的投资行为等，这些从事金融投资或者金融交易活动的行为所面临的风险，远远超过一般风险；高风险金融交易概念所涵盖的从事风险投资机构对创业企业股权的投资行为，利用远期、期货、期权、互换等衍生工具进行金融交易的行为，国际融资机构在我国股权投资过程中通过对赌条款追求高风险利润的投资等从事各种高风险金融投资与交易的行为属于具有超过普通金融交易行为风险的行为。第二，高风险金融交易的法律特征表现为平等主体间通过合同完成交易的法律行为。高风险金融交易首先是一种双方当事人的法律行为，这种行为具体表现为要约和承诺，达成合意，也就是双方当事人对合同所规定的内容意思表示一致。高风险金融交易双方当事人之间的合同所代表的是一种债权债务关系，债权债务关系如何设立、变更及终止构成了合同的全部内容。在金融市场上，高风险金融交易一旦达成协议，它就会在双方当事人之间形成现实的或潜在的债权债务关系。高风险金融交易的本质是一种合

同交易行为，因而受到合同法的支配。第三，高风险金融交易的行为主要包括股权投资行为、金融商品交易行为、金融衍生品交易[①]行为等相关行为。第四，高风险金融交易的价值取向以获得收益的最大化，以效率价值为导向，必要时甚至不惜牺牲安全价值。

作为一种科学研究活动，国际金融法理论的构造必须借助概念得以实现。概念在国际金融法理论建构中具有重要的作用。观诸人类历史，“科学研究，尤其是理论研究，在某种意义上就是提出、分析、论证和积累概念的过程。”[②]抛弃旧概念、修正有缺陷的概念、提出新概念、重新理顺现有概念之间的关系，这是学术研究和学术创新的基础工作。概念是思维的产物，是人类在认识世界和改造世界过程中经验的高度浓缩和结晶。在思维领域，概念是在感觉、知觉和表象的基础上，运用比较、分析、综合、抽象、概括等方法形成的，用来反映思维对象特有属性或本质属性的表现方式。概念是一种理性思维形式，通过概念，人们对事物的认识由感性层次推进到理性阶段。法律概念的产生同样是人类思维能力进化的结果，但是法律概念的形成过程具有编纂性，是对其反映客观事实属性加以取舍的过程。法律概念的形成大致有两个方面的途径，一是被立法确认之概念，通常属于规范性概念；“另一类法律概念主要来自于学理，其产生于学术研究并由某一研究者首先提出，后基于广泛认同被普遍接受，其亦有被立法所采用的可能。这类概念创造的意义在于较形象地描述一种既存的状况”[③]。基于对法律概念形成过程的大致分类，“高风险金融交易”概念的形成过程就属于后者所指的在学术研究过程中形成的情形。随着社会的发展，国际金融投资和金融交易活动的多样化，我们的研究必须跟上时代发

① 根据国际清算银行(BIS)的统计，截至2012年底，全球场外衍生品名义本金总额高达633万亿美元。另外，根据国际互换与衍生品协会(ISDA)统计，全球500强企业中有94%的企业使用场外衍生品市场进行交易。参见何君光：《场外衍生品的监管改革》，载《中国金融》2014年第9期。

② 张文显：《法哲学范畴研究(修订版)》，中国政法大学出版社2001年版，“绪论”部分。

③ 王福友：《从“一般条款”到一般条款》，载《当代法学》2010年第1期，第14页。

展的步伐。国际金融法理论不能墨守成规，应当以科学发展观为指导，根据社会法律实践和国际金融活动的新情况和新趋势，作出相应的回应。国际金融法的学术研究也必须根据时代的发展和社会的进步，提炼出相应的新概念，以适应和解决我们在新时代所遇到的新的金融法律问题。“在某种程度上说，法学的进步也在于新的概念的使用以及内涵的不断更新和发展”①。作为国际金融法的法律规制对象，“高风险金融交易”这个行为，相对于以往的风险投资、金融衍生工具等概念，是我们在本书中提出和使用的一个新概念。大陆法系法学方法的精髓在于把握法律现象的本质、研究其属性、赋予其概念，并且在各个具体概念的基础上，抽象概括出上位阶的具有普遍性的一般概念，形成逻辑严谨、位阶层次分明的概念体系，进而通过概念体系推演出具体的法律规定②。

我们通过对“中国知网”和“中国优秀博士论文库”、“优秀硕士论文库”的检索，没有发现以“高风险金融交易法律规制”为主题的研究成果，通过LexisNexis以及Westlaw等英文法律数据库的检索，也没有发现同样的选题。可见，从法律的视角出发，专门针对高风险金融交易法律规制的研究成果则尚付阙如。同样，专门针对“高风险金融交易”这一概念/范畴/术语的学术研究成果，也同样是一个空白。

二、提出高风险金融交易概念的哲学基础

提出”高风险金融交易”概念的哲学基础在于：在任何事物中，具体性中存在一般性，特殊性中存在共同性，事物的一般性和共同性是普遍存在的基础。风险投资机构对创业企业股权的投资行为，金融机构利用远期、期货、期权、互换等衍生工具进行金融交易活动，国际融资机构在我国股权投资过程中通过

① 胡玉鸿：《法学方法论导论》，山东人民出版社2002年版，第41页。
② 李功国主编：《民法本论》，兰州大学出版社1998年版，第233页。

对赌条款追求高风险利润的投资活动等，这些都是一个个具体的通过金融投资或者金融交易而产生的行为，但是这些行为都具有追求高额利润回报而自愿冒高风险的一般性特征。他们中的每一种通过不同的金融工具或者每一种不同的金融产品而产生的行为，或者通过每一个金融投资或金融交易活动而产生的行为，就行为个体而言，均有其特殊性；但是在每个个体的不同属性中，都有一个追求高额利润回报而自愿冒高风险的特点，这个特点就是这些个体之间的共同性，这个共同性使得他们在逻辑上可以被归纳为同一类的事物或者行为。通过从具体到一般、从特殊到共同的"合并同类项"式逻辑归纳方法，将风险投资机构进行风险投资行为，金融机构利用远期、期货、期权、互换等衍生工具进行金融交易活动，国际融资机构在我国股权投资过程中通过对赌条款追求高风险利润的投资活动等一个个具体的行为，合并为"高风险金融交易"这个概念。这里所称的"高风险金融交易"，是我们对那些为追求高额利润回报而自愿冒高风险进行投资和交易的同类行为的概括和提炼。一般来说，概念的生成是采取"提取公因式"的方法建构起来的[①]，即"将客体中的共同要素抽取出来，而舍弃个性的要素。通过这种方法，就生成了概念。"[②]而这个概念的生成过程，正是我们通过哲学的思维方式，将事物从具体到一般，从特殊到普通的提炼过程。"具体性中存在一般性，特殊性中存在共同性"的原理为我们对"高风险金融交易"这个概念的提炼和证成提供了重要的哲学基础。

三、高风险金融交易概念属于类型概念

形式逻辑原理告诉我们，具有相同属性的事物形成一类，具有不同属性的事物分别形成不同的类。在法学理论中，部分与抽象概念相接近的类型又可被称之为"类型概念"。类型概念可以简称为"类型"。"法律概念除了少数数

① "提取公因式"原为数学用语，后移植到法律领域，现已成为法典编纂的重要原则。参见［德］迪特尔·梅迪库斯：《德国债法总论》，杜景林、卢湛译，法律出版社2004年版，第7页。

② 王少禹：《请求权概念辨析》，载《河南省政法管理干部学院学报》2006年第1期，第144页。

字概念的情形外，并不是明确的，没有抽象普遍的概念，只有类型概念。”[①]德国学者考夫曼的这种判断指出了类型概念在法律领域中的普遍性。“概念的外延往往要通过类型化才能涵盖。”[②]类型概念在现象学上的依据是：它是多次重复出现而且具有大致相同的外部特征[③]。作为一种不确定概念，类型概念得以存在的哲学前提是：承认主体在认识理性上的有限性以及关于客体信息获取上的不完全性。因此，它只反映人类对客观世界认识的现实程度，拒绝对主体和客体作过多的方法论上的假定。此种写实主义的立场，使类型概念可以利用其开放的结构随时捕捉人类对客观世界的认知信息，与时俱进地更新其内部特征，此种弹性虽然“将减低法的安定性，但它却提高了法律对事物之真正的适应性”[④]。类型概念的形成是以现实世界中个性与共性辩证关系为基础的，类型是“物以类聚”的现实状态在思维中的反映，分类和归类构成主体把握对象世界的认知方式。透过语言的透明性，类型是事物的客观存在状态。

拉伦茨曾经指出：依形式逻辑的规则构建的抽象、一般概念式的体系，是许多法律特别是民法典的体系基础。这种体系的形成方法是由作为规则客体的构成事实中分离出若干要素，并将此要素一般化。由此等要素可形成类型概念，而借助于增减若干规定类型的要素，可以形成不同抽象程度的概念，并因此构成体系。借助将抽象程度较低的概念涵摄于较高的概念之下，最后可以将大量的法律素材归结到少数最高的概念上。此种体系不仅可以保障最大可能的概观性，同时可以保障法律的安定性[⑤]。从思维进程的方向上看，类型概念可依以下两种途径寻得：其一是对贴近生活事实的研究对象予以归纳、抽

① [德]亚图・考夫曼：《法律哲学》，刘幸义等译，法律出版社 2004 年版，第 142 页。

② 戚渊：《论 Geltung》，载《中国法学》2009 年第 3 期，第 56 页。

③ 参见吴从周：《“译序”》，参见[德]亚图・考夫曼：《类推与“事物本质”——兼论类型理论》，台湾学林文化事业有限公司 1999 年版，第 13 页。

④ 黄茂荣：《法学方法与现代民法》，中国政法大学出版社 2000 年版，第 241 页。

⑤ 有关拉伦茨的此番论述，参见李艳秋：《法学方法论初探》，载《北京理工大学学报(社会科学版)》2009 年第 6 期，第 12 页。

象，将其共同性方面整合构成一个类型概念；其二是对接近于一般法理念和非确定法律概念的研究对象进行具体化，使其成为整体性类型概念[①]。由此可见，类型概念的形成不外乎归纳与具体化两条途径，即对抽象者的具体化，对具体者的抽象化，使抽象者具体，具体者抽象[②]。

类型概念可以依据以下两种途径建构：其一是对贴近生活事实的研究对象予以归纳抽象，由有关的具体事物中区分出一般的特征、关系及比例，并个别赋予其名称，或以某种意义关联塑造类型概念。其二是运用演绎的方法，根据某一标准从一个上位类型中区分出下位类型或一个较大的类型中区分出若干较小的类型概念。类型思维方法也是一种以事物的特征和主体的价值判断相结合的标准，对研究对象作类属排列的哲学方法。国际金融法领域中以金融衍生交易为代表的，从事高度风险的金融投资活动和金融交易活动，包括风险投资机构对创业企业股权的投资行为，利用远期、期货、期权、互换等衍生工具进行金融交易的行为，属于同一类别的行为，基于该类别所概括提炼而形成的"高风险金融交易"这一概念就属于这种类型概念。

四、高风险金融交易概念具有外延开放性

"高风险金融交易"这个概念是一个具有外延开放性的概念。

首先，在认识论视角下，依照理性主义的看法，世界是可以通过经验认识加以把握的，而且为了社会的安全，应凭借理性的力量界定确定性的研究范畴[③]。然而，历史主义告诉我们，人的认识受历史条件的制约，因而是相对的，不确定的。类型概念是以抽象的形式对需要反映的社会关系和行为所做的共性概括，这种概括本身就是有局限的，类型概念不可能涵盖全部社会关系和规

---

① 参见黄茂荣：《法学方法与现代民法》，中国政法大学出版社 2000 年版，第 472 页。

② 参见李可：《类型思维及其法学方法论意义——以传统抽象思维作为参照》，载《金陵法律评论》2003 年秋季卷，第 109 页。

③ 参见李道军：《法的应然与实然》，山东人民出版社 2001 年版，第 22 页。

范人们的全部行为，不可能完全适用复杂的社会生活；类型概念的外延开放性是由人的认识有限性所决定的。但人又总是希望他的知识是确定的、客观的。为了使得我们的学术研究既具有确定性，又能适应社会发展变化的需要，我们必须将历史与理性的对立加以调和，这反映在我们对高风险金融交易法律规制研究对象的界定上，就是对确定性与灵活性的对立加以调和。目前而言，基于我们对高风险金融交易法律规制研究对象的认识，我们将"高风险金融交易"概念的外延设定为包括风险投资机构的风险投资行为，利用远期、期货、期权、互换等衍生工具进行金融交易的行为，以及国际融资机构在我国股权投资过程中通过对赌条款追求高风险利润的投资活动等各种高风险金融投资与交易的行为。随着社会经济生活的发展和国际金融市场的扩大，"高风险金融交易"法律概念的外延随之逐步扩大和延伸，我们的学术研究也应将新出现的具有高风险特征的各类从事金融投资与交易的行为纳入到我们的研究视角之内，作为国际金融法中"高风险金融交易法律规制"的新的研究对象。

其次，从逻辑学的视角看高风险金融交易概念的外延特点。传统理论认为，概念是主体对客体之特征的穷尽描述。事实上，客体的特征显然不可能为主体悉数掌握。这是因为在认识论上，主体的理性毕竟有限；在知识论上，人类关于事物之信息常常是匮乏的。此外，所谓"主要"特征，也取决于主体对于客体认知和研究的需要，它不能不受到主体的价值判断的影响。概念为一定目的而存在，其生成与运行皆受到主体特定的价值观的影响。概言之，每一学科上的概念必然受到该学科的目的、规划和发展的支配。法律作为一种生活规范，在其概念上凸显的价值色彩更是强烈①。在法律概念的构成上必须考虑到拟借助该概念来达到的目的，或实现的价值。法律价值乃是法律概念之灵魂。严格地讲，法律概念只可能是"规范性"的，规范特征是法律概念的本质特

① 参见李可：《类型思维及其法学方法论意义——以传统抽象思维作为参照》，载《金陵法律评论》2003年秋季卷，第106页。

征。在法律上，如果主体对客体之特征取舍不当，相对于规范目的，该法律概念的外延就会显得过宽或过窄。此时，主体需对该概念实施必要的扩张或限缩。

德国学者施赫断言：一个含义必定是一个类型①。日常用语本有多义性，加之法律面向的事实又多不确定，其判断基准尚具有相当大的主观性，所以在法律世界中，确定的法律概念（又称抽象概念）“在全部法律概念中所占的比重不大，而大多数法律概念或多或少都具有不确定性”②。外延开放的“概念”大部分就是类型，只是因其具有高度抽象化的特征而与确定的概念/抽象概念较为接近，因此人们又将其称为类型概念③。换言之，在法律上，抽象概念/定义式概念较为少见，最为人常见的是类型式概念。类型概念具有外延开放性，“在适用上是‘或多或少’的，如何适用和能在多大程度上适用某一类型需要根据具体情境来决定，它是一种‘归类’思维”④。法学研究主要采用归纳或抽象演绎的方法来展开的。我们需要从现实从事金融投资与交易的行为中归纳或抽象演绎出其本质特性，从而在其他的从事金融投资与交易的行为中发现其同质特性的对应行为，把那些虽然没有冠以高风险名称，却具有高风险本质特性的从事金融交易的同类行为，作为从事高风险金融投资和交易的行为对待。对这类具有共性的从事金融投资或者金融交易活动的行为进行合并研究，并从理论上归纳到同一类别之中，为此我们提出了“高风险金融交易”这一类型概念。

再次，从金融交易社会实践的视角看，高风险金融交易是一个发展的、动态的和开放性的概念。无论从高风险金融交易所涉及的对象，还是从高风险金融交易活动所涵盖的具体的交易行为来看，高风险金融交易都是一个发展

① 参见梁慧星：《民法解释学》，中国政法大学出版社 2000 年版，第 142 页。

② 梁慧星：《民法解释学》，中国政法大学出版社 2000 年版，第 286 页。

③ 参见黄茂荣：《法学方法与现代民法》，中国政法大学出版社 2000 年版，第 297 页。

④ 雷磊：《类型思维与法学方法论》，载《法制日报》2008 年 8 月 3 日，第 11 版。

的、动态的和开放性的领域，高风险金融交易的类型概念也必然是一个发展的、动态的和开放性的范畴，它的概念的外延开放性在于，人类社会的进步是发展的和开放的，金融创新和金融交易的方式日益增多，具有高风险属性的金融交易活动必然随之不断增加，高风险金融交易本身是一个无法穷尽和无法限制定义的内容。金融创新和交易的多样性的意义对金融发展具有深刻的内涵。例如在本次世界金融危机之后，违约信用掉期(CDS)开始逐步受到关注，且有可能被纳入到高风险金融交易类型之中。这充分体现出“高风险金融交易”这个概念是一个发展的、开放的类型概念。“违约信用掉期交易行为”的出现是人类社会发展和金融商品与金融服务品种日益多样化的体现，而对违约信用掉期交易活动的关注，并逐步将其纳入到高风险金融交易的类型概念之内，有助于法律对这一新型的交易活动的监督和调控，并对从事违约信用掉期交易的行为当事人的合法权益以更好的法律保护。“高风险金融交易”这个概念的和外延开放性是法律本身适应纷繁复杂、变动不居的社会生活和金融活动的表现之一。“面对永远处于变化中的社会及其成员的需求，法律也必须要确保某种连续性和动态的发展，以期能不断地适应和满足社会发展的需要”①，有效维护高风险金融交易当事人的正当权益。

通过在学术研究上对“高风险金融交易”这个类型概念具有外延开放性的论证，有助于法律对于此类行为的监督和对当事人合法权益的保护。

第二节　提出高风险金融交易概念的理由与意义

一、提出高风险金融交易概念的理由

我们提出高风险金融交易的概念，首先是为了适应法律规制的需要。法

① 石佳友：《民法法典化的方法论问题研究》，法律出版社2007年版，第40页。

律的基本作用之一是使人类为数众多、种类纷繁、各不相同的行为和关系达致某种合理程度的秩序,并颁布一些适用于某些应予以限制的行为的规则。为能够完成这一任务,法律制度就必须形成一些有助于对社会生活中多种多样的现象与事件进行分类的专门概念。在国际金融市场中,存在着风险投资、远期、期货、期权、互换、国际融资机构在我国股权投资过程中通过对赌条款追求高风险利润的投资行为。为了提供法律规制的效力,我们需要将这些具有共同特征的行为进行归类。这样就为统一地和一致地调整或者处理相同或基本相似的现象奠定了基础。对此,博登海默曾经指出:“法律概念可以被视为是用来以一种简略的方式辨别那些具有相同或共同要素的典型情况的工作性工具”①。高风险金融交易这个概念的提出,就是为了更好地以法律规范这种简略的方式来“辨别那些具有相同或共同要素的典型情况”,将风险投资、远期、期货、期权、互换、国际融资机构在我国股权投资过程中通过对赌条款追求高风险利润的投资活动等诸多金融投资和金融交易行为中,具有相同或者共同要素的典型情况加以归类,进行同类规制。

其次,依照理性主义的看法②,世界是可以通过经验认识加以把握的,而且为了社会的安全,应凭借理性③的力量界定确定性的研究范畴。然而,历史告诉我们,人的认识受历史条件的制约,因而是相对的,不确定的。但人又总是希望他的知识是确定的、客观的。为了使得我们的学术研究既具有确定性,又能适应社会发展变化的需要,我们必须将历史与理性的对立加以调和,反映在我们对高风险金融交易法律规制研究对象的界定上,就是对确定性与灵活性的对立加以调和。目前而言,基于我们对高风险金融交易法律规制研究对象

---

① 博登海默著:《法理学:法律哲学与法律方法》,邓正来译,中国政法大学出版社 1999 年版,第 484 页。

② 以培根和笛卡尔为代表的理性主义哲学认为,理性乃是绝对的至高无上的东西;而康德和黑格尔等德国古典哲学家则把理性视为世界的本质和人的本质。参见李道军:《法的应然与实然》,山东人民出版社 2001 年版,第 23 页。

③ 在认识论上,理性是指人们对认识事物本质和规律的抽象思维形式和抽象思维能力。参见李道军:《法的应然与实然》,山东人民出版社 2001 年版,第 22 页。

的认识，我们将高风险金融交易的外延设定为包括风险投资机构对创业企业股权的投资行为，利用远期、期货、期权、互换等衍生商品进行金融交易的行为，以及国际融资机构在我国股权投资过程中通过对赌条款追求高风险利润的投资活动等各种高风险金融投资和交易行为。至于其他的具有同类高风险交易特征的具体交易活动，随着时间的推移和这些交易活动的频繁化，我们将逐步扩大和延伸高风险金融交易的外延，并将新出现的具有高风险特征的金融投资和金融交易行为纳入到我们的研究视角之内。

再次，以学术研究的角度看，在经济领域，以衍生产品为主要支柱的金融工程学已经成为最前沿的学科。而相比之下，法学领域的研究则显得薄弱①。而包括风险投资机构对创业企业股权的投资行为，利用远期、期货、期权、互换、国际融资机构在我国股权投资过程中通过对赌条款追求高风险利润的投资活动的行为，却具有很高的风险性，需要我们对其予以特别的关注。

二、提出高风险金融交易概念的意义

之所以将这类包括风险投资机构对创业企业股权的投资行为，利用远期、期货、期权、互换、国际融资机构在我国股权投资过程中通过对赌条款追求高风险利润的投资活动行为称为“高风险金融交易”，在理论上是为了便于细分国际金融法的研究领域②，通过“风险”这个范畴，将金融行为分为一般风险的金融交易和高风险金融交易，便于我们集中研究目标，将高风险金融交易作为重点研究目标，进行研究和追踪。这是因为“概念的提炼能够促成法学理论的深化”③。高风险金融交易概念的提出，可以使国际金融法学研究能够随着概

① 参见陈欣：《衍生交融交易国际监管制度研究》，北京大学出版社 2006 年版，第 2 页。

② 关于国际金融法的细分，参见徐冬根：《从多元价值观谈国际金融法的细分》，载《政治与法律》2004 年第 3 期。

③ 胡玉鸿：《法学方法论导论》，山东人民出版社 2002 年版，第 41 页。

念的深化而不断丰富和发展；在实践上，是为了便于防范金融风险，通过对高风险金融交易的法律规制，降低和减少我国企业参与国际金融交易的风险，改善我国金融市场和金融法制环境，规范我国的金融法律秩序，完善我国金融法律制度。

我们提出高风险金融交易及其法律规制命题的基本价值在于：解决中国当前面临的诸多具有高度风险的金融投资和交易行为的风险防范和规范问题。

第三节　高风险金融交易的高风险性

一、高风险金融交易之“高风险”

（一）对高风险金融交易之“高风险性”的认识

对高风险金融交易的“高风险性”进行界定是一件十分困难的事情。就风险种类本身而言，高风险金融交易并没有特殊之处，它具有传统金融交易活动应具有的所有风险。“风险是指可度量的不确定性，而不确定性则是不可度量的风险。具体而言，风险的特征是概率估计的可靠性，以及因此将它作为一种成本进行处理的可能性。”[①]由于金融衍生品交易具有交易相对比较集中和单笔交易金额巨大的特点，再加上高杠杆率，使得风险成倍增加。然而，衍生交易的资金并未进入生产与流通领域，其利润也并非生产利润，由于这种风险是在衍生市场投资者之间来回转手的，它不产生新的价值，是一种完全的零和博弈。[②] 虽然金融衍生品设计的初衷是为了规避转移风险，但由于其将经济运行中分散的风险集中释放到衍生品市场上，所以一旦出现问题便容易造成集中

① Frank H. Knight, *Risk, Uncertainty and Profit*, Cosimo Inc, 2006, P. 7.

② 参见梁尔正、刑学艳：《金融衍生工具的特点、问题、监管与启示》，载《经济师》2001年第3期。

的爆发,使参与者承受巨大损失①。但是由于杠杆性、虚拟性、未来性,以及或有性等因素使得高风险金融交易的风险程度,相对于传统金融商品,提高到了前所未有的高度。与高风险金融交易有关的资产或权益在未来的损益结果具有极大的不确定性,发生未预料损失的可能性很大。可见,我们这里对"高风险性"的界定是一个十分模糊的概念。"高风险性"概念的模糊性,来自于其所反映事物的性质和状态所呈现的不确定性。相反,确定性概念的确定性来自于其所反映事物的相对稳定性。"高风险性"概念的模糊性与主体的认识方式有关。当人们孤立地、静止地考察事物时,往往容易看到事物的确定形态,获得事物的精确认识;而联系地发展地考察事物时,事物的性质、状态和类型就不那么确定了。因而容易出现认识的模糊性,得到模糊的认识。从主体对事物的认识层次来看,层次越浅,认识越容易精确;层次越深,认识越容易模糊②。高风险金融交易法律规制的研究,是一种面向复杂的人文系统进行深层次的学术研究活动,其处理的"对象是一些具有不可重复性的历史个体,因此,他们之间的关系就并非线性的、单义的自然因果关系,而是一种由多种原因决定的多元因果关系"③。人文系统具有极大的复杂性,对其要求完全确定化,实际是抹杀了自然系统与人文系统的区别。人文系统具有极大的不可重复性、极端复杂性特征,使主体对其作出精确性的认识极为困难。由此可见,从认识论的角度看,要对高风险金融交易的"高风险性"作出精确的界定,是十分困难的。

尽管如此,但是人们对高风险金融交易中的金融衍生商品的风险研究,已经作出了巨大的努力。对高风险金融交易中高风险性的确认、防范、管理,一

① 参见朱琳:《场外金融衍生品市场监管法律制度研究》,中国政法大学 2012 年硕士学位论文,第 10 页。

② 参见齐振海主编:《认识论新论》,上海人民出版社 1988 年版,第 234 - 238 页。

③ 马克斯・韦伯语,转引自陈嘉明:《现代西方哲学方法论的宏观分析》,载《中国社会科学院研究生院学报》1989 年第 3 期。

直是金融界的从业者、管理者和学者所最为关注的问题。总体而言，高风险金融交易的风险[①]可分为外生性风险与内生性风险[②]，在高风险金融交易上认定的风险为：①可量化的风险：市场风险、信用风险、流动性风险；②不可量化的风险：操作风险、法律风险[③]。高风险金融交易的风险除了市场风险与信用风险外均为内生性风险[④]。

金融交易风险还可分为系统风险和非系统风险[⑤]。系统风险是指由于某种全局性的共同因素引起的金融交易收益的可能变动，这种因素以同样的方式对所有金融交易的收益产生影响，它包括政策风险、周期性波动风险、利率风险和购买力风险；非系统风险是指只对某个行业或个别金融交易行为产生影响的风险，通常由某一特殊因素引起，与整个金融交易市场的走势没有直接的联系，它包括信用风险、经营风险、财务风险等。

根据美国会计总署（United State General Accounting Office，GAO）的归

---

① 有关金融衍生商品的法律风险的具体分类，参见 Simon James，*The Law of Derivatives*，LLP London，Hong Kong，16（1999）。

② 关于内生性风险与外生性风险的定义及其与金融风险的关系，参见许文彬、张亦春：《信息结构、制度变迁与金融风险演进》，中国财政经济出版社 2004 年版，第 75－91 页。该书认为外生性风险为信息不完全下的风险，是一个体系成员总体认知的信息小于体系所有的信息，反应的是对价格现状与未来价格的不确定；内生性风险是信息不对称下的风险，是一个体系成员认知的信息小于其他成员，反应的是对无法精准预测其他主体的行为。外生性风险随着金融分工造成的信息成本内化逐渐转化为内生性成本，对金融市场的影响是交易成本上升，降低市场流动性，所以金融监管的目的在于维持金融分工发现价格的作用让外生性风险转化，并保持总体内生性风险在可接受的范围内。

③ ［美］艾瑞克·班克斯：《金融风险管理的简要规则》，倪鹏祥、张晓英译，清华大学出版社 2005 年版，第 2－5 页。书中指出：市场风险指因基础资产或指数变动产生损失的风险；信用风险指因交易方不履行预期的合同义务产生损失的风险；流动性风险指资产不能流动或发生损失后才能动用融资渠道的风险；操作风险指的是控制交易与风险的过程中出现的缺陷或故障产生损失的风险；法律风险指由于法律文件发生差错或缺少法律文件产生损失的风险。

④ 我们这样说是依据不同风险的性质做出的判断。但是所有风险中市场风险、信用风险、流动性风险常常因为市场、产品、资源、技术变化来改变，这些变化可以说是信息总量的变化，然而流动性风险的定义显示为交易方自身财务操作产生的风险，另信用风险的违约或结算风险显然是内生性风险，所以我们认为只有信用风险下的模型风险或法律风险下的法律适用风险可与市场风险同为外生性风险。

⑤ 参见马书琴：《当前中国股票市场的高风险性与强化投资理念的必要性》，载《北方论丛》2003 年第 1 期。

纳，以金融衍生商品为代表的高风险金融交易主要涉及以下四类风险[①]：

(1) 市场风险(market risk)，即由于市场条件的变化所导致的以金融衍生商品为代表的高风险金融交易价值波动的风险。

(2) 经营风险(operation risk)，即由以金融衍生商品为代表的高风险金融交易驾驭能力不足、人为操作失误及交易机制缺陷所造成的风险。

(3) 信用风险(credit risk)，即因以金融衍生商品为代表的高风险金融交易当事人违约致使合同无法适当履行而产生的风险。

(4) 合法性风险(legal risk)，即以金融衍生商品为代表的高风险金融交易的效力得不到法律确认，当事人合同权利不受法律保护所构成的风险。高风险金融交易合同中规定不明确以及各国法律不一致往往会造成法律风险，一旦发生争议，当事人将面临难以维护自己合法权益的局面[②]。

(二) 高风险金融交易的法律风险及其产生原因

所谓高风险金融交易的法律风险是指从法律的角度看，为高风险金融交易合同无法履行，不能达到预先设定的目标，或者只有在不恰当的延期或支付不恰当的代价后才能达到预定的目标，或者因法律空白或遗漏所导致的风险。巴塞尔委员会在《有效银行监管核心原则》(Core Principlesfor Effective Banking Supervision)中首次以列举的方式对法律风险作出定义：①不完善或者不正确的法律意见或者业务文件；②现有法律可能无法解决与银行有关的法律问题；③法院针对特定银行作出的判决；④影响银行和其他商业机构的法律可能发生变化；⑤开拓新业务且交易对手的法律权利不明确[③]。

2004 年的《新资本协议》使用了概括性的界定：法律风险包括但不限于因

---

① United State General Accounting Office, *Financial Derivatives: Actions Needed to Protect the Financial system*, Washington, D. C. 36 (May 1994).

② John D. Finnerty, Mark S. Brown, An Overview of Derivatives Litigation: 1994 to 2000, 7 *Fordham J. Corp. & Fin. L.* 134(2001).

③ Basel Committee on Banking Supervision, Consultative Document, *Core Principles for Effective Banking Supervision*, available on the BIS website, http://www.bis.org/publ/bcbs213.pdf.

监管措施和解决民商事争议而支付的罚款、罚金或者惩罚性赔偿所导致的风险敞口，并明确要求国际活跃银行计量法律风险并为之配置相应的资本。

法律风险系交易主体因高风险金融交易活动的法律问题将来可能蒙受损失的可能性，这种法律问题可以出于交易主体一方的过错或交易对手的欺诈，也可能出于法律环境的变化或不适应，前者为“操作性法律风险”，后者为“环境法律风险”[①]。高风险金融交易面临如下四种法律风险：

(1) 品种风险，即高风险金融交易品种本身违法或市场参与者违法参与某一品种交易的风险。如某一金融衍生合约被认为是赌博合同而导致不可强制执行的风险；某一信用衍生工具被认为是保险合同而使未经授权的市场参与者面临刑事指控的风险。品种风险内生于某一特定交易的自身性质，而与交易对手无关。

(2) 对手风险，其产生于特定的交易对手，指高风险金融交易对手无权进行交易或没有经过正当程序进行交易的风险。对手风险不仅仅是指与某一特定交易对手而言，而且与每个具体交易有关。

(3) 交易风险，它系高风险金融交易的主要法律风险，即交易双方从谈判、订约到进行交易这一整个过程中违约或合约条款不完备的风险。

(4) 处置风险，即高风险金融交易发生纠纷后，在争端的处置过程中，由于证据被破坏或很难收集，相关信息的披露可能被他人利用，损失的估计面临技术上的障碍等原因，而带来的不确定性风险。“环境法律风险”则源自法律法规的变化而导致高风险金融交易的不可履行或无法得到有力的救济，以及传统民商法下的合同制度、担保制度不适应高风险金融交易导致的无法执行。

具体而言，高风险金融交易的法律风险包括：高风险金融交易合同完全不能执行；高风险金融交易合同虽然可以执行，但交易方式违反相关规定，从而

---

① 参见许可：《论商业银行金融衍生交易的法律风险——以“最终用户”为中心》，载《时代金融》，2011年第1期。

导致监管者的调查和惩罚；高风险金融交易合同本身有两种以上解释，需要法院来判定其法律效果；高风险金融交易合同缺少必要的保护市场参与者权利的条款，以及对影响权利实施的相关问题的处理条款等。如高风险金融交易中的金融衍生商品作为一种金融结构工程，可以有多种组合。另外市场行情变化莫测，缔结合同时往往无法预料此后的状况；同时，为了平衡当事人的利益，合同中会有多种创新之处。高风险金融交易中的金融衍生商品是一种为了规避市场风险或进行多样化投资组合，约定未来某一时间进行(或有权进行)某一资产交割或现金差额结算的金融合同。由于高风险金融交易中的金融衍生商品是建立在基础金融市场之上的更为高级、复杂的商业交易形态，往往涉及合同法、外汇法、担保法、破产法和证券法等诸多法律，并且有些产品本身就是为了规避法律，因而整体上这一领域缺乏系统、配套的法律规范。而从法理学角度分析，法律具有局限性，法对千变万化、不断变化的社会生活的涵盖性和适应性不可避免地存在一定的限度。法律不能频繁变化，否则会失去其权威性和确定性[①]。这就可能因合同无效而无法有效保护当事人利益的情形。比如就高风险金融交易口头合同效力问题，便可能有着法律上的争议与不确定性。还有高风险金融交易合同的法律性质存在不确定因素。高风险金融交易合同的法律效果在其订立时尚不能确定，具有射幸性质，易于跟赌博合同相混淆。而多数国家的法律对于赌博合同一般不予保护，如果将高风险金融交易合同理解为赌博，则该交易的法律地位及合同的效力会受到影响。

此外，合同制度是金融衍生交易的最基本的法律制度，但《合同法》并没有对金融衍生交易作出规定。作为无名合同，衍生交易合同的效力要依赖最相似的合同才作出判断，结果可能忽略了衍生交易本身的性质，这不利于交易的稳定。

---

① 参见张文显主编:《法理学》，高等教育出版社、北京大学出版社 1999 年版，第 207 页。

高风险金融交易法律风险产生是有多重原因的[①]。首先，随着现代金融工程的发展，高风险金融交易日新月异的变化使各国的法律难以及时地作出调整，交易的合法性不能得到法律的明文保证。其次，由于传统会计核算模式跟不上现代金融交易的发展，会计的理论局限使金融衍生交易不能在会计报表上直接反映出来，只能作为会计报表附注加以说明。在1988年7月巴塞尔委员会通过《巴塞尔协议》开始对银行进行资本充足性的监控后，许多银行机构往往利用高风险金融交易将高风险表内业务变为表外交易事项。这种为了逃避金融监管的设计动因进一步加大了高风险金融交易的法律风险。最后，作为金融市场发展的高阶段产物，高风险金融交易无疑比传统的金融商品要复杂得多，其设计、定价、上市和交易等过程都涉及许多专业知识和技能，因此对监管人员的素质和能力提出了更高的要求。但世界各国普遍存在的专业人才缺乏，往往使衍生交易缺乏必要的规则约束和及时的法律救济。

高风险金融交易的法律风险在相当程度上是由于市场发展过快造成的。20世纪80年代末期英国发生的哈默史密斯和法尔汉金融互换纠纷(Hammersmith and Fulham swaps litigation)事件[②]，就是一次典型的因交易对手不具备参与金融衍生商品交易法律授权而引发的法律风险的事例。本案中，英国伦敦郊区两个自治镇，哈默史密斯(Hammersmith)和法尔汉(Fulham)，在20世纪80年代后期分别与其对手签订了总名义本金超过60亿英镑的利率互换合约。由于利率的逆向变化，使两个自治镇出现了潜在的巨额亏损。两镇的议员们开始了一系列的法律行动，试图以英国议会没有授权地方政府(local authorities)参与金融衍生商品交易为由，宣称该金融衍生商品交易因越权(ultra vires)而合约无效[③]。地区法院判定所有与地方政府之间的金融衍生商品交易合约无效。但上诉法院判决交易部分有效，认为为债务

① 参见熊玉莲:《金融衍生工具法律监管问题研究》，华东政法学院2006年博士学位论文，第73页。

② John Allison, The Procedural Reason for Judicial Restraint, *P. L.*, 452,470(1994).

③ [1990]2 *W. L. R.* 17; see [1990] *P. L.* at 398-399.

管理目的进行的互换交易在地方政府的职权范围之内[①]。英国上议院 Lord Templeman 法官认为,互换交易不是为了便于或者方便地方政府的借款,地方政府无权参与任何互换交易[②]。1991 年 1 月英国上议院以最终决定的方式宣布,地方政府无权参与金融衍生商品交易[③],所有与地方政府之间的金融衍生商品合约均无效[④]。这样,最终以法院判决越权为由,免除了这两个自治镇履行互换合约的责任,从而使签订这些合约的对手金融机构遭受了 1.2 亿英镑的巨额损失。

由于高风险金融交易是新型的交易,其交易量和交易方式的增长速度大大快于市场建设的其他方面,导致相应的法律法规不健全,常常出现无法可依和无先例可循的情况。而如果因高风险金融交易的创新品种的出台未得到政府的许可,或与政府有关的法律规定相抵触,这种高风险金融交易的创新品种一旦发生违约,当事人一方的合法权益常常得不到法律的充分保障。

二、高风险金融交易之高风险性的特点

有学者认为,以金融衍生商品为代表的高风险金融交易风险从类型上看和传统金融体系中的风险并无明显差别,但受以金融衍生商品为代表的高风险金融交易市场特性的影响,这些风险在某些情况下可能更难控制并表现出更大的破坏性[⑤]。我们同意这样的见解。就微观层面而言,以金融衍生商品为代表的高风险金融交易复杂多变的关系构造使市场主体难以对其风险程度做出充分、准确的评估,经常由于忽视风险管理或发生风险错配,从而招致灾难

---

① [1990]2 *W. L. R.* 1038; see [1990] *P. L.* at 399 - 400.

② Martin Loughlin, Innovative Financing in Local Government: the Limits of Legal Instrumentalism: Part 2, *P. L.* 568,569(1991).

③ [1991]2 *W. L. R.* 372.

④ Hazell v London Borough of Hammersmith & Fulham [1991]2 *W. L. R.* 372.

⑤ 参见王旸:《国际金融衍生交易法律问题研究》,中国社会科学院研究生院 2002 年博士学位论文,第 15 页。

性后果。

高风险金融交易杠杆性在为市场主体提供了以较少的资金博取更大盈利机会的同时，也具有急剧放大交易风险的负面效果。在逐利动机的驱使下，市场主体往往背离高风险金融交易风险管理的创制初衷，热衷于从事高风险的恶性投机炒作，使高风险金融交易市场的风险负荷严重超载。就宏观层面而言，运用高风险金融交易实施的动态避险策略使得金融体系乃至整个经济体系各组成部分间的关联程度空前加强，金融风险在金融体系的不同层次间、不同地域的金融市场间、经济体系的不同环节间、不同市场主体间相互渗透、交叉传递，因此局部的、个别性风险很容易被扩散为整体性、集合性风险，构成金融市场的系统性风险①。可见，在肯定以高风险金融交易所具有的诸多有益经济功效的同时，也必须对高风险金融交易所隐含的各种风险给予高度关注。

高风险金融交易常常采取"以小博大"，即少量资金从事数倍乃至数十倍的交易，应用财务杠杆以获取最大利润。高风险金融交易在为金融系统提供有效风险管理机制的同时，其自身也隐含着新的更高的风险。高风险金融交易具有高风险性、强杠杆性和虚拟性等特点，十分容易放大风险，具有更强的市场投机性。例如在美国加州奥兰治县(Orange County)司库和财政基金管理人 Robert L. Citron 投资金融衍生商品失败，使 74 亿美元的财政基金出现了 16.9 亿美元的亏损②。高额回报的诱惑下，奥兰治县的许多社区、机构和学校将自己的资金投入奥兰治县基金中。危机发生时，有 185 个机构共计向奥兰治县基金池中投入了 76 亿美元③。高风险金融交易直接影响到该县发行的市政债券无法赎回，以及贷款银行信贷资金的巨额损失等，导致美国加州奥兰

---

① A. R. Waldman, OTC Derivatives & Systemic Risk: Innovative Finance or the Dance into the Abyss, 43 *The American University Law Review* 1023,1040(1994).

② 关于该案的详情，参见胡继之主编：《金融衍生产品及其风险管理》，中国金融出版社 1997 年版，第 331 至 336 页。

③ John R. Nofsinger, *Investment Blunders of the Rich and Famous*, 213 - 241 (Financial Times Prentice Hall 2002).

治县及其投资基金在1994年12月6日根据《联邦破产法》第九章向圣地安那联邦法院申请破产保护[①]。英国巴林银行破产案(Barings Bank of London)[②]、美国信孚银行危机案、日本住友银行危机案等一连串由不当从事高风险金融交易而引发巨额亏损的恶性事件的接踵发生,一再向世人提示着以金融衍生商品为代表的高风险金融交易市场风险的存在[③]。作为金融现象,以金融衍生商品为代表的高风险金融交易同基础金融商品一样,也具有与风险伴生的天然禀赋。高风险金融交易的风险有时甚至是不能估量的。[④] 高风险金融交易的出现使得货币供求机制变得十分复杂,在一定程度上削弱了央行对货币的控制能力。20世纪90年代以来,全球几乎每一场金融风暴都与高风险金融交易联系在一起。诺贝尔经济学奖获得者阿莱(Maurice Allais)[⑤]甚至将高风险金融交易的急剧膨胀称为"发疯"[⑥]。而对于高风险金融交易的复杂性,1994年3月7日《财富》杂志用这样的话来形容:高风险金融交易"有如沼泽中的鳄鱼","潜伏在全球财经界"[⑦]。2008年9月因高风险金融交易而爆发并席卷全球的国际金融危机,已经演变为近百年来罕见的影响全世界社会、经济、政治的大事。

三、高风险金融交易之高风险的现实性

高风险金融交易虽然具有强杠杆性和虚拟性等特点,但是其交易和结果

---

① In re County of Orange, United States Bankruptcy Court for the Central District of California, Case No. SA 94－22272 *JR*.

② The Lesson from Barings, *Business Week*, March 13,1995, p. 30.

③ Jonathan R. Macey, Symposium: Derivatives Instruments: Lessons for the Regulatory State, *Journal of Corporation Law* 69(1995).

④ 王涛等:《"巴林银行破产案"沉思录(二)》,载《南方金融》,1995年第6期。

⑤ Maurice Félix Charles Allais (born 31 May 1911) is a French economist, and was the 1988 winner of the Nobel Memorial Prize in Economics "for his pioneering contributions to the theory of markets and efficient utilization of resources."

⑥ 在1994年法国《世界报》的连载文章中,阿莱警告说,世界经济已成为"赌场"。参见李罗力:《亚洲金融风暴实录》,http://www.8nn8.com/zt/002/16.htm。

⑦ 参见顾功耘主编:《金融衍生工具的法律规制》,北京大学出版社2007年版,第1页。

却并非完全是虚拟的。相反，高风险金融交易市场上的盈利和亏损都是实实在在的。高风险金融交易的非完全虚拟性，主要表现在其风险的损失和影响是实在的和多样性的。受此次金融危机的影响，全球高风险金融交易投资者都在承受不同程度的损失，世界上几乎每个人的收入和生活水平都会直接或间接地受到不同程度的影响。根据公开资料估计，近年中国企业在外海套期保值账面亏损约 56 亿美元，海外股权投资账面亏损约 293～1 000 亿美元[①]。根据美国高盛公司估计，此次金融危机使全球信贷危机损失总额高达 1.4 万亿美元[②]，间接损失更是大到无法统计。令人担忧的是：目前我们看到的全球金融市场的倒塌，只是多年堆积而成的美国和全球高风险金融交易泡沫的部分破灭。尽管现在它已受到世界各有关方面的高度重视，但各方是否有足够的资源和能力来阻止危机进一步蔓延和恶化，还不得而知。除此之外，令人恐惧的地方和原因还有很多。例如，根据国际清算银行的最新统计，全球金融衍生交易合同标的金额从 2002 年的 100 多万亿美元上升到 2007 年的 516 万亿美元[③]。仅这一现象就让人颇感不安。在过去的五六年时间，全球金融衍生交易翻了五倍，目前所有国家的产值加在一起为 50 万亿美元，而目前全球金融衍生交易额竟是它的十倍还多。现代高风险金融交易市场及其产品的复杂程度足以让任何监管者费解，无论是股神巴菲特，还是美联储主席伯南克、美财长保尔森及美国的其他领导，他们都搞不懂这 516 万亿美元的金融衍生交易究竟是怎么回事。

2008 年 9 月，因高风险金融交易而爆发的这场危机既不是政府财政收支危机，也不是国际收支的危机，而是发源于私营部门的金融衍生交易和金融创

① 参见彭俊明：《中国企业国际金融投资普遍失利损失上千亿美元》，2009 年 7 月 24 日，载人民网经济频道，http://finance.people.com.cn/GB/9717027.html。

② http://www.sznews.com/finance/content/2008-11/12/content_3379776.htm.

③ 参见丁大卫：《全球衍生金融交易合约的泡沫杀伤力》，载《第一财经日报》2008 年 5 月 7 日。

新的危机[①]。在中信泰富事件中,中信泰富错买的杠杆外汇合约叫做“累计目标可赎回远期合约”,可以说是变种的“累计股票期权”(Accumulator),以汇率为标的物。中信泰富为降低投资西澳铁矿项目面对澳元升值的风险,签订了三份“累计股票期权”式的杠杆式外汇合约,对冲澳元、欧元及人民币升值的影响。由于合约只考虑对冲相关外币升值影响,没有考虑相关外币的贬值可能,故只设有止赢金额,所签合约中,能够带来的利润最高只有5 150万美元,约合4亿港元,但亏损却无底。到2008年10月20日时,中信泰富以公允价值计算的损失已经达到155亿港元!这也创下了中资股衍生品的巨亏纪录[②]。对高风险金融交易的充分认识,并加强监管,是防范金融风险的重要手段。在1997年金融危机的时候,经济也遭遇了冲击,但情况没有2008年金融危机这么糟,当时全球金融系统也没有遭受重创,主要原因是当时各国对高风险金融交易都予以严格监管。由于高风险金融交易存在着内在的不稳定,当高风险金融交易中的主体行为方式发生变化之后,如果监管制度安排没有相应跟上,没有一套适应于这种金融体系的法律及制度规则,那么爆发金融危机是不可避免的。本次美国金融危机的发生,根源还在于美国金融机构通过一系列所谓的金融创新而形成了与传统金融体系完全不同的一系列金融产品和金融市场的创新,以此来突破既有的金融监管体系,以便在这种无监管的金融交易中获得最大利润。无论是几大投资银行还是大量对冲基金,皆为如此[③]。以对冲基金为例,对冲基金在美国具有绝对优势。因此,要保证美国及国际金融市场的稳定及减少其风险,就要强化对对冲基金的法律规制。这是重建当前金融监管体系的核心之一,也是保证美国金融市场体系稳定的关键所在。可以讲,制定

① 参见李稻葵、江红平、冯俊新:《国际金融危机未来半年演进的六个预判》,载《第一财经日报》2009年6月11日A13版。

② 参见杨扬:《从高盛事件看金融衍生工具的高风险》,载《经济导刊》2011年第3期。

③ 参见易宪容:《金融监管改革旨在重建美国金融体系信心》,载《上海证券报》2009年6月26日B7版。

怎样的市场规则及允许对高风险金融交易在什么范围内运作，这将成为影响此次美国金融监管制度改革成败的关键因素之一。

第四节 高风险金融交易的法律规制

一、高风险金融交易发展亟须法律规制

高风险金融交易的进一步发展急切呼唤法律的引导、规范和保障。由于以银行法和证券法等为主干构建的传统金融法制，其基本原则和规则体系均形成于高风险金融交易产生之前，因此金融管理机构对于如何规制高风险金融交易，显得心有余而不足。这对金融法制建设提出了新的挑战。

随着我国金融开放和金融深化程度的不断提高，利率、汇率的进一步开放，以银行和证券公司等为主的金融机构越来越多地进行高风险金融交易，以有效管理自身资产负债、规避风险和增加收入，并为向客户提供高风险金融交易服务。如上所述，高风险金融交易作为风险管理的工具，其本身蕴藏巨大的风险，如果管理不善，将会给企业带来巨大的损失。国内外许多案例已经表明，凡是从事高风险金融交易的企业，除了要充分认识到高风险金融交易本身所隐含的巨大风险性，还需要强化法律意识，建立一套有效的风险防范机制①。相对而言，中国政府和金融管理机构对高风险金融交易的和监管和控制优于美国等发达国家。著名对冲基金经理索罗斯相信："中国经济会比美国经济更快复苏。中国的经济之所以能很快出现好转迹象，在于政府对银行的监管力度较大，政府鼓励放贷后，银行就开始增加贷款。"②尽管在2008年发生的世界金融危机中，中国所受到的损失相对美国等发达国家要轻，但是随着中国对外

---

① 1995年巴林银行破产案、2004年中航油（新加坡）事件和2008年的法国兴业银行亏损案，都向我们揭示了法律规制在有效防范高风险金融交易方面的重要作用。

② 参见杨燕青、赵刚：《专访索罗斯：美国监管环境应倒退半个世纪》，载《第一财经日报》2009年6月16日A5、A8版。

开放的进一步扩大,中国经济与世界经济的融合会进一步深化,中国的经济发展不可能独立于世界经济。在经济全球化的背景下,中国与世界的关联性正在日益增强。风险投资、衍生交易和对冲基金等高风险金融交易,已经成为我国经济和金融领域一个不可分割的组成部分。

高风险金融交易的出现,对风险防范和法律监管的关系提供了全新的认识和影响,有助于树立法律如何消除风险的正确监管理念,即从根本上讲,法律规范对风险的消除是完全不必要、不需要和不现实的,法律规范的功能应立足于高风险金融交易的交易环境和交易市场提供了一个公正透明和信息披露的规则基础,并为公众提供有效的平等保护的法律环境。20 世纪 90 年代以来,各国无不重视加强对高风险金融交易的法律规制。“法律重要的不是写在纸上,而是要付诸实施,要用于指导和规范人们的行为,解决现实生活中的种种纷争或其他问题。”[①]通过法律规制的实施,为高风险金融交易提供一个健康和有序的市场。

综合而论,高风险金融交易法律规制问题主要涉及两大部分:其一,从法律意义上清晰界定高风险金融交易概念,确定高风险金融交易法律效力,提高高风险金融交易市场法律风险的可预见性。理性化的法律制度并不是直接去调整那些个别存在的利益和行为,而是运用理性的抽象来形成各种形式化的法律概念和范畴,然后把各种形式化的法律概念和范畴适用于那些需要由法律来调整的社会关系[②]。高风险金融交易范畴凸显金融市场和金融产品的创新性,反映了金融投资与金融交易活动发展的基本规律。高风险金融交易命题的提出,将法律调整的对象从远期、期货、期权、互换具体金融行为,上升到金融衍生交易的集合范畴,然后进一步上升到包含风险投资机构对创业企业股权的投资行为,利用远期、期货、期权、互换等衍生商品进行金融交易的行

① 胡平仁:《诉讼艺术初探》,载《法制与社会发展》2008 年第 2 期。

② 参见何柏生:《西方法律形式合理性形成中的数学因素》,载《法制于社会发展》2007 年第6 期。

为，以及国际融资机构在我国股权投资过程中通过对赌条款追求高风险利润的投资活动等各种高风险金融投资和交易行为。凸显法律制度的理性化和法律规范对行为调整的针对性。其二，制定明确高风险金融交易规则，提高高风险金融交易行为的正当性和安全性。对于中国这样的发展中国家，高风险金融交易及其规制法律制度的逐步确立，具有积极的意义。当下中国，建设法治国家已经成为一种浓重的时代诉求。然而，冷静的观察、体验和分析难免会使我们感受到，法治更多地体现在话语上，而没有很好地进入制度，变成现实的运行机制和行为准则[①]。党的十七大报告中指出，我国的有关社会主义市场经济的法律体系还不够完善，这种状况与经济社会发展不完全适应[②]。我国的市场经济正在逐步建立之中，我们在逐步建立基本适应市场经济的法律规章制度的同时，应了解市场经济高级发展形态的高风险金融交易及其市场的基本知识，不仅要掌握市场经济的发展规律，也要充分研究和认识市场经济法律制度的发展趋势。同时，随着我国金融市场逐步国际化，需要我们充分借鉴国际成熟市场的发展经验和法律制度，正确树立金融监管和风险防范的观念，为中国发展高风险金融交易，确立适合国情的规制法律体制和规范内容。

二、高风险金融交易导入法律规制的意义

法律是人们凭借其理性而创设的行为规范或制度，法律的发展是渐进的，法律对社会经济生活的调整也有一个发展的过程的。对于法律的这种发展过程，韦伯[③]曾经做过这样的论述："从理论的观点看，法及其法律进程的总的发

---

① 参见杨震：《法治秩序的私法文化基础》，载《法制与社会发展》2008年第4期。

② 参见张文显：《法治宣言法学文献——十七大报告的法学解读》，载《法制与社会发展》2007年第6期。

③ 马克斯·韦伯（1864－1920）是近代社会科学发展史世界公认的最有影响的人物之一。他的思想理论和研究方法论，影响了从历史学到法学众多学科的学者们，尤其对德国近现代和当代法学产生了深刻的影响。

展，可以认为是经过了以下几个阶段：其一，经由‘法的先知预言家’超凡魅力而来的法律启示。其二，经由法律‘名望人士’而来的对法律的经验性设立和发现。其三，世俗的或神学的力量对法律的促进。最后一点，法律阐述的系统化和司法行政的专业化，即有已接受过带有学术性和规范条理性性质的法律培训的人们来司法。经过这样的途径，法律的形式上品质就如此地呈现了出来：成长于由神秘的形式主义和非理性的启示的结合而来的最初法律进程中，时常走过神权政治的，或家长制条件的以及非形式化的理性的弯路，逐渐经历了一个特殊化的司法的、逻辑理性的和系统化的过程……最终，它们表现出……一种逐渐增长着逻辑升华和严密演绎品质，一种理性渐增的技术，也在此阶段发展起来。”[①]西方一些法学家将法律发展分为五个发展阶段，即原始法阶段，严格法阶段、平衡法阶段、法律成熟阶段、法律社会化阶段[②]。法律社会化，即指法律在立法、执法、司法和普法环节中，将相关的法律法规规范与现实的具体情况相结合，使法律合乎社会现实发展的需要，从而使法律真正体现整个社会的公平、正义的理念。法律规制必须要适应整个社会现实的发展需要。目前，高风险金融交易已经有了很大的发展，但是必须承认的是，金融法制的发展严重滞后于高风险金融交易市场的社会发展。

反思与高风险金融交易相关的重大损失案例，它们主要导因于对高风险金融交易风险控制不利；问题主要集中在高风险金融交易法律效力的不确定及市场主体盲目、错误或过度使用高风险金融交易。如果金融机构能够在高风险金融交易中对风险进行充分披露，主管部门和相关法律法规能够限制金融机构利用高风险金融交易工具进行高杠杆的过度投机，更为谨慎地做出高风险金融交易使用决策，那么大部分市场悲剧其实完全可以避免。著名的对冲基金经理索罗斯也认为，如果在 2008 年 9 月爆发危机的早些时候能得到正

① [德]克斯勒：《马克斯·韦伯的生平、著述及影响》，郭锋译，法律出版社 2000 年版，第 178 页。

② [美]罗斯科·庞德：《法理学》(第一卷)，邓正来译，中国政法大学出版社 2004 年版，370 页。

确地处理和对待,金融系统也可能不出现这么大的动荡[①]。可见,强化对高风险金融交易的法律规制,成为减少和降低高风险金融交易的利器,其重要性不言而喻。化解高风险金融交易市场风险,保障市场规范运行,成为决定以高风险金融交易市场前途和命运的首要命题。

高风险金融交易是商业实践的自发产物,是在不断突破传统理论、颠覆传统观念的过程中得以萌芽和壮大,体现出自由主义和经验主义的法哲学思想。高风险金融交易实践先行的发展模式,导致现今人们对其的认知更多地仍停留在对不胜枚举的具体产品形态的片断了解和浅表分析的层次,缺乏全面系统的规律总结和理论积淀。加之高风险金融交易与生俱来的高度抽象的艰深构造、异乎寻常的复杂关系、日新月异的发展变化,这严重阻碍了人们对其基本规律的深入理解和正确把握。对高风险金融交易基本内涵认知的不足,已显现出诸多负面影响。就经济层面而言:一方面,它使得面对高风险金融交易这一崭新的金融实践已显得力不从心的传统风险分析工具和商业运作模式无法得到适时调整,从而致使高风险金融交易的使用者因基于错误的认识、做出失当的决策、蒙受惨重的损失;另一方面,市场参与者频发的行为失误,直接损伤着高风险金融交易市场机制的正常运行,降低了高风险金融交易市场的积极功效。就制度层面而言,对高风险金融交易本质属性的困惑,使得法学界和金融管理机构难以对高风险金融交易领域所面临的主要法律问题及解决途径作出准确的判断和快速的回应,从而造成在高风险金融交易法律规制指导思想确立及相关法律制度构建方面表现的态度犹疑、步履迟缓,未能充分发挥法律制度本应发挥的对高风险金融交易市场建设积极、有效的引导、规范和保障作用,不利于高风险金融交易市场的健康成长。

---

① 索罗斯认为,本次金融危机爆发的转折点就是 2008 年 9 月中旬,美国政府让雷曼兄弟破产,这使得问题开始恶化。美国政府让雷曼兄弟破产,犯了一个错误。参见杨燕青、赵刚:《专访索罗斯:美国监管环境应倒退半个世纪》,载《第一财经日报》2009 年 6 月 16 日 A5、A8 版。

第二章　高风险金融交易法律规制的学理分析

对高风险金融交易法律规制的研究，起源于对金融衍生交易法律规制的研究。而金融衍生交易法律规制，是国际金融法学者在学术研究中所涉及的一个基本话题。学者们的研究，从国内规制到国际规制，话语的主题主要集中在规制问题上。虽然话语的主题还是规制，但是它已经从逻辑上有了一个层面的提升，实现了一定的理论突破和创新，使该理论具有现实性和生命力。我们的研究，将金融衍生交易法律规制上升到高风险金融交易法律规制的层面，使得该项研究在理论上的突破和创新具备了逻辑层面的理论前提。我们知道，法律从来都是服务于生活现实的，法律的制定和适用是为促进社会发展和经济繁荣，维护市场秩序，维持投资者的利益和交易安全。在我国，法制建设数十年来，我国公民的法律理念、法治精神发生了深刻变化，社会主义法制国家的建立和完善，西方法律文化的导入，法律全球化和现代化程度的不断加强，这一切都在影响和改变着我国的法制环境，也必然反映到我国法律环境的主流价值体系方面。

本书所研究的对高风险金融交易法律规制中的高风险金融交易，其高风险性给国际金融市场带来很大的不稳定和不确定因素，在东南亚金融危机[①]和长期资本管理公司(Long-Time Capital Management, LTCM)事件之后[②],各国政府对高风险金融交易的关注度与日俱增,并在思考如何改进高风险金融交易的法律规制制度。英国布莱尔首相曾就多次提出对国际金融制度进行重大改革。美联储前任主席格林斯潘在国会作证时,也表示要创造合适的制度适应金融的变化。但是,尽管大家对改革金融制度、改革高风险金融交易法律规制制度的必要性达成了共识,可是对于如何改却意见分歧。对高风险金融交易进行规制的学理分析,我们认为需要对四个不同层面的问题进行探讨。

第一个层面的话题:高风险金融交易法律规制的经济学分析。因为高风险金融交易作为金融投资和交易活动,它的生存和发展离不开整个金融体系和金融市场,金融体系的健康与否直接决定高风险金融交易的命运,高风险金融交易的发展过程也印证了这种观点。这一层次的理论集中于高风险金融交易法律规制的理论依据、经济全球化下国家对规制与效率的选择、金融创新与高风险金融交易法律规制的关系等问题。

第二层面的话题:高风险金融交易法律规制的法理学分析。法律制度的职能不仅要求实现正义,而且还须致力于创造秩序。高风险金融交易的法律规制,产生于各国的具体法律环境之中,贯穿着各国立法者和执法者的法律思想、体现了各国的立法体制和法律实施的特点。因此,我们有必要从具体到一般,从基本原理的视角来全面观察高风险金融交易的法学机理,将高风险金融交易法律规制建立在法学理论的基础之上。这一层次的研究将聚焦

① 自1997年7月起,爆发了一场始于泰国、后迅速扩散到整个东南亚并且波及世界的东南亚金融危机,使许多东南亚国家和地区的汇市、股市轮番暴跌,金融系统乃至整个社会经济受到严重创伤,1997年7月至1998年1月仅半年时间,东南亚绝大多数国家和地区的货币贬值幅度高达30%~50%,最高的印尼盾贬值达70%以上。同期。这些国家和地区的股市跌幅达30%~60%。据估算,在这次金融危机中,仅汇市、股市下跌给东南亚同家和地区造成的经济损失就达1 000亿美元以上。受汇市、股市暴跌影响。这些国家和地区出现了严重的经济衰退。

② 长期资本管理公司(Long-Time Capital Management)在1998年因衍生商品操作失误濒临破产,且几乎导致全球金融体系崩溃。

在高风险金融交易法律规制的法理基础，我们提出并论证法律规制是高风险金融交易实现正义的保障、法律规制是通过法律对高风险金融交易进行调控的活动。高风险金融交易法律规制是一项法治系统工程，我们关注的内容包括高风险金融交易法律规制的先决条件、实现目标、法律规制内容和形式等。

第三个层面的主题：高风险金融交易法律规制的国际金融法分析。现代金融在信息技术的支撑下，出现了经济金融化和金融市场扩大化的趋势，以及虚拟经济与物化经济的非同步发展、金融风险一体化等复杂的经济现象。高风险金融交易法律规制涉及国际金融法领域。从国际金融法的视角对高风险金融交易法律规制进行分析，也就成为我们的必然选择。

第四个层面的主题：高风险金融交易法律规制的国际法分析。高风险金融交易是一种跨国性、全球化的金融投资和金融交易行为，也是国际法学科的研究范畴。高风险金融交易法律规制的前提是坚持国家金融主权，同时加强国际合作。跨国金融机构是高风险金融交易的主要参与者，因此跨国金融机构在参与高风险金融交易过程中的国际法主体资格问题也就成为跨国金融机构承担国际法义务和享受国际法上权利的基础。高风险金融交易的法律规制还要受到国际经济组织法律体系和规章制度的规制，我们必须予以关注。

第一节　高风险金融交易法律规制的经济学分析

经济分析学家主张运用经济学的观点，特别是宏观经济学和微观经济学的观点，分析和评价法律制度的功能和效果，朝着实现经济效益的目标改革法律制度。高风险金融交易法律规制也存在着一个怎样有效地利用资源和配置资源的问题，怎样使高风险金融交易法律规制活动效益最大化的问题。20 世纪 60 年代在美国兴起的法律经济学思潮，其核心思想是效益——以价值得以极大化的方式分配和使用资源，或者说财富最大化是法的宗旨[1]。对高风险金融交易法律规制的经济学分析，是研究的起点。

一、高风险金融交易法律规制的理论依据

（一）“规制”与“法律规制”的含义

“规制”（regulation）是西方发达国家自20世纪30年代以来反复出现于政府法令和学者著作中的词语[2]。规制在金融法学领域中还经常具有“管制”、“监管”和“监督”之意。在法学理论方面，“规制”对于我国法学界并不陌生，并且主要受日本法学研究成果的影响较大。日本著名法学家金泽良雄认为，一般所谓“规制”，在狭义上可以理解为是由于对一定行为规定了一定的秩序，而起到限制的作用；而广义上有“国家的干预”的含义。所谓“干预”，一般涉及消极的（权利限制）和积极的（促进保护）两个方面[3]。日本学者植草益也是一位对“规制”范畴的发展具有一定影响的学者，其《微观经济规制法》一书传入我国后，被学者们广泛援引。根据日本学者的理解，规制是指政府依据一定的规则对特定社会的个人和构成特定经济的经济主体的活动进行限制的行为[4]。上述定义的核心在于政府对私人经济部门的活动进行某种规制或规定，因此更准确的称呼应该是“政府规制”（governmental regulation），从字面上看，“规制”含义是“有规定的管理，或有法规条例的制约”，强调政府通过实施法律和规章来约束和规范经济主体的行为，而宽泛地讲“规制”是指政府对经济主体的行为进行的管理、监督和调控。

“规制”最早的概念可以追溯到古罗马时代，是指政府官员制定法令允许受规制的工商企业（business）提供基本的产品和服务。为了实现社会公平，政

---

① 参见王金胜：《立法效益研究》，中国法制出版社2003年版，第33页。

② 徐士英：《市场秩序规制与竞争法基本理论初探》，载《学术季刊》1999年第4期。

③ 参见［日］金泽良雄：《经济法概论》，满达人译，中国法制出版社2005年版，第45页。

④ 参见［日］植草益：《微观规制经济学》，朱绍文等译，中国发展出版社1992年版，第1页。

府为产品和服务制定“公平价格”，社会重要物品和服务的价格完全由政府规制。对现代意义的规制，不同的文献和经济学家有不同的解释。《新帕尔格雷夫经济学大辞典》对规制有两种解释：一种解释是指国家以经济管理的名义进行干预。在经济政策领域，按照凯恩斯(Keynes)主义的概念，规制是指经过一些反周期的预算或货币干预手段对宏观经济活动进行调节；另一种解释是指政府为控制企业的价格、销售和生产决策而采取的各种行动，政府公开宣布这些行动是要努力制止不充分重视“社会利益”的私人决策。规制的法律基础由允许政府授予或规定公司服务权力的各种法规组成。根据《新帕尔格雷夫经济学大辞典》的解释，规制有广义和狭义之分。广义上的规制外延比较宽，包括政府干预经济的所有职能——宏观和微观两个层面。而狭义上的规制仅指政府对微观主体的经济控制或干预。在这一意义上，规制与它最初的古罗马起源具有相类似的逻辑。

而法学理论上的“规制”(regulation)则是指运用规则(rule)或者限制(restriction)进行控制的行为或者过程①。也有国外学者认为，规制这一用语主要包括了一整套正式的规则(法律和其他)②。基于以上分析，我们认为“法律规制”可以表述为国家为实现控制而依据一定的法律规则，采用法律手段，对特定的个人、企业和机构的活动及相关市场实施的监督、规范和管理的行为及过程。“高风险金融交易法律规制”就是国家及其有关职能部门为维护金融市场秩序，提高金融市场运行效率，依据一定的法律规则采用相应的法律手段，对高风险金融投资行为和金融交易行为及相关市场实施的管理、监督和调控的行为及过程。

(二) 高风险金融交易法律规制理论的来源

从规制理论的发展史来看，系统化的规制体系并不是在国家形成的一开

---

① Bryan A. Garner, *Black's Law Dictionary*, West, Thomson business 2004, 8th ed., p. 1311.

② Willem Molle, *Global Economic Institutions*, Routledge, 2003, p. 89.

始就存在的，它实际上是随着各市场经济国家市场弊端的陆续显现而逐步形成并逐步趋于完备的。规制理论来源于庇古(Arthur Cecil Pigou)[①]的福利经济学(The Economics of Welfare)。在规制理论发展过程中，庇古和科斯(Ronald H. Coase)[②]的规制理论具有"里程碑"意义，前者确立了市场失灵必须由政府规制的思想，是规制产生的基础；后者强调应该多让市场起作用，是新兴市场规制理论的"奠基石"。庇古和斯科的外部性规制理论都主张通过特定方法实现"外部性内部化"，以维护市场的有效运行，前者主要强调通过政府征税或给予津贴的"庇古税法"，后者则特别强调通过产权和市场交易的"科斯市场"方法[③]。科斯研究的是有交易成本的世界，在这个世界中，法律制度对资源效益配置起决定作用[④]。所谓法律制度，即由一个主权国家所制定或认可，在其主权管辖范围内以强制力保障实施的法律规范和制度的总称。法律制度包括了立法、守法、执法、司法等各个环节。而从整个社会来看，交易成本是对资源的一种浪费[⑤]。康芒斯(John Rogers Commons)对制度的理解是"我们可以把制度解释为集体行动控制个体行动"，"它们有时候叫做行为的规则"，"它指出个人能或者不能做，必须这样做或者必须不这么做，可以做或者不可以这样做，由集体行动使其实现"[⑥]。显然，康芒斯突出的是制度的"控制性"。

---

① 阿瑟·塞西尔·庇古(Arthur Cecil Pigou, 1877－1959)，英国著名经济学家，剑桥学派马歇尔的学生，被视为剑桥学派正统人物及主要代表。他由于《财富与福利》(后称《福利经济学》)一书而被西方经济学界奉为福利"经济学之父"，成为福利经济学的创始人。

② 罗纳德·哈里·科斯(Ronald H. Coase)是新制度经济学的鼻祖，1991年诺贝尔经济学奖的获得者。

③ 有关庇古和科斯规制理论的差异，参见王万山：《庇古和科斯的规制理论比较》，载《贵州财经学院学报》2007年第3期。

④ 张乃根：《法经济学——经济学视野里的法律现象》，中国政法大学出版年2003年版，第237页。

⑤ 徐冬根、姚约茜：《国际项目融资浮动担保的法律经济学分析》，载《河南省政法管理干部学院学报》2005年第1期。

⑥ [美]康芒斯：《制度经济学》，商务印书馆1962年版，第87－88页。

新制度经济学[①]上的制度变迁理论可以为高风险金融交易法律规制提供充分的理论依据。新制度经济学上的制度变迁理论认为,制度变迁是一个从制度均衡到不均衡,再到均衡的不断演变的历史过程,各种制度的交叉变迁构成了一定时期的历史延绵[②]。诺贝尔奖得主舒尔茨(Theodore W. Schultz)认为制度或者制度安排上一种行为规则,这些规则涉及社会、政治及经济行为[③]。拉坦(Vermon W. Ruttan)认为,制度是一套行为规则,被用于支配特定的行为模式与相互关系[④]。新制度经济学的上述理论无疑为我们现在的法学研究工作提供了重要的启示和参考价值。尽管法学家没有共同假定法律制度安排是可变的,但是他们确实假定法律制度在一个较长的时期内是会发生变迁的,他们已经区分了制度变迁的两种类型:一是通过传统社会内部自发的因素实现制度变迁;二是在外部压力下通过变革实现制度变迁。用制度变迁的理论解释,前者属于诱致性变迁[⑤],即以响应获利机会而自发形成的社会秩序实现社会变革,其主体来自于基层,程序为自下而上,先易后难,先试点后推广,先外围后向核心突破相结合;其优点是具有自动的稳定功能,避免法律变迁过程的重大信仰危机,随时可以修补制度变迁中的问题,降低决策失误率。与此相反,后者属于强制性变迁,即以法律规定强制实现社会变革,它是由颁布新的法律或者政府命令予以贯彻和实施,程序是自上而下的激进性质的变革,其变

① 新制度经济学,概括地说,就是用经济学的方法研究制度的经济学。新制度经济学兴起以后,人们才真正能够将经济学方法用于对制度的研究,经济学的视野和应用一下子得到了极大的扩展,就像发现了新大陆一样。不能不说,这是一场革命。参见张亦工:《交易费用、财产权利与制度变迁——新制度经济学理论体系透视》,载《东岳论丛》200 年第 5 期。

② 有关新制度经济学上的制度变迁理论,尤其诺斯的有关观点,参见崔宝敏:《制度变迁:理论与经验——基于诺斯与格雷夫的比较分析视角》,载《经济与管理评论》2014 年第 2 期。

③ 参见[美]R. 科斯、A. 阿尔钦等:《则产权利与制度变迁——产权学派与新制度学派译文集》,上海三联出版社 2005 年版,第 253 页。

④ 参见[美]R. 科斯、A. 阿尔钦等:《则产权利与制度变迁——产权学派与新制度学派译文集》,上海三联出版社 2005 年版,第 329 页。

⑤ 诱致性制度变迁是指人们为争取获利机会自发倡导和组织实施对现行制度安排的变更或替代,创造新的制度排,是人们在追求由制度不均衡引致的获利机会时所进行的自发性制度变迁。

革力度大,效果明显,但容易引起社会动荡。

以上述法律制度变迁理论观之,并就高风险金融交易进行法律规制的方式而言,高风险金融交易的法律规制,可分为诱致性规制和强制性规制。诱致性规制是指高风险金融交易法律规制的制度安排的更替、替代或者新制度的创造,由金融机构、行业协会或者金融市场参与者自发倡导、组织、实施的制度变迁,其主体是金融机构、行业协会或者金融市场参与者。诱致性规制是一种自下而上,从局部到整体的制度变迁过程,高风险金融交易法律规制的制度转换、替代和扩散都需要时间,从外在模式的发现到外在模式的内在化,要经过许多复杂的环节。高风险金融交易的法律规制的强制性规制,一般由颁布法律和政府发布命令来实现,其变迁主体是国家的立法机关和政府监管机关,具有强制性、规范性和制度化水平高等特定。与诱致性规制方式相比,国家作为主体推进强制性变迁,不仅是可能的,而且是必须的。

(三) 与金融交易法律规制有关的理论

与金融交易法律规制有关的理论主要有"社会利益论"和"社会选择论"等几种理论①。

"社会利益论"(Public interest theory)②源于20世纪30年代的美国的经济危机。当时人们迫切要求政府通过法律规制来改善金融市场和金融机构的低效率和不稳定状态,并恢复公众对全国存款机构和货币的信心。该理论的要点是现代经济社会并不存在纯粹的市场经济,自由竞争的市场机制不能带来资源的最优配置,甚至造成资源的浪费和社会福利的损失。为此,市场参与

---

① 张忠军:《金融监管法论》,法律出版社1998年版,第60－61页。

② Public interest theory is an economic theory holding that regulation is supplied in response to the demand of the public for the correction of inefficient or inequitable market practices. Regulation is assumed initially to benefit society as a whole rather than particular vested interests. The regulatory body is considered to represent the interest of the society in which it operates rather than the private interests of the regulators. See Richard A. Posner, Theories of Economic Regulation, 5 *The Bell Journal of Economics and Management Science* 335－358 (Autumn, 1974).

者就会集体要求作为社会公共利益代表的政府在不同程度上介入经济过程，通过实施规制以纠正或消除市场缺陷，从而增进资源配置效率。社会利益论认为规制有利于整个社会的公平和发展。

“社会选择论”(Social choice theory)①是从公共选择的角度来解释政府规制的，即政府规制作为政府职能的一部分，是否应该规制、对什么进行规制、如何进行规制等，都属于公共选择问题。因此，政府规制又被称为“公共管制”。该理论解释规制产生的根源和合理性的要点是：鉴于自由市场机制存在市场缺陷，为保证经济体系的高效运行和社会资源的有效配置，必然要求某些方面和某种程度的外部规制，而“规制制度”作为一种公共品只能由代表社会利益的政府来供给和安排，各种利益主体则是规制制度的需求者。

二、金融全球化下国家对规制与效率的选择

（一）规制与效率的辩证关系

上述与金融交易法律规制有关的理论和观点集中于规制与效率的经济学分析。规制与效率的问题实质就是自由经济与国家干预经济的争论。放任的自由经济早就被几百年的经济实践所证明不是高效的，因为市场本身是有缺陷的，存在着市场失灵的情况，不能使市场资源得到最优化配置。因此，国家干预经济是必不可少的。但是国家也不是万能的，每个代表国家实施规制的机构的能力并不一定是最高的，而且这些规制实施者本身也存在着自己的利益，在某些情况下与国家的利益并不是一致的。所以这本身都会对规制的效率有所影响。而且规制的法律要通过一定的立法程序产生，本身就具有滞后性，不能及时反映变化迅速的经济发展，因此过度的规制就会导致效率的丧失，市场机制就不能起作用。

---

① Social choice theory is a theoretical framework for measuring individual interests, values, or welfares as an aggregate towards collective decision. A non-theoretical example of a collective decision is passing a set of laws under a constitution.

所以规制与效率的绝对化观点都不是最优化选择。在规制与效率关系上,关键是要把握好规制与效率关系的“度”,这就要求做到适度规制。适度规制是很难量化的,这个界限很难把握,所以规制者就存在一个价值取向的问题。当一个事物处在新生的时期,应当持有宽松的态度,给新生事物提供一个发展的空间,这就要求放任的、自由的发展;当一个事物的发展趋向稳定的时候,就应该控制其不利的因素,使其日趋成熟。“以不够理想为由来反对政府或反对市场的论调都是浅见。”①

(二)放宽金融交易法律规制

1. 放宽金融交易法律规制的原因

金融交易法律规制本身是一把“双刃剑”,一方面有利于减少金融体系的风险,维护金融业的稳定和安全,另一方面也会给金融业的运行带来成本。有学者总结了金融的基本功能是为经济发展提供三项基本服务:①一个货币交易系统和一个支付系统(用于处理支票、汇票、信用卡等);②一个可以使储蓄变成投资的中介服务功能(如商业银行、储蓄机构、证券市场等);以及③一种能够对经营和各类商业和经济活动中的各种风险进行转换的机制(如保险、衍生品市场等)②。金融是各类市场因素的聚集地和转换枢纽,对于一个国家经济生活和社会发展的至关重要。如果对于金融交易规制不当或规制过度,规制的成本会超过规制的收益,从而破坏金融机构的竞争力,降低金融体系的效率,阻碍金融业的发展,从而影响一个经济的发展速度。规制成本分为直接成本和间接成本两大类:直接成本包括规制当局制定和实施规制需要耗费的人力和物力资源,以及被规制对象因遵守规制的法律法规而需建立新的制度、提供培训、花费时间和资金如资本金、存款准备金和保险金等所付出的成本;间接成本是指因规制行为干扰了市场机制的资源基础性配置作用,限制充分竞

---

① 参见张五常:《卖桔者言》,四川人民出版社1988年版,第110页。

② William L. Silber, *Innovation in the Financial Sector*, in *Financial Innovation* 1 (William L. Silber ed., 1975).

争，影响市场激励机制而导致有关各方改变行为方式后造成的间接的效率损失，即整个社会的福利水平下降。产生间接成本的情况有规制引发的道德风险。规制的收益是维护金融安全和稳定，防范系统性风险，纠正信息不对称，增强公众信心，从而促进金融业的繁荣。所以金融交易法律规制者总是要在规制和效率之间进行博弈。

一般而言，针对金融市场存在着失灵现象，在传统经济中，主张对金融严格规制的理论一直占上风，如美国《格拉斯·斯蒂格尔法》的制定。但是，在全球化经济的发展中，严格的金融交易法律规制在实践中在很大程度上失去了有效性，规避规制的金融创新已使很多限制性规定名存实亡。因为信息技术的发展，使得跨越国界的经济活动的成本越来越低，使得世界经济成为一个共同体，各国经济都是其中的一部分。如果某个国家脱离世界经济的发展，不遵循这个客观规律，就会受到规律的惩罚，给金融业带来损害，降低整个社会的福利①。随着经济的发展，国家也成为市场经济中某类特殊的竞争主体，在竞争状态下的国家对金融交易法律规制与效率进行选择的过程中，不但要权衡本国金融交易法律规制与收益的比率，还要权衡国际金融交易法律规制与本国收益的比率。一国对金融机构规制的不一致使得该国国内金融业的竞争处于不平等状态。处于宽松法律规制环境中的金融机构比处于严厉法律规制环境中的金融机构具有更大的竞争优势。随着金融市场的全球一体化，由于各国金融交易法律规制环境的差异使得各国金融机构的竞争的外部环境存在很大的不平等，规制过严，国家的金融机构必然在国际竞争中处于劣势。如上个世纪 80 年代的美国商业银行的发展。因此，放宽金融交易法律规制无疑是各国进行竞争过程中被动的选择。

此外这个目标也是世贸组织规则要求的。1997 年 12 月 13 日达成的《金融服务协定》由三个文件构成：第五议定书；通过第五议定书的决定；关于金融

① 我国历史上的闭关锁国和改革开放前的历史实践清楚证明了这个规律。

服务承诺的决定。第五议定书的主要内容包括:第一,允许外国在国内建立金融服务公司并按竞争原则运行;第二,外国公司享受同国内公司同等地进入市场的权利;第三,取消跨境提供服务和跨境消费的限制;第四,允许外国资本在投资的基础上的比例超过10%。从市场准入方面看,世贸组织放宽金融管制的力度是很大的。当然,这里要区分金融服务贸易自由化和金融自由化两个不同的提法。这两种提法既相互区别又相互联系。首先这两者的内涵是不一样的。金融服务贸易自由化是指成员国之间允许金融机构提供有关的金融服务而不受国界的限制。金融自由化是指国家对金融活动不进行管制。两者的联系之处是金融服务协定规定了较低的市场准入门槛,这样是有利放宽管制的。

2. 放宽金融交易法律规制的表现——从分业规制到混业规制

分业规制是指法律将银行与非银行金融机构加以区分,规定只允许特定的金融机构从事特定的业务,禁止各金融机构从事本行业以外的业务。混业规制是指法律对金融机构从事业务不加以限制。

分业规制起因于1929年美国证券市场崩溃引发的世界性经济危机后,人们对经济危机进行反思,认为银行业与证券业的融合是造成银行倒闭进而引发金融危机的直接原因,因此要求进行严格规制的呼声日益高涨。罗斯福总统上台后实施新政,美国国会制定了《1933年银行法》(Banking Act of 1933),其中第16、20、21和32节集中就证券投资活动的布局和渠道做了大规模的调整[①],确定了证券投资活动的基本管理原则。该法要求商业银行和投资银行在业务上必须分离。

混业规制是全球化经济发展的必然产物,以美国的《1999年金融服务现代化法》(Financial Service Act of 1999)为代表。该法打破了严格分业限制。

《1933年银行法》和《1999年金融服务现代化法》两部法律,代表了不同的

---

① 因为这些条款是由参议员格拉斯和斯蒂格尔(Glass Steagall)提出的,又称为《格拉斯·斯蒂格尔法》(Glass-Steagall Act)。

法哲学思想，构建了金融交易规制的法律基础。从分业规制到混业规制的过渡，是政府金融管理机构放宽金融交易法律规制的具体表现。

（三）放宽金融交易法律规制与加强高风险金融交易法律规制并行不悖

因为放宽金融交易法律规制不可能在短期内一蹴而就的，而且放宽金融交易法律规制也不完全排除一国法律对金融交易的规制。放宽金融交易法律规制可以表现为对大多数领域放宽管制，但在某些方面加强规制。如美国是主张金融自由化的主要倡导国，在1999年制定的《1999年金融服务现代化法》说明了在取消分业限制规制的同时，加强了混业的规制。放宽金融交易法律规制本身与加强高风险金融交易法律规制并不矛盾。

对高风险金融交易是否需强化法律规制？对此，不同的机构和研究者持有不同的态度。有的观点认为，高风险金融交易容易形成金融垄断，垄断的核心性质在于通过操纵数量来影响价格。高风险金融交易通过操纵市场来影响价格的行为本质上同垄断是一样的。而垄断在经济学上已经得到证实是低效率的。高风险金融交易操纵市场和投机，给国际金融市场带来动荡，应该对其实施严厉的规制，甚至可以拒绝其进入有的国家和地区的金融市场。持这种观点的人不在少数，特别是那些曾经受到对冲基金等高风险金融交易活动冲击的东南亚国家或地区。但是与之相对应的观点认为，对冲基金等高风险金融交易活动可以起到发现价格、提高市场效率的作用。如果加强规制，就会增加成本，导致效率的丧失。这一点从对冲基金等高风险金融交易商品能够获得比共同基金较高的回报就足以说明。

高风险金融交易是否需要规制，要考虑以下两种因素：投机的价值和资本的流动性要求与法律规制的均衡博弈。

1. 投机的价值

高风险金融交易的行为有投机性，批评者甚众。在这方面，就存在对投机的价值判断，在危机爆发以后，大家都说投机资本的弊端。实际上，投机资本既有利，又有弊。一个资本市场的存在和有效运作，既需要长期资本，也需要短期资本。有人需要避险，必然要有风险的承担者。而投机资本是喜好风险的，因为高风险常常对应的是高收益。正是短期投机资本的存在，才使资本市场的流动性得到实现。最近的研究认为，投机性冲击是在市场预期政策出现不一致时所作出的理性反应①，所以从根本上杜绝投机因素是不可能的也是无效益的，正如格林斯潘所说，“光要现行制度的好处，而不想付出相应代价，那样的选择对我们来说并不存在。”②最有效的办法就是设法降低投机资本的不良作用，那就是实行“托宾税”（Tobin Tax）③或采取一些措施，例如智利在开放本国的金融市场后，就对短期资本的流动做出限制，规定要求企业直接借款的外币负债必须在中央银行存入 20%的一年期无偿准备金。每年 1.2%的印花税也适用于外国贷款。1992 年企业外币直接借款的准备金要求提高到 30%，以调节投机资本的流向。这一模式在危机后备受推崇。

2. 资本的流动性要求与法律规制的均衡博弈

资本的流动性要求是由资本的本质特征所决定的，资本是具有时间价值的④。所谓资本的时间价值是指资本随着时间的推移而形成增殖。因此，由于资本在不同的时点上具有不同的价值，就会发生资本的流入和流出，这就是资本的流动性要求。

法律是立法机关通过立法程序制定的，具有一定的稳定性和确定性，使社会成员对各种行为的认识具有可预见性，这是法律规范本身所具有的特征，这也是本书使用法律规制一词的意义所在。由于法律不会朝令夕改，会增强投资者的信心，这是投资者偏好的基础，而投资者的偏好决定了其投资行为。但

① 参见国际货币基金组织：《国际资本市场发展、前景和政策》，中国金融出版社 1996 年版，第 69 页。

② See 84 Federal Reserve Bulletin 1046 - 1050 (Dec. 1998).

③ 这税种是美国著名的凯恩斯学派代表人物之一、1981 年诺贝尔经济学奖得主詹姆斯·托宾在 1972 年的普林斯顿大学演讲中首次提出对外汇交易征收 1%的营业税，被称为“托宾税”。该税种的提出主要是为了缓解国际资金流动尤其是短期投机性资金流动规模急剧膨胀造成的汇率不稳定。托宾税的特征是单一税率和全球性。

④ 参见蔡建民主编：《财务管理学》，立信会计出版社 1997 年版，第 53 页。

是，我们在讨论成文法的缺陷时，总是会提到成文法不能适应社会的发展，往往具有滞后性，在证券市场这种矛盾就会变得更加尖锐。高风险金融交易制定的投资组合就会必然体现资本的流动性要求。多年的金融实践表明，严格的法律规制会使金融机构失去一定的效率，从而在竞争中处于不利的地位；而放任的条件下，金融机构会获得极大发展，离岸金融中心、国际银行和金融衍生商品的巨大发展就是明证。然而，市场经济是法制经济。没有法律，经济的持续、稳定发展也是不可能的，因而金融监管当局总是面临这样一个博弈的过程，既要追求效率，又要追求法治，不能注重某一方面而损害另一方面。美国联邦金融监管机构 2013 年 12 月 10 日投票批准的《沃尔克规则》（Volcker Rule）①，就是这方面的一个典型例子。由美联储前主席沃克尔（Paul Volcker）提出并以他命名的《沃尔克规则》禁止银行机构利用联邦政府存款担保从事以营利为目的的自营交易和投资对冲基金、私募股权基金等，但允许银行应客户需要和为对冲风险进行交易②。分析认为，该规则将把商业银行的传统金融中介服务与其股票、债券等投资业务在一定程度上隔离开来，开启了美国银行业监管的新时代③。2012 年美国摩根大通银行在伦敦的交易员因衍生品交易损失 62 亿美元，“伦敦鲸”事件④再次显示了银行投机交易的高风险。长达 71 页的

---

① 《沃尔克规则》以美联储前主席、美国总统奥巴马前经济顾问保罗·沃尔克的名字命名，是美国在 2010 年通过的《多德-弗兰克法案》的核心内容之一，旨在限制银行机构投机交易，这种被称为自营交易的做法是华尔街利润最丰厚，也是高风险的活动，华尔街 2008 年几乎因此被吞噬。为了避免华尔街再次出现需要政府救助的局面，沃尔克在 2008 年国际金融危机爆发后提出该规则，认为坐享联邦存款担保和贴现融资好处的金融机构不应从事可能引发政府救助的冒险行为。

② See Amanda R. Huff, The Volcker Rule: the Prohibitions, Compliance and the Cost on the Small Bank, 41 *W. St. U. L. Rev.* 81, 82(2013).

③ Onnig H. Dombalagian, The Expressive Synergies of the Volcker Rule, 54 *B. C. L. Rev.* 469, 470 (2013).

④ “伦敦鲸”是指摩根大通驻伦敦的交易员布鲁诺·伊科西尔（Bruno Iksil），他任职于摩根大通的首席投资部门 CIO，布鲁诺·伊科西尔年初为摩根大通建立了巨额的信用违约掉期头寸，后来在 2012 年 3 月底之前空翻多卖出了这些保护，而多家对冲基金和其他市场参与方随后投入了巨额对赌资金，买入针对这些公司债券的违约保护，他们希望债券违约或贬值。摩根大通在 2012 年 5 月 10 日宣布，由于旗下绰号为“伦敦鲸”的交易员采取对冲策略失误，导致该行遭受巨额亏损。

《沃尔克规则》最终版本，是美国金融监管机构和华尔街游说势力达成的折中方案[1]。规则允许银行机构应客户需要进行“做市”交易，但是要求银行持有证券的仓位不能超过“客户短期需求的合理预期”。同时，规则也允许银行为了对冲风险而进行交易，但要求银行证明其对冲交易“切实减少或显著减缓一个或多个具体的可识别风险”。规则允许美国银行的海外分支机构交易外国政府债券，这被认为是对华尔街的一个明显让步[2]。《沃尔克规则》在限制银行机构对冲交易方面较为严格，但在“做市”交易方面则留下许多模糊空间，比如，条文中的“合理预期”一词可能给华尔街留下钻空子的余地。英国伦敦卡斯商学院教授安德烈·斯派塞认为，《沃克尔规则》不是灵丹妙药，只是朝着构建安全的金融体系前进了“半步”[3]。鉴于美国是全球最大的金融服务市场，《沃克尔规则》对全球银行业会有重大影响，它们必须调整业务组合和架构，以符合规定。此外，世界其他国家的金融监管机构也可能跟随美国的脚步，采纳类似的规则。

实际中，金融监管当局总是根据实际情况和官员的偏好作出抉择，在流动性要求与法律规制之间摇摆，不会一成不变。经济繁荣就会放松规制，经济出现问题就会加强规制，这是一般规律。因此，我们认为，在出现问题时，应侧重于加强规制，即使会发生损失一定效率的情况，也不能畏惧。只有在情况适宜时再进行调整，这是矛盾对立统一规律决定的。

（四）《多德-弗兰克法案》与强化高风险金融交易法律规制

2008 年国际金融危机爆发之后，美国出于完善其金融监管体系，改善其高风险金融交易中金融衍生化程度过高、金融衍生品交易过度膨胀的局面，决定对金融监管法律制度进行大规模地改革，以强化对高风险金融交易的法律规制。2010 年 7 月 21 日，美国国会参众两院批准了集中体现政府改革动议的

---

① See Matthew S. McElroy, Make No Bonds about It: Exempting Foreign Government Obligations from the Volcker Rule, 18 *Fordham J. Corp. & Fin. L.* 669,673(2013).

② 为了给银行业过渡期，《沃尔克规则》将从 2015 年 7 月 21 日开始生效。

③ 参见吴成良：《美国“沃尔克规则”强化金融监管》，载《人民日报》2013 年 12 月 12 日第 22 版。

《多德-弗兰克华尔街改革和消费者保护法》(Dodd-Frank Wall Street Reform and Consumer Protection Act 2010, Dodd-Frank Act)[①]。这项简称《多德-弗兰克法案》的法案赋予金融监管机构更大的监管权力,并增加了以往没有涵盖的金融交易[②]。该法案共有16个主题(Title),全文849页[③]。该法案的通过,被认为是奥巴马及民主党一项重要的政策胜利,作为一个"里程碑式"的法案,将对美国乃至世界的金融生态和高风险法律规制制度产生重大影响。《多德-弗兰克法案》是一项综合性的改革,也是美国规制金融市场和高风险金融交易的新的法律规制。该法案的目标包括促进金融稳定,增强透明度,保护消费者免受金融服务业务滥用的损害。法案的三大核心内容包括:其一,对监管机构扩大权力,破解金融机构"大而不倒"的问题,允许分拆陷入困境的所谓"大而不倒"的金融机构;其二,设立新的消费者金融保护局,赋予其超越目前监管机构的权力,全面保护消费者合法权益;其三,采纳《沃克尔规则》,即限制大金融机构的投机性交易,尤其是加强对金融衍生品的监管,以防范金融风险[④]。

《多德-弗兰克法案》在规制高风险金融交易方面,体现了明显的法律价值取向。第一,《多德-弗兰克法案》贯彻了公平原则。《多德-弗兰克法案》所追求的公平价值主要体现在对金融消费者和投资者的保护之中,包括成立金融消费者保护局,致力于向消费者提供透明、简明扼要和公平的信息。根据《多

---

① Dodd-Frank Wall Street Reform and Consumer Protection Act, Pub. L. No. 111 - 203, 124 Stat. 1376(2010) (codified in scattered sections of the U. S. Code).

② Andrew Bradford, It Is Statutorily Required that the Buck Stops Here: Risk Retention Requirements in the Dodd-Frank Wall Street Reform and Consumer Protection Act, 10 *DePaul Bus. & Com. L. J.* 267, 267(2012).

③ Although the version made available above by the Government Printing Office comes in at 849 pages single-spaced, various sources have reported that the Act was over 2300 pages in length. See, e. g., Ben Protess, Unearthing Exotic Provisions Buried in Dodd-Frank, Dealbook/N. Y. Time (July 13, 2011), available at http://dealbook.nytimes.com/2011/07/13/unearthing-exotic-provisions-buried-in-dodd-frank (last visited Aug. 22, 2011).

④ 参见林欣:《美国证监会对衍生品监管的改革及挑战——以多德-弗兰克法案第七章为指导框架》,载《新金融》2013年第3期。

德-弗兰克法案》第1021条规定，法案的目标之一就是确保消费者在接受金融部门服务时免受不公平、欺骗和滥用合同条款等行为和做法的侵害，并不受歧视。《多德-弗兰克法案》第1031条对此做了较为详细的规定，并对"不公平"做了定义。所谓不公平，在一般情况下，是指金融消费者保护局对以下行为和做法有合理根据：①该行为和做法造成或可能造成消费者的重大损害，并且这种行为和做法是消费者所不能合理避免的；②这些重大损害，是无法通过补偿消费者或竞争而抵消的[①]。此外，《多德-弗兰克法案》第932条还规定，允许投资者起诉失败的评级机构，并在美国证券交易委员会(SEC)内部建立新的监管部门，可以对评级机构处以罚款。为此，奥巴马总统予以高度评价，认为金融监管改革是对消费者财务最强大的保护。第二，《多德-弗兰克法案》体现了对安全、稳定和秩序的追求。为经济和社会发展提供一个安全、稳定的法律环境一直是金融法追求的目标。20世纪30年代，受"大萧条"的影响，对金融安全、稳定和秩序的需求达到了顶峰。对金融安全、稳定和秩序的追求是《多德-弗兰克法案》的主要法律价值取向，贯穿了《多德-弗兰克法案》文本的始终。法案第一部分的标题即为"金融的稳定性"(Financial Stability)，为达到这一目标，《多德-弗兰克法案》设立了一个金融稳定监管委员会(Financial Stability Oversight Council)，由这个机构来统一对整个金融行业的系统性风险进行监管。《多德-弗兰克法案》的立法经验也告诉我们，一部好的金融法，应该是一部以公平、公正为核心价值的法律，一部适度监管的法律，并在公平、安全和自由之间，寻找到最佳的平衡点。

《多德-弗兰克法案》被认为是《格拉斯-斯蒂格尔法》以来最为重要的一项金融监管法案。本次法案的通过，标志着美国金融监管力度的显著加强[②]。该

① 参见彭兴庭：《公平、稳定与自由的权衡与协调——〈多德-弗兰克法案〉述评》，载《证券市场导报》2010年第10期。

② 连玉霖、杨庆芳：《后危机时代的金融监管——论美国〈多德-弗兰克法案〉》，载《中国物价》2010年12期。

法案强化了高风险金融交易的法律规制，除了加强对消费者权益的保护，预防系统性风险，改变金融机构“大而不能倒”的局面之外，还包括了加强对金融衍生品、信用评级机构、对冲基金的监管等内容。该法案体现了美国对高风险金融交易法律规制理念和监管模式的变革方向，也将对高风险金融交易法律规制的国际监管规则产生重大影响。

三、金融创新与高风险金融交易法律规制的关系

金融创新是一国经济发展和稳定的重要因素。在法律学者眼中，金融创新表现出来的是金融创新产品以及创新过程①。美国金融立法的百年历程表明，金融创新是国家经济发展和稳定的重要因素②。在美国经济腾飞过程中扮演了重要角色的纽约证券交易所，建于 1792 年，是目前世界上规模最大的证券交易所。在南北战争期间，由于向公众发售战争国债，为北方政府提供了大规模的战争融资。在以铁路为代表的工业化进程中，大量的资金需求也是靠金融市场创新金融商品来提供。金融市场的创新，还为美国的两次世界大战和后来的金融危机救援、高科技发展作出了贡献。③ 金融领域的创新，在 20 世纪 70 年度之后，有了蓬勃发展。新一代的股票期权，作为金融创新品种之一，可以用于公司管理层的股权激励④。而金融期货和期权的发展成为过去几十

---

① See Charles R. P. Pouncy, Contemporary Financial Innovation: Orthodoxy and Alternatives, 51 *SMU L. Rev.* 505,514(1998).

② 有关金融创新的研究成果，See Gary W. Glisson, United States Regulation of Foreign Currency Futures and Options Trading: Hedging for Business Competitiveness, 8 *J. Intl. L. Bus.* 405,434 (1987); Helen A. Garten, Subtle Hazards, Financial Risks, and Diversified Banks: An Essay on the Perils of Regulatory Reform, 49 *Md. L. Rev.* 314,324(1990).

③ 参见蓝寿荣：《金融创新与法律规制——美国证券立法演进的回顾与思考》，载《法治论丛》2009 年第 3 期。

④ Steven A. Bank, Devaluing Reform: The Derivatives Market and Executive Compensation, 7 *DePaul Bus. L. J.* 301,323(1995).

年中最重要的金融创新之一[①]。金融互换无疑是20世纪80年代的在一项重要金融创新衍生品[②]。金融创新是建立新的市场金融体制的重要手段,其既有利于防范和化解金融风险,加快金融机构改革,同时也适应了国际经济形势的变化,有利于实现金融业务的国际化。因此,金融创新具有重大价值与深远意义,尤其对于一国经济的发展起着不可替代的作用。

对高风险金融交易进行法律规制必须考虑其金融创新的特点。对于金融创新的认识有不同观点,一种观点认为,金融创新包括金融业务创新、金融市场创新和政府对金融业法律规制方式创新的总和[③]。但是,另一种观点认为,金融创新仅指金融业务创新[④]。我们认为,金融创新是指包括金融业务、金融机构、金融市场、金融交易规制的法律制度、金融手段等在内的一切与金融发展有关的创新。这些金融创新是随着经济的不断发展而发展,随着风险偏好和风险承受能力的提高而多样化的[⑤],而且这些创新的部分动因就是为规避法律规制而产生的,如表外业务使得信息透明度更差,信息不准确,使得管理部门对金融创新的法律规制难度增加。所以金融创新在某种程度上与金融交易法律规制是对立的,因而金融创新给法律规制带来了很大的难度。

如何恰当处理金融创新与法律规制的关系是一个监管难题。

强化法律管制与鼓励金融创新,是一个漫长、反复的制度变迁过程。20世

① Mark D. Young & William L. Stein, Swap Transactions under the Commodity Exchange Act: Is Congressional Action Needed?, 76 *Geo. L. J.* 1917,1940(1988).

② Frank Partnoy, Financial Derivatives and the Costs of Regulatory Arbitrage, 22 *J. Corp. L.* 211, 218(1997).

③ 王爱俭:《金融创新与风险管理》,中国金融出版社1996年版,第1页。

④ 如国际清算银行在一份综合报告中将金融创新分为四类:第一类,风险转移型创新。如期货,主要目标是减少价格利率、汇率波动等原因造成的金融风险。第二类,增加流动性创新。如可转让定期存单等,主要目标是容易变现,增加流动性。第三类,是信用创造型创新。如贷款担保证券,主要目标是扩大信贷资金来源。第四类,股权创造型创新。如可转换债券。

⑤ 在金融经济学上认为风险偏好促成金融创新的井喷现象。参见余波:《金融产品创新的经济分析》,中国财政经济出版社2004年版,第130-162页。

纪80年代以来，国际贸易和国际投资的空前发展，刺激了金融工具的创新，各国纷纷放松对金融机构的限制，以适应经济全球化对金融的需求和提高金融效率，促进经济发展。美国金融市场的监管，也进一步放松，金融立法也进入了一个活跃时期。进入21世纪之后，安然、世通等公司暴露的问题，又使监管加强，比较典型的如美国出台了《萨班斯-奥克斯利法案》[①]。在金融创新与高风险金融交易法律规制之间，是要不断进行调整、改革和创新的。

一方面，金融立法是由市场创新推动的。过去的实践表明，金融创新不仅是金融行业成长的主要推动力，而且还有力地推动了经济发展、带动产业升级，但也带来了体系性风险。20世纪80年代以来，国际贸易和国际投资发展，客观上要求金融产品进行创新，迫使各国也包括美国金融法的重大修改，放松对金融市场的制度束缚和加强国际合作。可见，任何法律制度的颁布，表面看是理论研究的结果，实际上是客观经济发展的必然要求。通过立法平衡金融创新与法律规制以维护金融安全、经济效率的理念是逐步建立起来的管制与放松是一个漫长、反复的制度变迁过程。高风险金融监管需要从实际出发，尊重市场机制，尊重金融市场的内在规律[②]。另一方面，金融创新必须建立在现代化的金融法律保障机制的基础之上，只有不断完善金融创新法律保障体系，把金融法律规则嵌入金融创新的过程之中，防范各类金融创新过程中产生的隐患，充分发挥金融法律的规范、指引、教育、评价、预测、规制等功能，才能强化对金融创新的监督与保障[③]，防范金融交易高风险的发生。

---

① 《萨班斯-奥克斯利法案》，其全称为《2002年公众公司会计改革和投资者保护法案》，由参议院银行委员会主席萨班斯(Paul Sarbanes)和众议院金融服务委员会(Committee on Financial Services)主席奥克斯利(Mike Oxley)联合提出，又被称作《2002年萨班斯-奥克斯利法案》。该法案对美国《1933年证券法》、《1934年证券交易法》做出大幅修订，在公司治理、会计职业监管、证券市场监管等方面作出了许多新的规定。

② 参见蓝寿荣：《金融创新与法律规制——美国证券立法演进的回顾与思考》，载《法治论丛》2009年第3期。

③ 参见《“金融创新的法律规制与防控”研讨会会议综述》，载《犯罪研究》2012年第6期。

四、高风险金融交易法律规制的不同规制方式

新制度经济学上的制度变迁理论认为，制度变迁是一个从制度均衡到不均衡，再到均衡的不断演变的历史过程，各种制度的交叉变迁构成了一定时期的历史延绵。舒尔茨认为制度或者制度安排上一种行为规则，这些规则涉及社会、政治及经济行为[①]。拉坦认为，制度是一套行为规则，被用于支配特定的行为模式与相互关系[②]。新制度经济学的上述理论无疑为我们现在的法学研究工作提供了重要的启示和参考价值。尽管法学家没有共同假定法律制度安排是可变的，但是他们确实假定法律制度在一个较长的时期内是会发生变迁的，他们已经区分了制度变迁的两种类型：一是意识通过传统社会内部自发的因素实现制度变迁；二是在外部压力下通过变革实现制度变迁。用制度变迁的理论解释，前者属于诱致性变迁，即以响应获利机会而自发形成的社会秩序实现社会变革，其主体来自于基层，程序为自下而上，程序为先易后难，先试点后推广，先外围后向核心突破相结合。其优点是具有自动的稳定功能，避免法律变迁过程的重大信仰危机，随时可以修补制度变迁中的问题，降低决策失误率；与此相反，后者属于强制性变迁，即以法律规定强制实现社会变革，它是由颁布新的法律或者政府命令予以贯彻和实施，程序是自上而下的激进性质的变革，其变革力度大，效果明显，但容易引起社会动荡。

以上述制度变迁理论观之，并就高风险金融交易进行法律规制的方式而言，高风险金融交易的法律规制，可分为诱致性规制和强制性规制。

高风险金融交易法律规制的诱致性规制是指高风险金融交易法律规制的制度安排的更替、替代或者新制度的创造，由金融机构、行业协会或者金融市

---

① [美]科斯、阿尔钦、诺斯等：《财产权利与制度变迁—产权学派与新制度学派译文集》，刘守英等译，上海三联书店2005年版，第253页。

② [美]科斯、阿尔钦、诺斯等：《财产权利与制度变迁—产权学派与新制度学派译文集》，刘守英等译，上海三联书店2005年版，第329页。

场参与者在响应获利机会时自发倡导,组织的实施的规制制度变迁,其主体是金融机构、行业协会或者金融市场参与者。在高风险金融交易的规制方面,国际社会做出了重大的努力。2009 年 9 月,二十国集团(G20)[①]匹兹堡峰会(Pittsburgh Summit)发起了旨在减少场外衍生品系统性风险的改革计划:最迟至 2012 年底,所有合适的标准化场外衍生品合同应在交易所或电子平台上交易,并通过中央对手方清算;场外衍生品交易合同需向交易信息库报告;非集中清算的合同应具有更高的资本要求[②]。为落实 G20 要求,金融稳定理事会(Financial Stability Board, FSB)于 2010 年 4 月底成立了场外衍生品工作组(OTC Derivatives)来具体落实各项要求。具体包括推行标准化、推进集中清算等五个方面[③]。诱致性规制是一种自下而上,从局部到整体的规制制度变迁过程,高风险金融交易法律规制的制度转换、替代和扩散都需要时间,从外在模式的发现到外在模式的内在化,期间要经过许多复杂的环节。

高风险金融交易法律规制的强制性规制,即以法律规定强制实现法律规制,它是由颁布新的法律或者政府命令予以贯彻和实施,程序是自上而下的激进性质的规制。高风险金融交易的强制性规制根据其性质不同,又可以区分为高风险金融交易的管理性规制和高风险金融交易的效力性规制两类。其中,①管理性规制是指法律及行政法规未明确规制违反此类规制将导致高风险金融交易行为无效的规制,此类规制旨在管理和处罚违反规制的行为,但并不否认该行为在法律上的效力;②效力性规制是指法律及行政法规明确规制违反该类规制将的高风险金融交易导致交易无效的规制,或者虽未明确规制

① G20 Members include: (1) Argentina; (2) Australia; (3) Brazil; (4) Canada; (5) China; (6) France; (7) Germany; (8) India; (9) Indonesia; (10) Italy; (11) Japan; (12) Republic of Korea; (13) Mexico; (14) Russia; (15) Saudi Arabia; (16) South Africa; (17) Turkey; (18) UK; (19) US; and (20) EU.

② See, ISDA, "Asia-Pacific Regulatory Profiles" (April 2013) International Swaps and Derivatives Association Inc.

③ 参见何君光:《场外衍生品的监管改革》,载《中国金融》2014 年第 9 期。

违反之后将导致交易无效，但若使高风险金融交易继续有效将损害国家利益和社会公共利益的规制，此类规制不仅旨在处罚违法的高风险金融交易行为，而且意在否定其在法律上的效力。高风险金融交易法律规制的强制性规制规制力度大，效果明显。

第二节 高风险金融交易法律规制的法理学分析

法律规制是指法律规范对人的行为构成社会关系调整和引导，是法的功能和作用的基本体现，它表明法律作为一种社会规范，它的社会功能在于实现社会关系的一种有序状态，即秩序(order)。法律是调整人与人之间社会关系的一种行为规范，它通过规定社会关系参与者的权利义务来确认、保护和发展一定的社会关系。离开了必要的规制，社会便不能正常运行。高风险金融交易规制是维护金融交易秩序、保障金融市场正常运行的必要手段。

高风险金融交易的法律规制，就是要通过法律工具，使得高风险金融交易处于一种有序、规范的状态，从而降低高风险金融交易当事人的风险。通过法律调整高风险金融交易市场关系，可以有效节约交易成本、促进市场更加规范、稳定地运行。要构建有效的高风险金融交易市场系统风险监控法律制度体系，首先必须认真研究和全面分析高风险金融交易规制得以建立的法理学基础。

一、法律规制是高风险金融交易实现正义的保障

凯尔森认为，涉及基本价值之判断的正义问题是无法用理性方法来解决的。然而，在相互抵触的价值之间作出最终选择之前，人们通过对历史经验的研究和对可能后果的预测，往往还是能够奠定起较坚实的理性基础[①]。在这些情形下，正义提出这样一个要求，即赋予人的自由、平等和安全应当在最大程

① [美]博登海默:《法理学与法律哲学与法律方法》，中国政法大学出版社 1999 年版，第 263 页。

度上与共同福利相一致[①]。共同福利既不能等同于个人欲望和个人要求的总和，也不能同意将共同福利视为是政府当局所做的政策决定。一个法律制度如果能完成其职能，就不仅要求实现正义，而且还须致力于创造秩序。这两者是相辅相成的。如果一个法律制度不能满足正义的要求，也就最终不能实现正义；如果没有秩序，正义实现也只是空谈。所以法律规制的目标就是要最大程度实现秩序和正义。

高风险金融交易的产生和发展为市场带来了动力和活力。高风险金融交易是基于金融市场的发展和满足金融创新的需求，基于金融市场主体各自独立的经济利益而产生和发展起来的[②]。金融机构为市场提供具有投资者所需要的金融商品，旨在实现财富的价值增值。金融产品的购买者通过高风险金融交易所要获得的是高额的利润和回报。伴随高风险金融交易的高利润的必然是高风险。这是金融市场的基本规律。法律要规制整个金融市场的健康运行，必然要规制作为金融市场中具有重要意义的高风险金融交易。

高风险金融交易对于金融市场来说，具有极其重大的意义，这就要求必须有法律的正确规制，适时给予高风险金融交易中的创新金融产品提供必要的发展空间[③]。这是因为：第一，高风险金融交易有利于提高金融交易的效率。在高风险金融交易中，由于大量应用杠杆效应，交易者可以采用花费低于正常金融交易所需要的成本和资本进行交易。所以，投资者获得相同结果的资本量就大大降低。因此，提高金融交易效率，降低金融交易成本就成了高风险金融交易的必然结果。第二，高风险金融交易有利于丰富金融市场产品和金融交易商品。在高风险金融交易中，投资者除了采取传统的交易商品之外，还有

---

① [美]博登海默：《法理学与法律哲学与法律方法》，中国政法大学出版社 1999 年版，第 299 页。

② SeeHelen A. Garten, Subtle Hazards, Financial Risks, and Diversified Banks: An Essay on the Perils of Regulatory Reform, 49 *Md. L. Rev.* 314,324(1990)

③ SeeGary W. Glisson, United States Regulation of Foreign Currency Futures and Options Trading: Hedging for Business Competitiveness, 8 *J. Intl. L. Bus.* 405,434(1987)

风险投资、期货、期权、对冲基金等多品种的高风险金融交易方式。社会需求的多层次性和多侧面性，也决定了金融产品和金融商品的多层次性和多侧面性。只有品种丰富的金融产品，才可能赢得更多的投资者参与金融交易和投资活动，银行、证券公司和对冲基金等与高风险金融交易相关的金融机构才可能在众多的金融组织中独树一帜、独领风骚。

波斯纳首次将法律的“正义原则”赋予了经济效率的内涵，认为法律的内涵不仅包含分配正义，即一定程度的经济平等，也包含效率，这样经济领域公平与效率的对立统一问题又被引申到了法律的层面[①]。波斯纳认为，美国证券交易委员会广泛监管证券市场的理由是：如果没有这些监管，证券市场将无法令人满意的运行[②]。我国也有学者认为，金融市场的自由化程度越高，越需要高标准并能真正得到严格执行的规制制度[③]。对作为金融市场中的重要投资和交易方式的高风险金融交易进行规制，符合公平和正义原则。

二、法律规制是通过法律对高风险金融交易进行调控的活动

“法律本身有两个动力装置，一个是通过权利激发人们运用法律，另一个是通过处罚预防人们的违反行为。……这两个动力装置的机制或内容，取决于国家对自身利益、社会利益以及金融市场机构等主体利益的权衡和取舍。”[④]例如，欧盟委员会通过的两个处罚决议就是一个典型的例子，该决议对通过非法串谋的方式参与欧元利润衍生交易的 8 家金融机构处以 17 亿欧元的罚金[⑤]。在此，我们假设高风险金融交易行为都是有理性的，那么从事高风险金融交易的主体作出任何选择都会从道义和功利两个方面进行考虑。为了便于

① 参见曲振涛、杨恺钧：《法经济学教程》，高等教育出版社 2006 年版，第 120 页。

② [美]波斯纳：《法律的经济分析》，中信出版社 2003 年版，第 457 页。

③ 参见陈安：《国际经济法学新论》，高等教育出版社 2007 年版，第 382 页。

④ 谢鹏程：《基本法律价值》，山东人民出版社 2000 年版，第 179 页。

⑤ See Commission Fines Banks for Cartels in Interest Rate Derivatives Industry, *EU Focus* 2014,316, 4－5; Commission Press Release IP/13/1208 and MEMO/13/1090, December 4,2013.

进行分析，我们不妨把道义和功利之和设定为效用，把效用作为从事高风险金融交易的主体选择的唯一根据和动力。效用值越大，对从事高风险金融交易的主体的影响就越大。法律控制违法行为的实质是减少违法行为的供给。从违法行为人的角度看，在从事高风险金融交易活动中，从事任何违法行为都要动用一定的资源冒受惩罚的风险，因而具有一定的成本；同时，违法行为人在从事高风险金融交易活动中要有违法行为，必然有一定的预期效用。只有在预期效用大于预期成本时，从事高风险金融交易的主体才会发生违法行为。

"当某人从事违法行为的预期效用超过将时间及另外的资源用于其他活动所带来的效用时，此人便会从事违法。"[①]法律对从事高风险金融交易活动中违法行为的控制，主要在于加大违法行为的私人成本，使从事高风险金融交易活动中潜在的违法行为人放弃对违法行为的选择。加大违法行为的私人成本主要有两种方法：一是加重对高风险金融交易活动违法者处罚力度，二是提高高风险金融交易活动违法者处罚的可能性。

法律实现对从事高风险金融交易行为的控制，除了加重处罚力度，提高处罚的可能性两种"堵塞"功能之外，还有一条途径，即通过权利激励从事高风险金融交易活动的主体选择合法行为并同违法行为作斗争，这就是法律"疏导"功能。在高风险金融交易法律规制的法律体系架构中，其法律制度架构的成功与否，主要取决于该法律体系能否把从事高风险金融交易行为主体的行为引入到合乎社会需要的轨道上去。法律权利把社会需要与个人效用有机地结合起来，为从事高风险金融交易行为主体实现其建设性和创造性能力提供了有效率的活动空间，把私人收益率与社会收益率统一起来，使从事高风险金融交易行为主体在为自身利益奋斗的同时，创造出比较大的社会利益。在权利界限明确的条件下，从事高风险金融交易行为主体为了自身利益也会积极地同违法行为作斗争。因此，法律的"疏导"功能不仅形成了法律效率的激励机

① [美]加里·S·贝克尔：《人类行为的经济分析》，王业宇、陈琪译，上海三联书店1993年版，第63页。

制，而且可以提供同违法行为作斗争的效力。可见，法律规制是通过法律对高风险金融交易行为进行调控，将从事高风险金融交易行为主体的行为设定在符合社会发展和金融市场稳定，符合金融市场参与者共同利益的范围内。

三、高风险金融交易法律规制是一项法治系统工程

高风险金融交易的稳健有序发展与金融法治系统的完善密不可分。法治是一种治国方略。在法治社会中，法律具有最高的权威性。金融市场主体信仰法律，遵守法律，以法律规范为最高的准绳，法律是调整高风险金融交易参与者权利义务及其相互之间关系的最重要和最基本的行为规范。金融法治系统一方面是构成高风险金融交易的外部法制环境，另一方面是影响高风险金融交易发展的一种制度要素。金融法治系统与高风险金融交易由此而不断循环往复地进行着互动。完善的金融法治系统可以为高风险金融交易的健康发展提供强大的制度助力，促进和优化金融市场功能的发挥。就我国的金融法治系统建设而言，根据高风险金融交易所处的发展阶段和特定时代背景，审时度势地对当前金融法治系统进行有效的变革，立足我国转型时期的具体问题，明确金融法治系统变革的使命与任务，对于发挥金融法治系统对高风险金融交易的良性影响和推动作用显得尤为重要。在社会变迁的大背景下，我国高风险金融交易出现了翻天覆地的变化，我国金融法治系统亟须通过变革，为高风险金融交易的持续发展提供有效的制度供给。

（一）高风险金融交易法律规制的先决条件

巴赛尔银行监管委员会（Basel Committee on Banking Supervision）[①]提

① 巴塞尔银行监管委员会，简称巴塞尔委员会，原称银行法规与监管事务委员会，是由美国、英国、法国、德国、意大利、日本、荷兰、加拿大、比利时、瑞典10大工业国的中央银行于1974年底共同成立的，作为国际清算银行的一个正式机构，以各国中央银行官员和银行监管当局为代表，总部在瑞士的巴塞尔。每年定期集会4次，并拥有近30个技术机构，执行每年集会所订目标或计划。巴塞尔委员会本身不具有法定跨国监管的权力，所作结论或监管标准与指导原则在法律上也没有强制效力，仅供参考。但因该委员会成员来自世界主要发达国家，影响大，一般仍预期各国将会采取立法规定或其他措施，并结合各国实际情况，逐步实施其所订监管标准与指导原则，或实务处理相关建议事项。

出,有效法律规制必须建立在一定的先决条件之上。在一个有效的金融交易规制法律体系下,参与金融交易的每个机构要有明确的责任和目标,并应享有工作上的自主权和充分的资源;适当的金融交易规制框架,包括对金融机构的审批和持续规制,要求其遵守法律法规及安全稳健性的权力和对法律规制者的法律保护。另外,还要建立法律规制者之间分享信息及为信息保密的各项安排。对金融交易进行法律规制是促进金融市场稳定性的一部分,必须和其他措施相结合,包括稳健且可持续发展的宏观经济政策、完善的公共金融基础设施、有效的市场约束、高效率解决金融问题的程序、提供适当的系统性保护机制等。制定稳健且可持续的宏观经济政策远远超出了监管机构的职权范围,但当监管机构察觉到宏观经济政策会损害金融体系的安全与稳健时,监管机构必须有所反应,稳健的宏观经济政策是稳定金融体系的基础,否则,监管机构的任务是难以完成的。完善的公共金融基础设施应包括以下内容,否则金融体系的稳健性将会受到威胁:①便于实施并有助于公平解决争议的一整套商业法律体系,其中包括公司法、破产法、合同法、消费者保护法和物权法;②综合完善的会计准则;对规模相当的公司进行独立审计的体系,使财务报表的使用者相信各类账目能真实反映公司的财务状况;有效的银行法律规制;对资本市场及在适当情况下对市场参与者进行法律规制的明确规定;为金融交易进行清算且安全有效的支付和清算系统,从而控制交易对象风险[①]。

(二)高风险金融交易法律规制的实现目标

由于各国和地区的经济发展水平的差异、历史文化背景的差异、法律制度的差异,高风险金融交易法律规制的目标有可能不同,而且实现目标的方式也可能不同。高风险金融交易法律规制的目标一般包括:维护金融体系的安全与稳定,防止系统性风险;要维护良好的市场竞争秩序;保护投资者等弱势群

① 巴塞尔银行监管委员会:《巴塞尔银行监管委员会文献汇编》,中国金融出版社 1998 年版,第 10-13 页。

体的利益等。高风险金融交易法律规制目标也会随着时间的推移、经济基础的变化而与时俱进。高风险金融交易法律规制的目标有的法律会明文加以规定，如美国《1933年证券交易法》第二条规定，本法目的是为了保护州际间的商务、国家信贷、联邦税权，也为了保障国家银行体系和联邦储备体系，并且使之更有效，还为了确保在这样的交易中维护公正、诚实的市场行为。有的法律没有对目标进行明文规定，而是隐藏在条文的字里行间。

高风险金融交易法律规制的首要目标是维护金融体系的安全与稳定，防止系统性风险。这是由高风险金融交易法律规制的本身所决定的。因为之所以需要对高风险金融交易进行法律规制，就是由于市场本身存在缺陷，会导致市场失灵，不能发挥市场对资源的配置作用，损害社会利益。因此高风险金融交易法律规制的首要目标就是干预市场，弥补市场机制的缺陷，因而自然就需要维护金融体系的安全与稳定。没有金融体系的安全与稳定，也就没有其他目标实现的可能性。这个目标的实现是其他目标得以实现的基础。

维护良好的市场竞争秩序，保证市场充分的透明度，保证金融机构之间的适度竞争，也是高风险金融交易法律规制的重要目标。如果不能提高金融体系的竞争力，就会导致效率丧失，整个社会资源的巨大浪费，损害整个社会福利，也就没有必要进行法律规制。

高风险金融交易法律规制的目标还包括保护投资者的合法权益。保护投资者等弱势群体的利益是社会正义的要求，实现社会正义是人类社会的终极目标。同时，保护投资者利益也是市场经济的要求。市场经济是平等主体之间的活动，它不但要求理论上的平等，还要求实质上的平等。因为投资者等弱势群体的地位，使得他们的利益很容易被强势主体所侵害，长此以往，市场经济的规则就会扭曲，最终会破坏市场经济的交易规则，进而阻碍市场对社会资源的配置发挥基础性作用，增加整个社会的成本，降低整个社会的福利。因此，保护投资者利益也是高风险金融交易法律规制的目标不可或缺的组成部分。

（三）高风险金融交易法律规制的内容

1. 高风险金融交易主体的法律规制

1）对投资银行的规制

对投资银行的规制关系到高风险金融交易的规制成败。因为有许多高风险金融交易是由投资银行参与的，投资银行充当了高风险金融交易的经理人、投资人、集合人、规制人、借款人和经纪人的角色，例如，在美国大通银行(Chase Mahattan)下属的主要旗舰——大通多战略基金拥有 1 200 名投资者和 6.5 亿美元资产[①]。即使在银行不是主要投资者的情况下，投资银行也投入 1 亿美元或 2 亿美元使投资者确立信心，或借钱给高风险金融交易投资人作为保证金，允许其用证券作担保。由于高风险金融交易的不透明，所以很难估计这些证券的价值。尽管存在很大的危险性，但商业银行为了追逐利益仍会贷款。

2）对经理人的规制

高风险金融交易比共同基金更依靠经理人的能力，因而经理人的风险大大超过市场风险。巴林银行事件就清楚地说明了这一点。期货经理尼克·里森(NickLeeson)一个人就使得巴林银行(Barings)这家英国具有百年历史的老字号(United Kingdom's oldest bank)因亏损 14 亿美元而被宣告破产。在高风险金融交易中，被称为“魔鬼交易员”(rogue traders)的投资银行经理人成为大银行参与高风险金融衍生交易活动中的一个头疼问题[②]。法国兴业银行的经理人杰洛米·科维尔(Jérôme Kerviel)，在 2008 年 1 月份的一次金融衍生交易中损失了 49 亿欧元(约合 71.6 亿美元)[③]。这次欺诈事件是全球高风险

① Miriam Leuchter, Banks Dive into Hedge Funds, *US Banker*, October 1998.

② See Robert Kenagy, Tracey A. Anderson, Mark Fox, Regulation and the Impact of Political Lobbying on the Investment Banking Industry, 28(5) *J. I. B. L. R.* 171,171(2013).

③ 参见李薇羽:《魔鬼交易员杰洛米·科维尔做空法国兴业银行》,载《21 世纪经济报道》2008 年 1 月 26 日。

金融衍生交易中造成损失数额最大的一次，规模远远超过了历史上臭名昭著的巴林银行倒闭案。此后，在瑞士银行(UBS)投资银行证券部给客户提供股票以及其他资产价格咨询的经理人 Kweku Adoboli，在未经授权的情况下，操作了标普 500 指数(S&P 500)、DAX 指数和欧元区斯托克指数(Euro Stoxx)等股指期货头寸交易，让瑞士银行蒙受高达 23 亿美元的损失①。因此对经理人的规制是必要的和必须的。对经理人的规制应从外部和内部相结合：从外部，规制机构应规定高风险金融交易经理人较高的任职资格条件并严格审查；从内部，建立严格的内控制度，如规定每天的头寸限额，超过限额就必须向集体领导的机构报告。

2. 高风险金融交易行为合规性的法律规制

合规性法律规制是指检查被法律规制机构执行国家法律、法规和各种监管规章的情况，有着明确的依据；自身内控风险性法律规制是指根据金融机构自身的经营情况和管理状况，判断金融机构识别、衡量、监测、控制和化解各种风险的能力，并不一定有明确的判断标准。合规性法律规制相对容易，但对法律、法规和规章的质量要求较高；风险性法律规制比较复杂，对法律规制人员有较高的要求。差异主要在于手段，而不是内容。因为法律、法规和规章的许多要求是直接针对金融机构的风险管理的，如资本充足率要求，而且违法本身就是会产生法律风险的根据巴塞尔银行法律规制委员会的建议，现在银行的法律规制已经从合规性法律规制走向自身风险控制性法律规制。关于银行内控机制指导原则有 13 条之多，建议只审查银行的风险管理体系是否合理、完善和有效，是否对风险进行了及时、准确的度量、监测和控制，是否有充足的资本金来抵御银行面临的风险，以及是否建立了完善的内控机制。因为高风险金融交易的本身是有缺陷的，高风险金融交易本身很难建立风险控制体系，表

① Jonathan Russell, "UBS rogue trader Kweku Adoboli Jailed for Seven Years", The Telegraph, November 20, 2012 at http://www.telegraph.co.uk/finance/financial-crime/9690206/UBS-rogue-trader-Kweku-Adoboli-jailed-for-seven-years.html.

现在以下几个方面：

(1) 高杠杆比率的使用。金融衍生商品中的高杠杆比率使得金融机构瞬间异常强大，瞬间异常脆弱。当它在发展中国家兴风作浪的时候，往往借助于高杠杆操纵市场，而发展中国家在高风险金融交易瞬间拥有的巨额资本面前往往无能为力。当高风险金融交易的投资策略发生错误时，高杠杆又会使其瞬间产生巨额亏损，难以为继。

(2) 法律规制的豁免。大多数高风险金融交易的信息和资料都不对外公布。如美国长期资本管理公司根据美国证券法律规定享有豁免，同时其把注册地放在开曼岛，不仅为了避税，还是为了规避美国法律极少的法律规制，仅受法律规制的是在美国的场外交易市场(OTC)，每天申报头寸。总体上，大多数高风险金融交易比较神秘。

(3) 高风险金融交易可以从商业银行获得信用贷款和关联贷款。由于高风险金融交易的管理人或是前政府高级官员，或是著名经济学家，而且有些商业银行又是高风险金融交易者的投资者，所以商业银行向高风险金融交易者提供信用贷款的现象普遍存在。而且有些大银行把投资高风险金融交易商品作为规避银行法律规制的主要方式。

3. 高风险金融交易商品的法律规制

高风险金融交易通过高杠杆投资于金融衍生商品，追逐高额回报，同时也产生了巨大风险，这种风险不但会给高风险金融交易本身带来灭顶之灾，而且也同时给金融市场带来系统性风险。这种风险的产生，既有高风险金融交易的自身因素，也有金融衍生商品的因素。因此，对金融衍生商品的规制是化解金融风险、对高风险金融交易法律规制的一种有力配合。美国早在 1984 年就开始研究有关金融衍生商品市场规制的问题，随着近年来一系列与金融衍生商品交易联系在一起的触目惊心的事件的发生，人们对金融衍生商品市场的高风险及其对于国际金融市场稳定的潜在威胁有了越来越深刻的认识，加强对金融衍生商品的风险控制和规制已越来越成为国际金融界和各国规制当局的共识。

（四）高风险金融交易的法律规制方式

法律的作用是通过对社会主体和社会关系所发生的影响，使法律同外部世界亦即社会实践和公民生活所发生的关系。法的作用不是天然的，而是被创设也即被赋予和设定的；是外力即国家政权、法律的创制者和一定的时空条件对法律所赋予、设定或要求的，用来规范社会主体的行为准则。诺贝尔获奖者科斯（Ronald Coase）[①]和诺斯（Douglass North）[②]十分强调法律规范在规制市场运行中的重要作用[③]。法律对高风险金融交易实行法律规制的形式，我们认为，大体可以概括为以下三个方面：

一是通过法律引导高风险金融交易。这是一种从正面促进和保护高风险金融交易的法律规制方式。它通过以民商法和金融法为基础、以合同法、证券法、公司法等为核心的一系列金融法律法规来指导高风险金融交易，保证金融市场活动的自愿、平等、公正、公开。在这个意义上规制高风险金融交易的方式，侧重于引导[④]。用法律来调整高风险金融交易当事人各方的利益，就使得金融市场主体能够依照明确的法律规范来认识高风险金融交易中的各种利益以及利益关系，而且在具体的高风险金融交易行为中与法律所确认的各种利益协调一致。当高风险金融交易当事人利益发生冲突或矛盾时，金融市场主体根据法律规定自觉、自行调节或者通过法定程序解决争端，协调利益。法律在调节金融市场主体个人利益与社会利益时，不仅是一种行为模式，同时也是一种行为导向。对金融市场主体个人来讲，法律规范能够为金融市场主体个

---

① Ronald H Coase, *The Firm, the Market and the Law*, (The University of Chicago Press, 1988). This book is a collection of Coase's main articles, including his two seminal articles: "The Nature of the Firm" (1937) and "The Problem of Social Cost" (1960).

② Douglass C. North, Institutions, *Institutional Change and Economic Performance*, (Cambridge University Press, 1990).

③ Rosa M. Lastra, Financial Law Reform in Emerging Economies, 23(8), *J. I. B. L. R.* 413, 413 (2008).

④ 参见严峰：《论法律的作用》，载《新疆教育学院学报》2005 年第 3 期。

人提供一种使金融市场主体个人利益和各种社会利益协调一致的行为方式。同时，对社会与国家而言，法律规范则成为评价金融市场主体个人的具体法律行为是否可以协调社会利益和金融市场主体个人利益的行为导向。这主要表现在法律可以促使或者阻碍利益的发展方向。法律在具备相应的条件下，可以促进一定利益的形成和发展，即法律不仅可以对已存在的高风险金融交易当事人各方的各种利益加以确认，而且可以促使立法者通过制定法律使所追求的利益得以形成。法律具有引导性，引导高风险金融交易当事人各方的利益关系朝着法律预定方向演变，促使高风险金融交易当事人各方新生利益的形成和发展。[①] 也就是说，高风险金融交易当事人各方按照法律的规定采取合法的手段保护自己的合法权益，也就是实现了法律对高风险金融交易当事人各方利益的引导和规制。

二是通过法律规范高风险金融交易。这是从限制违规的高风险金融交易的角度，来确保高风险金融交易正常进行的法律规制方式。法律的规范作用是法律指对人的行为的调整。[②] 违规高风险金融交易是违反金融职业道德和金融法律的行为。正常的高风险金融交易应是自愿、平等、公正、公开的，而违规高风险金融交易采用不正当的手段、通过不正当的途径来进行。他们往往以损害投资者利益和损害金融交易对手作为条件，运用违反法律、违反金融职业道德的手段来谋取非法经济利益，违反高风险金融交易规则，违背市场法则，损害投资者利益或金融交易对手利益，破坏正常的金融市场秩序。世界各国都制定有规制违规高风险金融交易的法律，都对违法高风险金融交易予以了法律限制甚至法律制裁，以确保金融市场交易的顺利进行。这类法规从限制违法高风险金融交易的角度，确保合法高风险金融交易的开展。

三是通过法律保障高风险金融交易。高风险金融交易投资人的合法权益

① 参见丁珊:《谈法律的作用之利益导向性》，载《河南财政税务高等专科学校学报》2011 年第 1 期。

② 参见高丽霞:《中国社会中法律的作用之思考》，载《消费导刊》2009 年第 1 期。

在法律上的表达就是权利，权利就是法律对高风险金融交易投资人的合法权益的确认。高风险金融交易投资人的合法权益只有法律化为权利，才是安全的、可预测的。作为高风险金融交易的规制手段，法律自然要明确高风险金融交易机制并通过权利立法表达出来。因此，通过法律所确认的金融市场主体的权利，实质上是投资人在高风险金融交易中的合法权益在法律上的体现。法律是保障高风险金融交易投资人的合法权益实现的重要手段。现代国家法律的制定是以权利为本位的，法律对高风险金融交易投资人的合法权益调整的实现主要是通过权利机制，权利以高风险金融交易投资人的合法权益导向和激励机制作用于金融市场主体的行为，通过影响金融市场主体的行为动机，引导金融市场主体的行为，使金融市场主体与主体之间复杂的高风险金融交易关系简单化和固定化，并激励人们保障自己的权利、追求自己的高风险金融交易的合法权益。用法律上明确的权利与义务来表示金融市场主体与主体的高风险金融交易关系，成为对高风险金融交易调整的确定的、稳定的有效机制。

由于高风险金融交易的复杂性以及高风险金融交易纠纷解决手段的多样性，并非所有的高风险金融交易及其纠纷都需要通过法律手段解决。但是法律有一个其他调整手段所不具备的特征，即国家强制性。如果没有法律的强制性，在当今社会条件下很多高风险金融交易将没有保障。法律的真正含义，与其说是限制，不如说是指导一个自由而理智的人追求自身的正当利益。法律的目的不是废除和限制自由，而是保护和扩大自由①。法律对于高风险金融交易，同样具有保障作用。正当的高风险金融交易除了可能受到违规高风险金融交易干扰和破坏之外，还可能受到其他因素，诸如行业保护的妨碍和影响。正是因为法律具有强制性，当人们的合法高风险金融交易行为受到不法

① 参见[美]本杰明·N·卡多佐:《法律的成长法律科学的悖论》，董炯、彭冰译，中国法制出报社 2002 年版，第 154 页。

侵害后，可以通过有效的法律途径来解决问题，保障、促进高风险金融交易的实现。因而，法律不仅可以充当高风险金融交易秩序的维护者，而且在高风险金融交易投资人合法权益受到非法侵害时，还能充当高风险金融交易投资人强有力的维护者，这也是法律的特征所决定的。法律对金融市场中行业保护的清除，就能为高风险金融交易的正常进行创造条件、提供保证。

法律的作用是促进人类价值的实现。法律也像其他社会控制机制一样不是尽善尽美的，存在着这样或那样的缺陷，但在人类迄今为止尚未找到其他有效和有用的手段之前，法律仍不啻为对人类有益的工具和调整机制[①]。从以上的分析可以看出，法律是人类用来对高风险金融交易进行引导、规制和保障的重要手段。

第三节　高风险金融交易法律规制的国际金融法分析

当前金融市场的一个显著的时代特征便是全球化。所谓全球化，是指全球联系日益加强，随着全球统一市场的形成，世界政治、经济和金融的联系更为紧密，加之科技进步，使得各国距离进一步缩小，各个国家不再只是偏居地球的一隅，而是主动或被动地在全球化的浪潮中以更加开放的姿态融入国际社会和金融市场。高风险金融交易作为一种重要的金融活动，也无可避免地打上了金融全球化的烙印。所谓金融全球化，是指金融业跨国发展，金融活动按全球同一规则运行，同质的金融资产的价格趋于等同，巨额国际资本通过金融中心在全球范围内迅速运转，从而形成全球一体化的趋势。在这样的背景下，进行高风险金融交易的法律规制的研究，必然离不开在国际金融法层面的系统分析。

① 参见刘作翔：《论法律的作用及其局限性》，载《法制与社会发展》1996 年第 2 期。

一、严格的法律规制是高风险金融交易产生和发展的法律成因

严格的金融管制对金融创新和高风险金融交易的发展具有诱导作用。以高风险金融交易为标志的金融创新是金融机构为了追求盈利、逃避法律规制而进行的创造性变革，其结果会促进金融市场、金融业务以及金融规制法律制度等一系列的变化和发展，并加剧金融业的竞争。金融规制则是一国的管理机构为了本国金融体系的安全和稳定而颁布的法律、法规和采取的各种规制措施，其目的是为了金融体系的稳定性、效率性和公平性。20 世纪 30 年代西方主要国家发生经济危机后，各国为了维持金融稳定而对国内金融机构的业务范围、利率、信贷规模、区域分布等方面采取了一系列的严厉规制措施，例如美国《1933 年银行法》就是这次经济危机的直接产物，成为当时规制美国银行等金融机构最为严厉的法律规范。该法律的管制内容包括严格管理银行的资金来源和运用，对竞争加以限制，不允许商业银行经营股票和公司债券的包销业务；对定期存款加以利息限制（Q 条例）、建立存款保险公司、对新设银行严加限制；加强联邦储备银行对货币信贷的管理，加强政府对金融体系和金融市场的监管等。该法从强调安全角度出发，甚至不惜以限制竞争与牺牲效率为代价。二次世界大战后，西欧国家为了恢复经济，重振货币的国际地位，又对外汇进行严格规制。在市场经济条件下，金融规制实际上是对金融企业的一种成本追加，或者是隐含的税收，金融企业的经营利润和竞争机会因而受损，受到影响的金融机构必然会想方设法通过创新绕过政府的规制，从而取得市场竞争中的有利地位。这种微观层次上的金融创新，实际上是规避了宏观上作为保持经济均衡和稳定的基本措施的各种形式的经济立法和规章制度，反映了代表公众利益的国家实行法制和以追求收益最大化为基本原则的经济个体之间的矛盾关系。

根据金融创新的有关理论，金融规制对金融创新产生促进作用必须具备三个条件：一是金融规制影响了金融机构在市场竞争中的活动，尤其是威胁到

其经营目标和市场地位，这是创新主体的外在压力；二是金融规制有一定的漏洞，金融机构可以利用法律制度上的空白点或模糊性，使金融创新具有可能性；三是金融机构通过创新所产生的收益应当大于其接受管制的机会成本，即有利可图，这是创新主体的内在动力[①]。可见，只有当市场环境的变迁使金融创新带来的利润大于成本时，金融创新才会成为现实。金融规制的法律规章一般具有稳定性的特点，在经济发展和国际金融市场环境的不断发展过程中，原有的法律制度必然会对金融活动形成一定约束性，对金融创新的规范具有滞后性。一旦法律对经济生活的发展起到了制约作用时，市场自然会出现创新需求和金融产品的开发。

二、高风险金融交易的全球化促进了金融规制法律制度的创新

高风险金融交易出现后，即在金融自由化的土壤中得到了迅速发展。20世纪70年代中期开始，世界经济形势发生了重大变化，一方面是石油危机引发了发达国家的高通胀带来的高市场利率，另一方面是人类养老和投资行为发生了改变，促使了大量资金从受管制的金融中介机构流向金融市场，形成了金融“脱媒”现象，严重威胁金融机构的运营和生存，使得各国货币当局不得不考虑放松金融规制，鼓励金融自由化的发展。金融自由化主要体现在利率自由化、外汇交易自由化、金融机构业务自由化和金融市场自由化等方面[②]。西方国家金融自由化的过程，既是金融规制放松的过程，也是金融全球化发展的

① 生柳荣：《当代金融创新》，中国发展出版社1998年版，第41页。

② 例如从20世纪80年代起，美国、日本、前联邦德国等国家相继取消存款利率的限制。美国《1980年银行法》废止了Q条例，规定从1980年3月起分6年逐步取消对定期存款和储蓄存款利率的最高限制。日本于1985年10月起实行了大额定期存款利率的自由化并在1981年通过新的银行法，明确规定银行与证券公司间业务可以交叉。英国则在1986年著名的金融大爆炸的改革后，对伦敦交易所会员资格进行放宽，允许银行、证券、保险、信托和建房互助协会等金融机构实行业务的混业经营。在市场自由化方面，联邦德国80年代初就放松了对国际资本的限制，开放金融市场，允许资本自由流动。1984年有宣布免征外国证券持有人的部分税赋，并取消了对非居民持有证券所得的红利征收预扣税的规定。

过程。

新金融商品、新金融市场和新金融机构的不断出现，为金融全球化提供了适当的载体。在一系列金融创新的推动下，全球资金流动的形式，从银行信贷为主转向可在公开市场上交易的债务商品为主，银行本身的收入结构也由信贷业务转向了证券业务。由此，融资证券化的趋势大大促进了全球金融市场的繁荣和联系的紧密度。但是，高风险金融交易的发展对金融市场法律规制的国际合作提出了挑战。随着金融规制的放松以及各国金融创新的活跃，出现了新的金融规制难点：一是金融机构由于从事高风险金融交易而增加了经营风险，而且一些高风险金融交易的风险是以前未曾遇到过的，如期货交易的杠杆放大风险；二是在金融规制放松后，各国金融监管的范围局限在国内金融市场和金融机构，监管政策难以覆盖金融行业整体情况，对本国以外的金融活动更是监管不足；三是各国监管体制相互分离，监管政策、手段不一，在各国普遍放松金融规制的情况下，国际银行业的规制出现漏洞。随着高风险金融交易规模的扩大，其对国际金融规制的发展起到了促进的作用。首先针对高风险金融交易的特殊性，主要发达国家纷纷研究和讨论了高风险金融交易的规制制度问题，并通过巴塞尔委员会、国际证券监管组织和其他金融国际协会，制定和确立了有关高风险金融交易法律规制的国际合作标准和规范建议，作为各国国内立法实施的参照标准。其次，通过对高风险金融交易国际风险事件的研究和总结，各国改变了单调内向的管理策略，采取综合性的国际性规制策略，加强了国际金融规制的协调与合作。再次，对高风险金融交易的国际金融规制合作的直接结果，是国际和国内有关高风险金融交易规制框架和法律规范的初步确立，为国际金融规制法律制度的创新提供了基本的法律渊源。

三、高风险金融交易法律规制促进了国际金融法的发展

高风险金融交易的产生和发展，对于无论是作为部门法的国际金融法，还是作为学科的国际金融法学的发展，都具有重要的积极意义。高风险金融交

易及其市场的发展，促进了国际金融法这个部门法的发展，也带动了国际金融法学及其相关法律学科的发展。

首先，以高风险金融交易和金融创新促进了原来各国国际金融法律制度中和国际金融法律制度中阻碍金融市场发展的金融管制性法律规定的更替①。由于金融创新不仅表现为新产品的开发和创新，也体现在金融市场、金融组织、金融业务和金融监管制度的创新，因此，与高风险金融交易相关的市场、中介机构和各国金融规制制度也在金融创新的发展中不断发生着新的变化，不仅对调整这些领域的原有法律制度带来了冲击，而且促进了这些法律制度的不断创新，以适应新的市场需要，充分发挥法律对经济生活的规范和指引作用。就我国而言，随着改革开放进程的深化，我国金融市场的对外开放也正在稳步推进，并终将融入到全球化的浪潮之中。金融全球化就给我国金融市场的基础制度提出了国际性的全新考验，并形成了金融法制变革的现实需求。

首先，世界金融市场的趋同性与各国金融法制的差异性构成了一组基本的矛盾，在我国金融市场广泛吸取成熟资本市场先进经验的进程中，金融法制需要跟上市场变迁的节奏，妥善处理好借鉴境外成果进行法律移植和立足本土实际完成制度创新之间的关系。金融创新的最初动力就是规避各国有关规制金融业务的法律法规的规定。因此，高风险金融交易的出现和金融创新的发展，加速了各国金融管制立法的废止或修订，有利于符合现代市场经济的法律规范的产生和发展，促进了国际金融法这个部门法的发展。

其次，高风险金融交易法律规制丰富了传统的国际金融法律制度。高风险金融交易法律规制的发展，进一步完善了国际金融法律制度，为新的部门法的产生提供了前提条件。在高风险金融交易过程中会产生各种新型的风险威胁我国金融安全与投资者的利益。高风险金融交易将给我国金融市场带来新

① 这些管制性法律规定在各国的表现形式不同，如美国在20世纪30年代经济危机后实行了严格的分业管理和限制金融业务的法律规定；德国在1990年以前的法律一直视金融期货为赌博行为而加以限制等。

的冲突和挑战，我国金融机构和投资者在参与跨境高风险金融交易活动过程中的权益保护也成为高风险金融交易法律规制的重要课题。我国金融法制需要充分考虑到高风险金融交易过程中的技术风险和制度风险，并通过完善相关制度以妥善应对。由于高风险金融交易属于现代经济的高级发展形态和表现形式，在各国传统国际金融法律学科中没有相应的专门规定，它在国际金融法领域也是一个新出现的部门法。对于高风险金融交易而言，尽管各国国际金融法律和民商法律对风险投资的认可、对金融衍生商品、衍生中介机构的设立等有所规范，传统商品期货交易法律制度对金融衍生交易场所和清算制度有所借鉴，但作为高风险金融交易及其市场整体而言，尚缺乏一门系统归纳和规范的法律学科进行调整，尤其是对于高风险金融交易法律领域内的一些基本问题，如衍生场所的设立、市场准入、交易的透明度和法律规制的国际合作方面，传统的国际金融法或国际经济法都没有涉及。因此，高风险金融交易的发展丰富了作为部门法的国际金融法内容，促进了国际金融法的发展。

最后，高风险金融交易推动了国际金融软法的发展。我国国际金融法学者刘丰名教授曾经指出，国际金融法除有《国际货币基金协定》、《国际复兴开发银行协定》等多边条约和一国对外缔结的双边货币金融协定以及各国金融法等国际法与国内法渊源外，大量渊源则是以约束性建议、任意性惯例与辅助性合同规定的形式出现，可称为“准渊源”[①]。而刘丰名教授所称的“准渊源”，就是国际金融“软法”(soft law)，是相对于“硬法”(hard law)的一个法律概念。如用来规制金融衍生品交易的法律文件国际互换与衍生品协会主协议及其附件，就是典型的国际金融软法。“软法”一直是国际金融法学界讨论的话题。早在20世纪30年代，剑桥大学的McNair勋爵就提出了“软法”概念。然而，对于“什么是软法”，国际金融法学界至今尚未形成共识[②]。“软法”一词在学术

① 参见刘丰名：《国际金融法(2007年修订版)》，中国政法大学出版社2007年版第6页。

② 参见涂亦楠：《论国际金融软法及其硬化》，载《湖北大学学报(哲学社会科学版)》2012年第3期。

界一直颇有争议。国际法学者倾向于将“软法”定义为虽然不具有法律约束力,但却会在实践中产生某种实际效果的行为规范。在国际法学者霍夫曼看来,“软法”这一术语指的是不具有任何约束力或者约束力比传统法律即所谓“硬法”要弱的准法律性文件”[①]。1993 年施耐德教授曾给出一个经常被援引的定义,即“‘软法’总的来说是不具有法律约束力但可能产生实际效果的行为规则”[②]。罗豪才教授认为,“软法”是指那些效力结构未必完整,无需依靠国家强制保障实施,但能够产生社会实效的法律规范[③]。尽管上述学者的视角或观点不尽一致,但从他们的描述中可以看出软法的一些共同特征,即“软法”通常被认为是一种不具有法律约束力但又具备某种实际效果的行为规范,其制定主体和表现形式多样,调整范围十分广泛。“软法”运用到国际金融法领域,通常是指政府间国际组织、金融标准制定组织与国家、非国家实体互动磋商形成的、不具有法律约束力但却可能产生实际法律效果的行为规范。[④]

国际金融领域的“软法”具备以下这些特征:第一,制定主体的多样性。国际金融“软法”的制定主体既包括政府间国际组织如欧盟等,也包括非政府国际组织如巴塞尔银行监管委员会(简称“巴塞尔委员会”)、国际证监会组织、金融行动特别工作组和金融稳定委员会等。第二,表现形式的多样性。国际金融“软法”通常表现为政府间国际组织或非政府组织所制定的各种宣言、建议、意见、指南、标准、原则和最佳做法等,还包括不同国家监管机构之间所达成的有关信息交换和执法合作的国际文件,如谅解备忘录。第三,调整范围的广泛性。

---

① Marci Hoffman & Mary Rumsey, *International and Foreign Legal Research Basic Concept: A Course Book*, Martinus Nijhoff Publishers (2007), p. 7.

② Francis Snyder, Soft law and Institutional Practice in the European Community, in Steve Martin (ed), *The Construction of Europe-Essays in Honour of Emile Noel*, Kluwer Academic Publishers (1994), p. 198.

③ 罗豪才、宋功德:《认真对待软法——公域软法的一般理论及其中国实践》,载《中国法学》2006 年第 2 期。

④ 参见涂亦楠:《论国际金融软法及其硬化》,载《湖北大学学报(哲学社会科学版)》2012 年第 3 期。

在国际硬法调整存在真空的地带，都需要由国际金融"软法"加以补充调整①。

高风险金融交易的发展，推动了国际金融"软法"的发展。有学者认为，国际金融"软法"就法律的形式要件而言，因其未通过正式立法程序、不具有法律约束力而有别于严格意义上的法律。尽管如此，如果将国际金融"软法"视为一种法律多元意义上的社会规范，其仍可归入广义上的法律范畴②。我们赞同这样的观点。"软法"正是以其独特方式体现着法律公共性、规范性与普适性等共性特征，从而成为法律的一种基本表现形式。高风险金融交易的法律规制，使得法律的调整范围从国内扩展到国际。在国际法领域，传统的国际"硬法"，无论是国际条约法还是国际习惯法，均无法提供国际高风险金融交易规制所要求的快速性、及时性、灵活性和有效性。这是因为要制定一项国际条约，并不是一件容易的事情，通常需要好多年的时间③。然后需要一系列国家的批准才能生效④。有些国家的批准程序非常缓慢、复杂，甚至可能出现不批准的结果⑤。国际习惯法(customary international laws)同样为国家创设义务⑥。

---

① 参见漆彤:《国际金融软法的效力与发展趋势》，载《环球法律评论》2012 年第 2 期。

② 漆彤:《国际金融软法的效力与发展趋势》，载《环球法律评论》2012 年第 2 期。

③ See, e.g., S. Jacob Scherr & R. Juge Gregg, Johannesburg and Beyond: The 2002 World Summit on Sustainable Development and the Rise of Partnerships, 18 *Geo. Int'l Envtl. L. Rev.* 425, 432 - 33 (2006) (discussing treaty-making stages of the Stockholm Convention on Persistent Organic Pollutants).

④ Vienna Convention on the Law of Treaties art. 24(2), May 23, 1969, 1155 U. N. T. S. 331 (stating that "a treaty enters into force as soon as consent to be bound by the treaty has been established for all the negotiating States"); id. art. 2(b) (defining "ratification" as "the international act so named whereby a State establishes its consent to be bound").

⑤ Restatement (Third) of Foreign Relations Law of the United States § 303 cmt. d (1987) (stating that the president may only ratify a treaty after the Senate gives its consent and ratification must be subject to any conditions imposed by the Senate); id. § 312 cmt. j (stating that a treaty may not enter into force in the United States unless it is also in force internationally and even if the treaty is in force, "it will not be given effect as law of the United States" if it is inconsistent with the U. S. Constitution).

⑥ Mark E. Villiger, *Customary International Law and Treaties: A Manual on the Theory and Practice of Interrelation of Sources* 53 - 54 (2d ed. 1997) (describing a pattern by which practices are "hardened" and become "generally regarded as obligatory").

它们不是国际习惯,它们是具有法律约束力的法律规范[①]。与国际条约和国际习惯法不同,国际金融"软法"是没有法律强制约束力的规范,它们可以在相对比较短的时间内制定,并通过会议决议(resolutions),习惯(practices),范本协议(aspirational agreements),以及发布规范(norms)等,采取各种灵活的方式[②],来规制高风险金融交易的行为。其中巴塞尔委员会制定相关法律文件就是国际金融"软法"在规制高风险金融交易方面的典型例子。

国际金融"软法"的兴起,无疑有助于拓展法律的范围,改变传统的"法即硬法"、动辄制定硬法的"泛硬法化"思维定式[③]。国际"软法"还可以演变为相关国际组织的具有一定约束力的法律文件或者决议。这些国际金融软法虽然在产生时不是国际习惯法,但它们可以演变为国际习惯法,通过"硬化"方式进而转化为"硬法"[④]。目前,众多国家和地区自觉地将巴塞尔委员会制定的国际金融"软法"纳入到本国国内立法体系中并赋予其法律约束力。如欧洲议会于2006年通过颁布《资本要求指令》(Capital Requirements Directive)来推动2004年《巴塞尔协议Ⅱ》在欧盟范围内的执行。该指令主要采用了《巴塞尔协议Ⅱ》关于资本标准的规则,要求欧盟成员国最迟于2007年初适用该指令。又如,我国1995年颁布的《商业银行法》第39条规定商业银行的资本充足率不得低于8%,实际上就是遵循1988年《巴塞尔协议》的要求。2004年中国银

① See Sir Hersch Lauterpacht, *The Development of International Law by the International Court*, 377(1958) (noting that legally binding rules are manifestations of the general and gradual acceptance of international customs).

② See Kenneth W. Abbott & Duncan Snidal, Hard and Soft Law in International Governance, 54 *Int'l. Org*. 421,421 - 23(2000) (noting that most international law is soft and its form varies greatly depending on the purpose of the law).

③ 参见罗豪才、宋功德:《认真对待软法——公域软法的一般理论及其中国实践》,载《中国法学》2006年第2期。

④ See Pierre-Marie Dupuy, Soft Law and the International Law of the Environment, 12 *Mich. J. Int'l L.* 420,428 - 29(1991) (stating that soft law identifies future goals rather than current legal duties, but noting that parties often ascribe much importance to soft law instruments and negotiate them as they would treaty provisions).

行业监督管理委员会发布和实施了《商业银行资本充足率管理办法》，其核心是1988年《巴塞尔协议》的资本充足标准，并在总体结构上借鉴了《巴塞尔协议Ⅱ》三大支柱这一框架。2010年通过的《巴塞尔协议Ⅲ》要求各成员国从2013年1月1日起将其列入国内法，并且要求从当日起各成员国的商业银行必须满足其分阶段最低要求。这无疑是国际金融"软法"规则在法律上硬化的又一重要例证。高风险金融交易是国际金融"软法"发展的重要促进因素。在国际金融法领域，具有强制约束力的法律规范十分稀缺，因而，国际金融"软法"就成为国际金融法领域中的重要规制工具。而正是高风险金融交易的多样性和复杂性，对国际金融软法的多样性和发展性提出了客观要求，推动了国家金融软法的大量产生和发展。

最后，高风险金融交易的国际化，为各国金融监管当局的法律规范合作提出了要求。跨国金融活动作为金融市场全球化的常见样态，必然会在交易过程中由于跨境因素产生法律冲突，这就需要金融法通过制定统一实体法规范或完善相关冲突法规则以对法律冲突进行协调。对高风险金融交易的国际金融规制合作，促进了国际金融法的丰富和完善，也直接促使国际金融法领域内的趋同化发展。对高风险金融交易的研究和规范，也促进了国际金融组织或相关行业协会的发展，这些国际组织或协会制定的金融交易惯例丰富了国际金融法学的内容。在边缘学科和交叉学科领域，高风险金融交易对法律经济学的发展具有促进作用。更为重要的是，对于高风险金融交易及其法律规范的争论和研究，启发了各国金融监管部门对防范金融风险和规制金融市场新理念的思考，在某种程度上加深了各国国际金融法律竞争性和法律管制成本的研究。有关高风险金融交易的法律规范和规制体系成为国际金融法学不断发展的重要体现，也有利于高风险金融交易法发展成为一门内容丰富的国际金融法学的新分支学科。

第四节　高风险金融交易法律规制的国际法分析

一、高风险金融交易法律规制与国家金融主权

国家金融主权(states financial sovereignty)在高风险金融交易全球化和对高风险金融交易的法律规制的过程中一直是一个非常敏感的问题。国家金融主权是国家主权的重要组成部分。如果说国家主权(states sovereignty)是指一个国家独立自主处理自己内外事务,管理本国的最高权力,则国家金融主权就是一国管理本国家金融事务的最高权力,是国家对内对外一切金融事务上享有独立自主的监督管理权利,即金融监督管理的独立决策权和控制权①。主权是国家区别于其他社会集团的特殊属性,是国家的固有权利。所以国家主权的目的是保护国家的完整性,保护全体国民的利益②。国家对它领土内的一切人(享有外交豁免权的人除外)和事物以及领土外的本国人实行管辖的权力,有权按照自己的情况确定自己的政治制度和社会经济制度。国家金融主权是国家主权在金融领域的重要体现,是主权国家政府实行其金融政策并达到一定的政策目标的最基本的权力。

高风险金融交易法律规制与国家金融主权的关系是非常紧密的。要发挥法律规制高风险金融交易行为,化解高风险金融交易风险的作用,除了实行法治以外,还应加强国家的金融主权。法律是主权国家的产物,也只有国家的主权得到尊重和有效运行时,法律才会得到很好的执行和发挥作用。否则,一国国家金融主权的权威丧失,也就意味着该国法律的权威遭到质疑。法律的失效也就影响到人们的信心,从而殃及国民经济和金融的稳定。金融业是一国

① 参见饶艳:《试论金融全球化下发展中国家的金融主权》,载《行政与法》2004 年第 1 期。

② See Ernest A. Young, Making Federalism Doctrine: Fidelity, Institutional Competence, and Compensating Adjustments, 46 *Wm. & Mary L. Rev.* 1733,1832(2005).

非常重要的经济部门，是经济命脉，关系到社会的稳定、经济的发展。金融自由化或通过国际组织的规则实施的国际合作都不能影响一国的金融主权。国家通过金融主权来体现国家主权。随着金融全球化发展，国家金融主权应作为一个重要问题单独研究，这是由它在主权中重要地位及其特殊本质所决定的。但是，查阅英文文献数据库，我们发现有关金融主权研究的论文寥若晨星，系统的研究尚付阙如①。在金融全球化过程中，各主权国家应采取积极而又谨慎的态度来对待国家金融主权，既不能轻易放弃国家金融主权，又不能不看到全球金融化的大趋势。

对高风险金融交易而言，法律规制是必须的，而要想有效地对高风险金融交易实施法律规制，在经济全球化和金融自由化的今天是一件非常困难的事情。金融事件的传导效应非常迅捷，各国的金融市场已经是全球金融市场不可或缺的一个环节。一个国家难以仅仅依靠自身力量实现对高风险金融交易的充分规制，法律规制的国际合作成为必然的选择。特别是，高风险金融交易是随着金融自由化和全球化的发展而获得发展的，因此我们可以说高风险金融交易就是金融全球化的产物，因而对于高风险金融交易的法律规制，最有效的方式就是实施法律规制的国际合作，这样可以避免因为国际金融中心地位的竞争而导致放松法律规制情况的发生，也可以避免离岸金融交易逃避法律规制，真正地实现所有的金融机构都处在监管之下。而法律规制的国际合作的实现，自然要依靠各主权国家，也就不可避免地与国家金融主权相关联。全球化下的金融主权地位一直是争论的热点。

国家通过金融监管权来实施金融主权。国家对高风险金融交易进行规制

---

① 涉及 financial sovereignty 问题讨论的论文有 Helen Garten，Institutional Investors and the New Financial Order，44 *Rutgers L. Rev.* 585(1992)；Clifford Larsen，States Federal，Financial，Sovereign and Social，47 *Am. J. Comp. L.* 429(1999)；Carri Ginter，Constitutionality of the European Stability Mechanism in Estonia：Applying Proportionality to Sovereignty，9(2) *E. C. L. Review*，335 - 354(2013).

和管理主要通过立法、司法和执法等手段来实现。立法权、司法权和执法权是国家金融主权在国内对高风险金融交易进行规制和和管理的主要体现。立法权、司法权和执法权主要来源于国家的宪法，而宪法是国家的根本大法，是国家金融主权在国内行使的法律依据。国家金融主权是法律下的金融主权，“权利和义务”是国家金融主权的本质内涵①。国家无论对国内高风险金融交易进行规制和管理，还是在国际上对跨国高风险金融交易进行规制和管理，国家金融主权行为都必须遵循国际法原则和准则。一方面，国家有“权利”行使自己的金融主权，对高风险金融交易进行规制和和管理；另一方面，国家要承担合法和合理行使金融主权的义务，遵循国际法原则和准则②。权力是国家金融主权的原始内涵和组织性特质，而权利和义务是国家金融主权在法和法律关系中的本质体现。国家对高风险金融交易进行规制和管理的金融主权权力是国家在国际法上权利和义务的对立统一体和平衡体。

然而国家金融主权也不是绝对的，近年来，国际法的发展已经充分证明这一点。进入 20 世纪后，国家金融主权受到了一些限制，从绝对豁免发展到相对豁免，特别是在近年来的国际法的实践使得国际法出现一种新的趋势。国际金融组织在数量上和职能上的巨大发展，大大促进了国际金融法律制度的发展。因为国际金融组织的形成与发展，既符合国家离心倾向的要求，也符合国家向心倾向的要求③。国际金融法的新发展，表现在国家金融监管的管辖范围相对缩小，国际金融组织的触角不断深入以前国家金融监管主权管辖的范围。但是国际社会的基本结构还未发生根本变化，国际金融法仍将基本上是一种调整跨国金融法律关系的法律规范。显然，超国家的国际金融组织与其根本属性是矛盾的，国际金融组织的改革应当充分尊重各国的金融主权和提

① 参见杜国胜:《有关“国家主权”的法律思考》，载《中共山西省委党校学报》2012 年第6 期。

② See Carri Ginter, Constitutionality of the European Stability Mechanism in Estonia: Applying Proportionality to Sovereignty, 9(2) *E. C. L. Review* 335, 343(2013).

③ 参见梁西:《国际组织法》，武汉大学出版社 1998 年版，第 409 页。

供平等的参与机会。对高风险金融交易的国际法规制，必须以尊重国家主权，尤其是国家金融主权为前提。

二、参与高风险金融交易的金融机构的国际法主体资格

分析实证主义法学大师汉斯·凯尔森(Hans Kelsen)认为，国际法调整各国相互行为，但这并不意味国际法只对国家而不对个人设定义务和授予权利。传统观点认为国际法主体只是国家而非个人，认为国际法由于其本性不能使个人承担义务并授予其权利。这种看法是片面的。法律规范所涉及的唯一社会现实是人们之间的关系。因而，法律义务以及法律权利的内容不是别的而只是个人的行为而已。所以，如果国际法不使个人承担义务并授予权利，国际法所规定的义务和权利将毫无内容可言，国际法也将不使任何人承担义务并授予权利去做任何事情①。高风险金融交易包括的内容虽然多样，但以国际金融投资行为和交易行为为主。这些投资行为和交易行为属于国际金融机构的投资组织形式，与跨国公司和国际商业银行共同构成了现代国际金融机构的主要投资组织形式②。国际金融机构是指一国的非政府的金融机构跨越一国国界，到其他国家进行金融投资和交易的金融市场参与者。按投资形式，金融机构的行为可以分为直接投资行为和间接投资行为。国际风险投资基金对公司股权所进行的投资就是直接投资，跨国证券公司对股票和衍生品投资则属于间接投资。

作为高风险金融交易的重要主体之一的国际风险投资基金，就是一种金融机构。国际风险投资基金的投资分布于两个或两个以上的国家。各项投资项目通过一个或数个决策中心，在一个决策系统的统辖之下开展收购兼并和

① 参见[美]汉斯·凯尔森:《法与国家的一般理论》，沈宗灵译，中国大百科全书出版社 1996 年版，第 376 页。

② See Helen Garten, Institutional Investors and the New Financial Order, 44 *Rutgers L. Rev.* 585, 587(1992).

股权投资活动,彼此有着共同的战略并执行一致的政策。国际风险投资基金等的相继出现,说明国际金融机构呈现阶段性的发展。随着金融全球化和现代科技的发展,出现了作为高风险金融交易的重要主体的国际风险投资基金等金融机构的投资组织形式,代表着国际金融机构的发展新趋势。这种金融机构在国际金融投资和交易领域的地位越来越重要,尤其是信息技术发展的支持和金融衍生商品的出现,大大超越了物化经济的本身;在金融自由化的情况下,对国际金融市场的稳定造成了极大的冲击。世界贸易组织《金融服务协议》生效后,金融自由化已经进一步加快和加深,国际社会目前还未完全能解决国际金融机构的法律规制,这势必会影响广大发展中国家参与经济全球化的信心、最终会损害提供金融资本来源的个人投资者的利益。国际社会之所以不对国际金融机构进行法律规制,就在于各国对国际金融机构的认识不能统一,尤其是发达国家和发展中国家之间的分歧很大。所以国际金融机构的国际流动还处在无序状态,这必将引发新的金融动荡。因此,我们认为,对参与高风险金融交易的国际金融机构进行法律规制,是时代的要求。而现有的国际法只要求东道国对国际直接投资待遇承担义务,但不规定国际直接投资对东道国承担义务,对国际间接投资的可能调整也将继承这一原则,如经济合作与发展组织[Organization for Economic Cooperation and Development OECD)][1]制定的《多边投资协定》[Multilateral Agreement on Investment、(MAI)]就体现了这一情况[2]。现在,国际风险投资基金大都受到母国或东道国不同程度的管制,但是没有统一的国际监管。所以在对国际金融机构进行规制的过程中,对高风险金融交易的规制是重中之重。因此,我们就必须首先

---

① 经济合作与发展组织为政府间国际组织,简称“经合组织”。前身为1948年4月16日西欧十多个国家成立的欧洲经济合作组织。1960年12月14日,加拿大、美国及欧洲经济合作组织的成员国等共20个国家签署《经济合作与发展组织公约》,决定成立经济合作与发展组织。在公约获得规定数目的成员国议会的批准后,《经济合作与发展组织公约》于1961年9月30日在巴黎生效,经济合作与发展组织正式成立。总部设在巴黎。

② 参见陈安主编:《国际经济法论丛》(第2卷),法律出版社1999年版,第273-280页。

弄清参与高风险金融交易的金融机构的国际法律地位。

参与高风险金融交易的金融机构的法律地位，是指法律赋予高风险金融交易者的享受权利和承担义务的资格。在国际金融法的领域，我们认为高风险金融交易者的法律地位是与国际金融法的内涵相关联的。

在国际法律体系制度中，一般而言，金融机构在国际法中处于被调整的对象，在这个方面，金融机构不具备国际法主体的法律地位，然而，金融机构又都承担一定的国际义务，去维护由国家承担的属于公共物品的国际金融秩序。金融机构的这种特殊的法律地位是随着金融全球化的发展而不断发展的。我们认为，在国际金融关系中，国际风险投资基金等跨国金融机构已经完全具备了作为国际法独立主体的三个要件：①独立参加国际金融关系的能力；②直接承受国际金融权利和义务的能力；③独立进行国际金融索赔的能力。总之，在理论上，参与高风险金融交易的金融机构在国际法上作为主体资格的法律地位是有争议的、不确定的。但这不妨碍其在实践中自然形成的主体资格的法律地位。我们认为，从法律本身来看，参与高风险金融交易的金融机构在国际法上的法律主体地位是能成立的。国际法中不乏国家之间签订的国际条约，但是国际法是包括与很多法律部门交叉的混合体。众所周知，市场的主体是由许多平等的个人、组织和一定条件下的国家构成的，市场法律制度是维护市场秩序、保障公平交易的工具，国际金融法就是其中不可缺少的一个环节；同样，随着金融全球化的发展，一个国际金融大市场将会形成。在这个国际金融大市场中，许多的个人、组织和一定条件下的国家仍将是大市场中的一员。国际金融法将是维护国际金融秩序的重要法律工具。实践已经证明单纯依靠国家或政府是无法建立和维护市场秩序的，必然要依靠广大的市场主体——金融机构，因此在国际法对高风险金融交易的规制中，金融机构作为国际法的主体，享有一定的权利和义务已是不争的事实。同样在国际法中，一国的政策能否得到有效执行，必然依靠大量的金融机构的配合。金融机构理应在国际法中享有一定的权利和义务。

实践中，越来越多的金融机构自觉与不自觉地参与到维护国际金融秩序的行动中。例如，在长期资本管理公司危机案的援助中，完全由众多的金融机构注资参与拯救，而且取得了较好的效果。拯救的出发点就是维护可能受到冲击的国际金融秩序。而美联储只是起了牵头作用。法学原理告诉我们，法律关系主体的权利和义务始终是统一的。鉴于权利和义务是法律整体性的表现，参与高风险金融交易的金融机构在国际法上作为主体资格的法律地位一旦确定，就应承担一定的国际法义务，接受国际法的规制。

三、高风险金融交易法律规制的国际合作

高风险金融交易的发展是随着金融国际化的发展而发展的，对高风险金融交易最有效的法律规制当然是国际法律规制。但是由于各国对高风险金融交易的法律规制还没有达成一致，而且在近期也不可能达成一致[①]，因此在现阶段还主要依靠各国的法律法规来进行法律规制。国际法律规制还只能停留在国际合作的层面上。

目前，由于高风险金融交易是为了规避各国的国内法而产生的各种风险度比较高的金融交易方式，因此在许多国家，尤其是各类高风险金融交易业务发达的美国等，并没有专门针对高风险金融交易制定国内立法来规制高风险金融交易。美国的金融交易法律制度基本上都是在危机发生后采取措施建立的，被称为“补丁产品”[②]，所以是否要对高风险金融交易实施专门的法律规制一直争议较大。美国和英国的金融家们认为，如果加强法律规制，就会导致绝大多数的高风险金融交易将离岸设立，既不利于美国和英国的国际竞争，也不利于法律规制。如英国伦敦劳合社保险市场主席利文爵士在达沃斯“世界经济论坛”上称声称：“我们需要好的监管、更好的监管，但不是更多的监管”。如

---

① 张帆：《虚幻的“国际金融制度改革”》，载《世界经济》，1999 年第 7 期。

② 李豪明：《英美银行监管制度比较与借鉴》，中国金融出版社 1998 年版，第 75 页。

果英国和美国采取更多的金融监管，可能会将银行和商业机构驱逐到新兴的金融中心，比如新加坡、上海、苏黎世等[①]。但是美国的长期资本管理公司事件的发生，使得全球金融界需要重新评估高风险金融交易的影响，考虑加强对高风险金融交易的法律规制。美国对高风险金融交易的态度，在很大程度上将决定高风险金融交易国际法律规制的进程。

在对高风险金融交易的法律规制的国际合作方面，国际组织的作用越来越大。其中国际证券监管委员会组织[International Organization of Securities Commissions、(ISOCO)][②]在高风险金融交易法律规制的国际合作中，发挥了重要作用。国际证券监管委员会组织的宗旨是：通过成员机构的合作，保证在本国及国际范围的有效监管，以维持公正和高效的市场；通过交换信息和交流经验，发展各国的国内市场；共同努力建立国际证券发行与交易的规范和有效监控；互相帮助，通过严格执法和有效稽查来保证市场的公正性。国际证券监管委员会组织共有三个委员会，即“执行委员会”、“技术委员会”和“新兴市场委员会”。在这三个委员会中，对证券跨国发行与交易行的法律监管起主导作用的则是技术委员会。技术委员会由世界上大多数发达市场的证监机构组成，其工作分为五个工作小组来执行[③]。第一工作小组负责审议国际会计、多国信息披露与稽核，即一级市场的监管。第二工作小组负责证券、期货交易、结算、交割三个环节的监管，即二级市场的监管。第三工作小组负责经纪机构、投资银行、财务顾问机构等的监管，即中介机构的监管。第四工作小组负责法规执行，目前主要研究防止及打击利用国际互联网进行非法活动，比如跨地区的内幕交易。第五工作小组负责投资基金业的监管，研究为集体投资机构提供健全的操作规则。在五个工作小组协调一致的努力下，

① 陈圣莉、王云、郇公弟：《达沃斯激辩金融监管主权债务危机或成下一危机爆发点》，载《经济参考报》2010年1月29日。

② ISOCO是一个常设国际性组织，成立于1974年，总部设在加拿大的蒙特利尔。

③ 徐冬根：《国际金融法》，高等教育出版社2006年版，第169页。

技术委员会发表和通过了一系列有关国际证券监管的报告、决议以及建议标准。

从历史和现实来看，国际证券监管委员会组织是在证券、期货市场的国际监管与调控方面做得最好的国际组织。其突出贡献首先在于制定并通过了一系列协议、标准与准则。国际证券监管委员会组织通过的正式协议包括：《国际商业行为准则》、《洗钱》、《国际审计标准》、《金融合并监管》、《清算和结算》、《国际会计标准》、《现金和衍生产品市场间的协调》、《跨国证券和期货欺诈》等。这些协议和上述技术委员会发布的报告、决议、建议标准被各国所采用，对各国证券与期货市场的发展起到了规范作用。此外，国际证券监管委员会组织为打击国际证券与期货领域的各种犯罪制定了有关制度规则，并且付诸了跟踪、打击等具体活动，对抑制和惩治证券业欺诈犯罪活动的国际合作起到了巨大的推动作用。

各国政府间通过签订司法互助协定（Mutual Legal Assistance Treaties）是对高风险金融交易进行国际合作和协调的一种重要形式。1973 年美国和瑞士签订了第一个关于证券的司法互助协定后，已有几十个国家之间采取了这种合作方式①。不过这类协议对于证券境外发行监管问题着墨不多。各国证券监管机构之间签订的双边谅解备忘录（Memoranda of Understanding）是证券监管国际协调的另一个重要途径。1982 年美国和瑞士签订了第一个关于证券监管双边谅解备忘录，至今已经有 100 多国家和地区相互之间达成此类双边协议。这类双边谅解备忘录主要规定各证券监管机构之间相互交流信息以打击证券违法行为，对于境外发行证券的监管则一般仅强调尊重发行地国的管辖权②。

巴塞尔银行监管委员会（Basel Committee on Banking Supervision）简称

① 邱永红：《证券跨国发行与交易中的法律问题研究》，载《民商法论丛》第 13 卷，第 208－209 页。

② 参见国际证券监督管理委员会网站：www. iosco. org。

巴塞尔委员会[①]，在对高风险金融交易的法律规制中的地位日益重要。巴塞尔委员会本身不具有法定跨国监管的权力，所作结论或监管标准与指导原则在法律上也没有强制效力，仅供参考。但因该委员会成员来自世界主要发达国家，影响力巨大，一般仍预期各国将会采取立法规定或其他措施，并结合各国实际情况，逐步实施其所订立的监管标准与指导原则，或实务处理相关建议事项。在"国外银行业务无法避免监管"与"适当监管"原则下，消弭世界各国监管范围差异是巴塞尔委员会运作追求的目标。巴塞尔委员会的办公地点设在国际清算银行的总部所在地瑞士的巴塞尔。巴塞尔委员会被广泛视为银行监管领域的首要国际组织。巴塞尔委员会制定了一些协议、监管标准与指导原则等。这些协议、监管标准与指导原则统称为"巴塞尔协议"。这些协议的实质是为了完善与补充单个国家对商业银行监管体制的不足，减轻银行倒闭的风险与代价，是对国际商业银行联合监管的最主要形式。这些文件的制定与推广，对稳定国际金融秩序起到了积极作用。2009 年 3 月 12 日，巴塞尔委员会发表了新闻公报，明确表示，巴塞尔委员会将吸收澳大利亚、巴西、中国、印度、韩国、墨西哥和俄罗斯为该组织的新成员。中国加入"巴塞尔委员会"，标志着我国将全面参与银行领域国际标准的制定，更加有效地维护我国利益，并为对高风险金融交易法律规制的国际合作的贡献。巴塞尔委员会发表的各类监管文件大致分为两类，一是最低标准，二是最佳作法。这两类文件都不具备也同时不被期望具备法律效力。在重大国际监管问题上，若成员国能达成一致，巴塞尔委员会则努力形成最低标准文件，如《对银行国外机构的监管原则》(又称《巴塞尔协定》)及《资本协议》(又称《巴塞尔资本协议》)。若各国监管方

① 巴塞尔委员会是由十国集团中央银行行长们于 1974 年底建立的法规与监管事务委员会，当时，货币与银行市场刚刚经历了剧烈地动荡(特别是原联邦德国的赫斯塔特银行倒闭事件)。其第一次会议于 1975 年 2 月召开，此后每年定期召集三至四次会议。委员会的成员来自比利时、加拿大、法国、德国、意大利、日本、卢森堡、荷兰、瑞典、瑞士、英国和美国。各国的代表机构是中央银行，但如果中央银行不负责银行业的审慎监管，那么银行监管当局也是代表机构。

式各异，且无法求得一致，巴塞尔委员会则泛泛地制定一些仅具指导性的最佳原则，总结各国成功有效的监管经验，供有关各国监管部门及业界参考。巴塞尔委员会为其成员国在金融交易规制问题上的合作提供了条件。巴塞尔委员在高风险金融交易规制的国际合作上所采取的主要方式有：交换各国在金融交易规制安排方面的信息；提高国际银行业务监管技术的有效性；建立资本充足率的最低标准及研究在其他领域制定标准的有效性。委员会不具备任何凌驾于国家之上的特权，其文件从不具备、亦从未试图具备任何法律效力。不过，它制定了广泛的金融交易规制标准和指导原则，提倡最佳金融交易规制做法，期望各国采取措施，根据本国的情况通过具体的立法和其他安排予以实施。多年来，巴塞尔委员会一直与国际证券监管委员会组织保持密切合作。自 1994 年以来，已就关于银行和证券公司的衍生产品活动的管理、报告和披露发布了多篇联合报告。巴塞尔委员会在促进建立全球范围内稳健的金融交易规制标准，强化对高风险金融交易法律规制的国际合作方面作出了重要的贡献。

第三章　金融衍生品交易的高风险及其法律规制

金融衍生品[①]是典型的高风险金融交易品种。金融衍生品诞生的原动力就是风险管理。著名的巴林银行(Barings Bank)倒闭案[②],以及住友商社在有色金属期货交易中亏损高达28亿美元的金融风险大案等,一系列金融风险事件的爆发都证明了金融衍生品交易是一种高风险的金融交易。近十几年来金融衍生品交易越来越从初始的套期保值的避险功能向高投机、高风险转化。金融衍生品的高风险性日益突出。金融衍生品交易行为成为高风险金融交易法律规制的重要调整对象和需要研究的重点内容。

从金融衍生品的发展来看,金融机构开发出包括金融衍生品在内的移转市场风险的各种金融商品,是为了避免利润被宏观金融因素波动影响、降低金融系统风险的发生而实施的金融创新。在这波金融创新与金融自由化交融的浪潮中,金融衍生品发展迅速,成为金融市场的一道亮丽的风景线,越来越多的金融机构和投资人参与到金融衍生品的交易之中,通过投资或者投

① 英文 derivatives 原意为衍生之意,在金融学上惯以 derivatives 统称所有的金融衍生工具(financial derivatives instrument),但是中译有衍生性金融商品,或金融衍生品或金融衍生工具,本文称金融衍生品。

② See Michael S. Bennett & Michael J. Marin, The Casablanca Paradigm: Regulatory Risk in the Asian Financial Derivatives Markets, 5 Stan. J. L. Bus. & Fin. 1,5(1999).

机金融衍生品，获取交易利益。金融衍生品对于普通投资人而说，属于高风险、专业化的金融产品。在金融衍生品日趋复杂的今天，即使是金融衍生品市场的交易商和专业人员，有时也会被结构错综复杂的衍生品所迷惑。20 世纪 70 年代以来，全球金融衍生品市场取得了突飞猛进的发展，对国际金融市场的传统格局造成了巨大的冲击，对人们的金融交易理念带来了前所未有的革命性变化[①]。20 世纪 90 年代以后发生的一系列金融衍生品交易事件，引起了各国监管层和大众对金融衍生品作为风险转移[②]、套期保值、风险对冲（hedging）和投机（speculating）等作用的特别关注[③]。面对万花筒般的金融衍生品，很多人感到非常迷茫，其中包括如巴菲特等一些金融界名人[④]，大家对金融衍生品的评判不尽相同。对于中国而言，金融衍生品交易在 20 世纪 90 年代开始兴起，1995 年 2 月一度达到狂热状态，国债期货市场上出现国债期货的投机风潮，发生了著名的“327 违规操作事件”，对市场造成沉重的打击。1995 年 5 月，中国证监会发出通知，决定暂停国债期货交易。中国首次国债期货交易试点以失败而告终。近年来，金融衍生品又开始得到谨慎发展，如股指期货的交易等。2013 年 9 月 6 日国债期货正式在中国金融期货交易所上市交易。

金融衍生品交易和市场发展所带来的高风险性，应引起我们的高度重视。衍生品的本质是以“确定的现在”与“不确定的未来”做交换。由于对风险评估

---

① See Global Derivatives Study Group, Derivatives: Practices and Principles, Washington DC, July, 1993, p. 28.

② Derivatives do not eliminate underlying risk; they only reposition it. By transferring risk via one or more trades, parties to derivatives contracts magnify or shrink, i. e. , control, their individual and selected risk exposures as their needs and wants dictate.

③ See, e. g. , Kimberly D. Krawiec, Derivatives, Corporate Hedging, and Shareholder Wealth: Modigliani-Miller Forty Years Later, 1998 U. Ill. L. Rev. 1039 (hedging); Lynn A. Stout, Betting the Bank: How Derivatives Trading Under Conditions of Uncertainty Can Increase Risks and Erode Returns in Financial Markets, 21 J. Corp. L. 53 (1995)(speculating).

④ 如巴菲特在 2003 年便警告过世人：金融衍生产品很可怕，是“大规模金融杀伤武器”。参见朱伟一：《华尔街使出浑身解数死守衍生品》，载《上海证券报》2009 年 6 月 26 日 B6 版。

信息的不对称，风险评价的基础是不同主体对风险值的好恶程度，不同风险偏好的主体交易时掌握的信息不平等，这样就必然产生"胜率"的不对称。怎样的胜率是市场可以接受的行为，而非赌博？这就归结到"如何提供信息才满足公平交易"的问题，即商品的获利模型与交易合同的设计公平与否的问题，核心的法律问题就是如何确保交易商正确提供金融衍生品以及向投资人通过充分的交易信息揭示交易风险，以保护投资人合法权益的问题。准确理解金融衍生品的法律含义，有利于法律发挥维持金融衍生市场的正常运转，为参与该市场的公众提供风险揭示和维护市场公平交易秩序的规制作用。为此，对金融衍生品及其高风险的法律规制开展深入研究，就成为国际金融法学的重要任务之一。

第一节　金融衍生品交易的高风险性

一、法学视角下的金融衍生品

（一）金融衍生品的一般概念

要给金融衍生品（financial derivatives）下定义是一件颇费心力，复杂而困难很大的事情。公丕祥教授认为，"从辩证逻辑的角度看，定义乃是对客观事物某一方面属性的理性式的概念反映。而客观事物是多侧面，多层次的，由此定义的局限性也可见一斑了。"[①]要给金融衍生品下定义，所遇到的情况完全如公丕祥教授的上述说法。至今，我们看到前人对金融衍生品所下的定义繁多。

人们对于金融衍生品的理解，大多从金融学或经济学的角度出发。一般意义上的金融衍生品有着多种定义。"当人们使用一个含义过于宽泛、内容没有精确界定的术语、却未对其中包涵的不同意思加以区分时，混淆就产生了，

① 公丕祥：《权利现象的逻辑》，山东人民出版社2002年版，第3页。

大多数争论皆源于此。”[①]由于金融衍生品是内涵和外延均没有统一界定的专业术语，所以不同的机构和学者往往对其作出不同的定义。国外有学者认为，金融衍生品是其价值衍生于其他的更为基础资产(underlyings)的金融商品[②]；基础资产可以是现金商品(cash instruments)，如股票和债券；可以是有形的，如商品(commodities)；或者无形的，利率(interest rates)，汇率(currency rates)，股票市场指数(stock market indices)，或者信贷质量(credit quality)[③]。国外也有学者直接从词义上对其加以理解，认为“衍生品是指从另外一种金融产品中衍生出价值来的金融产品，例如在将来某时购买股票的选择权，就是从现货股票中衍生出来的一种金融产品，其价值也源于现货股票。相似地，在某种利率条件下的互换是一种从基础借贷利率中衍生出来的产品，而这种利率正是借款人希望互换的。因此，金融衍生品中包含了衍生价值这一概念。”[④]

我国有学者认为：金融衍生品，又称为衍生金融商品或金融派生产品，是指以货币、债务、股票等传统金融衍生品为基础，以杠杆或信用交易为特征的一系列金融合同[⑤]。一种为以另一(或另一些)金融商品的存在为前提，以这些金融商品为买卖对象，价格也由这些金融商品决定的金融商品[⑥]。

从经济角度而言，金融衍生品具有以下特征：

(1) 金融衍生品从传统的金融商品上发展起来，仍旧为一种金融商品。

(2) 金融衍生品具有高度的杠杆，能够用很少的资金去掌控巨额的资金，

---

① 参见本杰明·N·卡多佐：《法律的成长法律科学的悖论》，董炯、彭冰译，中国法制出报社 2002 年版，第 19 页。

② See Roberta Romano, A Thumbnail Sketch of Derivatives Securities and Their Regulation, 55 Md. L. Rev. 1(1996).

③ See Proctor & Gamble Co. v. Bankers Trust Co., 925 F. Supp. 1270, 1275 (S. D. Ohio 1996). The full picture is more complex. The market value of a derivatives product can depend not only on the value of the underlying, but also on the strike price, interest rates, and underlying volatility. Additionally, not all underlyings have independent market value.

④ Alastair Hudson, The Law on Financial Derivatives, London, Sweet & Maxwell, 2002, p. 12.

⑤ 王中华、万建委：《国际金融》，首都经济贸易大学出版社 2001 年版，第 108 页。

⑥ 周立：《金融衍生工具发展与监管》，中国发展出版社 1997 年版，第 4 页。

从而具有较大的风险。

（3）金融衍生品为表外业务，能够增强公司的吸引力，获得投资。但是相对而言，这样的风险监控机制也需要有相应提高。

（4）具有高风险性。这不仅仅因为运用资金上的杠杆问题，还因为金融衍生品往往为在未来期限进行结算；而未来市场发展状况未知，从而具有高度的风险性。从经济层面上看，金融衍生品是一种财务商品。

（二）法学视角下的金融衍生品概念

著名美国法哲学家卡多佐（Benjamin Nathan Cardoza）在其《法律的成长法律科学的悖论》一书中，引用了哲学家温德班（Windelband）在其著作《哲学导论》（Introduction to Philosophy）中的名言：你在试图界定哲学内容时，会发现不存在一个为人们普遍接受的哲学定义[①]。对于金融衍生品的界定，情况同样如此。"金融衍生品"这一术语20世纪80年代在法学领域首先通过司法实践的提炼，然后由立法者在相关的法律规范中作出规定，再经过学者的学理阐述而逐步形成。法学视角下的"金融衍生品"一词是在各种以特殊形态出现的具体衍生品开始获得广泛使用，并因此引发大量相关法律诉讼的背景下被提出的。美国纽约联邦法院Weinfeld法官于1982年在Am. Stock Exch. v. Commodity Futures Trading Commission[②]案中，开创性地在其判决中使用了"金融衍生品"一词，用以标示当时已经广为人知的期权及期权期货的类别特征[③]。这被认为是金融衍生品在法学意义上被首度使用。以后美国第七巡回

① 参见本杰明·N·卡多佐：《法律的成长法律科学的悖论》，董炯、彭冰译，中国法制出报社2002年版，第16页。

② Am. Stock Exch. v. Commodity Futures Trading Commission, 528E Supp. 1145 (U. S. D. C. S. D. N. Y 1982).

③ Weinfeld法官价该案件的判决书中指出："在执行时，商品期权引致作为标的物的商品的交付。据此，此类第一层衍生工具体现出其本身。基础产品的初步分离。期货期权作为第二层衍生金融工具，其引致的仅为期货合同的交付，即一项可以转让的在某些特定时期买入或卖出确定数量和品质的特定商品的契约性承诺。"参见王旸：《衍生金融工具基础法律问题研究》，载《法学家》2008年第5期，注释2。

上诉法院在 Board of Trade of the City of Chicago v. SEC[①] 案的判决中将有关政府担保住宅抵押贷款利息的期权和期货统称为金融衍生品[②]。1995 年 10 月,英国法院在 Bankers Trust v. Dharmala[③] 案的审理过程中,也开始使用金融衍生品一词[④]。

20 世纪 90 年代之后,美英两国在金融衍生品立法态度上产生了一定变化。促发这一变化的主要因素来源于市场的压力。立法者逐渐感到简单列举的方法难以应对来自于呈爆炸式扩张的金融衍生品市场的挑战。市场参与者希望通过对典型金融衍生品进行重构,创制出简陋的法律规定所无法涵盖的新型金融衍生品种,从而使市场行为摆脱较为严格的资本市场法律监管,转而适用相对宽松的普通私法规范。而金融衍生品市场在资本市场中所处地位的日益显要及金融衍生品自身特点给国民经济安全所构成的重大隐患,又恰恰要求对其实施有效法律规制。这两方面因素的结合,推动了美英两国金融衍生品法律制度的稳步发展[⑤]。其中一项重要的立法工作就是通过法律规范,对种类繁多的金融衍生品的内涵和外延进行界定,借此确定有效监管的适当范畴。

从法律角度看,衍生品交易是一个双边合同(bilateral contract)或者支付交换协议(payments exchange agreement)。金融衍生品交易还可以是投机获利的工具。国际清算银行巴塞尔委员会在其 1994 年 7 月发表的《衍生品风险管理准则》中将衍生品定义为:"广义而言,衍生品是一种金融协议,其价值取

---

① Board of Trade of the City of Chicago v. SEC, 677 F. 2d 1137,1139(7th Cir., 1982).

② In that case, the court concluded that the Dow Jones Utilities and Transportation Averages met the criteria of the Accord, even though the stocks in the indexes may not themselves have constituted a substantial segment of the market, because they reflected the market performance of the industries they were designed to measure, which industries were a substantial segment of the market.

③ Bankers Trust International PLC v. P. T. Dharmala Sakti Sejahtera et al., Queen's Bench Division (Commercial Court), 19 October 1995.

④ 关于本案的详细案情以及对判决的评论,参见本章后面的内容。

⑤ 参见王旸:《衍生金融工具基础法律问题研究》,载《法学家》2008 年第 5 期。

决于一种或多种标的资产或指数的价值。”国际经合组织将金融衍生工具定义为:“一般说来,金融衍生品是一份双边合同或支付交换协议,它们的价值是从基础资产或某种基础性利率或指数上衍生出来的。”[①]英国证券投资局(SIB)在其发布的相关法律中沿用了《金融服务法》中的简单定义,将金融衍生品释义为“期货、期权或价差合同”[②]。有学者认为,金融衍生品交易概念过于宽泛,包含了形形色色的金融商品,因而很难对其进行概括[③]。这是一种对金融衍生品难以定义的主流观点。尽管如此,立法部门还是尽力对金融衍生品作出的界定的尝试。1993 年,美国政府发布了《衍生品市场报告》(Derivatives Market Report),从法律角度对金融衍生品作出界定,该定义为“金融衍生品是价值直接决定于(即衍生于)一个或多个基础证券、股票指数、债务商品、商品、其他金融衍生品、约定定价指标或协议(例如,一段时间内消费价格指数和运价的变动)之价值的合同。金融衍生品涉及交易基于基础资产的权利或义务,但不必然导致基础资产的交割。”[④]1994 年,美国证券交易委员会在有关对共同基金的研究报告中将金融衍生品定义为“价格基于或衍生于一些基础指数、参照指标(例如利率、汇率)、证券、商品或其他资产的金融商品。”[⑤]

1995 年,巴林银行因不当从事金融衍生品交易导致破产事件发生后,英国以前所未有的积极态度高度关注金融衍生品市场的法律规制。1995 年 6 月,英格兰银行在其对巴林银行的调查报告中提出了金融衍生品的专业定义,其将金融衍生品定义为“价值随其他金融商品价格或指数变动而变动的合同或

① Singher, Regulating, Derivatives: Does Transnational Regulatory Cooperation Offer a Viable Alternative to Congressional Action? 18 Fordham Int'l. Law J. 1405-06(1995).

② SIB Rulebook, vol. I, chap. 3, The Financial Services Core Glossary (Third Edition), (London, HMSO, 1995).

③ 参见陈欣:《衍生交融交易国际监管制度研究》,北京大学出版社 2006 年版,第 10 页。

④ CFTC, Working Paper 7A: Glossary, Derivative Markets Report, 7A-3,1993.

⑤ SEC, Division of Investment Management, Mutual Funds and Derivative Instruments (Washington D.C.. SEC, 26 September 1994), at 2.

金融商品，例如期货、期权。"[①]这是继美国立法对金融衍生品作出界定之后，英国立法对这一术语的立法界定。美国和英国立法对金融衍生品的定义，大大推进了金融衍生品法律规制的进程，为金融衍生品的法律规制提供了坚实的法治基础。

国际清算银行巴塞尔委员会在其1994年7月发表的《衍生风险管理准则》中定义其为："广义而言，衍生品是一种金融协议，其价值取决于一种或多种基础资产(underlying asset)或指数的价值。"[②]而依照国际互换与衍生品协会(International Swaps and Derivatives Association，简称ISDA)，金融衍生品是以移转风险为目的，而互易现金流量的双务合同。于合同届期时，当事人依据"标的资产"或"基础资产"，并参考利率或指数价格来决定债权额之大小[③]。我国深圳证券交易所2009年8月发布的《深圳证券交易所上市公司信息披露工作指引第8号——衍生商品投资》对衍生品做出了详细的阐述，衍生品是指场内场外交易，或者非交易的，实质为期货、期权、远期、互换等产品或上述产品的组合。衍生品的基础资产既可包括证券、指数、利率、汇率、货币、商品、其他标的，也可包括上述基础资产的组合；既可采取实物交割，也可采取现金差价结算；既可采用保证金或担保、抵押进行杠杆交易，也可采用无担保、无抵押的信用交易[④]。

有学者认为，从法学视角看，金融衍生品是"允许或者要求一方当事人购买或出售一项资产的合同"[⑤]。也有学者认为，从法学角度看金融衍生品可以

---

① Report of the Board of Banking Supervision Inquiry into the Circumstances of the Collapse of Barings (London, HMSO, 1995).

② 国际清算银行：《巴塞尔银行监管委员会文献汇编》，中国金融出版社1998年版，转引自宁敏：《国际金融衍生交易法律问题研究》，中国政法大学出版社2002年版，第14页。

③ Charles W. Smithson & Clifford W. Smith, Jr. With D, Sykes Wilford, Managing Financial Risks, 1995, Chapter 10, at 235－246. 转载于王文宇：《新金融法》，中国政法大学出版社2003年版，第390页。

④ 参见王丽娜：《深交所：衍生品亏损逾千万须及时披露》，载《上海证券报》2009年8月31日封二版。

⑤ See Henry T. C. Hu, Misunderstood Derivatives: The Causes of Informational Failure and the Promise of Regulatory Incrementalism, 102 Yale L. J. 1457,1464 (1993).

是指以另一(或另一些)基础金融商品(或权益)为基础和买卖对象,价格由另一(或另一些)基础金融商品(或权益)决定,并以杠杆或信用交易为特征的金融合同或者支付互换协议。这种合同对交易双方在将来的某个时候对某一既定资产(或权益)的权利义务作出明确的约束[①]。通过上述学者们对金融衍生品的定义可以看出,在法律视角下,金融衍生品是一项特殊的金融交易合同。

二、金融衍生品种类繁多是产生高风险的重要因素

金融衍生品市场是一个创新思想不断涌现的市场。金融衍生品是场内交易(traded on-exchange, exchange-traded)还是场外交易(traded over-the-counter),很难界定,因为他们的内容广泛多变[②],新的衍生品种类繁多,新的品种层出不穷[③]。这些新的产品很多是为了规避现有的金融法律制度和管制安排,因此衍生市场的监管难度就更大。另外,交易者对自身的行为和信用状况的信息肯定多于监管者所拥有的信息。监管者要想使交易者披露自己的私人信息必须支付一定的成本。经纪机构对自身的交易设施、员工素质、资信水平及服务规程等方面的情况了解得更为全面,而交易者则无法低成本地获得上述各个方面的信息。交易者不能确切知道经纪机构真实的服务质量,只能凭借经验推知所有经纪机构的平均服务质量,并按这个平均服务质量支付佣金。最后经纪行业里只能剩下服务质量最差的经纪公司,出现了"劣币驱逐良

① 参见莫愫华:《金融衍生工具市场法律监管问题研究》,华东政法大学2005年法律硕士学位论文,第13页。

② See Saul S. Cohen, The Challenge of Derivatives, 63 Fordham L. Rev. 1993, 1997 (1995) (derivatives difficult to define because they constantly evolve); Henry T. C. Hu, Hedging Expectations: "Derivative Reality" and the Law and Finance of the Corporate Objective, 73 Tex. L. Rev. 985(1995) (derivatives "metastasizing to refer to any complex financial product that causes a loss").

③ Sean M. Flanagan, Note, The Rise of a Trade Association: Group Interactions Within the International Swaps and Derivatives Association, 6 Harv. Negot. L. Rev. 211,214 (Spring 2001).

币”的现象[①]。因此金融衍生品种类繁多是产生高风险的重要因素。

（一）股权式、货币式与利率式衍生品

根据基础商品不同，金融衍生品可以分为股权式、货币式、利率式衍生品。股权式衍生品(equity derivatives)是指以股票或者股票指数为基础商品的金融衍生品，主要包括股票期货、股票期权、股票指数期货、股票指数期权以及上述合同的混合交易合同。货币衍生品(currency derivatives)是指以各种货币作为基础商品的金融衍生品，主要包括远期外汇合同、货币期权、货币期货、货币互换以及上述合同的混合交易合同。利率衍生品(interest derivatives)是指以利率或利率的载体为基础商品的金融衍生品，主要包括远期利率协议、利率期货、利率期权、利率互换以及上述合同的混合交易合同[②]。

（二）远期、期货、期权与互换衍生品

根据金融商品的组件不同，金融衍生品可以分为远期、期货、期权、互换。

金融学中常将远期、期货、期权和互换这四种普通衍生品[③]，当作基本的“积木”或组件，利用这些“积木块”，拼造出无数种金融衍生品或产品。其中，远期和期权两者都是金融合同，最基本的差异是金融远期涉及的是“义务”，而期权涉及的是“权利”[④]。

金融远期(forward)是指交易双方同意在将来某个确定时间按照固定价格来购买一定数量的某种资产[⑤]。远期是其他三种商品的始祖，其他衍生品可

---

① 刘素琴：《金融衍生工具的风险特点分析》，载《消费导刊》2009 年第 3 期。

② 利率期权和远期合约(Interest rate option and forward contracts)是在交易所内进行交易的，其他品种的衍生交易时在此外交易的。

③ 有些学者将其归纳为两种基本工具：期权(options)和远期(forwards)，如 Robert M. McLaughlin, Over-the-Counter Derivatives Products: A Guide to Business and Legal Risk Management and Documentation xxiii (1999). 该作者认为，互换(swaps)是远期交易的组合(combinations of forward transactions)。

④ See Frank Partnoy, Adding Derivatives to the Corporate Law Mix, 34 Ga. L. Rev. 599,604,607 (2000)

⑤ A forward is the obligation to buy or sell something in the future. 与期权(option)相比，远期强调的是当事人的合同义务。

以认为是远期合同的变形或延伸[①]。现货交易包括即期交易和远期现货交易两种，而金融远期交易对象由普通的商品发展为金融资产而已。远期外汇合同(forward exchange contracts)是外汇交易当事人达成就将来在某一特定时间按照约定的金额、币种、汇率等进行实际交割的合同。远期利率协议(forward rate agreement)是双方约定根据将来某一特定期间的利率、期间和本金额，约定在特定日(清算日)由一方向另一方支付协议利率与市场利率之间的利息差额的协议。商品远期现货交易中没有保证金支付，若没有其他人保或物保，仅仅以当事人的信用为履行之担保，无法保证合同之有效履行。金融远期由于具有更大的风险，因此有了很大的改善。远期外汇交易中往往由客户主动与银行订立远期外汇合同，且为了防止客户的违约，银行常向客户收取相当于合同金额10%左右的履约保证金，双方若依约交割，银行主动退还保证金。如情况发生变化，保证金不足以弥补银行的损失，银行有权要求客户增缴一定的保证金，如客户拒绝增缴，银行有权解除合同，同时退还客户所交的保证金[②]。

远期利率协议是为了规避利率风险的金融衍生品。该协议往往约定采用伦敦银行同业拆借利率(LIBOR)为市场参考利率，由于远期利率协议中所约定的本金仅仅为计算利息所用，并不用于支付，而实际支付的仅仅为以本金为基础按市场利率与协议利率计算得出的利息差额，资金流量很少，买卖双方涉及的风险也自然小，因此是银行成本不高的风险管理商品。

金融期货(financial futures)是买卖双方在有组织的交易所内以公开竞价的形式达成合意，约定在将来某一特定时间买卖若干标准数量金融商品的协议，主要包括货币期货、利率期货和股票指数期货三种。从功能上看，期货市场具有发现价格和转移风险的功能。发现价格是指能够通过充分竞争，由市

① 宁敏:《国际金融衍生交易法律问题研究》，中国政法大学出版社2002年版，第17页。

② 陈安主编:《国际货币金融法》，北京大学出版社1999年版，第554页。

场决定未来某一时期代表一定商品“或金融资产”量的合同价格。发现是指期货市场能够发现、预期未来的走势[①]。期货具有套期保值、转移风险功能。

现货交易包括即期交易和远期现货交易两种，期货交易则是从远期现货交易发展而来。但是，期货交易不同于远期现货交易，具有自己的特征。

(1) 一般交易往往是为了获得对于物的权利或者是为了获得无形权利上的权利；而期货交易却是为了转移风险或者是获得利润，当然有时候也具有获得某种商品的权利，但是这种交易比较少。

(2) 期货交易中对买卖对象的质量、数量等有着特殊的规定，无需当事人协商。一般交易中对于交换对象的质量、数量都可以由当事人协商；而在期货交易所进行的期货交易却往往严格规定了交易的数量和质量，通过严格的标准化的期货合同进行买卖。

(3) 期货交易在交易主体上与一般交易也有着显著的区别。一般交易中交易主体往往是能够相互了解，通过协商方式订立合同；而在期货交易所的交易里是通过集中竞价方式进行的，因此在订立合同之前难以明晰对方当事人。

(4) 期货交易的目的不同造成了期货交易的运作机制上有着其独特之处。期货交易中的“双向对冲”和“以小博大”是在期货市场上买空卖空和以极少量的资金进行大量交易。这种交易具有虚拟性，交易规模可以远远超过实物数量。

(5) 期货交易场所不同。期货交易各国一般规定均在交易所内公开、集中交易，不能进行场外交易。现货交易一般分散进行，地点不限。

(6) 保障方式不同。现货交易可以通过《民法通则》、《合同法》、《担保法》等法律予以调整，当事人可以约定人保或物保的方式，并且加工承揽合同甚至可以采取留置权加以保证债务人履行债务。而期货交易各国法律规定使用保

---

① 童宛生：《正确认识我国期货市场发展中的三个基本问题》，载于《价格理论与实践》2004 年第 3 期，第 48 页。

证金制度来保证到期履行合同。

(7) 结算方式不同。现货交易是货到款清；而期货交易是一种特定商品的"标准化合同"(也即"期货合同")的买卖。所谓标准化为合同中特定商品其交易的数量、质量、规格、品种、交货时间、交货地点都为统一的规定，唯一的变量为商品的价格。交易者交纳一定数额的保证金后即可在交易所内通过集中竞价的方式公开买卖。期货交易具有杠杆性、套期保值、保证金制度等特色，成为世界交易的主要市场，甚至在某些商品交易商超过了现货市场。

总之，期货交易对象为标准化合同的买卖，减少了协商和谈判的时间，从而降低了成本，提高了效率。而期货交易中的保证金制度对于促使金融衍生品中杠杆性有着至关重要的作用。

期权(option)是指买卖双方所订立的约定，买方承担向卖方支付一定金额的权利金，相应获得在合同约定的时期内、以双方约定的价格购买或者出售某种特定基础资产权利的协议[①]。期权是一种选择权，权利持有者可以选择行使权利，或者选择不行使权利；为此所支付的对价是其必须按照约定向卖方支付一笔费用，成为期权费或者是权利金。因此有的学者认为按照合同买方是否具有选择权，衍生资产可分为远期类(forward-based)和期权类(option-based)两种。前者是合同的持有人有义务执行合同，后者合同的持有人则有权力执行合同，即他可以根据当时的市场情况决定执行或者放弃合同[②]。期权合同(option contract)是一种具有法律约束力的标准化合同，主要内容有：标的资产名称、交易单位、报价、执行价格、交割和失效日期等。合同的基本当事人有期权持有人(option holder)即买方和期权签发人(option writer)即卖方。

期权根据不同的标准有多种不同的分类。

(1) 期权(option)按照买方要求执行合同的时间不同，可以分为欧式期权

① An option is the right, but not the obligation, to buy or sell an item in the future at a set price. 与远期(forward)相比，期权强调的是当事人的合同权利。

② 姜纬：《金融衍生市场投资：理论与实务》，复旦大学出版社 1996 年版，第 2 页。

(European style option)和美式期权(American style option)这两种。欧式期权是期权合同的持有人(holder)只能在合同到期日决定并宣布是否执行合同,而美式期权中期权合同的持有人有权在合同有效期内的任何一个营业日决定是否执行合同。美式期权和英式期权是一种分类,与交易地点无关,在欧洲地区所订立的期权合同可以为美式期权。美式期权中期权持有人(买方)可以在有效期内任何一个营业日决定是否执行合同,具有更大的便利;而期权签发人(卖方)承担着更大的风险,因此其中的期权费用相对于等量的英式期权更为昂贵。

(2) 按交易方式不同,可分为场内期权和场外期权。场内期权是在交易所内集中竞价成交的期权。场内期权的合同都是严格标准化,包括质量和数量都是固定的,只是买卖合同的份数不同而已。交易所的期权清算公司在买卖双方之间执行清算功能,保证并代理当事人办理有关金额的收付。场外期权是指在交易所以外的期权市场上进行交易。特点是主要交易条件由买卖双方约定,每份合同交易的金额往往比场内期权大。场内期权流动性强,灵活性较差;场外期权灵活性大,流动性不强[①]。

(3) 以期权购买者权利为标准,可分为看涨期权(call options)和看跌期权(put options)[②]。看涨期权又称为买方期权,是期权买方给付一笔保证金,获得在约定期限内以约定价格购买约定数量的特定金融资产的选择权。选择权是可以行使,也可以不行使;但是这又区别于一般合同中的权利,因为一般合同中的权利由于权利本身的性质而可以行使或者放弃,但是这种选择权却是因为保证金这笔对价所以才享有的。看跌期权又成为卖方期权,是指期权买方因支付了保证金这笔对价所获得以约定价格出售约定数量的特定金融资产

① 张涌泉、姚莉主编:《当代国际金融》,中国金融出版社 1997 年第 2 版,第 202 页。

② If the option is to buy, it is a call option; if the option is to sell, it is a put option. The seller of the option is called the option writer or option seller and the buyer is called the option holder or option buyer.

的选择权[①]。

(4) 以期权的交易对象为标准可以分为现货期权和期货期权。现货期权下买方享有在约定期间内或者到期日按约定价格购买或出售某种金融资产现货。现货期权包括货币期权、利率期权、股票期权、股票指数期权等。而期货期权的买方享有在约定期间或到期日按协议价格购买或出售特定金融资产期货的权利。期货期权包括货币期货期权、利率期货期权、股票指数期货期权等。

金融互换(financial swap)是指当事人约定按照某一特定时期内交换一系列支付款项的协议[②]。金融互换是在互换商品的基础上发展起来的。在众多衍生品里,互换商品是一种传统的金融衍生品。有鉴于互换商品便于非金融机构降低财务风险,金融机构大力发展与非金融机构的交易。国际互换与衍生品协会出版的操作手册里列出数种适用《国际互换与衍生品协会主协议》的互换商品[③],这些商品在不断茁壮的金融衍生品市场里始终占据极大的比重,据国际互换与衍生品协会每年出版的市场调查显示利率与汇率商品占市场总量60%以上,而互换商品占其中的50%[④]。互换商品是以转移风险为目的而互易现金流量的双务合同,这种交易合同是一个非零合赛局,使所有交易方都可获利。现在场外市场里的互换商品种类相当多,除以商品的复杂度区分基本和非基本互换商品,更可以商品标的区分为利率互换、货币互换、息票互换、

① For a detailed and colorful description of the various option payouts, including diagrams, see Peter H. Huang, Teaching Corporate Law from an Option Perspective, 34 Ga. L. Rev. 571(2000).

② A swap is an exchange of cash flows. A cash flow is a series of future cash payments. In a swap, a party agrees to make future payments to the counterparty determined by reference to a certain fixed or floating rate on a notional amount, and the counterparty agrees to make reciprocal payments at a market floating rate on a notional amount.

③ Certain Transactions Under The ISDA Master Agreement: "Basis Swap, Bullion Swap, Commodity Swap, Cross Currency Rate Swap, Currency Swap, Equity or Equity Index Swap, Interest Rate Swap, Swap Option, Total Return Swap"显示互换商品从单纯的利率与货币交换到发展出链接至其他金融工具的结构型商品,因此互换商品市场日益庞杂自是不在话下。

④ ISDA, Market Survey, 1992 - 2005.

短期互换、证券互换、商品互换、信用互换、资产或债务互换[①];即两公司种种金融资产的差异如在货币市场上取得资金的利率及其成本不同,或公司所在地、税收、外汇管制等因素造成资金调度运用所需成本有所差异,所产生的交易空间。国际清算银行[Bank for International Settlements (BIS)]对互换商品的定义是指买卖双方约定在未来一定期间内交换依据不同指数计算之一连串不相同现金流量的合同[②]。合同双方透过互换协议没有实际交换名目本金,就能达到转换现金流量的收入或支付形态。互换商品因为必须交换不同货币的本金或利率,带来的违约风险高过其他衍生品,特别是商品设计不良或商品推介过程不当,更容易引发交易对手违约[③]。这是因为互换商品的两个现金流以两种不同货币之一进行标价时,由于不知道在合同期间汇率将如何变化,金融专业能力较差的投资人无法评估出可能要用来弥补收支差异的金额[④]。不过,互换商品让非金融机构面对的利率及汇率风险大大降低,交易者利用场外交易的互换商品来对冲集中市场的外汇交易风险,互换商品在衍生品里逐渐占据重要地位。场外市场交易量放大不但起到价格发现的作用,更将交易对手由交易商扩张到大量的非金融机构的最终使用者。

金融互换主要包括货币互换(currency swap)和利率互换(interest rate swap)两种。所谓货币互换[⑤],是指交易双方按照约定的价格条件,就期限和金额相同而币种不同的资金及其利息进行互换的金融交易。货币互换的主要

---

① 参见[美]Coopers & Lybrand:《交换交易与金融工程学》,环宇证券投资顾问公司译,台北寰宇出版社 1997 年版,第 68 - 72 页;三宅辉幸:《金融衍生商品》,科学出版社 2004 年版,第 46 - 66 页。

② 李丽:《金融交换实务》,台北三民书局 1995 年版,第 12 页。

③ [美]约翰·J·斯蒂芬斯:《用金融衍生工具管理货币风险》,徐杰译,人民大学出版社 2004 年版,第 123 - 128 页。

④ [美]约翰·J·斯蒂芬斯著:《用金融衍生工具管理货币风险》,徐杰译,人民大学出版社 2004 年版,第 128 页。

⑤ In a currency swap, Party A makes periodic payments, formulated from a notional principal amount in one currency and a fixed or floating rate of interest, to Party B. Party B makes periodic payments, formulated from a notional principal amount in another currency and a fixed or floating rate of interest, to Party A.

动机在于避免汇率波动风险。利率互换①,在资金币种相同的情况下,交易双方互换不同计息方法的利率(包括固定利率和浮动利率)的金融交易②。利率互换作为降低筹资成本的方法,其目的在于发挥交易双方在不同计息方法的利率方面的筹资优势。

1985 年成立的国际互换与衍生品协会拟定标准国际互换与衍生品协会主协议,使得交易双方权利义务在标准主协议的范围内经充分协商确定,互换交易向标准化迈进。互换协议主要包括到期能够支付的凭证、双方对其身份和能力、无违约、无诉讼及其提供的特定信息的准确性等事项的声明与保证,双方互相提供特定信息、取得政府承诺、遵守法律、支付印花税等约定,违约事件和提前终止交易及损害赔偿的约定,法律适用和司法管辖约定等内容。主协议规定了双方权利义务,交易双方无须就该部分继续进行谈判,只要协商具体交易日、生效日、到期日、币种、本金、利率、支付日、结算账户等,从而大大节约了成本。

(三)金融衍生品中的新兴产品——信用衍生品

信用衍生品(credit derivatives)③是指通过交易当事人签订的,以转移与

① In an interest rate swap, Party A makes periodic payments, formulated from a notional principal amount in a given currency and a fixed or floating rate of interest, to Party B. Party B makes periodic payments, formulated from the notional principal amount in the same currency, and with a floating rate of interest, to Party A.

② An example of a standard interest rate swap follows: Company A owes $10 million at a floating rate of interest—LIBOR plus 1%—and would like to rearrange its obligation to a fixed rate to give it greater predictability. The company can swap its payment obligations with Bank B. Company A will periodically pay to Bank B a fixed rate of interest—11%—on a notional amount of $10 million, and Bank B will pay to Company A on the same schedule the periodic payments of LIBOR plus 1% on the same notional amount. The upshot is that Company A's net obligations are fixed rate and Bank B's are floating rate, assuming each party performs its obligations. This neutralizes Company A's market risk in LIBO rates. If Bank B lends money at floating interest rates, the transaction ensures an interest rate spread between what the bank pays and what it obtains.

③ Credit derivatives are relatively recent OTC products that are intended to transfer credit exposure vis-a-vis specific obligors. Essentially, credit derivatives isolate specific risk and transfer that risk to a willing party. Transfer of the isolated credit risk protects the risk transferor from, and exposes the risk transferee to, the risk that an obligor—whom often is called a reference credit or reference entity—may experience a credit event, such as a default under a specified debt instrument or a certain decline in creditworthiness. See John Kiff & Ron Morrow, Credit Derivatives, Bank of Can. R. 3,7(2000).

贷款、债券等资产的信用风险为目的的交易合同。在信用衍生品交易中，一方当事人(信用风险保护的买方)向对方当事人(信用风险保护的卖方)支付一定的费用，以换取卖方对参考资产(underlying assets 或 reference assets)或参考实体(reference entity)的信用保护，当参考资产或参考实体发生双方约定的信用事件时，卖方须向买方支付一定金额的补偿。参考资产可能是贷款、债券，也可以是其他任何具有交易价格的资产。通过信用衍生品交易，特定资产的信用风险可从其他风险剥离，并进行单独的交易，从而使信用风险的管理和定价更有效率。此外，信用衍生品的交易属于场外交易，具有较强的灵活性，交易双方可以自主设计交易结构，以达到各自的交易目的。如果银行既希望减少其客户的信用风险，又不至于因出售有关贷款损害其与客户的关系，银行则可通过信用衍生品交易达到上述目的。

巴塞尔银行监管委员会于 2004 年 6 月正式发布的《新巴塞尔资本协议》已将信用衍生品作为风险缓释商品之一，明确其在商业银行信用风险管理及银行最低资本金监管中的地位，并规定：倘信用衍生品以直接、明确、不可撤销及无条件方式提供，且银行能够满足关于风险管理程序方面的某些最低操作要求，监管当局则即可允许银行在计算其法定资本金时考虑该等信用保护的作用。信用衍生品属于高级金融衍生品类型，美国花旗银行、美林公司等是该产品的重要参与者。

1. 信用违约互换与违约指数产品

信用违约产品分为两种：一种是针对个别资产的违约，主要是信用违约互换；另一种是违约指数产品，它针对系统违约风险。

信用违约互换(credit default swaps)[①]是目前最常用的一种信用商品，它

① A credit default swap transfers potential credit loss, usually, but not necessarily, in connection with a specific reference asset. Under a typical credit default swap, the protection buyer makes a single payment or periodic payments to the protection seller as premium, and the protection seller is obligated to pay a credit event payment to the protection buyer if a credit event occurs.

是指信用保护买方(信用风险卖方)向信用保护卖方(信用风险买方)支付一定费用(premium),如双方约定的“参考资产”或“参考实体”在规定的时间内发生特定“信用事件”(credit events),信用保护卖方须向信用保护买方支付相应款项(信用违约支付)的互换交易结构。信用违约产品是专门针对违约风险的信用衍生品。信用违约产品分为两种:一种是针对个别资产的违约,包括信用违约期权或违约卖权(default put),由于该产品类似于互换,所以也称信用违约互换;另一种是违约指数产品,针对系统违约风险。在未发生约定的信用事件时,信用保护卖方无需向信用保护买方支付任何对价(零支付),因此,卖方向买方承担的支付义务属于“或有支付”(contingent payment)。通过信用违约互换,信用保护买方可以将参考资产相关的信用风险转移至信用保护卖方,但该参考资产的其他风险如利率风险等仍由信用保护买方承担。根据交割方式的差异,信用违约互换可分为实物交割型(physical settlement)和现金交割型(cash settlement):倘以实物交割,信用保护卖方则须在发生信用事件后以现值实际受让参考资产;倘以现金交割,信用保护卖方仅需向信用保护买方偿付参考资产之初始值与发生信用事件后之现值间的差额。

违约指数产品出现较晚。1998 年 11 月,芝加哥期货交易所(CME)引入了第一个交易所交易的信用衍生合同,即季度破产指数衍生品。该产品的上市交易,标志着信用衍生品正式进入场内交易。该指数产品主要是为银行和消费贷款机构服务的,尤其是信用卡公司。合同方式可以是期货也可以是期权,但都是基于 CME 季度破产指数(CME Quarterly Bankruptcy Index,简称 CME QBI),该指数等于合同到期日之前三个月在美国新登记的破产数。该指数交易提供了系统性信用风险的防范工具,尤其便于银行和消费信贷机构进行信贷资产的组合管理,通过购买违约指数产品合同,就可以有效防范因为经济不景气而造成的破产比例上升的系统信用风险。购买了该合同的银行,如果在到期日 QBI 高于订立合同时的指数,就可以得到补偿。合同额等于 1 000 美元乘以指数。信用衍生品是金融远期合同、互换和期权这三种衍生品的合成物。

2. 总收益互换与信用息差产品

另一种分类方法是，将其分为总收益互换与信用息差产品等[①]。实际的产品结构可以根据银行和客户的协商而具有多种形式。总收益产品（total return swaps）[②]，也称贷款互换（total rate-of-return swap）或信用互换，在该互换交易中，投资人接受原先属于银行的贷款或证券的全部风险和现金流，同时支付给银行一个确定的收益，如在LIBOR基础上加减一定的息差。与一般的互换不同，银行和投资人除了交换在互换期间的现金流之外，在贷款到期或出现违约时，还要结算贷款或债券的价差，计算公式事先在签约时确定，如果到时贷款或债券的市场价格出现升值，银行向投资人支付价差；反之，如果出现减值，则投资人向银行支付价差。总收益互换一般期限在1～5年之间。信用息差期权（credit spread option）[③]是指用以向投资人补偿基础资产违约风险的、高于无风险利率的利差，信用息差产品包括息差远期和息差期权。在息差远期中，由银行和投资人商定一个远期息差，即银行贷款或债券利率减去国债等无风险资产利率的利差，到期时，双方根据实际息差与订立时的息差进行差额结算。如果实际息差高于协议息差，则银行向投资人支付息差差额；反之，由投资人对银行补偿。息差期权如一般金融期权一样，允许到期时协议的买

---

① Additionally, there is another form, credit-linked debt, which is not a pure credit derivative, but a hybrid of a debt instrument and credit derivative.

② With a total return swap, also known as a total rate-of-return swap, the protection buyer, or total return seller, artificially sells a reference asset to the protection seller, or total return buyer. Technically, the total return seller agrees to pay the total return associated with a reference asset to the total return buyer.. Total return equals interest plus fees and appreciation in market value at maturity.

③ Credit spread options are designed to capture changes in yield between (i) a reference asset and a relatively risk-free baseline, such as a U. S. Treasury Bill or market rate swap, of similar maturity; (ii) similar securities of two different issuers; or (iii) two obligations of the same issuer but with differing maturities.

方可以单方面选择支付或不支付息差[①]。

通过上面的分析可以看出，金融衍生品种类繁多。金融机构往往根据消费者的不同需要，在基本金融衍生品交易方式的基础上，进行叠加和创新，创造出无数新的金融衍生品，还可以根据客户所要求的特殊时间、金额、杠杆比率、价格、风险级别等参数进行个性化设计，让其达到充分保值避险等目的[②]。但是，由此也造成某些金融衍生品难以在市场上转让，流动性风险极大。另一方面，由于各国法律制定、修改、协调赶不上金融衍生品发展的步伐，某些合同及其参与者的法律地位往往不明确，其合法性难以得到保证，要承受很大的法律风险。金融衍生品的功能和风险是其与生俱来、相辅相成的两个方面。任何收益都伴随着一定的风险，衍生品只是将风险和收益在不同偏好客户之间重新分配，并不能消除风险。金融衍生品在为单个经济主体提供市场风险保护的同时，将风险转移到另一个经济主体身上[③]。这样就使得金融风险更加集中、更加隐蔽、更加猝不及防，增强了金融风险对金融体系的破坏力。由此可见，丰富多样的金融衍生品是其高风险存在和爆发的重要因素。

---

① For example: Party A holding a rated bond issued by Company C with one-year maturity can buy a credit spread put option from Bank B for an upfront premium. The option gives Party A the right to sell the bond to Bank B at a pre-determined strike value. The strike value is expressed in terms of credit spread over a one year U. S. Treasury bond. On the option's strike date, if the actual spread of the bond is less than the strike value, the option is worthless and simply will expire. If the spread is higher than the strike value on the strike date, Party A will deliver the underlying bond to Bank B and Bank B will pay an agreed-upon compensation. In this example, Party A is the spread buyer and Bank B is the spread seller.

② Some derivatives will even combine two or more relatively simple derivatives to achieve the desired allocation of targeted risks. Examples include: a collar, which is a combination of a cap and a floor; a fraption, which is an option on a forward interest rate agreement; a quanto, which is an option on a foreign equity (or equity index) that incorporates a pre-determined foreign exchange rate; a straddle, which is a combination of a put option and a call option with equivalent strike prices and maturity dates; a strangle, which is a straddle except that the strike prices differ; and a swaption, which is an option on a swap.

③ 参见刘素琴:《金融衍生工具的风险特点分析》，载《消费导刊》2009 年第 3 期。

第二节 金融衍生品交易合同及其风险的法律分析

从金融衍生品的交易方式来看，双方当事人就金融衍生品签订交易合同，在合同内容执行前，金融衍生品合约并不能够给其中一方带来任何现实的财产价值，而是代表着对未来获得财产利益的预期；在到期时，双方当事人则享有请求履行的权利或者负有履行的义务。私法自治的要旨在于对人的自由意志的深切尊崇，承认人的意志依其自身法则创设自己的权利义务的可能性，将当事人的意志作为权利义务发生的根据[①]。“合同必须遵守（*pacta sunt servanda*）”是合同法的历史传承和优秀文化遗产的积淀，同时也是商事交易的精髓和核心（core of commercial transactions）。“合同必须遵守”是合同保护双方当事人的基本要求[②]。这一合同法的原则同样适用于金融衍生交易合同。

正如法学家萨维尼所说，合同之本质在于意思之合致。因此，金融衍生品交易双方当事人签订的金融衍生品合同，是在双方对未来给付某种特定的金融利益所达成的合意的基础上签订的，是双方意思表示一致的结果，对双方均产生法律约束力。由于金融衍生品通过特殊的安排和组合将不同类型的金融风险进行对冲或者将风险转移给更具风险耐受力的市场参与者承担，从而使基础资本市场中的风险被分散或者转移，减轻市场风险累积爆发对市场以及经济带来的巨大冲击[③]。因此，金融衍生品合约从双方的目的来看，是就金融风险的安排与承担所形成的合意。

---

① 参见尹田：《法国现代契约法》，五南图书出版社 1999 年版，第 16 页。

② SeeRosa M. Lastra, Financial Law Reform in Emerging Economies, 23(8), J. I. B. L. R. 413,417 (2008).

③ 参见朱琳：《场外金融衍生品市场监管法律制度研究》，中国政法大学 2012 年硕士学位论文，第 6 页。

金融衍生品交易合同到期时，虽然在形式上，金融衍生品与基础金融资产都表现为某种金融利益的给付，但两者请求权的产生原因却有着本质的区别。基础金融资产的请求权是建立在权利人预先让渡财产利益的基础上，是基于自身所有的财产利益及其所产生的孳息对实际使用人主张请求权。然而，金融衍生品交易的请求权是基于双方交易行为的合同关系而请求特定金融利益的给付，只涉及财产价值的一次转移。因此，金融衍生品在法律意义上可以理解为合同或者契约，而且是由当事人双方所达成的对未来特定金融利益的给付形成的合意所决定的债权债务关系①。

金融衍生品交易合同争议常常涉及违约索赔。例如在 1997 年马里兰州法院的一个判决中，判定交易商向两位在货币互换交易中遭受损失的投资人赔偿 170 万美元。在衍生品交易中，交易商要求其雇员在投资人交易过程中告知其在欧洲货币交易中的风险，但其雇员没有向投资人告知交易风险。法院认为，交易商未向投资人告知交易风险，构成违约责任。②

一、金融衍生品交易的合同属性

（一）透过"宝洁公司诉信孚银行案"看金融衍生品交易的合同属性

在宝洁公司诉信孚银行(Proctor & Gamble v. Bankers Trust)③案中，原告宝洁公司(The Procter & Gamble Company)是一家俄亥俄州注册的公众公司，被告美国信孚银行(Bankers Trust Company)是一家在纽约州注册的纽约银行家信托公司(Bankers Trust New York Corporation，又称"美国信孚银

① See Nir Naor, Reporting on Financial Derivatives: A Law and Economic Perspective, 21(3), E. J. L. & E. 285(2006).

② Currency Swaps: Investors Win $1.7 Million Award on Md. Claim Against Management Firm, 29 Sec. Reg. & L. Rep. (BNA) 1455 (Oct. 17,1997).

③ Procter &Gamble Co. v. Bankers Trust Co., NO.925 F. S-pp. 1270,1270 (S. D. Ohio 1996). 以下称"宝洁诉信孚案"或"信孚案"，Procter &Gamble Company 为宝洁公司，Bankers Trust Company 为信孚银行。

行”)的全资子公司,主要从事货币、证券、商品和金融衍生品的交易业务。另一位被告信孚证券(BT Securities)也是纽约州注册的美国信孚银行的全资子公司,主要从事证券经纪和自营业务[①]。宝洁公司在1993与1994年间与信孚银行签订数项具有高度财务杠杆特性(leveraged derivatives transaction)的利率与货币互换合同(Interest Rate and Currency Exchange Agreement)[②]。这些由国际互换与衍生品协会起草的标准合同,附随每一个具体互换交易的个性化附件和书面的确认书,约定了互换交易双方当事人的权利和义务。这样,国际互换与衍生品协会主协议,加上附件和所有的确认书,构成双方当事人之间的一个完整协议。

本案审理过程中,法院认定诉讼标的的性质为商业交易合同。法院通过否定原告宝洁公司的主张,来确认金融衍生品交易的性质为商业交易合同。

第一,法院排除该两项合同为原告宝洁公司所提出的属于证券并应该适用美国联邦证券法的主张。这是因为Gibson案[③]与本案的互换合同并非相同类型,所以该案见解不具绝对约束力。法院进一步认为由于互换合同使双方负有强制性的履约义务,不支持美国证券交易委员会认为互换合同为有价证券的见解。最后,法院更以宝洁公司的投资并非基于对信孚银行的信任或基于信孚银行对合同的专业管理,否定诉讼标的为联邦证券法上的证券。

---

① See Procter & Gamble v. Bankers Trust, 925 F. Supp. 1270,1274 (S. D. Ohio 1996).

② 宝洁公司与信孚银行间的第一个利率互换合同签订于1993年11月2日,以美元计价,名目本金为2亿美元,到期日为5年。这个合同与案件中两者间其他利率互换合同的结构相同,均可分解成标准的利率互换合同与宝洁的赌博游戏。1994年2月14日双方签订第二个利率互换合同即为以马克计价的利率互换合同。但是这个合同在1995年1月16日更改权利金的计算基础,由原先的133个基点改为约定区间的判断准则。这样更改后,两个合同都成为标准的利率互换合同与选择权的结合商品。

③ 在Gibson案中,信孚证券雇员对交易的实质部分故意说谎。由于存在这样的违法行为,案件很容易定性为欺诈案件。信孚证券被美国证券交易委员会和美国商品期货交易委员会处以1 000万美元的罚金。See In re BT Securities Corp., Exchange Act Release No. 35,136,[1994 - 1995 Transfer Binder] Fed. Sec. L. Rep. (CCH) P 85,477, (Dec. 22,1994); In re BT Securities Corp., CFTC Docket No. 95 - 3, app. A, at 2 (Dec. 22,1994).

第二，法官认为诉讼标的不是期权(option)，而是基于交易目的只交换现金流没有交换名目本金，并且当交易条件成立时对特定的交易对象有给付义务，使得合同给付履行具有强制性。法院推论衍生品基本架构为以期权为基础(option-based)和以远期合同(forward-based)为基础[①]，本质上是不同的商品；互换商品是以远期合同为基础的衍生品，本案涉及的两个合同为利率与货币互换商品，该两项利率与货币互换合同不能拆解成期权交易合同与债券交易合同。

第三，因为不符合家族类似测试(family-resemblance test)标准[②]所指涉的票据，所以本案诉讼标的也不是原告宝洁公司所主张的票据。这是因为本案的交易系属于为商业目的而进行的投机性合同，不符合大众认知的票据的法律特征，所以两个合同都不是票据。

第四，法官认为这两个利率与货币互换合同也不是投资合同。因为无法通过 Howey 测试标准[③]。Howey 测试标准的内涵是查验证券成立的要件，标准包括：①必须为金钱的投资；②资金必须投资共同事业；③投资人必须有获利的期望；④利润有无来自于他人的努力[④]。宝洁公司与信孚银行的交易不符

① See Group of Thirty, Global Derivatives Study Group, Derivatives: Practices and Principles, 29 (1993).

② “家族类似测试标准”是由联邦第二巡回法院法官 Friendly 审理 Exchange National Bank of Chicago v. Touch Ross & Co. 所创设。这测试标准以文义解释出发，列举出七种不属于美国《1933 年证券法》与《1934 年证券交易法》上所指的票据：①因消费融资所给付的票据；②存有以住家抵押作为担保的票据；③存有以小型营业或某些资产作为质押的短期票据；④银行因融资所给予顾客的票据；⑤以应收账款让与权作为担保的短期票据；⑥仅是表征平常经营业务范围内产生之账上债务的票据；⑦因公司当前业务需要，而向商业银行融资所得的票据。后来在 Reves v. Ernst& Yang, 494 U. S. 56,110(1990)，美国联邦最高法院推出修正的家族类似测试，该项测试有四个标准：①由交易双方进行交易的动机判断为商业消费或投资目的；②由交易商品的买卖销售计划分配来检验交易目的属于投资或是投机；③由投资大众对其合理期待来判对是否被普遍认知为证券；④此类交易是否可以适用其他法规而不须适用联邦证券法。”参见刘连煜：《公司法理论与判决研究(一)》，元照出版社 1995 年版，第 238－240 页。

③ 所谓 Howey 测试标准是美国联邦最高法院在 Howey 案所提炼出来的法律规则。See SEC v. W. J. Howey Co, 328 U. S. 293(1946).

④ 参考刘连煜：《公司法理论与判决研究(一)》，元照出版社 1995 年版，第 229 页。

合第二点与第四点，因为宝洁公司没有与其他交易相对人投资单一商业主体，并且其损失和获利来自利率的波动①。

我们从以上案例知道，法院在审理金融衍生品交易纠纷时，通常会审核双方签订的合同，确定金融衍生品性质与交易条件；这是因为私法领域仍然以当事人意愿为主要依据，特别在金融衍生品合同领域，在金融监理由机构监理转变到商品监理下，寻求交易真实意思表示成为案件审理的重中之重。因此，金融衍生品名为“商品”，但如果从法律角度看，实质上属于“合同”关系，是关于金融衍生品交易当事人双方的权利义务的合同或协议。

（二）金融衍生品的合同属性分析

可见，在法学视角下，金融衍生品可以被理解为当事人约定于未来特定时间依约定条件转移特定金融利益所有权的合意，金融衍生品是当事人之间的一种意思表示和一种合同。各种金融衍生品作为一种新兴的金融商品，在法律上有着共同的特征。

第一，金融衍生品交易在形式上采用书面合同，并体现当事人的意思自治性。金融衍生品交易在形式上采用书面合同，通过合同，当事人一方买入或者卖出(buy or sell)基础资产的权属(ownership of the underlyings)，并不转移基础资产(without transferring the underlying itself)②。金融衍生品表现为标准化或非标准化的书面合同书，在格式上具有更大的自由选择空间，可以依照当事人的意愿，在不违背强行法规范的前提下任意设定，体现了当事人的意思自治性。即便是标准化的金融衍生品，其合同在格式上也只是表现为同一类型的产品规格一致，而不须满足法律对具体合同形式及内容的强制性要求。金融衍生品的标准化完全是出于便利交易的目的而实施的产品设计策略，是

① See Paul B. Uhlenhop, Swaps are Nothing But Contracts... Right Now, The LawHost Online Law Journal, at 4, available at http://www.lawhost.com/lawjournal/98winter/swaps.html.

② Norman Menachem Feder, Deconstructing Over-The-Counter Derivatives, Colum. Bus. L. Rev. 677(2002).

受法律强制性规定约束而产生的结果。以权利性质角度观之，金融衍生品合同则仅体现合同之债的法律关系。

金融衍生品交易的当事人意思自治性，体现在无论场内的金融期货、期权，还是场外的金融远期、互换的各个方面。如场内交易的公开竞价方式，就在一定程度上体现了当事人意思自治，而越来越多的场外交易更是完全由交易双方自行商定交易标的、数量、价款等一系列条件，体现了高度的当事人意思自治性。

第二，金融衍生品在法律性质上属于诺成合同，在合同交易对象上具有虚拟性。金融衍生品交易是在现时对金融基础商品未来可能发生的结果进行交易，其交易在现时即已达成，但结果却要到未来某一约定的时刻才能产生①，故而从合同法角度而言属于诺成合同。诺成性合同，是指当事人各方的意思表示一致即可成立的合同，它以合意为成立要件，无须交付标的物或者完成其他给付行。金融衍生品交易双方当事人相互享有权利、承担义务，故又属于双务合同。在双务合同下，只要金融衍生工具的各方交易当事人之间意思表示一致，交易即可达成，双方当事人互负对待给付义务。

金融衍生品交易合同的对象并不是基础商品（underlying）或金融衍生品（commodities），更不是具体的“物”，而是对这些基础商品在未来各种条件下处置的权利和义务，如期权的买权或卖权，互换的债务交换之义务等，这些权利和义务以合同形式存在，构成所谓的“产品”或“商品”。金融衍生品在合同交易对象上具有虚拟性。这里所谓的虚拟性是指证券所具有的独立于现实资产运动之外，却能给证券持有者带来一定收入的特征。具有虚拟性特征的金融衍生品的价格变化脱离了实物运动过程，它一旦形成，必然会导致一部分货币资本停留在这种能够生息的有价证券之上，以获得风险利润的管理权。金

---

① Regardless of whether the contract is physically-settled or cash-settled, parties will conclude its details on the trade date, but will make deliveries or payments under the contract terms on settlement dates.

融衍生品可将某种商品、货币等作为基础资产，也可以以某种虚拟资本（如股票、股票指数、股票指数期货等）作为基础资产或原生资产。

第三，金融衍生品从交易本质上看，是合同债权的转让或债务的承担。由于金融衍生品本身只代表当事人在合同到期时享有给付请求权或履行给付义务，因此在合同执行前，金融衍生品对于当事人而言不具有任何现实的财产价值。金融衍生品交易买卖的正是这种表现为不同形式的对未来获取财产利益的允诺。当合同届期，允诺可以转换为现实财产利益时，金融衍生品的交易即告终止，进入清结程序。对于金融衍生品交易而言，在交易的过程中，当事人的资产负债状况不会因此发生任何变化。基础金融商品交易与之不同。基础金融商品交易交换的是代表财富本身的货币或由投资性法律关系产生的财产请求权。因此，以货币给付为标的物的基础金融商品交易完成时即产生了当事人间财产状况的现实变化。体现投资关系的基础金融商品所赋涵的请求权是以现实的财产让渡转换而来，因此，它已经具有了现实的财产价值①。基础金融商品交易总是以现货交易的形态出现，交易的完成即实现了物质财富的现实交换，在财务统计上直接表现为当事人资产及负债的增加或减损。

第四，金融衍生品从合同效果上看，具有射幸性。根据缔约时是否确定合同效果为标准划分，可以将合同区别为确定合同和射幸合同，法律效果不能够确定的合同就是射幸合同。对金融衍生交易进行分析，可知在众多品种的金融衍生交易中，存在着两种情况：第一种是在衍生合同中，至少有一方当事人的权利义务必须取决、依赖于合同签订以后的不确定事件，这种合同符合射幸合同的特性。此类衍生交易包括：远期交易中典型的远期利率协议、互换交易中的利率互换、期权交易，以及期权交易中特殊的利率上限、利率下限、利率上下限等；第二种是交易双方的权利义务从法律关系上看在合同签订之初就已经确定，但其带给当事人的利益或损失以及损益的程度却仍然取决或依赖于

---

① 参见王旸：《衍生金融工具法律问题研究》，中国政法大学 2006 年博士学位论文，第 35 页。

不确定事件，因此交易也具有射幸性质。此类衍生交易包括普通的远期交易，即远期合同，以及货币互换、期货交易等[①]。金融衍生品所表现出的这些法律属性正是对金融衍生品交易中各种法律问题研究的理论出发点[②]。射幸合同是根植于大陆法系的概念，其最早可以上溯到罗马法时代，优士丁尼《学说汇纂》中就对射幸合同进行了规范。大陆法系以合同的效果在缔约时是否确定为标准，将合同分为确定合同与射幸合同：合同的法律效果在缔约时已经确定的为确定合同，不能确定的为射幸合同。《法国民法典》第 1104 条规定："射幸合同是指当事人相互间的一种约定：所有当事人或者其中一当事人或数当事人获得收益还是遭受损失均依赖于某不确定事件。"现在英美普通法系也已经开始继受这一概念[③]，如《美国契约法重述》第 291 条将"射幸允诺"界定为"以偶然事件的发生、或由当事人假定的偶然事件的发生为条件的允诺。"

金融衍生品的这种复杂特性也正说明了市场经济下金融活动的日益复杂性。从法律视角看，金融衍生交易作为民商事交易，是建立在合同之债和侵权之债等一系列民商事法律制度基础上的现象。甚至"衍生品"的定义就是一种"金融合约"，即"合同"。从"金融合约"到"金融商品"的转化，体现了衍生交易与传统民商事交易的相异之处，但它依然是在合同之债和侵权之债等一系列民商事法律原则和规制之上的一整套逻辑体系中展开的。从这个角度看，以合同之债和侵权之债为理论指导的高风险金融交易规则研究，可以对衍生交易的法律属性获得更为具体而清晰的认识。可以说，从合同之债和侵权之债入手来观察和分析衍生品交易，有助于我们由浅入深、由表及里地把握衍生品交易的本质与逻辑，将看似错综复杂的衍生品交易法律问题进行更为深入和清晰的解剖。

---

① 王前锋、张卫新：《论金融衍生交易的法律性质》，载《政法论丛》2004 年第 6 期。

② 参见李冬梅：《金融衍生品市场法律问题研究》，山东大学 2007 年硕士学位论文，第 7 页。

③ 黄风：《射幸契约与衍生金融工具交易》，载《中国法与民法法典化——物权和债权研究》，中国政法大学出版社 2001 年版，第 192 页。

金融衍生品交易被视为是一种特殊的金融合同交易，金融衍生品当事人之间的内部关系主要适用合同法。

二、金融衍生品交易合同生效的法律风险

（一）金融衍生品交易合同生效的法律风险的产生

金融衍生品交易基本上是信用交易，离不开担保制度。特别是场外衍生品交易，更需要交易一方提供信用担保以降低风险。如国际上普遍采取国际互换与衍生品协会信用支持文件。然而我国的担保制度与国际惯例不匹配。例如，按照2001年国际互换与衍生品协会保证金规定，设定担保时担保物的所有权是转移的，但是我国没有让予担保制度，而且《担保法》规定，设立担保时不得约定转移担保物的所有权。于是，当担保权人基于所有权转移对担保物进行处置时，可能被法院认定为无效。这些法律规定上的不健全均会对金融衍生品交易合同的效力产生相当大的影响，因此很有必要讨论金融衍生品交易合同生效这一法律问题。

由于金融衍生品交易中，具有很大的时效性；同时期货交易所往往通过“叫价”这种传统的报价方式进行交易，许多合同当事人达成意思表示一致时并不一定是以书面形式进行的。因此有必要讨论一下口头形式的金融衍生品合同的效力问题。

（二）英美普通法系中合同成立与合同权利保护

英美普通法系对于合同订立有三个基本要求。第一是要有对价或者约因(consideration)，这在一般的商业合同中都会有。第二，双方必须明确同意每一条他们想要同意的条款、条件(agreement on all terms)；若仍有一条或者两条未谈妥，双方仍被视为在谈判阶段，有效合同尚未产生。除非是双方明确同意一些细节在合同生效后或者甚至在履行之后再作商议。第三是双方是否具有订立有效合同的意图(intention to create contract)。一定要双方都有订立合同的意图，而这种意图应该在某一期间内表达出来，也就是英国法律所强调

的“双方想法一致”(meeting of minds)[①]。也有学者认为合同为两人以上以发生、变更或消灭某项法律关系为目的而达成之协议。其要件包括须以发生法律关系为目的,须有协议之存在,允诺须具有约因(consideration)或者以盖印合同(contract under seal)替代,协议须无瑕疵存在,须当事人具有行为能力。[②]比较上述两个对于英美普通法有深厚学术修养的学者见解,可见前者的合同要件主要着眼于合同为双方当事人之合意,并特别强调了英美普通法中的约因;而后者则比较全面地分析了合同的要件,不仅有着形式中的规定,还有着合同中约因以及合同目的之规定。无论如何,这些与大陆法系学者的分析有着某些相似性。如我国合同之要件一般包括当事人的行为能力;合同目的和内容要合法,不得违反法律、行政法规或社会公共利益;合同中意思表示真实等。

从理论上讲,合同形式是当事人“合意”的载体,只要能够体现意思表示一致并能为外界所识别,就能达到合同形式的要求,此外无需特定形式。而各国法律实践中都规定了一个相似的原则,只要双方当事人意思表示一致,无论明示或暗示,合同均可以成立。也即合同形式是例外规定,是针对特别情形的规定。英美合同法中对于当事人要维护债权的方式有着比较特殊的制度,比如“债务令状”、“履行合同令状”等。早先向普通法院提起诉讼,均从请求国王发布令状(writ or brevia)开始程序。这种令状制度是英美普通法系所独有的,在其他国家的立法里并没有留下相似的制度。令状一方面能使被告到法院出席;另一方面也是起诉所需要的国王同意的证明。而衡平法院里并不需要,请求的提出是通过“书状”(bill)。原因或者在于这些案件的特别性质;因为这些案件的提起,是在请求掌玺大臣的裁夺或恩惠,而不是如法律诉讼一样进行[③]。被告到庭不再是基于令状,而是法庭的传唤或者掌玺大臣命令;法庭传唤下被

① 参见杨良宜:《国际商务游戏规则——英国合约法》,中国政法大学出版社2000年版,第6页。

② 参见杨桢:《英美契约法论》,北京大学出版社1997年版,第4-6页。

③ [美]阿瑟·库恩:《英美法原理》,陈朝璧译注,法律出版社2004年版,第50页。

告避开不到庭者，得处以刑罚。令状中主要有四种：金钱债务的“债务令状”，对方违约时适用的“履行合同令状”，部分动产被他人无故占有时原告请求返还被占有物件的“返还动产令状”，以及因暴力致使人身伤害或者动产被侵害引起损失要求赔偿的“禁止侵权令状”。

（三）英美普通法系中有关合同成立与合同权利保护的规定

美国《统一商法典》中关于防止欺诈条款规定，买卖标的物价额在500美元以上，应以书面为之并经双方当事人或其代理人签名。纵使记载有误，该合同仍有效力，唯关于货物数量，以书面约定所载内容为执行范围。这是对于一般买卖合同中要求采取书面形式，口头形式无效的规定。而这也有例外，①货品系为买受人特制，不适用于出卖人其他市场上一般用途，且于接受买受人拒绝通知前已经开始生产；②受请求一方曾于法院承认买卖合同之存在，则该合同仍有效力，唯关于货物数量，以当事人承认之内容为执行之范围；③买受人已支付货款或已受领货物[①]。而美国许多州的法律规定，某些种类的合同均需有书面形式的要求。然而纽约州在1994年7月对于此种要求做出修正，使得某些不具备书面形式要件的合同，虽在欠缺书面的情况下，若具备了可接受的其他相关证据，或是在交易后五日内(但须以三日内此交易未被拒绝为前提)得到书面确认时则该欠缺书面合同便将有效成立。而美国进行的大部分交易均适用纽约州法，且在国际互换与衍生品协会下，除英国法之外，纽约州法是另一项法律适用选择，因此该项规定有着广泛的影响力[②]。还有的国家规定这种口头上的合意具有约束力[③]。

（四）我国合同生效及权利保护的规定

相较于其他国家的法律，我国对于合同的形式也有着自己独到之处。我国《合同法》就合同成立形式规定，订立合同，有书面形式、口头形式和其他形

---

① 杨桢:《英美契约法论》，北京大学出版社1997年版，第184页。

② 参见王文宇:《民商法理论与经济分析(二)》，中国政法大学出版社2003年版，第210页。

③ 邓翠薇:《试论金融衍生产品的法律风险问题》，载《商业研究》2004年第5期，第149页。

式。法律法规规定采用书面形式的，应当采用书面形式。当事人约定采用书面形式的，应当采用书面形式。我国合同形式分为约定形式与法定形式，法律兼采要式与不要式的原则[①]。对于书面形式，我国《合同法》规定，指合同书、信件和数据电文(包括电报、电传、电子数据交换和电子邮件)等可以有形地表现所载内容的形式。目前我国法律中对于一些特殊的合同，提出书面形式的要求，如我国《担保法》第 38 条规定，抵押人和抵押权人应当以书面形式订立抵押合同。《担保法》还规定抵押人提供城市房地产抵押，还必须到房管部门登记后，抵押合同才能生效。我国 2004 年出台的《金融机构衍生产品业务管理暂行办法》规定，金融机构与交易对手签订衍生品合同时应参照国际公认的法律文件，充分考虑发生违约事件后采取法律手段追索保全的可操作性等因素，采取有效措施防范交易合同起草、谈判和签订等过程中的法律风险。

三、金融衍生品交易合同的法律性质

根据前文所述，金融衍生品交易合同从法律效果上看，具有射幸性。按照英美学者的解释，"这种射幸允诺的履行按照它自己的条款受制于不确定的偶然事件的发生，或者取决于某些也是不确定和不肯定的事实的存在或已经发生。这种被允诺的给付可能始终未提供，但是此种不履行可能并不构成违反允诺。这种允诺的双方当事人正在遭遇不测事件或者正在碰运气；而不测事件是当事人非常正确地遭遇的，如果机会不利于他，双方当事人都没有理由对此抱怨。"[②]

因金融衍生品的价值是由汇率、利率、股票指数等无法预知的数据决定，这在经济角度构成了一种风险的不确定性；在进行交易后，汇率、利率或股票市场指数的变化走势完全不受交易当事方的控制与影响，这使合同的法律后

① 王利明主编:《民法》，中国人民大学出版社 2000 年版，第 371 页。

② [美]A. L. 科宾:《科宾论合同》(一卷下册)，王卫国等译，中国大百科全书出版社 1998 年版，第 131 页。

果或者经济后果方面不可避免地具有强烈的不确定性。如果将衍生品交易视为一个整体，并且考虑到衍生品交易品种复杂且相互渗透变幻的特征，可将此特征描述为射幸性。

根据对金融衍生品交易合同信用风险存在原因及其射幸性法律性质的初步分析研究，在今后金融衍生品交易市场的规范方面要遵循其本质属性和潜在规律。

四、主要金融衍生品交易合同的特征

尽管金融衍生品多达千计，但“千变不离其宗”，基本的“积木”仍是四种普通衍生品。故而，我们在此部分主要试图就金融期货、金融期权、金融远期、金融互换这四大类合同的特征进一步加以分析。

（一）金融期货合同之主要特征

金融期货合同(financial future contract)，是指买卖双方在有组织的交易所内以公开竞价方式达成的、在将来某一特定时间交割标准数量特定金融商品的协议。主要分为利率期货合同、外汇期货合同、股价指数期货合同三种。其特征主要表现为：

(1) 金融期货合同是高度标准化的合同[①]。其含义指：第一，它是标准合同；第二，它比一般的标准合同更为标准化。金融期货合同一般须对交易单位、最小变动单位、每日价格最大波动限制、合同月份、交易时间、最后交易日、交割方式等条款标准化，大部分条款交易双方不必再行协商。

(2) 金融期货合同的对象限于金融证券、股价指数等价格有较大波动的金融商品，而不是一般的货物或价格起伏不大的金融商品。

(3) 金融期货合同是由金融期货交易所专门设计的。这就不同于一般的标准合同。因为一般的标准合同设计者为合同一方。由于金融期货合同设计

① 参见杨永清：《论期货合约的概念》，载《法学研究》1995年第3期，第26页。

的恰当性往往关系到整个金融期货市场管理的成败，所以政府往往对其设计加以严格管理。如在美国，一个交易所要获得其设计的金融期货合同的指定，必须获得美国联邦商品期货交易委员会(CFTC)的核准。

(4) 金融期货合同必须在期货管理部门许可的地点、以许可的方式签订。

(5) 金融期货合同的结算必须通过结算所进行。确保金融期货合同的可靠性和兑现性，使每一个金融期货投资人都确信交易对方会不折不扣地履行所签合同的职责，是保证金融期货交易顺利开展的至关重要的一环。然而，金融期货合同在未到期之前可进行再度买卖的规定，使期货合同的卖家在合同到期之前无法预知其合同的买家具体为何人，也根本无法了解在合同转卖过程中每一持约人的资信状况。而金融期货交易所建立的结算担保机构——"结算所"则从制度上解决了金融期货合同的履行问题。结算所制定有一整套严格的结算担保制度，承担起管理金融期货合同完整性和合法性、确保金融期货合同完整性和可靠性的职责，其负责金融期货合同的结算(包括金融期货合同到期的交割和未到期合同的平仓)，并承担保证每笔交易的清算和担保金融期货合同购入者能最终得到对方履行的担保责任。

(6) 金融期货合同是必须交纳保证金的合同。保证金是期货市场的血液。每天，随着价格的变动，大量的资金在客户和他们的结算公司之间、结算公司和交易所之间，不断地流进流出。这些资金在体系中的良性循环，是保证金融期货市场健康发展的关键，是全体市场参与者履行他们市场部分财务责任的有力保证[①]。金融期货合同的保证金是一种良好的信誉保证，以确保买卖双方履行合同义务。

具体而言，各国相关期货交易法规都无一例外规定，金融期货投资人必须向其经纪公司交纳初始保证金。如果客户交易亏损，账户中的保证金低于维

---

① Robert E. Fink and Robert B. Febuniak: *Futures Trading*, New York Institute of Finance Practice-Hall, 134(1988).

持保证金水平,经纪公司将要求其客户再存一笔保证金即价格变动保证金,以使账户达到初始保证金水平。结算所会员也必须在结算所保持一定数量的保证金。结算所会员向结算所交纳保证金是结算所能为所有金融期货合同担保的最根本原因。

(7) 金融期货合同的真正目的并不在于实物和金融证券的交割,而在于避免价格风险和发现真实价格。绝大多数金融期货交易是通过对冲[①]来完成的,实际交割不多,而像有些金融期货合同,如股价指数期货合同,根本不可能就股价指数进行交割。金融期货交易中的买空卖空为法律所允许。

(二) 金融期权合同之主要特征。

金融期权合同(financial option contract),是指买卖双方所订立的、由买方向卖方支付一定数额的权利金,而买方取得在一定时期内以双方事先约定的价格购买或出售某种特定金融资产之权利的协议。该类合同所体现的基本特征是:

(1) 合同交易标的物的非实物性:金融期权合同交易的客体是对合同指定的某种金融商品的买入或卖出选择的权利。购买期权后并未获得金融资产实物,只是购买了一种权利,而且属于不承担对合同指定金融商品必买或必卖义务的绝对权利。

(2) 合同双方权利义务表面上的不对应性:在金融期权合同有效期内,期权买入方享有买(卖)某种金融商品的绝对权利,却不承担必须买(卖)某种金融商品的义务;期权卖出方承担了卖(买)某种金融商品的义务,却不享有要求期权买入方必须买(卖)的权利。具体地说,期权合同的买入方,可以在合同规定的有效期内,有权要求合同的卖出方履行合同的规定,向其卖(买)某种金融商品,同时,也可以在合同的到期日,有权放弃买(卖)某种金融商品,而不必承

① 在期货交易中,对冲(offset)亦称平仓或了结,指的是通过买卖合约,取得另一个与交易者最初交易部位相反,但数量相等的交易部分。

担必须买、卖合同规定之金融资产的义务和责任。而与期权的买入方相反，期权的卖出方在合同规定的有效期内，如果期权的买入方要求其卖出或买进合同规定的某种金融商品，则其有义务履行买入方对其提出的要求，若期权的买入方放弃合同规定的某种金融商品的买进或卖出的权利时，期权的卖出方却无权要求期权的买入方买进或卖出合同中规定的金融商品。故而有学者认为期权合同双方当事人权利义务关系是不对等的①。其实不然，从实际情形看，期权的卖出方虽有向买入方提供某种金融商品买进或卖出的选择权的义务，但同时也享有了取得权利金（期权费）的权利；期权的买入方享有了向卖出方获得某种金融商品买进或卖出的选择权的权利，同时也承担了向卖出方交付权利金（期权费）的义务，故而在实质上权利义务仍然是对应的，并不存在不承担义务的权利。

（3）合同双方风险和收益的不对等性。当期权交易标数的市价向不利于买方的方向变化时，买方可能亏损，但其亏损以付出的权利金（期权费）为最高限额，而当交易标的市价向有利于买方方向变化时，买方将可能获利，而且这种获利在理论上可以是无限的。而对卖方而言，当交易标的的市价向不利于期权卖方的方向变化时，期权卖方可能亏损，而且这种亏损在理论上是无限的，当交易标的市价向有利于期权卖方方向变化时，该卖方可能获利，但获利以原先得到的权利金（期权费）为上限。故而期权合同双方虽然从法律角度来讲相互享有权利、承担义务，但从经济学角度而言所面临的风险和收益是不对等的。

（4）在合同定价方面：期权的价格事先确定，载于合同中，在合同有效期内不会改变，且合同中的期权价格也只是权利金的价格（不同于期货合同规定的是标的物的买卖价格）。

（5）在履约保证方面：由于期权卖方承担着更多的风险，所以场内交易期权的结算机构要求卖方交纳履约保证金，并实行与期货交易相似的每日结算

---

① 文海兴：《期货交易法律关系研究》，法律出版社 1995 年版，第 37 页。

制度;而期权买方则不必交纳履约保证金,但为获得选择权必须直接向卖方支付全部权利金(期权费),且不得由经纪商予以融资。

(三)金融远期协议之主要特征

金融远期协议(financial forward agreements),简称远期,是指交易双方达成的、在将来某一特定日期按照事先商定的价格,以预先确定的方式买卖某种金融资产的协议,主要有远期利率协议、远期外汇合同、远期股票合同等。其法律特征(与金融期货合同相比)主要表现为:

(1)金融远期协议的金额、数量、交割日等无统一的标准和规格,均由买卖当事人自行商定,一般无需政府管理机构认可或批准,比金融期货合同更多地体现了当事人意思自治性。

(2)金融远期协议仅凭信用即可成交,即使有的远期合同使用保证金,但其性质即可以是定金,也可以是押金或预付款(不同于期货交易保证金的特定担保性质)。

(3)金融远期协议交易属场外交易,其价格一般采用非竞价方式,由买卖双方商定。

(4)金融远期协议双方当事人是确定的,在一般情况下,买卖双方都是特定、相知的,通过直接协商达成协议。

(5)金融远期协议的价金由双方约定,其他付款条件亦因双方的个别规定而不同。

(6)金融远期协议中对方的信用是履约的保证,故而须极重视对方的信用,一般应通过征信方式,了解对方的资信及履约的诚意。

(7)在交易结算方面:金融远期协议当事人既可直接从事交易,也可委托他人进行交易,其结算既可由结算机构进行,也可自行进行结算(不同于金融期货,必须通过结算机构结算)。

(四)金融互换协议之主要特征

金融互换协议(financial swap agreement),是指两个或两个以上的当事人所签订的，按照商定的条件、在约定的时间内交换一系列支付款项的协议。主要有货币互换和利率互换两种[①]。目前国际互换交易基本都采用国际互换与衍生品协会[②]拟定的标准的国际互换与衍生品协会主协议。该协议的主要特征为：

(1) 协议所涉及交易的实质是一种债务转让，是与货币、利率相关的债务(而非债权)的交换，如货币互换协议中交换的债务是双方将来应偿付给他人的外汇本金借款及其利息；利率互换协议中交换的债务是双方将来要偿付给他人的、按各自利率支付的借款利息。

(2) 属于一种双务诺成性合同。合同双方既取得将来接受他人支付的权利，也承担对将来的支付义务；但权利义务均在将来取得或履行。

(3) 该类协议一般在外汇期货市场上不能提供长期合同时才使用，因而其到期日的期限长，一般均为中长期。其目的在于利用双方的比较优势来套汇或套利，降低长期资金的筹措成本，及在资产负债管理中防范利率或汇率风险。

(4) 该类协议涉及的交易属场外交易，不像金融期货交易那样存在有形、规范化的交易场所。

五、国际互换与衍生品协会及其总协议

由于衍生品交易的复杂性，涉及诸多法律问题，为减少因法律不清晰可能导致的纠纷，交易双方应采用国际公认的标准文件。最常用的国际公认法律文件是国际互换与衍生品协会制作的主协议、补充安排和交易确认书。事实上，我们看到现行大多数的衍生品交易合同多为国际互换与衍生品协会主协

---

① 货币互换是指交易双方互相交换不同币种、相同期限、等值资金债务或资产的货币和利率的一种业务。利率互换是指交易双方在债务币种同一的情况下，互相交换不同形式利率的一种业务。关于其详细业务流程，见周立著：《金融衍生工具发展与监管》，中国发展出版社 1997 年版，第 82－83 页及第 89 页。

② 目前，美、日、欧的多数银行、证券公司都是 ISDA 的会员。

议。国际互换与衍生品协会成员之间进行衍生品交易均采用这一套国际公认的法律文件。而从事衍生品交易业务的金融机构一般为国际互换与衍生品协会成员,因此就这一方面带来的法律问题并不多。

除了国际互换与衍生品协会的主要成员即交易商的极力推广外,更由于该组织与多个金融监管机构共同建立具可操作性的监管架构,使得交易投资人认为该格式合同具有相当的公平性与安全性。然而,经过对该主协议分析后,我们发现该主协议对交易商的忠实义务过于宽厚,这是因为国际互换与衍生品协会认为衍生品交易合同应当紧守英国的法院见解,保持较为严格的自我注意义务。这种态度在长期资本管理公司案后,造成与已趋弱势的行政监管机构的紧张态势。我们分析了国际互换与衍生品协会和行政监理机构的互动,发现对衍生品的监管体制有着重大变化。

(一)什么是国际互换与衍生品协会主协议[①]

据国际互换与衍生品协会统计,目前世界衍生品总交易量中使用国际互换与衍生品协会制定的协议已经达90%,这些交易大多数为场外市场交易[②]。许多使用者因为便于交易而使用该格式合同却不知道该合同如何规定交易双方的权利义务,也不知道国际互换与衍生品协会自始明确认为该组织创设并为当世人引用的合同与合同项下数个交易构成单一合同。国际互换与衍生品协会协议框架结构的构成如下:

(1) 主协议(Master Agreement):其内容包括交易核心的非经济与非信用条件部分,为合同一般事项如付款额、税、陈述与保证、违约与终止事件、提前解约、权利义务移转、费用、通知等。基本上主协议就是合同通用条款,履行主协议并非进行交易,仅为规范主协议范围内交易的基本事项[③]。

---

① 参见简坚训:《ISDA合约法务控管初探》,载《期货与衍生商品学刊》2005年第3期,第141页。

② ISDA, 2005 market survey, 2005, p. 1.

③ Norman Menachem Feder, Deconstructing Over-The-Counter Derivatives, 2002 *Colum. Bus. L. Rev.* 677, p. 20.

(2) 附件(Schedule):为增补合同,是针对双方当事人特别需求设定,非针对特定商品或特定交易,因为主协议广泛适用全球的交易,为了适应特定地域法律规范或双方有特定的信用条件,特别修订附件。所以,对法律风险的控制主要也体现在附件中,如信用、改变共同架构、无力清偿、违约、课税、约定应交付的文件与其他事项;通常附件的效力优先于主协议的相同条款。

(3) 确认书(Confirmation):主协议加上附件仅提供适合交易的环境,并未产生或进行交易,任何个别交易都需要确认书加以认定。确认书的功能在于设计交易内容的商务条件与建构对主协议的增补修正。因此,所有的场外市场交易商品如货币互换、利率互换、选择权互换等,都可以用确认书固定交易的内容。如果主协议或附件与确认书有冲突的,以确认书为准。国际互换与衍生品协会针对不同交易商品有不同的确认书格式,并且为了交易便利,1992 年的确认书有不同的使用格式如书面、传真与电子信息等,更发展出方便快速交易的中间确认书(interim confirmation)。

(4) 定义书(Definitions)①:此为国际互换与衍生品协会针对不同交易商品制定的用语标准化定义文件模板,如 1993 年针对以现金结算的商品交易定义书、1996 年权益衍生品定义书、1999 新版信用衍生品定义书、2000 年新版针对特定利率及货币衍生品定义书。这些定义书方便交易双方协商有关的商务条款,因为当交易双方的商务条款仅由短格式的确认书约定,虽然便于操作可是容易出现不符合市场习惯的条款。所以国际互换与衍生品协会特别制定定义书这类模板,方便交易双方对主协议进行增补。

(5) 议定书(Protocol):国际互换与衍生品协会现在有四种议定书②,这四种议定书都是为了便利交易人与多个交易对象修改合同。传统上,在议定书

① See Allen & Overy, *An Introduction to the Documentation of OTC Derivatives*, 2002, p. 2.

② The EMU Protocol, The EMU Protocol (Greece), The 2001 Credit Support Protocol, The 2001 Euro Protocol.

公布前，交易人要修正交易合同时，必须逐一修正与个别交易对手的合同；这是因为1992年主协议及其附件为双边协议，当交易对象众多时，逐一修正众多交易合同消耗过多时间，不具经济效益。而议定书允许交易当事人间同时而立即修正全部合同条款，节省大量时间与费用，是一种创新的多边协议。

（二）国际互换与衍生品协会主协议中的信息提供义务

虽然法律风险一般指由于法律文件发生差错或缺少法律文件产生损失的风险。但是，法院、行政监管机构或自律组织对两者的定义影响交易双方的权利义务，甚至影响合同的效力。所以，改变权利义务的事件与判决也属于法律风险，如本书有关案例引起的讨论将法院判定提供信息义务的判决视为交易商的法律风险问题[①]。Tony Ciro 教授认为管理衍生品交易的不确定性是降低衍生品交易的法律风险极为重要的一环[②]，并且对交易商来说因投资适当性引起的法律不确定性，是面对消费者与投资人最大的法律风险。

1992年与2002年两个版本的国际互换与衍生品协会主协议，对法律风险的规定主要见于第三部分：一般义务里指定数据的准确性（accuracy of specified information），与第五部分：违约事件与终止事件里，特别是违约事项的错误陈述（misrepresentation）至关重要。当然，两者说明国际互换与衍生品协会对信息提供义务的看法，后者在多个法院判决里多有引用，前者尚待学者研究。下面我们先看主协议对两者的定义：

（1）错误陈述（misrepresentation）：某方或某方的任何信用支持提供者于本协议或任何信用支持文件下做出或复述的，或被视为做出或复述的陈述（按第3(e)或(f)款所做出的陈述除外）被证实在做出或复述或被视为做出或复述

① 这方面的讨论集中于不确定性（uncertainty）和适当性（suitability）上，见 Rasiah Gengatharen, Derivatives Law and Regulation, Kluwer Law International, 2001, p. 105 - 117.

② Tony Ciro, *Derivatives Regulation and Legal Risk: Managing Uncertainty in Derivatives Transactions*, Chapter 1, Euromoney Instiutional Investor PLC, p. 1.

之时在任何重要方面为错误或带有误导成分[①]。

(2) 指定数据的准确性(accuracy of specified information):以书面形式由其发出或以其名义发给另一方,并为本第3(d)条之目的在附件上指明其有所适用之所有数据,于该数据之日期在各重要方面均为真实正确及完整[②]。

在1995年的信孚案后,国际互换与衍生品协会决定制订大宗交易行为准则[The Wholesale Transations Code of Conduct、(CC)]以统一会员对衍生品的交易行为守则。该准则对于交易商的投资适当性要求:"身为交易商的会员必须适当得评估其交易对手有独立决定并了解对交易的字词说明与交易情形的能力,并不得在交易对手缺乏相关的能力时进行交易或签订合同,或与该交易对手签订特制的协议。"[③]"评估投资适当性的标准在于交易对手的财务状况与其经营规模,当交易对手执意进行不适当的交易,交易商必须秉持善良的商业准则提供更多的信息以确保交易对手确实明白可能的财务风险,此时才能宣称交易对手是独立且了解其投资决定。"[④]可见国际互换与衍生品协会对于

---

① ISDA, *ISDA 1992&2002 Master Agreement* 中英对照本,Section5(a)(IV):"A representation(other than a representation under Section3(e) or (f)) made or repeated or deemed to have been made or repeated by or any Credit Support Provider of such party in this Agreement or any Credit Support Document proves to have been incorrect or misleading in any material respect when made or repeated or deemed t have been made or repeated;"两份文件的原文与中译本没有任何差别,所以本文只引1992年的条款作分析。

② ISDA, *ISDA 1992&2002 Master Agreement* 中英对照本, *Section3 (d)*: "*All applicable information that is furnished in writing by or on behalf of it to the other party and is identified for the purpose of this Section 3(d) in the Schedule is, as of the date of the information, true, accurate and complete in every material respect.*",两份文件的原文与中译没有任何差别,所以本文只引1992年的条款作分析。

③ Under the Code, the dealer: "should ... evaluate (based upon information in its possession) its counterparty's capability (internally or through independent professional advice) to understand and make independent decisions about the terms and conditions of its transactions." And "in the exceptional situation" where a dealer determines that its counterparty does not have the capability, the dealers should either: 1. not enter into that particular transaction or type of transaction with that counterparty; or 2. enter into a specified written agreement with the counterparty. See Henry Hu, Sellers Remorse and OTC Derivatives, *International Financial Law Reviews* 44,(1995).

④ See Henry Hu, Sellers Remorse and OTC Derivatives, *International Financial Law Reviews*, 44 (1995).

错误陈述基本态度是建立了解客户(know your customers)制度来降低投资适当性的法律风险。该组织认为错误陈述既然分成欺诈性错误陈述(fraudulent misrepresentation)、疏忽性错误陈述(negligent misrepresentation)与无意性错误陈述(innocent misrepresentation)[①],主协议指的错误陈述指的是金融机构于交易过程中的陈述(statement)或建议(advice)错误或误导交易对手,即仅限于欺诈性错误陈述[②];而国际互换与衍生品协会认为指定数据的准确性适用于疏忽性错误陈述[③]。这样一套由衍生品交易商建立的合同体系,对于商品信息的态度是"父权式的慈爱"或"守财奴式的严实"作风,而非正常交易者应有的公平交易态度。自然需要由其他监管机构检验其对法律风险看法的适当性。

对金融衍生品规制的法律规范,相对而言,无论是在国际法层面还是国内法层面,都十分缺失。ISDA 主协议及其附件,虽不属于国际金融法的正式渊源,但高风险金融交易主体在从事金融衍生品交易时,一般会参考和遵守 ISDA 主协议及其附件的约定,以限制交易风险,规范交易各方的权利和义务。因此,ISDA 主协议及其附件,在规制金融衍生交易行为以及防范风险方面,具体特殊的意义。

第三节　金融衍生品交易侵权责任风险及其承担

金融衍生品交易民事侵权责任制度的功能,就是为那些被认定为违反法律规定或者违背社会公共政策的交易行为提供纠正机制。通过民事侵权责任

---

① 杨桢:《英美契约法论》,北京大学出版社 2003 年版,第 176 - 177 页,第 180 页。原文为诈欺性之虚伪意思表示、疏忽性意思表示与无意虚伪意思表示,为了配合 ISDA 主协议的用词,我们在这里改以错误陈述代替虚伪意思表示。杨桢以英国法院判决来定义,将诈欺性虚伪意思表示界定为一方在做出一项陈述或意思表示时,明知该陈述或意思表示不实仍然引诱不知情的对方订立合同;疏忽性意思表示指一方当事人做出不真实的说明或意思表示,而他方没有合理理由(reasonable ground)相信这个说明或意思表示为真实。

② *ISDA Comments on Market Manipulation*, 2005, at 3.

③ *ISDA Comments on Market Manipulation*, 2005, at 4.

的承担，要求违法者补偿受害人所遭受的损失，使得扭曲的资源分配在一定程度上得以恢复，实现对已经失衡的利益关系的调整，一方面保护守法投资人的合法权益，另一方面使得非法侵权人承担侵权赔偿责任，建立公平的交易机制，以利于维护金融衍生品市场的正常秩序。

从交易规模来看，世界上最大的衍生品交易所大多为美国和英国的交易所，考虑到美国的衍生品交易历史最为悠久、交易总量比例最高，因此有关美国和英国调整衍生品交易的法律、法规成为其他国家推动金融衍生品交易法律制度建设的重要研究对象。许多国家和地区新成立的金融产品交易场所，如英国的伦敦国际金融期货交易所，日本东京国际期货期权交易所等也纷纷采取美国的监管模式和法律框架。从金融衍生品交易主体来看，英美的国际大型金融机构、跨国公司是金融互换和金融远期交易的主要参与者，其他国家的金融机构参与国际金融衍生品交易必然会和英美金融机构进行交往，并要熟悉和了解其法律制度的特点。从国际行业组织制定的标准文本和国际金融惯例的形成来看，一般也以英美法律作为交易的法律适用，如国际互换与衍生品协会制订的场外金融衍生标准主协议就规定了合同的准据法为英国法或纽约法。

虽然英美法律成为其他国家制订金融衍生交易法律规范的楷模和范本，但即使在金融衍生交易最为发达的英美国家，针对衍生交易的司法实践，并不令人满意。美国著名的衍生交易法律专家帕特诺伊(Frank Partnoy)教授指出："普通法在这个领域中的规则严重匮乏。解决纠纷的代价非常昂贵，很少有公开的判决可以为当事人提供指南。即使是案件事实都很难从判决书中得到确认，当事人的诉求通常未能准确地描述其所争议的衍生交易，遑论最终的司法意见。……法官尽可能避免触及争议的核心问题，或者是害怕其创设的先例对市场可能产生的重大影响，或者是被争议的细节和复杂程度给吓退了。"①下

① Frank Partnoy, The Shifting Contours of Global Derivatives Regulation, 22 *U. Pa. J. Int'l Econ. L.* 421,440 - 450(2001).

面，我们将通过具体的案例对金融衍生品交易相关法律问题进行分析和探讨。

一、金融衍生品交易中的欺诈侵权责任风险

法理学对法的思索，旨在为现实的法律制度建设提供理论与信念的支持。法学的研究目的之一，就是要"把考察的视角从纯粹事物领域升华出来，提高到超越实证的层次，从总体上对整个法律制度问题作一个全面而透彻的分析和把握"①。通过法学原理的运用，可以使我们从具体的金融衍生品交易中的欺诈侵权，上升到法学理论的高度，通过法学侵权责任理论，来研究金融衍生品交易中的欺诈侵权风险的防范。

（一）案例分析对于金融衍生交易侵权责任研究的重要意义

金融衍生品交易案是事实层面的问题，对事实问题的讨论，需要以法的视角通过价值来进行评判。对金融衍生品交易案的研究，旨在从案例中发现问题和探索问题。通过现实的案例，引发对问题的思考。判例法在规制以衍生金融交易为代表的高风险金融交易方面起着积极的作用。判例法的作用首先体现在可以弥补立法的真空，例如有关场外衍生品的交易基本处于没有法律规范的状态，金融互换交易中的有关争议和法律适用原则最初都是通过法律诉讼及法院判例而产生的，英国的法院判例还对政府部门参与场外衍生品交易的资格法律问题进行总结和归纳，另外司法判例的发展实际上也促进了自律组织的业务规则修订和完善。即使在自律规则较为明确的情况下，交易实践中仍然会有大量的问题有待进一步的法律思考，例如关于中介机构向客户提供适合产品的问题，对于不同客户提供的产品是否具有适当性，行业协会的标准文本、交易产品的成本费用等是否为判断的依据等似乎都没有明确答案。因此，争议出现后的法律诉讼，以及法官的最终裁决在金融衍生品交易领域依

---

① 李道军：《法的应然与实然》，山东人民出版社 2001 年版，第 21 页。

然发挥着有价值的司法指导作用①。英美判例法在规制以衍生金融交易为代表的高风险金融交易方面之所以具有重要的指导意义，除了英美法本身特点的原因之外，还与英美金融机构占据了金融衍生品交易的主要市场份额相关。

（二）从宝洁公司诉信孚银行案看金融衍生品交易中的欺诈

金融衍生品交易本身就蕴含着极大的风险，这种风险既包括可量化的不确定性，比如市场风险、经营风险；也包括不可量化的不确定性，比如道德风险，其主要表现为交易中的欺诈行为。民法上的欺诈行为在本质上破坏了意思自治和诚实信用原则，它是指使他人陷于认识错误，并依此作出一定行为，或不为一定行为。相应的，金融衍生品欺诈性交易，即在金融衍生品交易中，如利率、汇率、股指、黄金、白银期货及期权、互换和其他金融衍生品交易中，期货公司、投资银行或其他从事金融衍生品交易的经纪商或自营商，使用策略、阴谋或计谋欺骗其他投资人的交易活动。在金融衍生品交易中，这种欺诈性行为主要表现为从事金融衍生品交易的金融机构故意陈述虚假的事实来诱惑、误导及欺骗交易相对人或者故意对真实情况表示沉默，从而使交易相对人陷入认识上的错误并做出错误的投资决定。

在宝洁公司诉信孚银行(Proctor & Gamble v. Bankers Trust)②案中，主审法官 John Feikens 虽然否定了宝洁公司大部分的诉求，但是仍然支持在一定要件下，信息优势方应承担信息披露义务以保护信息弱势方，使得宝洁公司宣称信孚银行违反美国反欺诈法及证券法上的欺诈的诉求得到一定程度的认可，获得诉讼上的优势地位③。所以这个案例成为金融衍生品交易中欺诈民事

① 例如，1977 年美国 Board of Trade Clearing Corp. v Commodity Futures Trading Commission 案件针对清算所纳入交易所监管范畴确立了原则，因为 CEA 并没有规定清算所也须 CFTC 指定，如同合同市场需要指定一样，但按照该判例，清算所也被认为应实行与交易所一样的监管制度。

② Procter &Gamble Co. v. Bankers Trust Co. , NO. 925 *F. S*-pp. 1270, 1270(S. D. Ohio 1996).

③ The Procter &Gamble Company, Plaintiff, vs. Bankers Trust Company and BT Securities Corporation, Defendants, No. 925 *FS*-pp 1279 (S. D. Ohio 1996). 因为一般在和解的前提下，法院不会出具正式的法院见解，其次该见解也没有依照特定事实作结论，就是未提出基于何种案例或事实已支持其见解。

责任的经典案例。

在宝洁公司与信孚银行签订的若干协议中，1993 年 11 月 4 日与 1994 年 2 月 14 日签订的两项交易导致宝洁出现 1.5 亿美金的亏损。这两个金融衍生交易合同是分别以美金计价的 5/30 利率互换合同与马克计价的利率互换合同(以下简称为 5/30 利率互换合同与马克互换合同)。所谓 5/30 利率互换合同是由宝洁公司发行并出售与信孚银行功能上等值并以现金计价的美国 30 年期公债选择权，其价格以美国 5 年期殖利率与 30 年公债价格的差距来决定。而马克互换合同是宝洁公司发行一个选择权让信孚银行于此 4 年期的合同期间的权利金固定，但是宝洁的额外费用会随着马克利率变化而变动，当马克互换合同的合同利率介于约定区间[①]，宝洁公司无需支付额外费用。宝洁公司因市场利率变动遭受 1.5 亿美金的损失，这是因为些微利率上的变化就足以产生巨额的合同损失。宝洁公司不愿承担这样的损失，因为其本意是降低资金借入成本，完全没想到会蒙受重大的财务损失，所以宝洁公司在 1994 年 10 月 27 日对信孚银行提起诉讼，以欺诈(fraud)、错误陈述(misrepresentation)、违反诚信义务(breach of fiduciary duty)、疏忽性错误陈述(negligent misrepresentation)和疏忽大意(negligence)等指控信孚银行[②]，主张这两个合同无效，并请求免除由此而生的债务，要求信孚银行给付惩罚性赔偿金。宝洁公司主张应按美国证券交易委员会对 Gibson v. Bankers Trust 案的见解[③]，认定其与信孚银行的利率与货币互换合同为证券，并且适用联邦证券法。诉讼过程中，宝洁公司依照美国《1933 年证券法》(Securities Act of 1933)、俄亥俄州证券法(Ohio State Securities Laws)、联邦商品交易法(US Federal

① 本合同的约定区间指当马克交换合同的合同利率在前一年高于 6.01%或低于 4.05%时，宝洁公司无需支付额外的费用。

② See Procter & Gamble v. Bankers Trust, 925 *F. Supp.* 1270,1274 (S.D. Ohio 1996).

③ SEC 认为 Gibson 案里签订的互换合同是 Gibson 发行的以“一篮子”股票或股票指数为计价基准，并以现金结算的选择权；而选择权是美国联邦证券法认定的证券类型之一。See in re BT Corp., *Exchange Act Release* No. 35,136, Admin. Proc. File No. 308579.

Commodity Laws)、俄亥俄州欺诈交易行为法(Ohio Deceptive Trade Practices Act)及普通法(common law)提出的许多法律主张中,大多数诉讼请求被法院驳回,但是有关信孚银行欺诈与交易信息披露义务的主张,获得法院一定程度的支持。

(1) 欺诈主张:普通法上的欺诈是宝洁公司在案件中的核心主张之一,宝洁公司认为信孚银行并未履行信息披露义务,存在对宝洁公司违反诚信的欺诈行为。

(2) 披露义务:宝洁公司主张依据欺诈与腐败性组织法案(the Racketeer Influence and Corrupt Organizations Act, RICO),信孚银行由于未提供应披露而未披露的信息及其与其他交易对象的交易方式相关信息,应足以使宝洁公司的债务得以豁免。

本案最终以和解方式结案,达成和解协议。双方互相宣称胜利,信孚银行取得 3 500 万美元的欠款,更取得价值在 400 至 1 400 万美元的其他衍生品所有权;宝洁公司则弥补了大约 83%的亏损。双方在财务上没有留下太多的损失,却在法律上留下许多未解之谜。

Feikens 法官认为,本案涉及两个利率互换协议(interest rate swap agreements)。所谓利率互换协议是指当事人双方是签署的有关在一定期间内进行现金交易的协议,其目的在于保护一方避免因利率波动而遭受损失①。宝洁公司主张其与信孚银行之间存在信赖(fiduciary)关系。Feikens 法官否定了宝洁公司提出的信孚银行违反信赖关系的主张,但认为“这并不意味在互换交易中不存在这样的责任和义务。”②宝洁公司提出信孚银行存在普通法上欺诈的主张,令其在诉讼过程中取得优势地位。

---

① The Procter &Gamble Company, Plaintiff, v. Bankers Trust Company and BT Securities Corporation, Defendants, No. 925 *FS*-pp 1279(S. D. Ohio 1996).

② Procter & Gamble, 925 *F. Supp.* at 1289.

（三）宝洁公司诉信孚银行案揭示的有关欺诈法律问题

宝洁公司诉信孚银行案给我们提供了多方面有关欺诈法律问题的启示。

第一，违反信息充分披露义务构成普通法上的欺诈。宝洁公司主张信孚公司负有诚信义务(fiduciary duty)[①]，故应充分披露与交易有关的信息并告知可能的风险(duty to disclose the nature and extent of the risks involved)，信孚银行违反这一诚信义务构成普通法上的欺诈。宝洁公司诉信孚银行案由于和解将争议归于平息，但是许多在审判过程中出现的双方当事人主张与法院见解持续影响金融衍生品交易规则的生成与市场参与者的行为规范。例如法院针对以下问题提出什么标准：什么是重要的信息？怎样才算是容易取得的信息？信息披露到何种程度才算符合完全履行披露义务？如何判断拥有专业知识的一方知悉他方的决策或判断是基于错误的知识等等[②]。当然，法院在信息披露义务上的意见，仍然为金融衍生品交易的信息披露、风险告知等问题提供了相当重要的依据。然而，更重要的是我们可以发现有更广阔而复杂的问题可以深入讨论。像是审理金融衍生品交易纠纷时必须先做交易行为的性质判定，可是交易行为性质判断可能超出法官专业能力，此时分类错误会导致适用法律的错误；不当提供信息有义务大小和责任大小的分野，如何划分这些不同的法律概念；商业主体的交易里真的全部视为商业关系吗？当一方无法持续追踪持有部位变化时应该认定其有专业知识或能力吗？在本案后，美国财务会计准则委员会与证券交易委员会开始致力于一连串有关衡量、辨别与披露金融衍生品交易的会计信息改革，如美国联邦会计准则 119、133、138 号准则，使企业财务报表上的衍生品交易总金额的信息透明度大为上升，但是设立的财务会计准则只是起到让机构投资人注意公司财务状况的作用，关注机构

---

① Fiduciary duty 一词常见的中译有“注意义务”与“诚信义务”两种，我们为了避免和 duty of care 混淆，在此采取“诚信义务”的译法。

② Jonathan Kelly, United Kingdom Legal and Regulatory Issues in Derivatives-Past, Present and Future, A special *IFLR* supplement 27 (April 1999).

的资本健康状况充其量是间接作用，让机构的投资人清楚机构进行了哪些交易与资产变化，但是对于交易是否适当仍然没有合适的法院见解可以作为参照依据。

第二，法院对披露义务的认可，为欺诈的认定提供了法律基础。主审法官认为由于双方当事人依据纽约州法的规定，是一种商业交易关系，因此信孚银行并无特别的诚信义务，但是仍然负有披露重要信息的义务（duty of disclose material information）。并认为符合以下三要件即须要承担披露义务：①一方当事人相较于他方在信息上拥有较为卓越的专业知识；②他方当事人不易获得上述的信息；③拥有专业知识的一方知悉他方的决策或判断是基于错误的知识所致。

法院虽然因为双方当事人和解没有使上述标准进入实质审查，不过只要法院最终认定信孚银行有披露义务时，则欺诈也很有可能成立[①]。尽管宝洁公司订立该笔利率与货币互换合同的财务总监有较强的业务能力，以及公司内部风险控制制度受到了社会的广泛批评，但宝洁公司仍然通过起诉美国信孚银行，以该银行未向客户提供合适的金融衍生品以及其他犯罪嫌疑为理由，从被告处获得了大部分赔偿金额[②]。

第三，宝洁公司诉信孚银行案对欺诈的演绎，为立法的解释提供了生动的案例解说。对于什么是金融衍生品交易中的欺诈，美国《期货交易法》第 4 章明确规定："商品交易顾问及商品交易顾问的关联人，商品基金管理人及其关联人，直接或间接利用邮递或其他手段或洲际贸易的方式作出下列行为者均属非法：(1)用诡计、阴谋或计谋欺诈客户、参与人或未来的客户和参与人；

① Denis M Forster, Procter & Gamble Settlement Leaves Questions Unanswered, *International Financial Law Review*, 12 (August 1996).

② See Gamez, Michael S. and Karen McCann, A Simplified Approach to Valuing An Option on A Leveraged Spread: The Bankers Trust, Proctor and Gamble Example, *Derivatives Quarterly* 1,4 (1995).

(2)从事欺诈、欺骗客户、参与人或未来客户和参与人的交易、业务或商业活动。”《美国期货管理委员会条例》1.38 规定:“(1)所有期货买卖,或期权买卖,均应依据合同市场规则,公开地通过叫喊或其他相同的竞价和要约或其他竞争方式,在常规的交易所规定的时间里作出,除非委员会另有规定;(2)任何人在处理、执行、结算或执行未被竞争的交易头寸,包括转让、办公室交易、期货与现货交易,必须有明确标记或指定。”任何人不得违反委员会禁比交易或允许交易的规定、条例和决定,而要约参加或自己参加或确认执行本法调整的诸如有下列性质的期权、特许权、赔偿、竞价、出价、延买、延卖、升水担保、赔水担保的商品交易。该种决定、规则和条例可以在发出通知或给予听证机会后作出,委员会可以对不同市场规定不同条款和条件。可见,在金融衍生品交易中,违反上述法律规定的行为即构成欺诈。然而,上述立法规定如果进行适用的话,仍然比较原则。而宝洁公司诉信孚银行案对欺诈的演绎,为立法的解释提供生动的解说案例。

(四) 金融衍生品交易中欺诈行为的责任构成要件

根据民法的侵权责任原理,作为侵权责任的金融衍生品交易欺诈行为,应符合相关的构成要件。

第一,金融衍生品交易合同当事人一方必须有欺诈的故意。这里的欺诈故意,是指金融衍生品交易合同当事人一方做出了虚假陈述而使对方陷于认知错误并基于此错误意思而做出交易决定。美国《期货交易法》第 46 条就将“故意”作为认定欺诈并承担侵权民事责任的必要条件。在司法实践中,由于各种金融衍生品交易中欺诈行为的行为特点、表现方式、损害程度有所不同,各国基本上都采取了过错推定原则。在金融衍生品欺诈损害赔偿的纠纷中,受到损害的一方很难做到举证证明行为人有违法行为,因而应采用推定过错原则,即如果受到损害的一方(通常是作为客户的投资人)能够证明是由于交易对方或其他市场主体的欺诈行为造成的了自己的损害,而行为人未能证明其无过错,则应推定交易对方是有过错的且应对受害人的损害承侵权担赔偿责任。

第二，金融衍生品交易合同当事人一方必须实施了欺诈性行为。金融衍生品交易中欺诈性行为种类繁多，除了法律已专门规定的某些交易中的欺诈性行为，如内幕交易、操纵市场等，还有私下交易、错误表述、虚假交易等表现形态①。作为金融衍生品交易中的一种欺诈行为，错误表述不但包括表述方主观上故意使表述的内容与实际事实不符，同时还包括了单纯的故意沉默型错误表述。与缔约过失责任中对于说明义务的违反相类似，此处的故意沉默型错误表述也违反了一定的说明义务，但两者的根本区别就在于故意沉默型错误表现出了一种恶意并且此行为在整个交易过程中随时可能出现②。有关错误陈述这一欺诈性行为，上述宝洁公司诉美国信孚银行案就是一个典型的案例。该案中，信孚银行未就交易事项披露重要信息实际上就是一种沉默型错误表述，并且由于其存在故意隐瞒的恶意，这种行为也最终被法院视为具有欺诈性。

第三，金融衍生品交易合同当事人一方因欺诈而陷于错误，并因此而遭受损失。判定欺诈行为人是否应承担责任，还应看行为人的欺诈行为是否使得交易对手陷入错误的判断、作出违背自己真实意思的表示以及由此而造成了财产损失。如果行为人虽然有欺诈行为，但是其行为并没有给相对人造成损害结果，或者相反还因此而获利，则行为人不应承担侵权民事责任。或者虽然相对人因欺诈而陷于错误的意识表示，但是其损失是由行为人欺诈以外的原因造成的，即欺诈行为与损害后果之间没有因果关系，行为人也不应承担侵权民事责任。

二、金融衍生品交易侵权责任风险的表现方式

金融衍生品交易侵权责任风险，因不同原因而出现不同的表现方式。下

① 参见巫文勇：《金融衍生产品交易侵权民事法律责任研究》，载《甘肃政法学院学报》2012年第1期。

② 参见于慧聪：《金融衍生品交易法律问题研究》，吉林大学2013年硕士学位论文，第21－22页。

面，我们通过几个典型案例的分析，来归纳金融衍生品交易侵权责任风险的各种不同表现方式。

（一）因违反诚实信用原则侵害交易对手的信赖利益的侵权责任

在摩根斯坦利英国集团（公司）诉普格里斯（Morgan Stanley UK Group v. Alifio Puglisi Cosentino）[①]案中，原告是一家银行——摩根斯坦利英国集团（公司）（以下简称“摩根斯坦利”），被告普格里斯先生则是一名富有的意大利商人[②]。经摩根斯坦利客户经理推荐，普格里斯在相信摩根斯坦利说明的情况下于在1991和1992年购买了三个摩根斯坦利开发并承销的“汇率联结债券”（Principal Exchange Rate Linked Security，PERLS[③]），即1991年9月与1992年3月及4月的三个金融衍生品合同[④]。“汇率联结债券”属于一种高风险的投资产品，一则因为该债券内嵌的杠杆性，其价值波动性是挂钩汇率变化的二倍或数倍；二则因为信用交易方式，摩根斯坦利通过主回购协议为投资于PERLS产品客户提供90%的融资，杠杆率高达10倍。但是，“汇率联结债券”[⑤]

① Queen's Bench Division (Commercial Court)，29 January 1998，Longmore J，unreported. 以下简称Puglisi案。

② Rasiah Gengatharen，*Derivatives Law and Regulation*，Kluwer Law International，2001，p. 114.

③ A PERLS"is a US dollar denominated bond issued by a corporation or government agency. The redemption value of the bond is calculated with a formula based on a short position in one or more hard currencies and a long position in one or more soft currencies. The positions are equal at the time of the issue of the bond." See John Kelly，New Products Open Banks to New Risks，*International Financial Law Review* 24 (June，1998).

④ 这三个由摩根斯坦利经纪代销的金融合同的商品结构相似。第一个合同标的是以1 000万美元购买由the Finnish Export Credit Limited发行的PERLS，是以奇异公司债券连结以意大利里拉汇率作为长期货币部位，以瑞士法郎作为短期货币部位；第二个合同是以1 000万美元购买由the Finnish Export Credit Limited发行的PERLS，是以奇异公司债券连结以里拉与西班牙币（peseta）作为长期部位，以瑞士法郎与日元作为短期部位；第三个合同是以1 000万美金购买的Svensk Export Kredit发行的PERLS，是以奇异公司债券连结以加拿大货币、澳洲货币与新西兰货币作为长期部位，以日元作为短期部位。

⑤ 结构型债券的商品结构是将债券与衍生品连结，一般是将短期债券与远期货币交易合同或选择权做连结，在美国证券法规里属于证券之一。商品的特性是交易时间短，缩短债券获利期限，而且财务杠杆作用大，操作本金相对于债券或非结构型的衍生品小，在1990年代中期的衍生交易市场蔚为风潮。

的市场风险比一般的债券或非结构型衍生品大，因为这种金融衍生品对汇率变化更为敏感；连结标的的市场价格短期间剧烈波动时，其商品价值会快速变化。当1992年9月欧洲汇率机制出现剧烈动荡，英镑宣布脱离欧洲汇率机制，里拉与西班牙货币汇率进行高达20%的贬值，"汇率联结债券"迅速贬值，仅为面值的65%。当回购协议到期时，摩根斯坦利拒绝提供再融资。普格里斯购买的三个金融衍生品价值全部大幅缩水，普格里斯无力赎回该产品。普格里斯主张摩根斯坦利履行买回权以弥补他的损失，而摩根斯坦利拒绝了普格里斯的要求，并将标的销售出去以减轻损失。双方对损失金额有争议，于是摩根斯坦利要求普格里斯支付差额，普格里斯主张摩根斯坦利违反注意义务并在交易过程中利用欺诈手段误导他的判断，并违反其他相关的证券规制与自律规定。

在诉讼过程中，普格里斯首先主张摩根斯坦利违反证券商协会制定的730规则："投资顾问公司对私人消费者(private customer)购买非交易所的固定收益交易采取的建议必须合乎投资适当性。"[①]普格里斯其次主张摩根斯坦利违反了《英国1986年金融服务法》(UK Financial Services act of 1986)第61条第二款规定的在金融衍生品销售或给予投资建议时的信息披露与注意义务。

最终法院于1998年判决被告普格里斯胜诉。判决的重心依然是各方关注的投资适当性问题(suitability)，本案法官的思路将实体问题分为紧密相关的两部分处理：①投资标的(PERLS)的性质；②投资人的专业知识水平。法院认为"汇率联结债券"属于证券，应受到证券监管机关或自律组织制定的规则所约束。在审判过程中，法官认为由于该类金融衍生品设计复杂，原本就需要详细说明，方能使投资人明白，故加重金融机构对于投资适当性的审查义务。但是，由于当时英国对于金融合同的欺诈或错误陈述行为多课以刑事责任，法

---

① The Securities Association Rule 730: An employee of a firm shall not give investment advice to a private customer ... unless he has reasonable grounds for believing the advice or transaction is suitable for the customer concerned.

院改以摩根斯坦利违反自律组织的交易规则进行论证，并以证券欺诈及市场操纵（或滥用市场地位）规则规范其销售金融衍生品行为。

法官主张，由于普格里斯是意大利人，他理解英语的能力有限，当他找上销售货币变动型债券首屈一指的摩根斯坦利公司时，该公司当然有能力并有义务向其说明金融衍生品特性，并确认普格里斯完全了解其中的交易与市场风险。然而，该公司在销售金融衍生品时未尽了解客户义务在先，自然无从主张尽到审查投资适当性的义务。虽然客户签署了《风险披露确认书》，但他事实上并不明白该份以外国语书写的合同，因此，银行的风险披露依然是不充分的。因此，法院支持普格里斯主张的摩根斯坦利违反证券商协会 730 规则①。

其次，摩根斯坦利公司在销售金融衍生品过程中强调该金融衍生品没有任何风险又保证能够获利，使得没有获得适当信息披露的消费者无从判断市场状况，做出的投资决定自然属于“基于错误或欺诈的意思表示”。摩根斯坦利在金融衍生品价值发生亏损时，没有一次在风险事件发生时通知原告，明显违背该公司要求原告签署的了解信息披露制度声明，在可以并应通知当事人所面临的亏损或交易风险的情况下，这样的行为是严重的违约行为。法官认为这两点显示摩根斯坦利严重违反金融机构应负的诚实信用原则，侵害交易对手的信赖利益。

法官基于上述论证，确认摩根斯坦利违反投资适当性审查义务，但是法官无意进一步扩大投资适当性义务的范围。法官承袭 Dharmala 案的判决，仍然将机构投资人与私人投资人区分开，认为私人投资人更加依赖金融机构提供的信息；尽管本案当事人普格里斯的财产足以承担独立的投资建议，但是法官并未苛责其不作为，因为摩根斯坦利提供的信息与市场地位足以让投资人相信该公司出具的投资建议的真实性，削弱投资人的自我注意义务。

本案的判决在英美国家引起了广泛关注，因为英国法院传统上被认为是

① Rasiah Gengatharen, *Derivatives Law and Regulation*, Kluwer Law International, 2001, p. 115.

对保护投资人的目的比较冷淡，之前的一些金融衍生交易案件中，法官都支持了银行的主张。这是英国法官第一次偏离了传统的立场。它表明，即使是富裕的商人，而不是"适当性原则"传统上所保护的"老妇人"，也可能因为对相关衍生品的不熟悉而成为法律保护的对象。

（二）因违反信任义务未充分揭示交易风险的侵权责任

在加拿大纽卡雷尼信贷联合诉纳斯比特公司及其经纪人（Ukrainian (Fort William) Credit Union v Nesbitt Burns）[①]案之中，加拿大纽卡雷尼信贷联合（以下称原告）是在加拿大安大略省西北部小城桑德湾开展信贷业务的一个小型金融合作社。从1985年至1991年间，原告一直委托纳斯比特·本斯投资公司进行低风险的金融投资（如投资于加拿大国债）。1991年，纳斯比特·本斯公司新雇用了一名经纪人沃尔特·查尼威兹。查尼威兹向原告的董事和经理们保证：如按照他的投资策略进行低风险的投资，肯定能带来稳定的投资回报。

实际上，这一所谓"低风险"的投资策略进行的是风险较高的金融衍生品交易——加拿大股票期权交易。在1992—1994年间，查尼威兹和纳斯比特公司通过原告的保证金账户大量买卖期权合同，结果产生大量潜亏，并最终导致原告濒临破产。原告遂向法院起诉，要求查尼威兹和纳斯比特公司赔偿其损失800万加元。其诉讼理由包括：

（1）纳斯比特公司和查尼威兹违反了对原告所负的信任义务；

（2）被告在以下两方面存在疏忽：①其就相关风险可能产生的损失，向原告保证不会产生损失，但损失最终却发生了；②其未能充分就所有风险向原告作披露（negligent in failing to make full disclosure of risks）；

（3）被告未能让原告充分理解股票期权合同的性质和风险；

---

① Philip J. Henderson and Subrata Bhattacharjee, Ukrainian: Canada's First Case on Duty of Care in Derivatives Transactions, 15(2) *I. F. L. Rev.* 30 (1996).

(4) 违反了安大略省证券法规及相关证交所、自律组织的规则；

(5) 违反了适用于原告的投资限制(加拿大相关法律规定信贷联合只能进行低风险的投资，无权进行高风险的金融衍生品投资)。

原告诉讼请求之前提，就是认为其自身属于对金融衍生品不熟悉的客户(unsophisticated consumer)，因而完全依赖于被告的解释和披露，而被告未能就整个投资策略和金融衍生品的风险及关于金融衍生品的其他重大事项向原告的董事作披露。在加拿大安大略省证券法关于注册投资交易商的业务要求中，也包含有“了解你的客户(know your client)”及“了解交易之适当性(suitability)”的规定。

(三) 因不实陈述构成对无经验交易对手的侵权责任

在信孚银行诉达哈马拉公司(Bankers Trust v. Dharmala)①一案中，信孚银行因不实陈述构成对无经验交易对手的侵权责任。信孚银行于1994出售两笔美元计价的互换合同给达哈马拉公司，达哈马拉公司是一家印度尼西亚的大型控股公司，双方约定以国际互换与衍生品协会主协议为适用的格式合同。由于美元利率上升使达哈马拉公司蒙受高达六千多万美元的亏损，达哈马拉公司因此拒绝支付，并向英国商务法院起诉信孚银行。达哈马拉公司主张所缔结的互换合同不具有法律约束力，主要有下列三点主张②：

(1) 主体适格性(lack of legal capacity)：达哈马拉公司未经合法授权进行系争的互换交易，因此其所订立的合同自因欠缺授权归于无效。

(2) 错误陈述(misrepresention)：信孚银行在互换合同的内容(term)与风险(risk)有错误陈述的情形。当时国际互换与衍生品协会才开始推广其制定的格式合同，达哈马拉公司对于这些合同不具有辨识能力。

---

① Bankers Trust International PLC v. P. T. Dharmala Sakti Sejahtera (1995) 4 Bank LR 381. Bankers Trust International PLC 以下称为信孚银行，Dharmala Sakti Sejahtera 以下称 DSS。

② 施纯贞：《店头市场衍生性金融商品相关法律问题之研究》，台湾东吴大学法律研究所2003年硕士学位论文，第113-114页。

(3) 注意义务(duty of care):信孚银行违反详细并适当解释交易的操作(operation)、内容(terms)、效果(effect)、风险(risk)及对其潜在财务效果(potential financial consequences)的注意义务。

法院没有支持达哈马拉公司的主张,判决达哈马拉公司仍然应该支付信孚银行包括利息在内的6 910万美元及相关费用①。

法院的分析和审判意见值得我们的关注。首先,法院先确定管辖权的归属。法院认为双方签订的国际互换与衍生品协会主合同中合意选择英国法为准据法,并选择英国法院为管辖法院具有法律效力。这种关于司法管辖的约定应约束双方与主协议有关的所有事项,所以英国法院对本案有管辖权,并应适用英国法处理本案。其次,英国法院认为有关主体适格性问题,达哈马拉公司没有提出具体事实证明其不具适格性,所以达哈马拉公司的这一主张没有被法院所接受。再次,法院针对被告的诉求依据合同内容进行实质审查后,认为信孚银行在销售商品时强调可能获利性而非潜在的损失风险,容易产生误导(misleading)的效果;解释商品时没有作出正确的陈述,也没有适当说明商品内容,无经验的交易对手容易因为银行的信息做出错误的交易判断。基于此,Mance法官相信原告对被告的不实陈述指控成立,构成对无经验交易对手的侵权责任。然而,他认为达哈马拉公司与信孚银行的交易不是这个范畴的问题,因为达哈马拉公司具有足够的金融业务经验与判断力,能够独立地自行评估市场走势对公司财务的影响。继而,在该交易是否违反注意义务(duty of care)上,法院也采严格的责任认定方式。法官认为在英国普通法及相关判决先例中,除非银行与客户进行一般交易时,应客户要求并愿意出具建议(advise),银行才具有合同的诚信义务与告知义务。而事实上达哈马拉公司并未要求信孚银行提供任何投资上的建议或有证据显示其依赖信孚银行的建议做出投资决定。所以达哈马拉公司与信孚银行不是委托与代理的关系,不能

① Bankers Trust International PLC v. P. T. Dharmala Sakti Sejahtera, *CLC* 518,1996.

主张信孚银行负有诚信义务与告知义务[①]。法院进一步认为当交易对手有能力独立就商品交易任何环节做出判断，银行就不负有注意义务；当然这个判断是有瑕疵的，因为当客户处于信息误导下，基于坚信银行提供信息无误不必然会要求银行出具投资建议。最后，法院以下列四项理由判决达哈马拉公司败诉：

(1) 达哈马拉公司有能力清楚地了解信孚银行提出的交易内容；

(2) 达哈马拉公司并未依据信孚银行提出的不实信息做出投资决定；

(3) 信孚银行仅对达哈马拉公司负有有限的提供正确信息及事实的义务；

(4) 信孚银行对达哈马拉公司的注意义务未扩及到对与交易相关之操作、意义或效果进行充分及适当说明。

这个发生在保洁诉信孚银行案和解后半年的案例，除了因为是正式判决而引起各界瞩目之外，更因其响应或否定信孚银行案的法院意见，引起许多反响[②]。如同美国法院一样，英国法院也将当事人的交易经验列为重要考虑因素，并赋予金融机构一定程度的说明义务。判决中的其他见解同样让我们了解英国法院对金融衍生品交易有着与美国法院不同的判决标准。

三、金融衍生品交易侵权责任风险的承担

（一）金融衍生品交易责任案涉及的侵权责任风险

信孚银行在美国与英国的两个案例都是在金融衍生品交易发生巨额亏损后，交易对手主张合同无效企图免于承担已发生的损失。英美两国的金融衍生品交易量居于全球之首，所以两国的判决对全球有相当大的影响力，然而美

---

① Christopher Style & Stuart Dutson, Minimizing the Risks of Financial Selling, *International Financial Law Review* 10-11 (April 1999).

② See D. C. Sienko, The Aftermath of Derivative Losses: Can Sophisticated Investors Invoke the Suitability Doctrine, *Depaul Business Law Journal*, 107 (August 1995).

国的Gibson案或P&G案都是以和解收场，我们只能猜测可能的诉讼结局；而达哈马拉公司案让我们知道英国法院对互换商品合同权利义务的认定。

幸运的是，我们从判决或法院见解里看到金融机构仍然肩负一定的信息提供义务。美国法院认为基于金融衍生品特性，金融机构必须披露一定的交易信息，这是因为信息不对称会扭曲交易价格与合意。当商品价格背离市场价格或是合同条件缺乏真实性，合同基础就不复存在。然而，法院在信孚案中确定的判定标准在诉讼上有一定困难。法院提出的披露义务包括：①一方当事人相较于他方在信息上拥有较为卓越的专业知识；②他方当事人不易获得上述的信息；③拥有专业知识的一方知悉他方的决策或判断是基于错误的知识所致。前两者对信息获得能力的判对是否有商业判断原则介入的空间尚有可议，后者要求金融机构举证自身了解交易对手投资决定是被误导的，确实存在实务上的困难。

相对地，我们从达哈马拉公司案看到法官对金融机构的信息提供义务退缩到"注意义务"。金融机构的注意义务是英国合同法上的传统问题，英国合同法认为金融机构本来就仅负有限的注意义务[①]。我们在这个案例里看到法官仍然是重述这样的立场，但是针对个案强调金融机构交易中要注意：①为正确的陈述；②以适当方式表达从事交易与财务的关联性；③应平衡表达交易可能的获利与损失。但此种注意义务从何时开始，法官没有说明[②]。但是，法院的见解仍然提供了另一个值得我们重视的诉讼途径：投资建议中的不实陈述所造成的侵权。

在前述印尼达哈马拉公司诉英国银行信托案之中，达哈马拉公司与银行达成两项金融衍生品交易，结果因未曾预料的美元上涨，原告在该交易中遭受了重大损失。原告遂拒绝支付损失额，并向英国商事法院提起诉讼。原告诉

---

① [英]John Smith：《合同法》，张昕译，法律出版社2004年版，第113－114页。

② Christopher Style & Stuart Dutson, Minimizing the Risks of Financial Selling, *International Financial Law Review* 11 (April 1999).

称：①被告对交易之条款及所涉及之风险作了虚假陈述；②被告未能向原告充分、适当地解释拟进行之互换交易的运作、条件、含义、蕴含之风险及潜在的不良后果，违反了其对原告所负的“信任义务”。从而认为原告不应受该互换交易的制约，一切损失应由被告承担①。英国法院法官曼斯认为：①原告在互换交易方面属资深投资人（sophisticated investor）。原告及其两名主要谈判代表对金融领域极为熟悉，原告过去在金融互换交易方面有许多交易记录，因而尽管原告不像被告那样经验丰富，但仍能充分理解该互换交易及被告所提供的建议，并根据该交易的市场状况对其潜在后果加以评估，所以被告的陈述对原告最终的投资决策并无重大影响。②作为英国法院判案的一项基本原则，对交易一方提供的建议，即便是一项很复杂的建议，如果交易另一方能理解和评估，并最终进行了该交易，则英国法院会判定交易另一方应受该交易制约。③鉴于原告对互换交易的熟悉程度，本案被告仅对原告负有有限的“信任义务”，即对相关事实客观公正地作出陈述，并无义务向原告充分、适当地解释该互换交易的运作、含义、条件及后果。④被告的陈述被证明是客观、公正的。为此，法院驳回了原告之诉讼请求，并令其偿付 6 918 万美元未付损失款及利息，另责令其承担相关诉讼开支。反之，如果本案所涉及的是一项极为复杂的金融衍生品交易，且原告对该交易并不熟悉，则英国法院会倾向于认定被告存在完全的“信任义务”，从而判令原告胜诉②。

（二）金融衍生品交易侵权责任风险的承担判定

从以上两个案例可以看出，金融衍生品的投资人并不是交易损失的必然承担者，在不少情形下，损失者仍可以找到其他人来承担相关损失，其可以从证券法、公司法、反欺诈法等领域寻求保护依据，其诉讼理由可包括交易相关

① Philip J. Henderson and Subrata Bhattacharjee, Ukrainian: Canada's First Case on Duty of Care in Derivatives Transactions, 15(2) *I. F. L. Rev.* 30(1996).

② Andrew Clark, UK Court Limits Duty of Care in Derivatives Transactions, 14 *International Banking & Financial Law*, 13 (Feb. 1996).

人违反信任义务、另一方作了虚假陈述、自身不具有对金融衍生品投资的权能、自身属于对相关交易不熟悉的投资人(unsophiscated investor),等等。在此,我们主要从三个方面对该问题作一探讨:①金融衍生品交易的受托人违反信任义务;②金融衍生品交易投资人不具有交易权能;③金融衍生品交易出售方存在过错。

1. 金融衍生品交易受托人信任义务违反与否的判定

在现代金融社会中,大部分资金往往不是由资金所有者直接运作。而常常委托专业机构或人士代为管理(如投资基金、公司经理等)。在英美普通法系中,负责经营或管理他人资金的机构或人员(以下统称"受托人")就对他人承担了信任义务。金融衍生品交易亦是如此,如金融衍生品交易中投资基金对投资人、公司经理对公司股东等均负有信任义务。受托人如未能认真履行其信任义务并最终造成损失,则应承担相应责任。这一信任义务又由忠实义务和注意义务两项内容组成。

1) 忠实义务(duty of loyalty)

信任义务的重要内容之一,就是忠实义务。所谓忠实义务,是指金融衍生品交易之受托人采取的每一行动,都必须完全是为了资金所有者的全部利益,而不是为了受托人自身或他人的利益。如美国《内部收益守则》就包括了一连串的禁止受托人从事的、可能会给其自身带来收益(不包括报酬)的交易。为了让违反该项义务的被告承担责任,美国各法院常引用法官卡多佐(Cardozo)的一段表述:"……其行为之标准,不仅要求诚实,还要求极为谨慎、高度敏感。"[①]这一严格的标准已被规定于美国的共同基金法、公司法、养老金法及其他相关的法规中。

有时候,受托人所从事的金融衍生品交易可能既对其经营管理的机构有

① George Cranford and Bidyut Sen: *Derivatives for Decision Makers—Strategic Management Issues*, Published by John Wiley & Sons, Inc. 167(1996).

利，也对其自身的投资利益直接有利。在这种情况下，就进行该金融衍生品交易的机构而言，该机构经理所进行的任何既可能有利于其自身投资利益也可能有利于该机构本身的交易，必须由对该交易不具任何个人利益的监管人员进行判定，如认定该项交易为公平的且最符合该机构利益，则可予以批准。这一原则即使对该机构的最高管理层也同样适用。例如，一项有利于某一公司董事的金融衍生品交易，必须由董事会的大多数成员予以批准，且他们对拟进行的交易均不具任何私人利益。

违反忠实义务比较明显的例子，如受托人接受了经纪商或交易对手的好处或回扣而达成了一项金融衍生品交易，对这一违反忠实义务的行为，受托人不仅要对为此给受益人(股东、投资人等)造成的损害承担赔偿责任，还必须接受相应的刑事处罚。

比较具争议性的涉及忠实义务的情形是：受托人并未接受任何第三方的好处，其举措意在增加或保留住其自身在机构中的利益，但其明知该行为对机构而言并非最佳选择。此类行为极难识别，因为对此类行为的判断靠的是间接猜测和事后认识。所以除非是受托人承认其意在用机构的费用为自身谋利，否则就极难让其承担责任。

2) 注意义务(duty of care)

信任义务的另一项重要内容是注意义务。这一项义务根据不同的投资主体有不同的要求。对一般的机构(如银行、公司、共同基金等)的要求相对要宽松些，适用的是“经营判断原则”；而对某些较特殊的投资主体(主要是养老金基金)的要求要严格些，适用的是“谨慎投资人原则”。

第一，经营判断原则(business-judgment rule)。在经营判断原则下，允许机构决策者自由决定采取他们认识最符合机构利益的举措。该原则是基于美国司法界的这样一个理念：任何投资业务都免除不了风险，法官们不愿以自己对风险的判定及认为应采取的举措来替代从事具体业务的经理人员的判断。而在金融衍生品业务的具体操作中，有时即便受托人以最良好的意愿尽了最大的努力，风险仍可能发生，甚至直接导致一机构破产。在经营判断原则下，只要业务决策是出于诚实信用考虑而作出，并且不存在违反“忠实义务”的相关利益冲突，法院一般都不认为该决策违反了“注意义务”。

但是该原则也对业务决策者规定了严格的信息披露义务。尽管业务决策者有是否应承担其具体业务风险的自由决定权，但对存在的这些风险必须及时向受益人充分披露，这样在充分知晓风险的情况下，受益人就可作出相应的反应以决定是否要承担这一风险。

另外，随着现今国际金融市场金融衍生品的大量出现，使得任何交易中的任何风险都可能利用金融衍生品加以套期保值。这在一定程度上给受托人带来了新的责任，即进一步利用金融衍生品对风险进行套期保值的责任。如印第安纳州法院判决的 Brane v. Roth 一案，就清楚地表明了在作出与金融衍生品相关的业务决策和披露时，“谨慎注意”使用衍生品进行套期保值之必要。法院认为：该案中公司董事未能充分利用金融衍生品对价格下降之风险进行套期保值，因而应承担责任。这一案件清楚地提供了这样一种警示：必须理解金融衍生品，且在适当的情况下考虑使用金融衍生品进行套期保值，并就公司之意图和操作向受益人作适当的披露，否则也可能违反了“注意义务”。

第二，谨慎投资人原则（prudent-investor rule）

就一般的机构而言，其经营者在金融衍生品投资人面享有较大的自由权，只要其将与金融衍生品业务相关的重大事实向股东披露即可，即上文所说的经营判断原则。但对一些较为特殊的投资主体，如政府养老基金，由于其投资成败关系到众多老年人的生活，对此类投资机构的要求主要是在保值的基础上稳步获益，而不是冒高风险获得暴利，因而在英美法中，对此类机构经营者的责任限制比对一般机构决策者的限制要严格得多，其经营者不得随意进行高风险的投资，他们必须作为“谨慎投资人”（prudent investor）来开展金融衍生品业务。在美国，描述“谨慎投资人”概念的法律已有一百多年的发展历史，主要体现在与民间信托相关的法律中。在1830年的Harvard v. Amorei一案中,美国马萨诸塞州最高法院对“谨慎投资人”的责任作了这样的表述:受托人应当了解那些谨慎、慎重、明智的人是怎样管理其自身事务的,并依样实施;其不得以短期投机为目的,因而着于对其基金的长期经营;不仅应考虑可以获得的利润,也应考虑相关投资的安全性。这一表述常被美国各法院引用,并成为许多州和联邦法律及法院判决的基础。

要求谨慎投资人必须观察其他人的行为并依样实施,使得这一行为标准能永远保持其生命力。因为谨慎投资人参照的不是固定不变的教条,而是发生在现实金融社会中的谨慎、慎重、明智之人的做法。这就使得该法律标准能不断随着金融实践的发展而发展。进入20世纪90年代,“谨慎投资人原则”的参照标准进一步严格,其参照的是在某一情形下,一个在相似性质、相近发展目标机构工作的、具相近能力、对此类业务同样熟悉的“谨慎投资人”所会具有的注意、技能、谨慎和勤勉。由美国法学会起草的《谨慎投资人法》就包含了这一要求,该示范法已由美国律师协会推荐给美国各州立法机构。这意味着从事金融衍生品交易行为的参照标准也同样提高到在相同领域具专业水准人士的水平,如不能以此高水准行事,则应承担责任。但同时,现今的“谨慎投资人原则”也在以下两方面放宽了对投资人的束缚,即允许复委托和将所有的投资业务结果作为一个整体来考察行为人的表现。

(1) 允许复委托。在早先的“谨慎投资人原则”下,受托人将经营管理职能再委托给他人是受到禁止的,其蕴含的理念是:委托人只是依赖受托人个人的技能,受托人如自身不处理相关事务而将该责任转托他人,将构成对其义务的违反。但随着投资和金融领域的不断专业化和职业化,相关知识的不断复杂化,使得任何人都只可能是某一领域某一方面的专家,而不可能是一切金融领域的专家(尤其是对金融衍生品领域而言),而“谨慎投资人原则”的新近发展又将其业务参照标准提高到相同领域具专业水准人士的水平,否则就属违反了信任义务,这样,受托人就极有必要将其自身并不十分熟悉的投资交给该领域的专家来从事，以切实履行其信任义务。

当然，在复委托中也要遵守“注意标准”(standard of care)，主要应注意三个基本因素：谨慎认真地挑选合格的金融衍生品交易专业人士；明确其各自的具体职责范围；加强对从事金融衍生品交易之专业人员的管理。

(2) 将所有的投资业务结果作为一个整体来考察行为人的表现。对于受托人所进行的一组投资，在早先的“谨慎投资人原则”下，只分别检查每一项投资。只要有一项投资失败，那么即使在其他投资上获得巨大收益，受托人仍可能被法院判定应对该项投资的损失承担责任。这显然不尽合理。随着投资组合理论的产生，原先陈旧的观点被更新。美国法学会在其起草的《谨慎投资人法》中，就将谨慎标准应用于整个投资组合，而不只限于单个投资。其承认：如果受托人设计了一个谨慎的实施多样化投资的投资组合，并在总体上产生了良好的效果，那么小部分投资的损失与整体上的成功收益相比就应被忽略不计。这意味着在新的“谨慎投资人原则”下，受托人并不必然对小部分的金融衍生品交易损失承担责任。如果其属于某一投资组合的一部分，该投资组合整体上收益良好，则受托人不应承担责任。

另外，值得注意的是，美国、英国、加拿大等近来的一些判例和法规对信任义务承担者的范围有扩大规定的趋势，如美国证券交易管理委员会规定：在投资人有理由依赖于他方(经纪商、交易商)之建议而进行相关交易时，则他方对买方负有信任义务，以保护买方免受因自身无知或疏忽造成损失。美国一些州法院认为：在任何案件中，证券经纪商对客户都应负有信任义务；但加利福尼亚法院也特别指出：法院只有在经纪商持续控制客户的账户或以投资顾问的身份行事时，才能认定信任义务之存在。

但是许多金融衍生品的销售者并不属于受证券法规制的证券交易商或经纪商，如一些银行、期货交易商、保险公司及其他一些公司，这些机构是否存在信任义务，各国法律一般没有很直接的规定，在这种情况下，信任义务是否存在取决于所有的相关事实和具体情形，法院主要根据交易的具体协议、该金融衍生品交易的复杂程度、各方对相关特定金融衍生品的熟悉和专业化程度、其获得该产品的信息渠道、哪方发起该衍生品交易、哪方制订该金融衍生品的说明等，来判定是否存在信任义务。如果某项金融衍生品交易较为复杂，买方对其又不熟悉，则出售方对买方负有信任义务。如果某项衍生品交易并不复杂，买方对其又较为熟悉，则出售方只负如实陈述义务；但如果买方出于谨慎考虑向出售方要求提供建议，出售方也知道买方将根据其建议行事，则出售方对买方仍应负"信任义务"。如果根据具体情形认定存在信任义务，则金融衍生品投资人可要求另一方履行其"忠实义务"和"注意义务"，这些义务对另一方的要求比欺诈性陈述或重大遗漏的责任要求要高得多。

2. 金融衍生品交易的买方不具有交易权能

金融衍生品投资中的一个重大问题是投资人是否具有投资或购买的权能。这对金融衍生品交易的买卖双方都是极为重要的事项。因为并非所有的机构或个人都可以从事某一金融衍生品交易。如果买方根本无权从事此项交易，卖方就会被要求收回该衍生品交易，并将买方支付的对价返还给对方。这又可分为两种情形：第一、买方本身无权进行某项金融衍生品投资；第二、买方业务人员未被授权从事该金融衍生品交易。

(1) 交易买方本身无权从事金融衍生品交易。有些机构(如政府机构、公用事业单位等)可能会被相关法律法规禁止从事某些金融衍生品交易。如1989年在英国发生的Hammersmith一案，即反映了这一情形。另外，对于某些处于较高程度管制中的投资机构(如银行、保险公司等)来说，法律很有可能对其投资权限加以限制，因而对于金融衍生品交易的出售方来说，还应要求对方提供依其章程及相关适用法律，该项投资为有效的证明。

(2) 买方的业务人员未被授权。在有些情形下，即便金融衍生品交易的买方本身有权进行金融衍生品交易，但其部分雇员可能并未被授权。该类未被授权之雇员的行为有效与否，在美国司法实践中往往取决于卖方行为的合理与否。如果该金融衍生品交易只是一项很常见的交易，其他类似投资人亦频繁地从事该类交易,投资人(买方)过去也从事过此项交易,则即便是该类机构的低级雇员,也可被视作具明显权能从事该交易,而不论该雇员实际上是否被授权。而针对高级雇员而言,任何一个理智的人,如果从当时情形来判断都会认为买方的高级职员有权进行该衍生品交易,则该代表所在机构应被认定对该投资负责,而不论该高级职员是否实际受到授权。但在另一方面,如果某项金融衍生品交易对买方而言是比较特殊的,且数额很大,则该金融衍生品的卖方应向购买方的代表要求出示授权证明。在这种情况下,如果买方代表未被授权而卖方与之达成一项金融衍生品交易,则该衍生品交易是无效的。

3. 金融衍生品交易的出售方存在过错

如果某项金融衍生品交易的损失是由于出售方的过错而导致,则出售方将会为此承担责任。这又分为以下两种情形:

(1) 出售方存在欺诈。如果金融衍生品交易的买方证实:被告(卖方)对某一重大事实作了虚假陈述,而买方正是依赖于这一陈述而与之达成交易并且这种依赖是合乎情理的,则卖方应对买方由此遭受的损失承担责任。美国大多数州的反欺诈法都有类似规定。但如果从交易当时情形来看,买方本来完全能很容易地识别卖方陈述之虚假,却根本未加鉴别,则这种无理由的对虚假陈述的依赖就是不合理的,仍应由买方自己承担损失。

(2) 出售方存在重大遗漏。在金融衍生品的出售方未向买方披露其获悉的重要事实时,出售方(被告)亦可能要承担责任,但如果未披露的信息是买方很容易就能获悉的,则法院一般都不会让出售方承担责任。

四、金融衍生品交易侵权责任中信息不对称风险的法律规制

金融机构销售金融衍生品必须提供适当的信息。不过,消费者面对五花八门的金融衍生品处于绝对的信息弱势。因为金融衍生品交易大多采取场外交易方式,也就是无需披露相关信息的私下交易。美国四分之三的金融衍生

品是柜台交易，仅有少量政府债券期货是在芝加哥和伦敦的交易所进行的[①]。因此，提供确实的信息与说明信息的意义成为平衡信息不对称的方法。由于金融衍生品众多，我们了解不论何种金融衍生品在销售时都有某种程度上的信息不对称，但是因为信息不对称与交易损失的关系不同，所以除了基本的说明义务外，不同的商品仍然有不同程度的信息提供义务。

（一）扩大金融衍生品销售时的忠实义务

扩大金融衍生品销售时的忠实义务的规定，在日本的法律中表现比较典型。日本的《金融商品贩卖法》[②]鉴于金融机构与消费者的信息不对称，有必要要求金融机构销售金融衍生品时对消费者善尽说明商品的义务，并课以损害赔偿之责。这部法规有几点值得特别关注的。

（1）扩大对投资人的保护。该法保护对象由自然人扩大到法人。因为只要不具金融专业能力都是信息弱势的当事人；于是该法将不具金融专业知识的法人也视为消费者[③]。

（2）由过失责任到无过失责任。一方面不论自然人或法人只要不具金融专业知识或不能取得知识或取得成本高于预期获利，则其信息弱势地位不会有所改变，即使金融机构提供信息仍然没有足够的判断能力，依旧处于被支配的地位。另一方面，如果要求消费者负担举证责任或要求金融机构自证其有过失或故意责任，对弱势者又过于严苛。基于这两点，该法认为不以金融机构的故意或过失为必要，只要消费者能证明金融机构违反说明义务的行为与其损害有因果关系即可。

（3）确认投资人的自我责任。基于交易必须以当事人地位平等为前提，于是交易当事人取得足以平等的交易信息下，必然可以期待他们能够理性的

---

① 参见朱伟一：《华尔街使出浑身解数死守衍生品》，载《上海证券报》2009 年 6 月 26 日 B6 版。

② 2000 年 5 月经日本国会通过，2001 年 4 月正式施行。

③ 杜怡静：《金融证券服务业之信息义务》，载《月旦法学》第 126 期，台北元照出版社 2005 年版，第 11－12 页。

判断何种交易条件能够满足自身最大的利益。借由平衡当事人的信息量可以促使信息弱势一方做出正确的判断并负起自我责任，进而减少消费者针对金融机构提出诈欺或是错误意思表示的诉讼。

(4) 说明义务的界定[①]。说明义务的目的在于使消费者明白他购买的金融衍生品具有的风险，因为销售金融衍生品就是以销售将来不确定的获利可能性；这是金融衍生品与一般金融合同不同的地方。一般金融合同如贷款合同的获利虽然同样不确定，但是道德风险与反向选择作用下可以促使金融机构谨慎并较平等对待交易相对人，可是金融衍生品的风险时既然有诸多前提，只有金融机构能够掌握较多的信息，能够较佳判断未来是否获利。消费者无从判断是否获利下，金融机构肩负说明义务能够促进消费者承担自我责任。为达目标，金融机构的说明必须能使一般程度的消费者能够理解，说明内容必须包括交易的重要事项。

该法第三条第一项认为：①对于金融衍生品可能因为利息通货价格或其他有价证券市场行情变动导致的本金亏损，必须告知变动内容与观察指标。②期待获利不能的可能情况。③金融机构或交易相关人的业务与财务发生变化导致的本金亏损时，其原因与当事人责任。④与交易有关的法律发生变更为足以影响消费者判断的重要事项，并有可能导致本金亏损的内容与事由。⑤行使金融衍生品确定的权利的解除或限制条件。要注意，没有说明重要事项除了全部没说明也含只说明一部分的情形；另外，该法仅以对本金的亏损作为损害赔偿额度，说明未尽说明义务只对消费者的固有利益有损害。

由以上对日本《金融商品贩卖法》的分析，我们明白日本的信息说明义务必须达到其说明的程度足以使投资人对金融衍生品有正确的认识，对该金融衍生品的风险有正确认知；使投资人对金融机构的信赖因为信息地位平等后

① 杜怡静：《金融证券服务业之信息义务》，载《月旦法学》第126期，台北元照出版社2005年版，第8页。

有助交易公正性与透明化，更有助金融市场的稳定与发展。

（二）修正投资适当性的判断标准

投资人保护是证券交易的重要目的，即使是场外市场的交易也应该列入保护。信息披露既然是重要的保护投资手段，自然需要金融机构的配合。从事场外市场的衍生品的金融机构，除了承担金融衍生品的信息披露义务之外，更有其设计销售的商品适不适合投资人的问题①，这就是投资适当性问题。

为什么我们必须讨论这个问题？由于现代金融机构业务竞争激烈，过度金融与过度营销让投资人即使购买信息无误的金融衍生品，却不见得满足投资人的需求。投资人为了避险与投资购买衍生品，他所购买的金融衍生品不仅要使单笔交易利益最大化，更需要降低其财务风险。如果商品不能同时满足需求，对信赖金融机构的投资人来说，伤害的不仅是信赖利益，更伤害了他对金融机构专业度的信任。我们的结论是为了维护金融机构与客户的隐性利益，我们对投资人的保护必须延伸到投资的“进场阶段”，不是仅仅单纯提供投资人正确的商品信息，更要提供适合的商品，以起到鼓励场外市场交易的目的②。

场外市场衍生品是否以投资适当性要求金融机构负起相当的注意义务是一个争议的问题。根据美国文献与法院案例，目前投资适当性的适用范围仅局限于与有价证券有关的场内交易的衍生品③。这是因为投资人并未依赖交易商或证券商的行为而做出产生损害的投资决定；或者交易商或证券商并未

---

① 一般文献讨论投资保护时，通常只针对信息披露讨论，所以焦点都在证券发行或交易时的信息地位平等，以及加强公司治理来预防内部人不正当行为套利或影响市场交易；但是保护投资人的经济利益不能只着眼投资人购买信息无误的金融商品，更应保证其接受的金融服务是善良的，正当的获利，所以我们在第二章提到的案例的诉讼过程，都有投资适合性的讨论。不过在衍生品领域里与投资适合性有关的文献相对较少。

② 参见林仁光：《论证券业对客户信息揭露之规范》，载《月旦法学》第 126 期，台北元照出版社 2005 年版，第 31 - 47 页。

③ See Willa E. Gibson, Investors, Look before You Leap: The Suitability Doctrine Is not Suitable for OTC Derivatives Dealers, 29 *Loy, U. Chi. L. J.* 527,528 - 532(1998).

控制投资人的账户[①]。但是在 Puglisi 案中，英国法院确立金融机构一旦响应客户需求做出投资建议或说明，就必须清楚而完整的说明商品，因为面对复杂的金融衍生品，不论经验丰富与否，投资人都依赖金融机构的专业意见[②]。两者的差异不在金融机构主动说明与否而是案件涉及的金融衍生品不同。因为复杂的金融衍生品需要有较详细的说明，这种对信息的控制力并不弱于对账户的控制力，于是弱势的客户既然让金融机构察明其的财务需要与财务状况，减少金融机构销售金融衍生品的信用风险与操作风险，金融机构也有义务让客户免于过度营销的恶果[③]。

投资适当性与风险披露同为现代金融服务控制交易风险的标准作业程序。我们回顾投资适当性的发展过程，这种执行业务上的义务不是法律规范的金融交易从义务。美国证券业者在推介特定投资商品时必须谨慎评估客户的确需要这样的商品，美国全国证券业协会的自律规则表明推介金融衍生品时，金融机构或其业务代理人未遵循自律规则推介符合投资适当性的金融衍生品，证券商与财务顾问可能受到自律组织的惩罚[④]。美国全国证券业协会提出检视投资适当性的标准为必须针对客户的财务状况投资经验与知识及其持有的其他有价证券或投资商品与推介商品间的相关风险因素，综合判断推介适合的商品。

自律组织的规范也被行政监管机关和法院接受，认为投资适当性原理暗

---

① See Norman S. Poser, Liability of Broker-Dealer for Unsuitable Recommendations to Institutional Investors, *B.Y.U. L. Rev.* 1493,1495,1520-1524(2001).

② Rasiah Gengatharen, *Derivatives Law and Regulation*, Kluwer Law International 116(2001).

③ Robert H. Mundhiem, Professional Responsibilities of Broker-Dealer: The Suitability Doctrine, *Duke L. J.* 445,449(1965).

④ NASD Manual, Conduct Rule 2310. Recommendations to Customers (Suitability): "(a) In recommending to a customer the purchase, sale or exchange of any security, a member shall have reasonable grounds for believing that the recommendation is suitable for such customer upon the basis of the facts, if any, disclosed by such customer as to his other security holdings and as to his financial situation and needs.".

合证券法的监管理论①。美国证券交易委员会以行政规范确定该原则②;法院以判决转变对证券商和交易商的责任归因,原本以证券欺诈转由投资适当性支持投资人的民事赔偿③。在美国第十巡回上诉法院与第二巡回上诉法院确立投资适当性的案例④里发展的"控制理论"⑤与"不实陈述理论"⑥说明金融机构的投资适当性审查是金融衍生品交易的从义务。

检验前面提到的三个案例,这些法院意见书或判决显示法院认为金融机构销售互换商品时的建议受投资适当性的约束,但是风险预告书因为无从判断客户是否具备专业知识所以不受其约束。如本节所述,当金融衍生品更加复杂时可以认定客户对金融机构确实存在一定的依赖,金融机构必须负起投资适当性审查的义务。因此,这种义务可以平衡当事人的信息地位。

(三)以计算机技术降低取得正确信息的成本

自由市场中的投资人中,只有假设参与者具有同等程度的理性行为,才能计算可能的交易风险,他必须掌握足够的信息以证明是理性的公平交易,正确信息对交易者而言是理性的担保,使他相信市场及市场参与者是理性的。

由于金融衍生品与基础金融衍生品不同在于投资人买了金融衍生品只购

---

① 林仁光:《论证券业对客户信息揭露之规范》,载《月旦法学》第126期,台北元照出版社2005年版,第43页。

② Louis Loss & Joel Seligman, *Fundamentals of Securities Regulation* 900 (3d ed.), 1995.

③ See David C. Sienko, The Aftermath of Derivatives Losses: Can Sophisticated Investors Invoke the Suitability Doctrine against Dealers under Current Law? 8 *Depaul Bus. L. J.*, 105(1995).

④ O'Connorr v. R. F. Lafferty, 965 F. 2d 893 (10th Cir. 1992), Brown v. E. F. Hutton, 991 F. 2d 1020 (2nd Cir. 1993).

⑤ 控制理论认为投资人要提起投资适合性的诉讼,必须符合以下几点:"①证券经纪商或投资顾问在推介有价证券为客户的投资标的或为客户全权委托的账户买进的有价证券,并不适合客户的投资目的;②证券经纪商或投资顾问在推介或买进有价证券等投资标的时,意图欺诈或因重大过失而漠视客户的权益;③证券经纪商或投资顾问控制了客户的账户。"

⑥ 不实陈述理论认为投资人要提起投资适合性的诉讼,必须符合以下几点:"①购买的有价证券不符合客户需要;②证券经纪商或投资顾问知悉或可以合理地判断该有价证券并不符合客户的投资需求;③虽然证券经纪商或投资顾问知悉或可以合理判断该有价证券并不符合客户的投资需求,但仍然建议投资或购买;④证券经纪商或投资顾问对顾客有信息披露义务,在知情下对于投资适合性做虚伪或隐讳的陈述;⑤客户因合理信赖证券经纪商或投资顾问的欺诈行为而产生投资损害。"

买了风险价值，放弃投资短期内几乎不波动的基础价值。这种投资策略面对没有基础价值作为缓冲的衍生品价格波动时，承担比基础金融衍生品价格波动更大的损失风险①。不过不同主体掌握金融商品或金融模型的知识所需的成本不同。在相关文献与规范文件均假设非经常交易的小客户没有能力负担信息成本，他们没有办法以相同成本从独立管道获得大型机构相同的信息水平或分析报告；因此，利用计算机科技降低交易商或经纪商的信息成本，提高金融机构自愿分享信息的意愿，成为一种必要的新趋势。因为交易商与经纪商利用计算机得出的数学模型能够直观地呈现一定条件下的风险，较能说明商品可能的获利与损失，有效地履行风险告知与信息披露义务。

目前监管者要求金融机构提供产品的风险评估书或交易合同，应清楚公正并且不能误导客户，但是不同文件的尺度不同，其中传达出来的信息量也不同。以我国台湾地区为例，银行办理金融衍生品的推广文件资料仅需以清楚、公正及不误导客户的方式，让客户适当及确实了解产品所涉风险②。但是银行推广复杂的衍生品的风险披露包括交易条件、涉及的主要风险与内容、如何达成设定的收益、以年报酬率量化可能的最大损失、列表量化在不同风险预设下的可能损益、明显方式说明保本比率③。

---

① 参见第十五章金融衍生工具及其风险，载[美]克利夫德. E. 凯尔什主编：《金融服务业的革命》，刘怡、陶恒等译，西南财经大学出版社 2004 年版，第 278－279 页。

② 台湾地区《银行从事衍生性金融商品交易应注意事项》第十六点（银行办理衍生性金融商品业务与客户权益有关之应遵循事项）：“银行办理衍生性金融商品业务之推广文宣应清楚公正及不误导客户让客户适当及确实了解产品所涉风险，并应订定向客户交付商品说明书及风险预告书之作业程序；对机构投资人以外之销售对象应由客户声明银行已派人解说，且在各项产品说明书及风险预告书上具签确认；前项风险预告书应于明显处充分揭露各种风险，并应将最大之风险或损失以粗黑字体提示，惟银行与金融同业交易者，因其应具相当金融专业认知，得不提供风险预告书；银行办理衍生性金融商品业务应制定了解客户制度，并应确实了解客户之财务状况、投资经验、投资需求及承担潜在亏损的能力等特性及交易该项衍生性金融商品的适当性。”

③ 台湾地区《银行从事衍生性金融商品交易应注意事项》第十八点：“银行办理结购型商品，对客户风险揭露之交易契约及相关文件内容，应至少包括：交易条件；商品之所涉主要风险之性质与内容，如流动性风险、汇兑风险、利率风险、税赋风险及提前解约风险等；说明达成银行所承诺收益率之来源及方式；以年报酬率揭露，说明商品之可能最大损失及列表量化在不同情境下之可能损益；应以明显之粗黑字体于契约名称下列示保本比率；如遇交易纠纷情形时，客户之申诉管道。”

尽管不同交易阶段有不同范围的信息披露要求，信息披露与投资适当性的重点都在于净收益与风险的精准度，投资人与监管者需要稳定的评估工具，来检验金融机构是否适宜地说明复杂的金融商品的风险与收益。金融商品的净风险与风险指标精确反映金融机构的专业程度与其对投资人利益的保护（投资适当性），投资人需要金融机构使用简单并且完整的说明方式与准确衡量风险的测量工具。同时，这个让投资人信任的测量工具提供了信息披露水平也提供金融机构的营运成本，既然营运成本势必移转到投资人头上，选择的测量工具还需平衡投资价值与取得信息的成本。

第四节　金融衍生品市场及其高风险的法律规制

当今，金融衍生品的迅速发展已成为国际金融衍生品市场发展的重要特征，而与金融衍生品交易相关的一系列金融风波，如英国巴林银行倒闭、日本大和银行事件等，则不断警示监管机构应该强化监管。对金融衍生品市场的监管，已成为国际金融组织和各国监管当局高度重视的重要问题。

一、金融衍生品市场及其高风险规制的必要性

美国早在 1984 年就开始研究有关金融衍生品市场监管的问题，随着近年来一系列与金融衍生品市场交易联系在一起的触目惊心的事件的发生，人们对金融衍生品市场的高风险及其对于国际金融市场稳定的潜在威胁有了越来越深刻的认识，加强对金融衍生品市场的风险控制和监管已越来越成为国际金融界和各国监管当局的共识。

巴塞尔银行监管委员会认为，金融衍生品市场的风险控制应当从风险监督制度和保证风险管理过程两个方面着手。从以往金融衍生品市场引发的金融风波中，我们可以看到，风险控制制度不完善以及监管不到位，是交易者敢于胆大妄为、冒险一搏的制度原因，而金融市场的系统性风险并不是这些金融

风波的直接原因。

完善风险监督法律制度，首先要求在交易所层面要加强风险管理，建立一系列法律法规和规章制度，严格实施各种有效的风险管理措施。这些法律法规和规章制度至少应该包括交易者的资格审查、持仓限额、建立涨跌停板制、严格保证金要求、加强风险披露与警示等。这些法律法规和规章制度的作用是使交易商和投资人的金融衍生交易行为受到严格的管理和制度约束，有效控制交易风险和盲目投机行为。其次，在机构投资人层面，健全风险监督制度要求整个投资机构加强自身的风险控制制度的建立，通过设立内部稽核机构、规定交易员的最大权限和审批程序；通过电脑程序的设定，锁定交易员在衍生金融交易中所能动用资金的最高限额；规定交易前全面评估风险的程序；规定交易员必须及时向管理层汇报金融衍生品市场投资情况等来操作。此外，在健全风险监督制度的基础上，必须建立完整的风险管理控制机制，保证风险管理过程的实施。完整的风险管理控制机制应包括：一个由高层管理人员监管的整体架构；独立的风险管理和风险对策；对财务状况的随时监管。除上述投资机构内部的风险管理控制外，交易所和结算公司必须要求投资人和经纪商签订风险协议，建立投资人持仓情况的跟踪监控系统，对超额持仓实行强制平仓。通过强化内部风险管理，建立起稳定和持续有效的金融衍生品交易风险监管管理机制。

二、金融衍生品市场风险规制的层次性

根据历史经验，对金融衍生品市场风险的规制应包括四个层次，通过综合方式来控制风险。

（一）对投资人层面的规制

在投资人层次上，应加强风险揭示，必须使投资人充分理解金融衍生品市场的功能和风险。这一点非常重要，因为金融衍生品市场非常复杂，作为金融衍生品市场的投资人只有在充分了解投资产品的基础上，才能理性地作出决

策。否则很容易被金融衍生品市场的高收益所吸引，而看不到其内含的高风险。监管机构应要求中介机构向其客户投资人解释金融衍生品市场的特点，保证投资人对所投资的金融衍生品有充分地了解和理解。中介机构应在与客户签订合同时订立风险揭示声明，加强投资人的风险意识。

（二）对交易商层面的规制

交易商应首先了解投资人的财务状况和要求，看其是否适合某一类金融衍生品投资或金融交易，不向不适合的投资人提供金融衍生品。这个层次只能在理论上发挥作用，因为虽然交易商对投资人的评价和选择可以避免严厉的监管措施的实行，但是出于对利益的角逐，一些交易商往往会将风险抛之脑后。而且，金融衍生品市场的交易是在平等主体之间进行，在没有法律明文规定的情况下，如果交易商对中小投资人加以拒绝，可能会有其他的一些法律问题，如对于国内投资人，则可能构成违反平等人权；对于国外投资人，可能构成歧视性待遇，违反国民待遇或最惠国待遇等等。

（三）对市场层面的规制

市场层次应包括改善法制环境，提高信息披露程度、加强市场基础建设、协调和合作。因为在这个层面，如果还不能及时发现潜在的系统性风险，将会给经济造成非常大的损失，甚至是市场崩溃，投资人丧失信心。虽然对金融衍生品市场的交易要求更严格的信息披露标准是适当的，但这却是一个令人棘手的问题，在披露什么、向谁披露、多长时间披露一次等问题上还没有达成一致。在市场间的协调和合作方面，保证金的双向连接等方面，已为国际证券业监督委员和国际清算银行所推荐。

（四）对国际合作层面的规制

在经济全球化和金融全球化的今天，随着信息手段的高速发展，各个金融市场的关联性加强了，金融的传导效应加快了，单单依靠某一国家或地区的监管机构是无法控制潜在的系统性风险的。巴林银行的破产说明，监管机构和交易所的合作应加强，对业务范围超出一个国家或地区的交易商加以监管。

1995年6月，由全球17个期货即期权市场的监管机构联合发表的“温德索宣言”（Windor Declaration）对跨市场加以行为的国际合作提出了重要倡议。在国际合作层面，金融衍生品市场的监管以巴塞尔委员会的建议较为权威。

综上，我们认为，金融衍生品市场的监管基础在于信息的披露。信息的披露要解决什么信息要披露、向谁披露和披露的标准等问题。金融衍生市场都记录在表外科目，这是金融衍生市场监管的一大难点，披露什么信息就是要解决这一问题。具体需要披露的信息在前文诸多监管文件中都已论及。一般金融衍生品市场的交易活动应向各国的监管机构披露，至于是否向社会公开要视情况而定。披露的标准要解决披露的时间和规则问题。因为金融衍生市场对证券的价格变化相当敏感，金融衍生品的资本价值能在瞬间发生大幅度的变化，这是金融衍生市场监管的另一难点。同时披露需要统一的和合适的会计准则，否则无法评估风险。如在美国金融会计标准委员会1994年发布新的会计准则以前，FAS第80号适用于期货但不适用于远期合同①，而一般金融衍生市场都涉及不同种类金融衍生市场。

三、金融衍生品市场及其高风险的基本监管模式

（一）对场内交易市场的监管

所谓场内交易市场，是指在有组织的交易所内进行金融衍生品集中交易的市场，如英国伦敦国际金融期货交易所、日本东京股票交易所、美国芝加哥期货交易所等，各类金融期货（利率、外汇、证券和股指期货）及金融期权（利率、外汇、股票和股指期权）交易基本上都在场内交易。目前世界各地专门从事金融衍生品交易的场内市场很多，其交易项目、交易方式不尽相同，法律规范也有所区别，但大多数场内交易市场的模式均仿照美国。美国对本国场内金融衍生品交易市场实行三级监管模式，即由政府监管、行业自律和交易所管

① 国际货币基金组织：《国际资本市场发展、前景和政策》，中国金融出版社1997年，第149页。

理三级监管及严密的结算制度组成的有机体制。

1. 政府监管

一方面，国家通过不断的立法，将国家监管机构、行业自律组织和期货交易所的设立、地位与职能等纳入国家法律管理框架，并对场内金融衍生品交易制定详细的规范；另一方面，政府监管机构被赋予相当大的监管职责和权力。在政府监管方面，美国属专职分离型职能监管体制模式，即专设有商品期货交易委员会[①]和证券交易委员会两个相互独立的管理机构，分别管理期货市场和证券市场，并分工管理期权市场。根据美国 1974 年《商品期货交易委员会法》和 1978 年《期货交易法》，美国证券交易委员会负责管理在美国证券交易所上市的任何证券期货、证券指数期货或外汇期货及期权交易活动，证券交易委员会管辖以外的期货期权交易，均由美国商品期货交易委员会管辖。证券交易委员会和商品期货交易委员会直接对国会负责，拥有独立的决策权，完全独立于一般行政部门之外。除行政执行权之外，还具有准立法权和准司法权。这两个委员会只是在管理金融衍生品交易的品种方面有所区别，在基本职能上是相同的。

美国商品期货交易委员会和证券交易委员会主要是通过采取下列措施来执行其基本职能的：①审批可进入金融衍生品市场的交易品种，决定某交易所可经营的金融合同的种类。②批准交易所的开办以及会员、经纪人资格，批准和确认各交易所的节程和业务行为规范标准细则，并对金融衍生品市场的中介——交易所和经纪人进行严格监督。③分析、检查市场交易秩序，防止垄断、操纵行为以避免因价格暴涨暴跌致使市场交易秩序混乱的现象产生。例如，限制交易规模和法定价格等。这些措施使金融衍生品市场的主体——金

① 商品期货交易委员会的基本职能是：①负责管理、监督和指导各经营金融衍生业务的交易所及行业组织的活动。②制定与金融衍生交易有关的各项交易法规。③管理金融衍生工具市场的各种商业组织、金融机构和个人投资者所进行的全部交易活动。④审批各种交易机构提出的申请。⑤对违反交易法规和国家有关法律的机构和个人进行行政处罚或追究民事、刑事责任。

融衍生品交易双方的买卖活动处于政府的监管之中。这种政府监管模式也有一定的缺点，就是它需要明确两个部门的职责分工，特别是要明确证券指数期货管辖权的分工，由此引发了证券交易委员会和商品期货交易委员会之间旷日持久的权力争斗。尤其是当1974年的《商品期货交易委员会法》将商品的定义扩大到包括货物、服务以及利益之后，赋予了美国商品期货交易委员会对所有商品期货的排他管辖权。因此对于以证券作为基础资产的金融衍生品的管辖权归属自然成为美国证券交易委员会与美国商品期货交易委员会的争议焦点，这主要源于立法上对商品和证券概念区分的模糊。同时随着金融衍生品的创新发展，新型金融衍生品对期货、证券的不断融合也使问题更加复杂，职权划分的模糊也使争议的矛盾更加激烈。为了解决两机构的管辖权冲突，最终形成了《夏德-约翰逊协议》，确定通过目标测试(Goals Test)的方法来区别混合衍生品的管辖权，即以市场和产品的功能为基础进行确定。同时，为了保证市场间信息沟通的顺畅，美国证券交易委员会和美国商品期货交易委员会专门建立了市场间监视组织、跨市场财务监管组织、衍生性商品政策组织、金融产品咨询委员会等，有利于跨市场信息的沟通和共享①。

次贷危机后，美国的监管机构针对场外金融衍生品交易市场存在的问题，政府监管机构之间进一步加强了深度合作。2008年11月，联邦储备理事会、美国证券交易委员会、美国商品期货交易委员会针对信用违约互换的中央清算机构，联合签署了一项谅解备忘录②，具体内容包括建立针对中央清算机构的一致监管原则、相互提供信息、建立固定联系人制度、共享信息的合法使用及保密等。

为了避免各相关政府监管机构之间的矛盾和冲突，一些国家或地区采用

① 参见王春峰、卢涛、房振明：《股票、股指期货跨市场信息监管的国际比较与借鉴》，载《国际金融研究》2008年第3期。

② Memorandum of Understanding Between The FRB, CFTC, SEC Regarding Central Counterparties for Credit Default Swaps, http://treas.gov/press/releases/hp1272.htm.

了专职复合型职能监管模式，即证券市场、期货市场由统一的行政机构监管，如我国香港的证券与期货管理委员会、新加坡的金融管理局、韩国的调达厅、法国的财经预算部等均既管理期货市场又管理证券市场。

2. 行业自律组织的管理

对场内金融衍生品交易更注重自律监管的以英国为典型代表，其主要特点是国家相关立法较少，政府监管机构的职能在很大程度上被弱化。英国1986年颁布的《金融服务法》，确立了法定框架下的自律监管模式。在自律监管的内部设置上，多数国家注重行业协会与交易所的一线监管，建立了政府监管、行业协会和交易所的三级监管体制。但也有些国家如新加坡、澳大利亚等由于地域范围等方面的原因，形成了独特的政府监管与交易所自律的二级监管体制①。行业自律组织在美国金融衍生品交易市场的管理体系中处于中间地位。其主要以“协会”或“联合体”的形式出现，并以“行业自治、协调和自我管理”方式行使职权。如期货业的自律职能由全国期货业协会(NFA)担当，其根据1974年《商品期货交易委员会法》对期货业的授权而成立，并于1981年9月22日正式被美国商品期货交易委员会批准为全国期货行业民间自治组织。相近的，证券经纪商和交易商的自律职能由处于美国证券交易委员会监管之下的全国证券交易商协会担当。行业自律组织的特点主要表现为自治性、广泛性和行业性。

行业自律组织对金融衍生品交易管理的基本职能是：①宣传传达国家的相关法规和规章制度，并为国家各监督机关提供各交易所的运作和市场交易情况。②强化金融衍生品交易会员的职业道德标准和统一的行为规范，保护投资人合法权益，严格禁止欺诈、操纵价格等不正当交易行为。③定期审查专业交易人员的执业资格。④裁决投资人与会员、会员与会员之间的纠纷，向会

① 参见熊玉莲：《场内金融衍生产品的法律监管——来自发达国家的经验与启示》，载《江西社会科学》2010年第1期。

员及公众普及金融衍生品知识和规则，以使公众准确识别交易中的欺诈行为，约束交易者的非法活动。

3. 交易所自我监管

从法律角度看，交易所是金融衍生品交易法律关系的核心，交易所为金融衍生品交易市场参与者提供了交易场所，并以金融衍生品交易活动的担保者身份维系市场运作，从而具有对金融衍生品交易市场进行监管的职能或权限。不仅如此，交易所监管的必要性更在于交易所内集中了大量的风险而需要监管、金融衍生品交易交易所拥有的对金融衍生品交易的独占权和现有体系下交易所监管能够弥补政府监管不足。交易所必须在遵守有关法规条例、自觉接受政府监管基础上开展业务。它对交易所内的衍生品交易活动行使监督、管理职能，以保证交易活动的正常进行。

从国际上交易所的历史发展来看，交易所监管权力最早的法律渊源是签订的契约。在没有政府法定监管之前，交易所已经存在并长期运作。例如英国的期货市场发展已经有一百多年，但直到20世纪80年代中后期，英国才建立起较为完善的期货监管体系。而在政府进行监管之前，期货交易所进行监管主要依靠交易所会员将特定的权力通过契约的方式让渡给期货交易所行使[①]。科尔曼说“法人参与者最终从自然人那里获得进行的资源，包括‘自然人’在内，这些人为了追求共同目标，把他们的资源结合起来，从而建立团体和组织这样的新的集体资源”[②]。随着政府对金融交易干预的强化，法律对交易所设立及其权限的规定成为交易所获得监管权力的前提。为了规范交易所对金融衍生品交易市场以及金融衍生品市场参与主体的自律监管行为，保护投资者的权益和建立规范化的金融衍生品市场，法律规定了金融衍生品交易所可以对何种主体以及何种行为进行监管的范围。在交易所的自律监管权中，

① 参见吴益斌：《股指期货的期货交易所监管机制研究》，厦门大学2009年硕士学位论文，第9－10页。

② 转引自[美]丹尼斯·郎：《权力论》，中国社会科学出版社2001年版，第164页。

有一部分权力还来自于政府期货监管机构的授权。在法律规定的范围内，政府期货监管机构可以将本应由其行使的一部分监管权力授予市场自律监管主体行使。

在交易所实施自我监管的组织结构方面，美国经营金融衍生业务的交易所主要由三个部分组成：①交易所董事会。交易所董事会是全美各交易所最高权力机构，由交易所会员大会选举产生。其主要职能是确定各交易所的重大经营方针和政策，审批交易所内部的各项管理和交易规则，处理交易所会员之间的各种纠纷。②交易所专业委员会。其主要职责是监督各交易所会员在交易场内的交易活动和经营情况，以确保交易所的规节不受侵犯；防止操纵行为的发生；监督合同的执行和监督会员公司的财务活动；确保规节制度的顺利执行。③交易所具体职能部门。主要包括交易部、信息部、研究部、结算部等。

作为美国金融衍生品市场最基本的管理与执行机构，各交易所制定和实行其规则，包括对经纪商的最低资金限额要求、交易记录、会员和结算会员资格、交易部位限制(最大交易量)及每日价格涨跌停板额、价格报告制度、实际交易程序、内部惩罚程序等。交易所的活动受证券交易委员会或商品期货交易委员会的监管，其规则也必须经过证券交易委员会或商品期货交易委员会的批准。

为保障交易所买卖活动的顺利进行，美国交易所自律系统实行以下几方面的措施：①检查会员资格，监督会员的业务活动。②监督交易场内的一切交易活动，以及交易品种、数量、规格和价格水平，防止垄断，保证交易在公平竞争的条件下进行。③制订本交易所的规节制度和业务惯例及细则，经有关部门批准后成为监督和管理交易所内部交易活动的行为准则。④检查经纪人或会员的资本金是否充足，监督其是否多收客户佣金或代理超出其资金能力的过量交易。⑤对违节或违法的交易会员进行相应的行政处罚及提起刑事诉讼，并通过仲裁方式解决交易活动中出现的纠纷。

（二）对场外交易市场的监管

场外交易，是指在交易所以外进行的交易。场外交易是在众多的金融机构、中间商和千千万万顾客之间，通过个别磋商而进行的、无形、组织松散的交易。与场内交易的金融衍生品不同，场外交易的金融衍生品多是交易商根据不同客户的特殊需要而“特制”的，其合同要件往往各不相同，而且也不像交易所内的金融衍生品交易那样实行保证金制度及通过指定的清算机构来进行有关交易的最终结算。场外金融衍生品交易商，包括大银行的分支机构、证券公司、保险公司以及其他私人交易者。新近发展的大量金融衍生品，大多在场外市场交易。

在美国，对这些场外交易商的监管归属，取决于两方面的因素：该金融衍生品之类型及该机构之性质。如属证券公司或期货委员会交易商或进行的是与期货、证券相关的场外金融衍生品交易，仍由美国证券交易委员会或商品期货交易委员会进行监管，而对于进行外汇和利率方面场外金融衍生品交易合同交易的银行，就由美国财政部货币监理局(有些情况下为联邦储备委员会或州银行监管机构)监管。由于银行位置的特殊性，其在各类场外交易商中所受的监管是最严格的，必须遵守资本要求、“杠杆商品”使用限制以及各种信息披露和反欺诈要求。联邦储备委员会亦有一套单独的监管规则，州“蓝天法”也可能对其加以规制。

对于从事金融衍生品交易的保险公司及其分支机构，美国联邦一级没有相关监管法规，而交由各州的保险委员会监管。但许多州对保险公司从事金融衍生品业务的分支机构既不作检查也无资本要求，对其报告要求也仅限于从其母公司处获得合并财务报表，而没有对金融衍生品交易的单独财务要求。当然，各州的保险法规在对此类机构使用的投资商品范围及投资策略方面仍有严格限制。

上述这些机构之间的界限并不总是一清二楚的，在金融自由化的浪潮下，其区分越加模糊，所以，有时要从各金融衍生品合同的特定条文来判定其应处于何种机构管辖之下。

此外，美国的联邦会计准则委员会(FASB)、民间评级机构(穆迪公司、标准普尔公司等)及行业协会也在其中担当着非常重要的准监管角色。与场内交易监管一样,对场外交易市场,各行业协会同样也在监管机构和各公司之间充当中介作用。联邦会计准则委员会作为美国会计业协会组织,则通过订立各类指南解决产生于金融衍生品分类的会计问题,各会计师事务所依据指南开展相关业务。而那些在评估信用事务方面具有悠久历史和丰富经验的民间评级机构,则负责对所有机构推出的金融衍生品予以信用评级。评级需要先对该机构的财务报表作详细检查,并对该机构运作中所有风险加以评估(摩根士丹利、所罗门兄弟等公司的金融衍生品就因获得 AAA 的评级而销售行情颇好)。民间评级机构这一职能的发挥对保护整个金融体系的完整性起了重要的作用。

近年来,美国拟加强对金融衍生品的场外监管。作为更广层面的金融体系改革的一部分,美国继续推进其监管金融衍生品的计划。奥巴马政府表示,加大对金融衍生品的场外交易监管,是改革美国金融监管基础之综合性计划的关键组成。奥巴马政府计划将授权美国商品期货交易委员会和美国证券交易委员会监管场外交易金融衍生品。奥巴马政府要求标准化的场外交易金融衍生品通过受监管的中央对手方(CCP)进行清算,而更为特别的衍生品则将被报告至一个受监管的交易库,并将受到更高的资本标准限制。

标准化的场外交易金融衍生合同将被移至受监管的交易所或受监管的 OTC 衍生品电子交易系统。该计划称,这些产品将受"更高的保证金要求"约束,并加强对这些产品的记录保持和报告规定要求。此外,该计划将要求对冲基金和其他私人资本池在美国证券交易委员会注册,以令当局得以检查基金的演化过程并确定其规模是否已过于庞大、过于杠杆化或过于互相关联。该计划也将建立一个金融服务监管委员会(Financial Services Oversight Council),由美国财政部领导,以填补对更大范围的金融市场的监管漏洞。该委员会的成员将包括美国商品期货交易委员会、美国证券交易委员会、美联储、国家银行监管局(NationalBankSupervisor)、美国联邦存款保险公司(FederalDeposit Insurance Corporation)、美国联邦住房融资机构(FederalHousingFinance Agency)和新成立的个人消费者金融保护局(Consumer Financial Protection Agency)的负责人①。该计划并没有要求合并美国商品期货交易委员会和美国证券交易委员会,而是将促进两个机构之间更为紧密的合作。

但总体而言,对于场外交易市场,国际上一直没有十分有效的措施加以监管,管制较少正是场外市场飞速发展的主要原因,其市场的急剧扩大,使加强监管的必要性大大增加。

四、各国金融衍生品市场及其高风险法律规制

金融衍生品品种和交易规模不断扩展,交易风险频频发生,原有的法律、规定和监管体系难以适应复杂的金融衍生品发展,这必然使金融衍生品市场的上层建筑——有关的管理规节和法律也逐渐得到重构和完善。本节着重考察国际社会对金融衍生品交易监管法制的新发展,并对其发展前景加以展望。

(一) 美国对金融衍生品市场监管新近采取的法律措施

崇尚自由经济的西方诸国对金融衍生品一开始都持既不扶持也不限制的态度,美国亦是如此,美联储主席格林斯潘曾公开表示,没有必要通过专门的立法来加强对金融衍生品的规范和管理。面对金融衍生品交易事件的不断发生和风险的日益加大,美国国会曾于 1993 年先后提出了四个严格限制金融衍生品交易的法案,从经营主体、监管机构、交易条件、管理方法等各方面提出具体措施,但未获通过。美国国会于 1994 年 5 月 18 日发表研究报告说:“很不规范的金融衍生品……正威胁着全球金融体系”,呼吁对全球金融衍生品市场进行国际监管;负责起草报告的会计总署(GAO)还建议,由美国证券交易委员会对金融衍生品进行监管,并成立一个机构间委员会,制定联邦金融监督官员监管金融衍生品活动的原则和标准,报告一出台就遭到华尔街的一片反对②。

---

① 参见普氏能源资讯:《美强化能源交易场外监管》,载《上海证券报》2009 年 6 月 25 日 A4 版。

② 徐冬根主编:《国际金融法律与实务研究》,上海财经大学出版社 2000 年版,第 423 页。

1995年2月英国巴林银行事件发生后,美国学术界和公众舆论对金融衍生品的副作用和危害性有了进一步的认识。在此之前,尽管人们认识到金融衍生品的副作用可能会很大,但由于发生亏损的只是企业和地方政府,而非金融机构本身,因此,人们倾向于认为,金融衍生品虽有很大的风险,但这只是一种管理风险,其所具危害也只是对个别不谨慎的企业或政府机构而言的,它对整个金融体系不构成威胁。如果金融机构提供足够的信息,客户谨慎从事,金融衍生品不会酿成大祸。纽约联储的指令从一定程度上反映了这种认识。巴林银行事件以后,人们对金融衍生品可能导致的金融系统风险有了警觉,因为银行不同于一般性的企业,银行是金融体系的核心,是整个经济赖以正常运转的支付体系的支柱,一旦有大银行因金融衍生品交易损失而破产倒闭,整个金融体系所受到的冲击将是巨大的。因此,美国国会现正在酝酿立法,禁止银行用客户的存款资金从事金融衍生品交易。美联储也正式向主要市场管理者如全国证券协会、纽约清算所协会、纽约联邦储备银行外汇交易所发出《批发交易指令案》,以增加场外交易的透明度,规范交易双方的责、权、利。美国联邦储备委员会和财政部货币监管局还试图进一步提高美国银行的资本比例以增强银行的抗风险能力。目前美国银行资本的平均比率是12%,已大大超过巴塞尔协议的规定,但这一比率会进一步提高已是必然的趋势。

同年,美国负责督导全国各大银行金融衍生品交易的美国金融检查署,公布了金融检查官员监督银行从事金融衍生品交易的详尽检查程序。目前,在美国金融检查署管辖的3 300家银行中,从事金融衍生品交易的约350家全国性银行,都将依新公布的《金融衍生品风险管理》手册接受检查。该手册公布了金融衍生品交易的资本要求、风险限度和检查范围,成为金融检查人员的行动准则。

美国证券交易委员会也于1995年作出一项新的规定,要求所有从事金融衍生品交易的公司、银行必须在其年度财务报告中揭示本公司所持有的有关金融衍生品交易合同的数量和风险状况,并向持股人作出明确的公布和说明。这样要求的目的是杜绝以前普遍存在的公司不向股东报告衍生品交易情况,股东无法对这部分交易进行监控的现象，从而加强对交易者的财务控制，减少潜在风险。美国华尔街六大经纪公司(包括:CS第一波士顿公司、雷曼兄弟公司、高盛公司、美林公司、摩根·斯坦利公司和所罗门兄弟公司)是美国金融衍生品市场的主要交易商，他们于1995年3月9日推出了一项自律性管理措施。这一风险管理新措施主要包括以下内容:第一，各经纪公司每季度向证券交易委员会和商品期货交易委员会汇报工作，说明公司在衍生品交易中可能遇到的危险程度;第二，各公司采用一些特殊措施使主管经理能够控制和测试交易风险，其中一项是利用外部审计方式;第三，各公司卖出衍生品时，必须采取一套固定程序，明确告知投资人衍生性产品交易的风险，并评估金融衍生市场对公司资本的影响。美国证券交易委员会主席莱维特称上述措施是规范金融衍生市场的“一个良好开端”，并希望其他金融主管部门采取类似的措施。

与证券交易委员会的规定相适应，美国的有关会计准则也作了一些修正，以适应揭示金融衍生品交易风险、增加交易透明度的要求。其新颁布的第115号、119号《财务会计准则》基本思想是:

首先，为克服原有信息披露制度的缺陷，新《准则》首要的任务就是要将金融衍生品交易表内化，为此，新准则对原有的资产与负债的有关定义进行了修改，使之能够涵盖更为广泛的金融资产与金融负债。

其次，为了便于投资人充分了解其投资企业所从事的金融衍生品交易，尤其是为了便于区分不同目的和性质的衍生品交易，《准则》将企业所持有的衍生性金融资产(负债)按不同的交易目的而划分为三类，即长期持有或持有至到期日(held-to-maturity)的资产或负债、为套期保值而持有的资产或负债以及为经常性交易目的而持有的资产或负债，并根据不同性质的资产或负债规定它们分别适用不同的确认标准和计量办法。举例说明，如因投机、套利而持有的资产或负债就归入“因经常交易目的而持有的资产或负债”，其价值的计算按现行市价(current value)或公允价值(fair value)来计算，如果出现利得或损失要计入当期损益之中，不得递延。

再次,《准则》要求从事金融衍生品交易的企业说明持有或发行各种衍生性金融商品的目的,向社会公众提供了解此类目的所需的背景,以及介绍企业为达到这些目的所采取的策略和措施;并且还应介绍每一种金融衍生品及其交易在财务报表中是如何被确认和披露的。

由此可见,这种新的财会与信息披露制度相比于以前,确已有了很大的改进,但其成效如何还有待实践验证。在州一级,美国不少州议会在西弗吉尼亚州及加州奥林桔县巨额亏损事件发生后相继通过法案,禁止州公共机构和公共基金从事金融衍生品的交易。在总体管理气氛不断增强的背景下,可以预计,类似的法律将会在美国更多的州被通过,从而将大大减少不具备承担高风险能力的行政机构、公共财产涉足金融衍生品交易。

美国自 1994 年来加强了对于金融衍生品的监管。美国纽约联邦储备银行在 1994 年底对银行家信托发出一项指令,要求其在于客户进行金融衍生品的交易时,必须提供足够的资料,让客户明白各种技术属于和定价过程,以便让客户有足够的能力去评估其所从事的交易可能遭遇的风险。银行家信托是美国最大的金融衍生品交易商,这就使得该指令对整个金融衍生品市场有着实质的监督作用。纽约联储银行的行动表明,美国金融管理当局对金融衍生品的态度从不干预转变为主动采取措施。

2008 年金融危机的爆发大大加速了美国金融监管改革的步伐。2009 年 6 月奥巴马政府正式发布一项全面的金融监管改革方案①,《多德-弗兰克华尔街改革和消费者保护法》(Dodd-Frank Wall Street Reform and Consumer Protection Act 2010, Dodd-Frank Act)的生效标志着美国自 20 世纪 30 年代以来力度最大的金融改革就此启动②。上述方案的主要内容之一是加强对金

① Dodd-Frank Wall Street Reform and Consumer Protection Act 2010 Pub. Law 111 - 203, H. R. 4173, enacted on July 21, 2010.

② See P. M. Vasudev, Credit Derivatives and the Dodd-Frank Act: Is the Regulatory Response Appropriate? 15(1) *Journal of Banking Regulation*, 56,56 (2014).

融衍生品、对冲基金等的监管。新方案涉及内容包括了金融衍生品监管等等。《多德-弗兰克法案》中有关加强金融衍生品监管的内容包括以下三方而:一是针对场外交易衍生品监管普遍缺失的状况,由美国证券交易委员会和美国商品期货交易委员会对其实施监管。二是标准衍生金融产品必须在第三方交易所和清算中心进行清算,非标准或定制的衍生品仍然可以进行场外交易,但必须提高透明度,相关数据必须集中到交易中心。三是银行可以保留利率、汇率、金银掉期交易,但对于农产品掉期、未清算的商品掉期、多数金属掉期和能源掉期产品交易必须剥离到特定的子公司①。美国政府还寻求对证券化债券和场外金融衍生品交易加以限制②。

从总体上看,美国对金融衍生品市场的监管近年来不断加强,而且会有进一步增强的趋势。但到目前为止,所有管理措施的出台,基本上都是保护性建设性的,其核心是保证交易的透明度和公平性得到贯彻③。禁止公共资金参与衍生品交易也是从其非盈利性和事业性的特征出发而作出的,限制该市场发展的措施都未进入议事日程。因此可以预见,美国对金融衍生品市场加强监管不会阻碍这一市场的发展;相反,却会促进美国金融衍生品市场更健康地发展。未来新的管理措施的出台,也只会使金融衍生品副作用潜在的危害减少,尤其是潜在的金融系统风险将会被减到最低程度。金融衍生品市场作为美国整个金融市场的重要组织部分,将继续发挥其他市场无法替代的重要作用④。

(二)欧洲各国对金融衍生品风险的监管措施

2009 年 2 月,英国议会通过的《2009 年银行法案》规定在英格兰银行董事会下设金融稳定委员会。随后,英国保守党上台后推出了更为系统的金融监

---

① 参见周卫江:《美国金融监管的历史性变革——评析〈多德-弗兰克法案〉》,载《金融论坛》2011 年第 3 期。

② 参见朱周良:《美启动金融监管大变革拟设金融"消协"》,载《上海证券报》2009 年 6 月 18 日封 8 版。

③ See Rodrigo Zepeda, Hedge Funds, High Risks, and Headaches—Negotiating and Documenting Hedge Fund Derivatives, 29(6), *J. I. B. L. R.* 349, 349 (2014).

④ 参见徐明琪:《美国金融衍生市场近期的发展与监管趋势》,载《世界经济研究》1997 年第 1 期。

管改革方案，分拆金融服务局的监管职能，英格兰银行被赋予全面的金融监管权[①]。具体而言，监管组织机构上的变革主要有：一是在英格兰银行内新设金融政策委员会，负责系统风险监管和审慎监管，同时取消金融稳定委员会。二是在英格兰银行组织框架内设立审慎监管局，负责微观审慎监管。三是增设金融行为局，并于2013年取代金融服务局，履行消费者保护监管职能。四是设立英国银行业独立委员会，旨在降低银行业系统性风险，解决“太大而不能倒”的问题。

在金融衍生品市场信息方面，英国还提出与美国证券管理机构互换金融衍生品市场信息资料，推动金融衍生品交易的国际合作，英国伦敦国际金融期货交易所亦与新加坡及美国的两大交易所讨论跨国合作，以便于交易的顺利进行和风险的及时预防。

危机过后，欧洲各国开始反思金融衍生品交易的监管缺陷，并掀起了金融衍生品交易监管改革的浪潮，并进行了一系列的金融监管改革，尤其是针对金融衍生品。与美国不同，欧盟的金融衍生品监管改革多是从推动多国峰会和国际组织方面强化欧盟内部的金融监管。为此，欧盟推出了一系列的金融监管指令或法案。欧盟理事会于2009年6月通过了《欧盟金融监管体系改革》，成立了欧盟系统风险委员会（ESRB）和欧盟金融监管系统（ESFS），分别负责欧盟的宏观性审慎监管和微观性审慎监管。其中，欧盟系统风险委员会于2010年12月正式成立。而欧盟金融监管系统的主要职责是将原来欧盟层面上的证券、银行和保险监管委员会升级为证券、银行和保险监管局，并可将这三个局合称为欧盟监管局（ESA）。2011年1月，证券、银行和保险监管局正式成立，从而形成了欧盟“一会三局”的金融监管框架。对场外衍生品交易的监管框架。2010年9月，欧盟委员会公布了《欧洲议会及欧洲理事会关于场外衍生品、CCP及交易报告库的监管草案》（也被称为《欧洲市场基础设施监管规

---

① 罗红光、张元振：《欧盟金融衍生品交易监管变革及英国实践》，载《银行家》2013年第7期。

则》)。2012 年 3 月,欧洲议会批准了《欧洲市场基础设施监管规则》(European Market Infrastructure Regulation, EMIR)的最终版本,为监管场外金融衍生品交易铺平了道路[①]。该规则的目标是增强场外衍生品市场交易的透明性和降低交易对手的信用风险。为了增强交易透明性,其要求欧盟的金融机构和非金融机构要把场外衍生品交易合同的详细信息报告给交易登记机构和监管当局。另外,该规则要求交易登记机构按照衍生品的类别公布总头寸。为降低交易对手信用风险,引入了严格的规章制度,以确保中央对手方能够按照行业标准谨慎操作。该规则对于符合条件的衍生品合同采用中央对手方清算,而对于没有采用中央对手方清算的衍生品交易则加强风险管理技术[②]。此外,对非金融机构的清算和报告要求提供了一些有限的免除条款。《欧洲市场基础设施监管规则》计划在 2013 年由欧洲证券与市场管理局付诸实施。此外,《另类投资基金经理指令》(*Alternative Investment Fund Managers Directive*)也是欧盟一项调整高风险金融交易的重要法律规范[③]。

英国金融当局自巴林事件以来,对如何加强监管、防止类似事件的发生一直是着手解决的重要课题。为加强对银行业及证券业的监管,适合金融市场一体化的需要,克服金融分业监管模式的弊端,英国政府出台了新举措,将银行业监管机构和证券业监管机构在人员上互相融合,由英国证券投资委员会主席加入英格兰银行(央行)的银行监管理事会,而英格兰银行副行长被委任为证券投资委员会(SIB)董事长。这种交叉银行与证券管理的方式加强了两个监管机构的合作[④]。证券投资委员会还新设了金融风险部,负责对英国各证券公司及其海外分支机构的管理状况进行检查和监督,并制订了证券公司内

① Regulation 648/2012 on OTC Derivatives, Central Counterparties (CCPs) and Trade Repositories (TRs) (EMIR) [2012] OJ L201/1, which entered into force on August 16, 2012.

② 罗红光、张元振:《欧盟金融衍生品交易监管变革及英国实践》,载《银行家》2013 年第 7 期。

③ See Directive 2011/61 on Alternative Investment Fund Managers and amending Directives 2003/41 and 2009/65 and Regulations 1060/2009 and 1095/2010 [2011] *OJ* L74/1.

④ 见《为防巴林事件重演,英政府出台新举措》,载《金融时报》1996 年 7 月 10 日第 4 版。

部监督管理标准。英格兰银行还宣布，从 1996 年 9 月起实施强化金融监管的新举措，重组监管部门，增加监管人员，改进电子数据监管系统，分地区、分市场行使监管职能，并强化现场稽核。此外，英格兰银行还寻求同其他国家监管当局进行合作，欢迎外国监管当局在伦敦设立办事机构①。

德国银行是全能银行，不同于美国银行与证券分业经营，德国投资银行业务与商业银行业务均可为银行经营。这种优势在于可以集中资金，能够在国际竞争中举有较大优势；但是这也给规制提出了较大的挑战。证券市场具有较大风险，运用商业银行资金进行证券投资时，一旦失利甚至破产时，这将给投资人造成极大损害。即使不破产，“损失较大”这一信息在市场上公开后会造成投资人恐惧心理，甚至挤兑，同样会给银行带来较大风险甚至破产，也会给投资人造成极大损失。德国具有较为严格的规制措施以保障市场安全和稳健。德国银监局早已把金融衍生品交易中的风险写进有关限制银行风险的规定之中，如在其基本条款 1a 中规定：一个金融机构所有公开的外币期货交易资金均应限制在自有资本的 21%之内；利率期货交易资金（除互惠外汇信贷交易外）应限制在自有资本的 14%之内；而其他表外交易资金（如股票等）则不准超过自有资本的 7%。德国有关当局已拟定法律，要求各家银行在 1996 年年底实行旨在加强对交易员衍生品交易进行监督的风险管理机制，使最高主管能随时了解证券和衍生业务的交易账目。德国联邦信贷监督局将对此进行监督。我们认为，德国对进行某一金融衍生品交易进行规制是采取具体规定其前提要求，将易于规制的比例列为要求。德国规制不仅仅是事前监督，而且还类似于现场监督，能够全程监督。

（三）日本和新加坡对金融衍生品风险的监管措施

日本大藏省也在 1994 年下半年至 1995 年初制定了如下一系列管理金融衍生品交易的政策措施：①要求各银行高层领导充分提高风险意识，认识风险

① 见《英央行出台加强金融监管新举措》，载《金融时报》1996 年 8 月 23 日第 4 版。

程度，并要求各银行每季度向大藏省汇报衍生品交易情况；②实行总经理、银行行长及部门经理责权分明的业务运营体系检查，形成严密的自我检查机构；③建立独立的风险管理机构，并实现计算机联网系统，从而对市场风险、信用风险及流动风险进行及时跟踪和监控，防止恶性膨胀。巴林银行破产事件发生后，日本的东京股票交易所和新加坡的国际金融期货交易所首先作出反应，相继提高了金融衍生品交易的保证金比率，改革了交易所内部的规节制度，强化了管理、交易、清算三分离体系。大和银行和住友商事公司事件相继发生后，日本大藏省于 1996 年 7 月公布了银行风险管理新规定，新规定要求：日本银行的海外分支机构须有审计员来监督其内部管理和衍生品的交易。同时，一些主要的分支机构还应当指定独立于该分支机构经理之外的内部监察员。大藏省还规定，如海外分支机构发生不正当的交易行为，银行必须在 30 天之内通告当地及日本的管理机构。新规定还要求银行全面改善其内部检查制度，每年通查一遍国内及国外分行及办事处的经营，同时还鼓励银行职员每年至少请连续 5 个工作日的假，以便利这种检查。与此同时，日本的一些大公司也迅速采取措施，加强风险控制力，如成立新的风险控制部门、合理安排巨额交易资金来源、要求交易者每日向结算部门报告每笔交易情况等。

新加坡国际金融交易所在巴林银行事件发生后，采取了若干措施以改进其市场监督和风险管理的整体效率，包括委任一个国际咨询小组负责推荐最好的交易程序，以及委任专家充当顾问，负责对交割、风险管理和结算的运作方式提出建议。经顾问提出建议后，交易所实施了旨在加强快速行动有效性的全面性风险管理方案，以防止交易所承受的风险达到无法接受的水平和确保清算公司会员有足以支持其盘口的资金来源。新加坡还修改了期货交易法令，以加强对期货行业的监管。该修正法令于 1995 年 4 月 1 日生效。期货交易法令的修订内容，包括取消期货经纪行董事和受薪雇员豁免申请执照的条文，规定任何招揽或接受客户订单的个人，都须获得新加坡金融管理局发给金融期货经纪代理人执照。这是为了筛除有犯罪和其他不良记录的人，并确保只有合格的人选才能参与金融期货业。修正法令也授权新加坡金融管理局撤换期货经纪行的不称职的外部审计人员。在履行其职责时有严重或专业性疏忽失职的审计师,会面临被禁止(永久或暂时)担任期货经纪审计师的风险[①]。现在新加坡期货交易所已将每份合同保证金由62.5万日元提高到135万日元,且把补足保证金限额由50万日元提高到108万日元,新加坡还将加强制度方面的监管。有关人士还提出了将交易合同数量与投资人的资金实力相挂钩,虽然这样可能使市场成交量受到影响,但市场的健康发展可能会吸引更多的投资人。2013年12月,新加坡交易所(Singapore Exchange)成为被美国衍生品交易监管机构商品期货交易委员会认可的亚洲第一家衍生品清算所(SGX Derivatives Clearing)[②]。新加坡也在巴林事件中认识到加强衍生品监管国际合作的重要性,积极与美、日、英商讨合作事宜。新加坡还规定,凡在新加坡进行金融衍生品投资,必须得到有关公司董事会或高层管理人员批准,并必须设立内部监察投资风险的制度。

(四)我国对金融衍生品风险的监管措施

我国在20世纪90年代初出现国债期货、股指期货等,但由于当时条件不成熟,违规事件频频发生。1992年到1993年是金融衍生品的活跃期,当时外盘期货和外汇保证金交易地下期货公司和银行均为之。1992年12月28日,国债期货合同率先在上海证交所挂牌,1995年5月17日证监会决定暂停国债期货试点[③]。1993年3月10日,海南证券交易中心开办了股票指数期货交易,9月底,有关部门宣布中止股指交易、全部平仓,股指期货交易一度也曾在上海、深圳开展;国内少数银行及其附属机构在海外已涉足了外汇期货、期权

① 见新加坡政府《关于新加坡巴林期货公司官委清盘人的稽核报告书》第15节,转引自《国际金融研究》1996年第3期,第57页。

② Francis Mok, Karen Tiah: Singapore Derivatives—Clearing Organization, 29(5), *J. I. B. L. R.* N45 (2014).

③ Rodrigo Zepeda, Pioneering a New Legal and Regulatory Framework for Derivatives Markets in China: the Third Way, 28(7), *J. I. B. L. R.* 251, 252 (2013).

等金融衍生品的市场交易，但从1994年开始，中国开始限制境外期货业务的开展；1992年6月1日，上海外汇调剂中心开办了外汇期货交易。随后广州、深圳也被批准开办此项业务，1993年7月，外汇管理局要求各地已设立的外汇期货交易机构必须停业，办理外汇期货交易，仅限于广州、深圳、上海试点[①]；严格说来，中国并没有形成一个正规的期权市场，虽然中国市场已存在可转换债券、认股权证等可被认为是股票期权变种的一些商品；而外汇期权仅有少数外汇专业银行的总行及其海外分行曾参与过交易；互换交易在中国并没有大规模的发展，只有商业银行作为中介或主体开发了利率互换、货币互换；中国银行上海分行从1992年8月首次推出货币互换业务[②]。当时由于缺乏规制，市场变得极为混乱，一些外商以期货经纪公司名义诈骗钱财，南京"金中富"、深圳"百事高"、上海"润丰"、河南"财鑫"等，皆因期货而崩溃。

1993年国家外汇管理局发布《关于处理非法从事外汇期货交易机构的意见的通知》，当时的对外贸易经济合作部发布《关于停止审批外商投资期货经纪公司的通知》，同年中国人民银行发布《关于严格控制开办金融期货业务的紧急通知》；1994年国务院办公厅转发国务院证券委员会《关于坚决终止期货市场盲目发展若干意见的请示》，国务院政权委员会印发《期货经营机构从业人员管理暂行办法》。这些一系列规定目的在于严格管制市场，惩治各种非法行为，但客观上也使得我国衍生品交易发展被迫停止。而后经历了漫长的恢复调整期。

近十年来，我国金融衍生品交易得到了较大的发展[③]。上海期货交易所推出黄金、白银、铜、铝、锌、铅、螺纹钢、线材、燃料油、天然橡胶沥青等品种的期货合同。上海期货交易所现有会员398家，其中期货经纪公司会员占80%以

① 参见陶琲、李经谋：《中国期货市场理论问题研究》，中国财政经济出版社1997年版；王建国、刘锡良主编：《衍生金融商品》，西南财经大学出版社1997年版等。

② 中国银行上海分行：《货币互换在国内业务中的运用与实践》，载《上海金融》1993年第1期。

③ 参见《上海证券报》2005年1月31日。

上，已在全国各地开通了大量的远程交易终端[①]。在法律规范的制定方面，《金融机构衍生品交易业务管理暂行办法》（简称《暂行办法》）从 2004 年 3 月 1 日起开始施行，在经过数年的实践之后，中国银行业监督管理委员在 2011 年进行了修改和完善。新版本的《金融机构衍生品交易业务管理暂行办法》自 2011 年起施行。这是我国目前对金融衍生业务作出的、施行于全国的一项重要法律规定。该《暂行办法》规定金融衍生品交易业务实行审批制。我国四大国有银行均具有从事衍生品交易的资格，而民生银行为首先取得该项资格的股份制银行；随后花旗银行、渣打银行、香港南洋银行以及日本三菱银行也获得此资格。该《暂行办法》规定，衍生品是一种金融合同，其价值取决于一种或多种基础资产或指数，合同的基本种类包括远期、期货、互换（互换）和期权。衍生品还包括具有远期、期货、互换（互换）和期权中一种或多种特征的混合金融工具[②]。这种将明确界定衍生品的定义，解决了以往因界定不明而导致的"擦边球"现象[③]。该《暂行办法》还明确指出金融衍生业务包括两类，一为套期保值类衍生品交易，即银行业金融机构主动发起，为规避自有资产、负债的信用风险、市场风险或流动性风险而进行的衍生品交易。此类交易需符合套期会计规定，并划入银行账户管理。二为非套期保值类衍生品交易（即除套期保值类以外的衍生品交易），包括由客户发起，银行业金融机构为满足客户需求提供的代客交易和银行业金融机构为对冲前述交易相关风险而进行的交易；银行业金融机构为承担做市义务持续提供市场买、卖双边价格，并按其报价与其他市场参与者进行的做市交易；以及银行业金融机构主动发起，运用自有资金，根据对市场走势的判断，以获利为目的进行的自营交易。此类交易划入交易

① 参见上海期货交易所官网，http：//www.shfe.com.cn/。

② 《银行业金融机构衍生产品交易业务管理暂行办法》第三条。

③ 参见 http：//www.huaxia.com/zt/2003-01/127127.html，花旗银行早先通过在香港帮客户开户，从事诸如保证金的外汇买卖和股票交易以及其他金融衍生工具的交易；虽然明确提出不能负责资金的汇出，但是有内部人士明确表示"有很多方法可以汇出资金"。

账户管理①。

深交所2009年9月发布了《深圳证券交易所上市公司信息披露工作指引第8号——衍生品投资》，旨在规范上市公司及其控股子公司投资衍生品行为，提高衍生品投资信息披露透明度②。

虽然我国的监管机制规定了对于信用风险、流动风险、操作风险以及法律风险予以监管，但是这种机制过于重视表面，表外业务未曾列入监管范围。而且为了跟其他法律法规相配套，又规定若涉及外汇管理和对外支付管理事项在向银监会报告时，应当抄报国家外汇管理局。这种规定显然跟目前需要对资本项目下实行人民币可兑换相去甚远。

我国香港也十分重视对金融衍生品风险的监管。香港是世界第五大外汇衍生品交易中心，利率衍生品方面也排名世界第八。1987年的全球性股灾和巴林事件都对香港产生了很大影响。1987年股灾后，香港政府成立了证券及期货事务监察委员会，负责制订并执行市场监管法则，并且重组联交所，使股市走向正规。之后，对衍生品市场一直采取严格管理的态度。1994年7月巴塞尔委员会和国际证券监管组织联合会联合发表《衍生品风险管理指南》后，香港积极响应，金融管理局于当年12月中旬即发表"衍生品风险管理指引"的文件，要求所有参与机构，加强内部对衍生品的风险管理。联交所和期交所在推出各类衍生品的同时，也着手制定严格的交易制度，并邀请知名机构如芝加哥的国际交易学会来港培训交易人员，使内部管理更加健全。1994年底香港金融管理局发布了四点指令，包括：第一金融机构应建立一套健全的风险监督制度。不仅有关机构的董事局要根据经验来审核并通过政策，从而为金融衍生品的管理制定标准；而且有关交易员的权责应规定明确。第二，订约前要充分估计所有的风险，包括法律、会计、税务等，并采取先进的风险监测方法。需

① 《银行业金融机构衍生产品交易业务管理暂行办法》第四条。

② 参见王丽娜：《深交所：衍生品亏损逾千万须及时披露》，载《上海证券报》2009年8月31日封二版。

要指出的是香港金融管理局要求管理层应结合资金充裕程度、风险管理系统等,综合测定风险,并定期做出报告。第三,建立内部财务监管及核查制度。第四,对金融衍生品的风险建立检查、预测和设立管理措施[①]。1996 年金融管理局还做出了更为详细的操作指引。该指引根据认可机构内部监控系统的检讨报告、财务部门的查访结果、巴林事件和日本大和银行事件所吸取的教训而制定的。此外,为了加强监管效果,香港金融管理局还扩充了金融衍生品小组的人力资源,扩大了覆盖范围,包括与股票、贵金属及其他商品有关的金融衍生品的资产负债表以外的合同。可见,香港金融管理局对金融衍生品的监管还是比较严密的[②]。

五、金融衍生品市场法律规制之国际性举措

现阶段,在对金融衍生品市场的总体监管方面,全球并没有达成共识,但是,国际清算银行与巴塞尔委员会、国际证券业监督委员组织、国际会计准则委员会、欧洲联盟等一系列国际性、区域性组织纷纷对该问题加以关注并采取了一些重大的国际性举措。

(一) 国际清算银行对金融衍生品市场监管问题之报告

国际清算银行(Bank for International Settlement,简称 BIS)承担着维护国际金融体系稳定、促进世界经济发展的使命。国际清算银行致力于扩大世界各国央行和金融监管部门的合作,建立国际金融监管标准。国际清算银行在协调各国金融监管当局合作的进程中一直处于领导地位。长期以来,它对巴塞尔委员会、支付结算体系委员会等国际金融标准制定机构提供了大力支持,出台了诸如国际清算交割标准等一系列适用性广泛的国际标准,对于世界

① 参见国世平主编:《香港金融监管》,中国计划出版社 2002 年版,第 88 页。
② 参见国世平主编:《香港金融监管》,中国计划出版社 2002 年版,第 89 页。

各国金融部门产生了深远的影响①。在20世纪80年代至90年代期间，国际清算银行就有关金融创新、金融衍生品之发展、风险对策等问题，提出了一系列的报告②：

(1) 在1986年4月《国际银行业近来之创新》报告中，探讨了金融创新对金融稳定的影响及对金融发展战略、宏观调控、货币政策有效性等多方面的影响。

(2) 在1992年10月《国际银行间关系的近期发展》报告中，国际清算银行详细研究了与金融衍生品相关的基金市场、外汇和利率产品市场及其他场内交易金融衍生市场，探讨了金融衍生市场集中程度之增加及国际银行对风险敏感度和联系程度增加后的主要影响，并就控制金融衍生品交易风险得出一些结论，包括：①巩固整个市场的法律基础；②增加网络系统之使用；③统一会计和信息披露之规则，以减少透明度障碍；④减少在选择法律和司法管辖方面所碰到的法律不确定性；⑤进一步增强对衍生品的认识；⑥有必要修正中央银行的传统职能以加强与其他国家监管机构的合作，增强其对国际金融市场上不断变化的风险本质之认识和控制能力，确保金融市场的稳定性。

(3) 在1994年9月《关于金融中介机构对市场和信用风险之公开披露的讨论文件》中，指出所有金融中介机构应公开披露与内部风险控制系统相关的信息，以使公众知悉。

(4) 在1994年12月《因金融衍生品市场之发展而产生的宏观经济和货币政策问题》报告及1995年2月的布劳克梅杰报告中，探讨了金融衍生品发展之影响并要求各国中央银行及时掌握金融衍生品市场之规模和潜在风险的信息。

---

① 参见谢世清、曲秋颖：《国际清算银行与国际货币基金组织之比较研究》，载《宏观经济研究》2012年第9期。

② 参见朱琳：《场外金融衍生品市场监管法律制度研究》，中国政法大学2012年硕士学位论文，第30页。

虽然，国际清算银行的报告均不是法律文件，但其所提出的一些法律对策为各国及各国际组织的监管提供了借鉴。

（二）巴塞尔委员会对金融衍生品市场的监管努力

1975年2月，由国际清算银行发起，十国集团（比、英、加、法、荷、意、日、瑞典、德、美）及卢森堡和瑞士等12个国家的中央银行代表汇聚巴塞尔，共同商讨跨国银行监管问题，并成立了“巴塞尔银行监管委员会”（The Basel Committee on Banking Supervision）。巴塞尔委员会围绕国际银行监管这一问题，提出了一系列原则、制度和措施，这些被统称为“巴塞尔协议”。

1. 1988年《巴塞尔协议》

对于金融衍生品交易有可能引致银行经营出现危机的风险，国际银行业统一监管组织巴塞尔银行监督与管理委员会（Basel Committee on Banking Supervision），简称“巴塞尔委员会”，早已加以注意，并在1988年发布的《统一国际银行资本衡量和资本标准协议》（International Convergence of CapitalMeasurement and Capital Standards），简称《巴塞尔协议》（Basle Agreement），将部分金融衍生品的风险加以加权衡量，为从事国际金融业务的银行提供了国际协调标准。而在美国国内法中，则将之称作《巴塞尔协定》（Basle Accord），赋之以确定的国际法性质。作为一项带约束性建议，其已成为一项公认的国际惯例而存在①。《巴塞尔协议》将各种表外项目划分为五类，其中第五类“与利率和汇率有关的项目”就对金融衍生品及其交易的风险管理进行了规定，确定了监管的原则和对象；其次，委员会对衍生性金融交易风险的监管与其整体框架保持一致，同样是按最低资本要求来对衍生性金融商品及交易进行监管的。

1993年《巴塞尔建议书》对1988年《巴塞尔协议》条文作了相应修改，增加了市场风险、外汇风险、利率风险的资本量要求及度量方式。1993年巴塞尔委

① 参见刘丰名：《国际金融法》，中国政法大学出版社1996年版，第42页，第45页。

员会就公布一套有关金融衍生品市场监管的咨询文件，内容包括：第一，与信用风险所需资本量要求相关的轧差的认定；第二，市场风险和汇率风险的报告和资本量要求；第三，利率风险的度量和报告。对于资本的新等级称为三级资本，建议书也给出了定义。该建议书关于资本量要求的变化和发展表现在三方面：①肯定设定最低资本要求的同时，区别对待贷款账和交易账上的事项；②肯定需要分别考虑市场风险和特殊风险；③从资产组合的角度，计算补偿一般市场风险所需的资本量要求。在新的建议书中，贷款账中各项资本量要求按1988年协议的方法计算，而交易账中各项的资本量要求的计算则以新的框架为基础。交易账中的头寸持有期间短，由于利率、汇率的不利变动所引起的风险一般大于信用风险，因此，建议书中将银行交易账和贷款账上的头寸分别对待，分别用不同方法计算保证金要求。在新的框架中，敞口的风险被分为市场风险和特殊风险两类，两者的区别表现在，不同头寸的特殊风险一般没有联系，市场风险则不同。整个交易账所包含的特殊风险可以由交易账中各头寸的特殊风险累加得到。建议书将总的资本量要求分为市场风险要求的资本和特殊风险要求的资本两部分，分块计算。建议书将头寸分为债券头寸、股权头寸和外汇头寸，对不同的头寸采用不同的方法计算其特殊风险和市场风险。在新的框架中，银行的最低资本要求是以下资本量的总和：银行债务和股权头寸上的市场风险的特殊要求；银行债务和股权头寸上的特殊风险的资本要求；外汇风险和贷款账所导致的信用风险的资本要求①。

2. 1994年《金融衍生品风险管理指南》

为了弥补对金融衍生品监管的不足，1994年7月27日，巴塞尔委员会又会同国际证券业监督委员组织颁发了一份《金融衍生品风险管理指南》的文件，对1988年《巴塞尔协议》及1993年《巴塞尔建议书》中有关金融衍生品监

① 参见巴塞尔银行监管委员会：《巴塞尔银行监管委员会文献汇编》，中国金融出版社1998年版，第145－198页。

管条文的不足作出修正。巴塞尔委员会听取各方建议后称，鉴于目前银行8%的资本充足性比率已无法适应当今如火如荼的金融衍生品的运用，为了提高银行机构的抗风险能力，有必要提高资本充足性比率。《指南》旨在强化被监管机构(包括银行和证券商)的内部控制系统，要求成立由实际操作部门、高层管理部门和董事会组成的自律体系。《指南》指出，任何被监管机构，无论是金融衍生品自营商或者经纪人，均应重视衍生品的风险管理。《金融衍生品风险管理指南》在某种程度上是监管方与被监管方双方协调的产物。《指南》在监管方式上依赖机构的内部控制系统，强调自律性约束。这种监管方式是现实而富有弹性的，从长远看，它将成为国际监管机构对衍生品乃至整个表外业务实施监管的趋势。

3. 1996年《巴塞尔资本金协议修正案》

随着金融衍生品市场的迅猛发展，为进一步提高银行抗御风险的能力，在征求各方意见的基础上，巴塞尔委员会于1996年1月颁发了《巴塞尔资本金协议修正案》，强调了资本充足率的重要性。《修正案》坚持了资本充足性比率的要求，既为银行提供了衡量市场风险的标准模型，又规定了防范市场风险的资本金要求。《修正案》采用"积木"方法建立市场风险资本金要求框架，即把由主要的风险因素诱发的总体市场风险与单个证券头寸的个别风险区别开，分别给出衡量利率、证券、外汇、商品期货和期权风险的标准模型，加总得出资本金要求。

4. 1997年《利率风险管理原则》

1997年9月巴塞尔委员会发布的《利率风险管理原则》要求银行董事会和高级管理层应明确金融衍生品的内在风险，定期审查金融衍生品交易；同时还要求银行应该有一套比较周密的内部控制系统，规定明确的风险暴露限额。在外部规制方面，规制当局应从银行获得充分的金融衍生品信息及银行对其自身利率风险的评估和控制的机制等信息，并就其利率作出独立的评估，从而使得金融衍生品的风险从银行内部和外部两方面得到有效的协调管理和控制[①]。

（三）国际证券期货业的监管举措

1. 国际证券业监督委员组织及其指导性文件

国际证券业监督委员（英文简称为 IOSCO），成立于 1983 年，前身是各国证监会的每周协会。各国只有在银行监管机构是主要的证券监管机构时，才被允许成为其成员。虽然所有的中央银行都对证券负有一定程度的监管责任，但只有在设有专门的证券监管当局时，它们才有资格成为成员。国际证券业监管委员会旨在通过信息交流促进全球证券市场的健康发展，通过各成员协同制定共同准则来建立国际证券业的有效监管机制，以保证证券市场的公正和有效率，共同遏制跨国非法证券交易，促进证券交易的安全性。国际证监会组织对抑制和惩罚证券业欺诈的国际合作做出了重要的贡献。它鼓励和帮助其成员委员会制定双边和多边协议，强化了各国之间的证券监管合作。

近年来，国际证监会也加强了与国际货币基金组织、巴塞尔委员会等其他国际组织的合作，共同为维护国际金融秩序、防范金融风险而努力。除与巴塞尔委员会联合发布了《金融衍生品风险管理指南》之外，国际证券业监督委员组织的技术委员会还于 1994 年 7 月发表了“场外交易金融衍生品风险控制机制”指导性文件。

2.《温德索宣言》

1995 年 5 月 16 至 17 日，负责世界主要期货与期权市场监管的十六个国家监管机构的代表在英国温德索集合，专题研究对金融衍生品交易实施监管的国际合作问题，提出了对跨不同市场交易行为监管的国际合作及发展的重要倡议。国际证券业监督委员组织技术委员会主席和秘书长参加了会议，并同意在国际证券业监督委员组织的领导下，参考市场和市场管理机构的意见，

---

① 参见周立：《金融衍生工具发展与监管》，中国发展出版社 1997 年版，第 151－155 页、185－192 页；国际货币基金组织课题编写组：《国际资本市场发展、前景和政策》，中国金融出版 1995 年版，第 10－14 页。

立即推进对金融衍生品交易监管的国际性双向连接。1995年6月2日发表了"温德索宣言"(Windsor Declaration),公布了上述监管当局的建议,就市场管理机构之间的合作,保护客户的投资持有、资金和资产,清算违约的处理方式及突发事件的览管合作问题提出了基本架构。

(四)"30人小组"监管建议

世界著名的"30人小组"(又称G30,由美国华盛顿的银行家和学者组成的民间机构),1993年在《全球衍生品:实践和原则》的研究报告中提出了20项有关金融衍生品风险管理的建议,供经纪商和最终使用者参考。这些建议的主要内容包括以下几方面:①以最高层的政策和决策确定机构经营金融衍生品的程度及应采取的措施;②建立具有绝对权威的、独立于交易功能的市场风险和信用风险的管理部门;③只授权那些具有必须的技能和经验的专业人员进行交易和风险管理,包括对金融衍生品交易的执行、报告、控制和审计;④至少以风险管理为目的,对金融衍生品的交易头寸进行估价;⑤计算在不利市场条件下的市场风险,进行必要的市场模拟,预测现金投入及融资需要;⑥在频繁地根据信用程度对现实的和潜在的风险暴露进行测算的基础上,估算由金融衍生品交易带来的信用风险;⑦用有止损限额条款的交易协议,增强协议执行的法律保障,减少信用风险;⑧采纳经国际间协调的、具有更高透明度的会计方法和信息披露方法;⑨建立可靠的信息系统,以保证及时、准确地测算、管理和报告金融衍生品交易中的风险。这也从一个侧面说明私人参与维护国际金融秩序的作用。

第四章　风险投资的高风险及其法律规制

可以说，高风险是风险投资的最明显特点。它的成功率一般不超过30%，而且风险投资是股权投资，回收期通常要3～7年，这更加大了它的风险[①]。一般认为，风险投资最早产生于20世纪40年代的美国[②]。但是也有学者认为，广义的风险投资的萌芽发轫于中世纪寻找高回报的投资活动，包括伊丽莎白女王所倡导的哥伦布航海发现新世界[③]。最早的风险投资机构设立于1946年的美国。John H. Whitney发起设立了一家合伙制的风险投资机构，运作资本金为1 000万美元[④]。Georges F. Doriot与其他几位志同道合者设立了美国研究和开发公司（American Research and Development Corporation, AR&D），这也是美国第一家公开交易的封闭式基金，参照的是美国公开上市投资基金的组织结构。同年，菲力普（Phipps）家族建立了Bessemer Securities

---

① 严华惠：《析激励风险投资的税收优惠政策》，载《重庆商学院学报》2002年第1期。

② See George W. Fenn et al., *The Private Equity Industry: An Overview*, *Fin. Markets, Institutions and Instruments* 10－13 (Nov. 1997).

③ See Stanley E. Pratt & Jane K. Morris, *Pratt's Guide to Venture Capital Sources* 8－9 (11th ed. 1987).

④ 根据消费者物价指数CPI(Consumer Price Index)，当年的1 000万美元大致相当于今天的8 000万美元。

公司，洛克菲勒(Rockefeller)家族设立了 Venrock 公司，从事风险投资业务[①]。由于当时第二次世界大战刚刚结束，国际关系中很快发生了欧洲重建、朝鲜战争，以及美苏冷战等事件，美国管理部门没有对风险投资机构给予过多的关注和规制。

风险投资既是直接融资也是间接融资。作为一种新兴的投资方式，其运作机制是金融投资机制发展到较成熟阶段后产生的一种更为高级的投融资机制。风险投资与传统的融资方式相比较，有着截然不同的投资理念、投资方式、收益方式和投资目标，具体来讲区别在于：第一、风险投资的投资对象主要集中于新兴产业，为具有巨大潜力的创业企业；第二、从投资方式来看，风险投资主要为新兴中小企业提供权益性的启动资金，投资的性质为权益资本、股权投资；第三、风险投资通过股权投资提供资金支持、风险资本的同时还提供管理、咨询等增值服务；第四、风险投资的目的是为了通过股权转让顺利退出以实现超额的资本利得。

近年来风险投资机构表现活跃，2007 年是私募基金的风险投资的高潮，该领域的成交金额达到了 6 070 亿美元，成交的交易数额达到 1 500 宗[②]。根据美国风险投资协会(National Venture Capital Association)公布的数据，2011 年私募基金的风险投资金额为 295 亿美元，成交的交易数额达到 3 834 宗[③]。

美国 2008 年与 2011 年风险投资金额比较[④]

发展期	2008	2011
种子期	$1,917,119,500	$1,049,763,800
初创期	$5,701,880,200	$8,890,867,700

① 关于其风险投资的历史背景情况，See Joseph W. Bartlett, Venture Capital: Law, Business Strategies, and Investment Planning, Wiley Law Pub, March 1988.

② Eileen Appelbaum & Rosemary Batt, *A Primer on Private Equity at Work Management, Employment, and Sustainability* (Center for Economic and Policy Research, Feb. 2012).

③ See National Venture Capital Association, www. nvca. org.

④ 资料来源：美国风险投资协会网站，See National Venture Capital Association, www. nvca. org.

（续表）

发展期	2008	2011
成长期	$10,882,522,700	$9,730,630,600
成熟期	$11,549,583,000	$9,859,146,600
总额：	$30,051,105,400	$29,530,408,700

而近年来我国民营企业的兴起，其对融资的迫切需求带动了风险投资机构（包括外资、内资及合资风险投资机构）在我国的发展。这就使得风险投资相关法律问题的研究成为高风险金融交易法律规制主题的一个重要组成部分。

法律对市场主体同时具有制约和激励作用。我们将在本章第一节中对法律在规制风险投资之高风险中的特殊作用问题进行研究。第二节我们把研究焦点对准法律对风险投资的激励作用。第三节将从法律视角对风险投资的组织形式，尤其是有限合伙的组织进行系统研究①。鉴于合同安排是风险投资中降低风险投资家风险的重要法律措施②，我们在第四节的研究中，分别就风险投资中常见的优先权条款、限制性条款等合同条款及其相关法律问题，进行系

① See Peggy Fu, Developing Venture Capital Laws in China: Lessons Learned from the United States, Germany, and Japan, 23 *Loy. L. A. Int'l & Comp. L. Rev.* 487, 519 (May 2001). The 1952 Small Business Investment Company Program, the 1978 Revenue Act, 1979 ERISA "Prudent Man" Rule, 1980 Small Business Investment Incentive Act, 1980 ERISA "Safe Harbor" Regulation, and the 1981 Economic Recovery Tax Act reduced tax rates, reduced fiduciary duties on venture capitalists, and resulted in a tenfold increase in the size of the US venture capital pool. Similar results from similar regulatory efforts also are evident in the United Kingdom where easing tax liabilities attracted an increase in venture capital throughout the 1980's. See Colin Mason and Richard Harrison, Venture Capital, The Equity Gap and The 'North-South Divide' in the United Kingdom, in *Venture Capital: International Comparisons* 202, 209 (Milford B. Green ed., 1991); For more detail on the U. S. regulatory framework, see Lee R. Petillon, Designed to Scale: The Ability of Small Companies to Raise Capital Has Been Dramatically Eased by Federal and State Securities Rules, 19 *Los Angeles Lawyer* 31 (1997).

② See generally Douglas G. Smith, The Venture Capital Company: A Contractuarian Rebuttal to the Political Theory of American Corporate Finance, 65 *Tenn. L. Rev.*, 79 (1997) (listing most of the types of provisions that venture capitalists include in their contractual arrangements).

统研究和分析。

第一节 法律在规制风险投资之高风险中的特殊作用

法律的作用是指法律对于人们的行为、社会生活和社会关系发生的影响。因此，对于高风险金融交易来说，法律是高风险金融交易过程中非常重要的调整与控制手段。对于高风险金融交易中的不同交易方式，法律的地位和调整方式、所起的作用，有很多差异性。相对而言，法律在规制风险投资之高风险中，具有特殊的作用。

一、风险投资高风险性的表现及其原因分析

美国得克萨斯 A&M 大学 Fiet James Owen(1991)认为，风险投资最大的特点在于其高风险性①。风险投资常常与高风险相关联②。由于风险投资家将资金投入一家初创的企业(startup company)③，该项投资很可能失败，导致风险投资家血本无归④。所以，风险投资，顾名思义，就是一种高风险的金融投资活动。

① Fiet James Owen, *Managing Investments in Specific Information: A Comparison of Business Angles and Venture Capital Firm (Risk Management)*, Dissertation for Ph. D. Degree, Texas ABcM University, 1991.

② Venture capital in the United States is perhaps best defined as "investment by specialized organizations ... in high-growth, high-risk, often high-technology firms that need (capital) to finance product development or growth and must, by the nature of their business, obtain this capital largely in the form of equity rather than debt." See Bernard S. Black & Ronald J. Gilson, Venture Capital and the Structure of Capital Markets: Banks Versus Stock Markets, 47 *J. Fin. Econ.* 243, 245 (1998).

③ A startup is a newly formed company founded by an entrepreneur. See Joseph W. Bartlett, *Equity Finance: Venture Capital, Buyouts, Restructurings and Reorganizations* 6 (2nd ed. 1995).

④ The company could fail and render the venture capitalists' investment worthless.

风险投资，英文为 Venture Capital，这里的英文"Venture"不仅仅是"风险"之义，也不是一般意义上的"冒险"，而是特指"冒险创建企业"之义[①]。风险投资，是指由专业投资者以股权投资形式为主，通常与管理一同投资于新兴的、具有高增长和迅速发展潜力的非上市公司的资本，其最终目的并非拥有或控制目标企业，而是通过长期股权投资在退出该企业时获得投资回报，其投资方式和投资对象决定了其高风险与高收益并存[②]。

风险投资，以风险投资者承担高风险为代价，为新兴公司(特别是高科技公司和新型服务公司)的跨越式成长提供了巨额资金和管理支持，成就了诸如 Amazon，Apple，Costco，eBay，Facebook，Google，Medtronic，Staples 以及 Starbucks 这些跨国巨人[③]，也培育了新浪、盛大、搜狐、携程、百度、如家等一系列优质公司的迅猛发展。这些公司在发展初期对资金需求量很大，但由于伴随其潜在巨大收益的是巨大的风险，因此很难通过传统融资渠道(例如银行贷款、公司债券等)筹集到足够的资金。风险投资，这种金融创新与私人资本相结合的投资机制则填补了这个空白，从 20 世纪 90 年代起得到了迅猛的发展，成为网络经济与高科技产业发展的引擎。但与此同时，风险投资者承担了无数初创企业经营失败所投入的资本有去无回的高风险代价。这是因为，接受风险投资的创业企业，又称"目标公司"(portfolio companies)[④]，一般是处于起

---

① 欧阳昌民:《中国风险投资契约关系》，中国农业大学 2004 年博士学位论文，第 7 页。

② 有学者在其专著中总结了一些官方机构和学者对风险投资的定义所作出的不同表述，并将风险投资的本质特征归纳为：①投资对象的特殊性；②投资方式以股权投资形式为主；③风险投资的最终目的不是拥有或控制企业，而是通过参与创建、培育企业，待企业成熟后以将企业首次公开上市、整体出售、二级出售等方式获得投资回报；④风险投资的高风险与高收益并存。参见彭丁带:《美国风险投资法律制度研究》，北京大学出版社 2005 年版，第 3－6 页。

③ See National Venture Capital Association, *Venture Impact*: *The Economic Importance of Venture Capital-Backed Companies to the U.S. Economy* 10 (6th ed. 2011).

④ The companies that receive venture capital funding are called "portfolio companies." The term "portfolio company" denotes the fact that the company is but one in the venture capitalist's portfolio of companies. See Joseph W. Bartlett, *Equity Finance*: *Venture Capital*, *Buyouts*, *Restructurings and Reorganizations* 3, 4. (2d ed. 1995).

步阶段的非上市公司，集中于高科技领域和新兴服务领域，具有高增长和高利润所带来的高资本收益的潜力，但同时也具有技术、市场、管理、人才等不确定因素所带来的高风险。创业企业的创办人，即“创业企业家”（venture entrepreneur），一般是既具有创业基础（如科研成果、市场企划等）又具有创业雄心壮志的精英，但通常缺乏进一步发展目标企业所需的大量资金。这些失败的高风险，均转移给了风险投资者。

对于什么是风险投资，至今尚“没有一个标准的具体的定义”[①]。但我们可以从国际上典型的风险投资公司的业务中感悟到什么是风险投资[②]。在我国，风险投资亦译为“创业投资”。有学者认为，应把风险投资理解为三个方面的含义：第一、它是一种支持创业的活动，而不是一般意义上的其他企业活动；第二、风险投资不仅要给创业活动提供资本支持，还要提供管理、服务，直接参与到创业的过程；第三、这种资本是在企业处于创业阶段提供，创业使命完成之后便退出[③]。根据美国风险投资协会（National Venture Capital Association）的定义，风险投资是指：“由职业金融家投入到新兴的、迅速发展的并有巨大竞争潜力的企业中的一种权益性资本。”[④]与之相比，经济合作与发展组织（Organization of Economic Cooperation and Development）对风险投资的定义较为宽泛，即“一种投资于未上市的新兴企业并参与管理的投资行为。其价值是由企业家和风险投资家通过资金和专业技能共同创造的。”[⑤]我国国家发展和改革委员会等十部委联合起草、2005 年 11 月 15 日发布并于 2006 年 3 月 1

① 1 Joseph W. Bartlett, *Equity Finance: Venture Capital, Buyouts, Restructurings and Reorganizations* § 1.1 (2d ed. 1995).

② Among the largest and most prominent venture capital firms are Greylock Partners, Sequoia Capital, Menlo Ventures, Oak Investment Partners, Highland Capital Partners, Bain Capital, Kleiner Perkins Caufield & Byers, and Morgenthaler. The Next Big Thing 2011: The Top 50 Venture-Funded Companies, *Wall St. J.* (Mar. 9, 2011).

③ 参见欧阳昌民：《中国风险投资契约关系》，中国农业大学 2004 年博士学位论文，第 7 页。

④ See website of National Venture Capital Association, http://www.nvca.org/def.html.

⑤ See website of Organization of Economic Cooperation and Development, http://www.oecd.com.

日起实施的《创业投资企业管理暂行办法》从体现“支持创业”的投资取向考虑，统一采用“创业投资”表述，并将其界定为“向创业企业进行股权投资，以期所投资创业企业发育成熟或相对成熟后主要通过转让股权获得资本增值收益的投资方式”。国家自然科学基金委员会《发展我国风险投资业的法律保障问题研究》项目结论表明，目前我国风险投资业还处于初创阶段。在这个阶段，外国资本是我国风险资本市场的主要供给来源。该项目的重要研究结论之一是把我国风险投资市场的发展划分为 4 个阶段，即起步阶段、初创阶段、成长阶段和成熟阶段①。

风险投资的高风险性主要是由风险投资的对象的高风险性所决定的。首先，从企业的生命周期来看，风险投资的对象往往是处于种子期、初创期、成长期的创业企业，这类企业处于创业期，企业的技术、工艺、产品还很不成熟，也没有得到市场的完全检验。由于高科技和新兴服务企业的创新性意味着技术的不成熟、营销策略和市场前景的不确定，另一方面是由于创业企业资产的特殊结构所造成的。创业企业在发展初期的资产具有高度的无形性，核心资产主要是创业企业家的技术秘密、商业秘密以及专利权等知识产权。依赖于无形资产而对创业企业进行投资，风险投资者不得不面对项目停滞的风险。尽管风险投资者对项目和企业的选择具有丰富的经验，在做出风险投资决策之前也会经过严格的尽职调查程序，但事实证明，并不是每一个风险投资项目都能获得预期的成功。例如，发达国家的科技创新型企业的成功率仅为 20%～30%②。因此风险投资机构的投资要承受很大的风险。其次，从风险投资机构的资金投入到产出的周期来看，由于风险投资者投资的主要是未上市的股权，因而流动性低，投入产出期限长。风险投资者的资金往往在企业创立之初就会投入，到科技创新成功、企业上市一般等待很长的期限。在此期间可能还需

① 参见范柏乃：《发展我国风险投资业的法律保障问题研究》，载《管理学报》2006 年第 6 期，第 640 页。

② 寇祥河：《税收政策支持风险投资的必要性》，载《中国风险投资年鉴》，2008 年 4 月 30 日，第 336 页。

要不断地注入新的资金。投资期限长，导致风险投资资金面临不可测的因素增加，不确定性的风险增加。再次，创业企业不同于大型成熟企业，其可以用作投资担保的实物资产较少，而其尚未建立的良好声誉也会使投资具有更大的风险，因此很难获得融资。风险资本的进入必然会稀释创业资本家的股权和控制权。风险投资通常是创业企业家在没有其他可用的融资渠道的情况下的最后选择，这就意味着在风险资本进入前，创业企业就几乎不会剩下未设定担保的资产。一旦创业企业的无形资产价值由于泄密、进入门槛较低、商业化难度加大、增长减缓、项目前景不被市场看好等原因而降低，创业企业就可能破产，风险投资也会随之付诸东流。最后，从企业的控制权限角度来看，风险投资者在资金投入之后，通常并不直接控制企业的决策权，也不参与企业的日常经营管理工作。风险投资机构对融资企业的把控，是比较宽松的。融资企业的实际决策权利控制在实际控制人即融资企业的大股东的手中。因此，风险投资机构获得投资收益面临诸多不确定因素，也是风险投资机构的高风险的一个重要原因。

二、法律在风险投资规制中的重要作用

美国学者 Curtis J. Milhaupt 指出：法律成为美国风险投资发展的“驱动器”[①]。美国风险投资的发展历史，揭示了风险投资与法律的关系密切。目前，各国调整风险投资行业的法律是一种实定法，它对于风险投资市场参与者来说，是一种必须遵循的法律规范，但是对于法学家来说，它是一种进一步研究的资料。法学家“不应该把法律条文仅仅看成一种法律规范，他必须学会用一切具有良好批评方法的步骤来研究和追寻真正的法律规范”[②]。为了促进我国

① Law has been cited as the driving force of the U. S. venture capital market. See Curtis J. Milhaupt, The Market for Innovation in the United States and Japan: Venture Capital and the Comparative Corporate Governance Debate, 91 *Nw. U. L. Rev.* 865, 879 - 80 (1997).

② 李道军：《法的应然与实然》，山东人民出版社 2001 年版，第 27 页。

法律的进步和我国风险投资行业法律制度的完善，我们必须关注法的应然性，即那些产生于制度又超越于制度的体现法的诸价值和人类道德要求的法律规范，只有它们才是我们文明社会、法治时代所追寻和探求的。

（一）法律对于风险投资的作用

风险投资的运作过程，主要包括投资者将资本交与风险投资机构，风险投资机构经过评估和项目筛选、审核后将投资者和自己提供的资本投向创业企业，并与创业企业的企业家一同经营和管理企业，待到企业成熟后退出企业、得到增值资本并将资本和增值利润返还投资者的过程。法律对于美国风险投资的成功运作具有重要的推动作用。

风险投资的运作过程与法律密切相关，风险资本提供者（投资者）和风险投资机构之间的法律协议主要是有关投资领域、资本募集、投资回报分配等方面的协议；而风险投资机构与创业企业之间的协议主要涉及股份分配、资本入股期限、投资方式和企业董事会席位分配等方面①。同样，风险投资的退出也需要有一个健康有序的资本市场。可见，法律对于风险投资发展的作用（role of law）表现在风险投资机构设立的组织形式、融资规则、融资和投资合同条款的规范，风险投资的退出等各个方面。

在风险投资机构设立（formation）阶段，涉及许多法律问题，例如风险投资机构设立的组织形式：是采用有限公司还是基金，或者是采用有限合伙的法律组织形式，风险投资机构的投资人与基金管理人之间需要通过合同方式约定各自的权利义务、风险投资机构的存续期间、解散程序与规则等问题。在风险投资机构的融资（funding sources）阶段，法律对风险投资机构的融资对象，融资程序和规则均作出规定，风险投资机构的融资行为必须遵循法律规则。在风险投资机构的退出方面，通过在证券市场上市交易和股权转让等方式，使得风险投资机构得以顺利退出。风险投资机构所投资企业的上市以及股权转让

① 彭丁带:《美国风险投资法律制度研究》，北京大学出版社 2005 年版，第 7 页。

均涉及大量的法律问题。

（二）美国金融法案对美国风险资本市场的影响

美国的金融监管历史像是一场轮回。而法律则在其中起着关键的作用。20世纪30年代前，美国金融制度实行宽松的政策和经营环境，自由竞争观念盛行，各类业务的开展基本不受法律规制，美国商业银行存贷款业务与投资银行业务相互渗透，实行的是混业经营制度。1929年至1933年的经济危机，不但对美国金融制度造成巨大的冲击，同时也对人们的金融监管理念也产生了严重的冲击。为了确保银行体系的安全以及公众对金融体系的信心，罗斯福总统颁布了一系列旨在彻底改革金融体系和货币政策的一揽子金融改革措施，开始了美国历史上最为重要的一次金融制度改革，即通过银行和证券分离制度，使美国开始进入了分业经营和分业监管的历程。1933年6月16日通过的《格拉斯·斯蒂格尔法》(Glass-Steagall Banking Act)打破了银行、保险和证券的混业状况。该法规定商业银行不能经营长期性投资业务，投资银行也不能经营商业银行的业务。它标志着商业银行和投资银行业务的分离以及纯粹意义上的投资银行和商业银行的诞生。此后，美国又颁布了《1934年证券交易法》、《1940年投资公司法》、《1956年银行控股公司法》等法案，进一步隔离了商业银行和投资银行业务。

到了20世纪50年代后期，美国国会开始关注风险投资的法律规制问题。1957年10月4日，苏联成功发射了人造地球卫星，使美国感受到在科技领域的领先地位受到挑战。同时，美国联邦储备委员会发布了一份股权投资不足的报告，这两件事导致美国通过了《1958年小企业投资法》[Small Business Investment Act of 1958 (SBIA)][①]，政府鼓励设立“小商业投资公司”[small

① See George W. Fenn et al., *The Private Equity Industry: An Overview*, *Financil Markets*, *Institutions and Instruments* 11 (Nov. 1997).

business investment companies（SBICs）][1]，作为"小商业管理局"[Small Business Administration（SBA）]颁发许可证的风险投资公司，很快，全美国成立了300个"小商业投资公司"[2]。"小商业投资公司"项目在1960年到1970年期间，为小企业融资起到了极大的促进作用。后来由于政府管制日益严格，人们对于"小商业投资公司"的期望值过高，以及对风险投资行业的误解等原因，造成"小商业投资公司"的作用的下降[3]。《1958年小企业投资公司法》和小商业投资公司项目的严重缺陷（serious flaws）[4]导致现代风险投资活动时代的来到[5]。

20世纪70年代后金融创新浪潮不断，市场经济需要金融服务一体化的内在需求使得金融创新不断冲破人为因素和自然因素所形成的市场分割，使得银行业、证券业和保险业的联系越发紧密，其界限也日趋模糊。1998年美国花旗银行与旅行者集团合并，将投资、保险业务集于一身，成为美国第一个完全混业经营的银行，突破了混业经营的限制。1999年11月4日，是美国金融法律历史上也是世界金融史上的重要日子。《金融服务现代化法案》（Financial Service Modernization Act）经过20多年的争论，最终由美国国会参众两院以绝对多数表决通过。11月12日克林顿总统正式签署使之生效。《格拉斯·斯蒂格尔法》这项设定金融分业经营的法案，在实施了66年之后，终于因《金融服务现代化法案》生效而终结。《金融服务现代化法案》对于金融控股公司及

---

① Richard D. Harroch et al., *Start-Up and Emerging Companies: Planning, Financing, & Operating the Successful Business* § 6.01[3] (rev. ed. 1998), at 6-13.

② Steven L. Brooks, The Venture Capital Investment Act of 2001: Arkansas's Vision for Economic Growth, 56 *Arkansas Law Review* 397,402 (2003).

③ Steven L. Brooks, The Venture Capital Investment Act of 2001: Arkansas's Vision for Economic Growth, 56 *Arkansas Law Review* 397,407 (2003).

④ The SBIC program contained crucial flaws. First, SBICs were required to pay interest on leverage obtained from SBA loans. As a result, they concentrated on debt, not equity, financing.

⑤ Duke K. Bristow, Benjamin D. King, Lee R. Petillon, Venture Capital Formation and Access: Lingering Impediments of the Investment Company Act of 1940, *Colum. Bus. L. Rev.* 77, 89 (2004).

其子公司开展银行、证券、保险、风险投资等业务都有规定,从正式立法的角度确定了混业经营发展方向,成为美国最重要的金融法律之一,也是20世纪末金融自由化的重大事件。从此,1933年制定的《格拉斯·斯蒂格尔法》为基础的美国金融体系发生了革命性的变化,商业银行、证券公司和保险公司跨界经营变成普遍现实,以提供全方位服务和“金融百货”为特征的“金融超市”得到了迅速发展。

在1933年的《格拉斯·斯蒂格尔法》正式被废除十年之后,2008年9月,以美国第四大投资银行雷曼兄弟破产为标志的金融危机爆发了,这场危机从美国蔓延开来波及全世界。2008年9月15日雷曼兄弟倒闭之后,高盛立刻转为银行控股公司,因为它希望拥有商业银行才具有的特权,能从纽约储备银行的贴现窗口介入应急资金以避免雷曼兄弟的命运。这成了“沃尔克规则”(Volcker Rule)问世的导火索。曾担任过两届美联储主席的保罗·沃尔克提出的监管规定,要求商业银行只能代理客户从事证券交易业务,禁止银行直接从事或者通过下设的对冲基金间接从事高风险的投机业务①。2014年4月1日,“沃尔克规则”正式生效,并要求银行在2015年7月21日前完成对“沃尔克规则”的严格执行。美国的金融监管将再一次收紧。法律对于美国风险资本市场的影响,由此可见一斑。

三、法律对风险投资者的高风险规制作用

风险投资的资金供给者总称为风险投资者(investors)。风险投资者是投资于风险投资项目的各类主体的总称。风险投资者可以是风险投资机构,也可以是专业的风险投资家或者以天使投资者为代表的个人投资者。风险投资者的结构图示如下。

① 参见孙琦子:《“沃尔克规则”生效美国金融监管收紧》,载《经济观察报》2014年3月31日第007版。

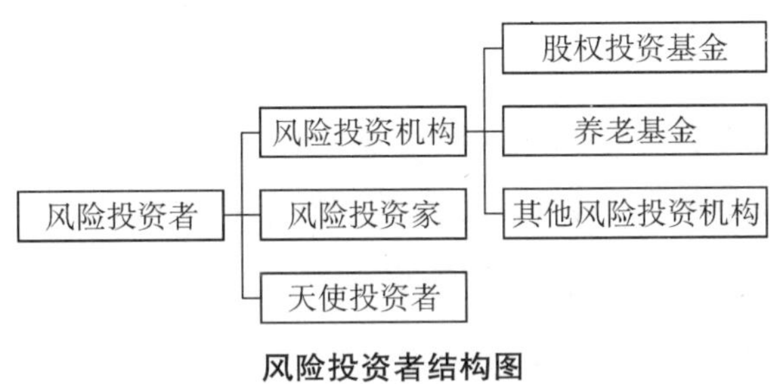

风险投资者结构图

（一）风险投资机构

战后美国金融体系的最大变化便是风险投资机构的崛起。风险投资机构在资本市场上的支配地位从历史的眼光来看是长期演变的结果。这一金融体系的变迁是新产业革命的需要，刺激了美国向知识经济时代过渡。风险投资机构的定义有广义和狭义之分。广义的风险投资机构包括参与风险投资的各种证券中介机构、股权投资基金（投资公司）、养老基金、社会保险基金、保险公司，以及各种私人捐款的基金会、社会慈善机构等，内含十分广泛。而狭义的风险投资机构则主要指参与风险投资的各种股权投资基金、养老基金、社会保险基金以及保险公司等其他风险投资机构①。下面我们主要从狭义的层面来讨论风险投资机构。风险投资机构对资本市场的功能表现之一便是作为美国风险资本市场的主要资本供给来源，由养老基金、社会保险基金、股权投资基金、投资银行和大公司等投资机构构成。

美国的养老基金是重要的风险投资力量，分为公司养老基金和公共养老基金两类。前者是指公司按照国家法律规定为本公司的退休员工设立的养老基金，由公司经营管理；后者委托公共基金管理人进行管理，其决策实行公开、透明原则，接受公众审查。但是美国养老基金并非一开始存在于风险资本市

① 刘建洲、丁楹：《机构投资者的发展对资本市场的影响——以美国为例的分析》，载《证券市场导报》2002 年第 5 期。

场，其准入过程颇为曲折。要了解该过程，我们得对所谓的“谨慎人规则”(prudent-man rule)有所认识[①]。谨慎人规则起源于信托法，起初主要适用于英美法系国家，如英国、美国、澳大利亚、加拿大等，该规则现在已经演化为“谨慎投资者规则”(prudent investor rule)[②]。在信托法中，谨慎人规则通常被表述为以下较为宽泛的原则：受托人必须以一个拥有相同能力的谨慎之人在经营一个相似性质和目的的企业所应运用的注意、技能、谨慎及勤勉履行其义务。谨慎人规则是一个行为导向规则(behaviorally-oriented)，其主要关注受托人如何勤勉地履行所负的义务，包括投资决策如何作出[③]。谨慎人规则同样也是美国信托法上一个重要概念，是影响资本市场和风险投资的一项重要规则。1942年由美国银行家协会制定的《谨慎人规则示范法》(The Model Prudent Man Rule Statute)首次将这一规则法典化。但是当时“谨慎人规则”的重要特征之一便是严格与僵硬，不支持风险投资，除非信托合同中有明确授权，受托人才能投资于“投机性财产”，但是不许作出风险投资承诺。正因为这一特征，使得1979年以前养老基金的管理者一直将向风险投资提供资金视作对其所承担的信托义务的违反。美国通常通过州法来规范信托行为[④]。联邦层面，主要通过示范法的方式来通过一个统一的信托规范，如1994年的《统一

---

① 谨慎人规则源于1830年马萨诸塞州最高法院审理的 Hatyard College v. Amory 一案。在该案中立遗嘱人授权受托人从事股票投资，后来受托人所投资的股票价格下跌，由此争议而导致诉讼。大法官 Putnam 在审理该案中首次阐述了“谨慎人规则”，即“资本总是伴随着风险。对受托人投资的全部要求就是他必须为人诚实可靠并行使完全的自决权，需要学习处理业务时审慎、理智，与是否投机无关，而要考虑资产的长远安排，考虑投资的收入问题以及投资资本面临的风险。” See Note, Fiduciary Standards and the Prudent Man Rule under the Employment Retirement Income Security Act of 1974, 88 *Harvard Law Review*, 960 - 979 (1975).

② Max M. Schanzenbach & Robert H. Sitkoff, Did Reform of Prudent Trust Investment Laws Change Trust Portfolio Allocation?, 50 *J. L. & Econ.* 681, 683 (2007).

③ 曾维涛、张国清：《养老基金投资的谨慎人规则及其在我国社保基金投资管理中的适用》，载《当代财经》2005年第8期。

④ Philip J. Ruce, The Trustee and the Prudent Investor: the Emerging Acceptance of Alternative Investments as the New Fiduciary Standard, 53 *S. Tex. L. Rev.* 653, 677 (2012).

谨慎投资者法》(Uniform Prudent Investor Act)①,对信托信托行为进行规范的。1974 年的《雇员退休收入保障法案》(Employment Retirement Income Security Act)更加强了这种保守态度。该法案第 401 条 C 款规定:“通过养老金计划的投资多样化和资产分散化,以实现主要损失的风险最小化,除非在其他情况下能够确信其他的行动方式是谨慎的。”1979 年美国劳工部对《雇员退休收入保障法案》中的“谨慎人”条款进行了修改,规定只要不威胁整个投资组合的安全,允许养老基金参与风险投资,并规定了养老基金管理者投资于风险投资的限额,即为其资本的 10%。这一修正案的出台导致了风险投资中养老基金的比重迅速增加,到 20 世纪 80 年代末,据统计,投入风险投资业的养老基金数额达到 40 亿美元②。可见“谨慎人规则”是与金融资本市场密切相关的,具有动态演进的特点。捐赠基金是风险资本的重要机构投资者,是以个人或者法人名义捐赠给学校、科研机构、博物馆、医院等非盈利性机构的资金,由投资专家进行管理。捐赠基金主要间接地参与风险投资,即向风险投资机构提供风险资本。

保险公司参与风险投资源自公司的私募业务。早期保险公司进入风险资本市场主要通过购买风险性债务,为风险大的创业企业提供资金,这样的早期杠杆收购业务被称为“夹层融资”(mezzanine financing)③,后来保险公司开始

① The Uniform Prudent Investor Act, created in 1994, has been enacted in forty-three U. S. jurisdictions: Alabama, Alaska, Arizona, Arkansas, California, Colorado, Connecticut, District of Columbia, Hawaii, Idaho, Indiana, Iowa, Kansas, Maine, Massachusetts, Michigan, Minnesota, Mississippi, Missouri, Montana, Nebraska, Nevada, New Hampshire, New Jersey, New Mexico, North Carolina, North Dakota, Ohio, Oklahoma, Oregon, Pennsylvania, Rhode Island, South Carolina, Tennessee, Texas, U. S. Virgin Islands, Utah, Vermont, Virginia, Washington, West Virginia, Wisconsin, and Wyoming. See Legislative Fact Sheet-Prudent Investor Act, Uniform L. Commission, http://uniformlaws.org/LegislativeFactSheet.aspx?title=Prudent%20Investor%20Act.

② Paul A. Gompers, The Rise and Fall of Venture Capital, 23 Business and Economic History, No. 2 (1994).

③ The term “mezzanine financing” is often used in the context of the changes expected to be caused by the implementation of Basel Ⅱ (The International Convergence of Capital Measurement and Capital Standards—A Revised Framework, the second Basel Accord), and is considered to be a possible solution to the restrictions that are expected to be imposed on access to loans.

投资于专业的风险投资机构或是成立自己的风险投资机构。

投资银行进入风险资本市场是在20世纪80年代初期，摩根·斯坦利将苹果电脑公司成功推上纳斯达克。按照现今投资银行参与风险投资的规模可以将其分为两个群体：一是以摩根·斯坦利、美林、高盛为代表的大型投资银行；第二类群体是从事收购兼并或是创业企业融资的小型投资银行。

大公司也是参与风险投资的主力军之一，其方式有多种。一些大型的公司都设立自己的风险投资机构，直接进行风险投资活动，这些风险投资机构的股权部分或全部属于创建它的大公司，例如英特尔公司设立的英特尔风险投资(Intel Capital)；另一种大公司参与风险投资项目的方式是由一家公司牵头，与其他公司成立产业战略基金，对与自身公司技术领域接近的项目进行投资，例如IBM公司成立的Java基金等。

（二）专业的风险投资者——风险投资家

风险投资家(venture capitalist)，是指风险资本的筹集者和运营者，即风险投资机构的经营者或有限合伙制风险基金的普通合伙人(也称主管合伙人)，他们通常担任风险投资机构的职业经理人。风险投资家指将其自有资金或其他投资者的信托资金以长期股权(equity)投资形式投入创业企业，尤其是那些其成功取决于新技术和新产品的初创公司(start-up firms)的各种风险投资者[①]。很多风险投资家本身就有丰富的公司管理经验，并担任过公司的高级管理职务，他们可以给一些缺乏管理经验的经理提供管理咨询和帮助[②]。他们在预期较高回报的同时也需承受较高的风险[③]。在市场竞争激烈的行业，初创期的企业必须少犯错误才能生存。初创期的企业需要风险投资家在企业战略

① Richard D. Harroch et al., *Start-Up and Emerging Companies: Planning, Financing & Operating the Successful Business* 6.01(3) (rev. ed. 1998). The venture capital industry itself is primarily composed of professionally managed venture funds and institutional funds.

② David Rosenberg, Venture Capital Limited Partnerships: A Study in Freedom of Contract, *Colum. Bus. L. Rev.* 363, 364 (2002).

③ See website of National Venture Capital Association, http://www.nvca.org/def.html.

引领方面给予指引①。风险投资家的主要工作包括两个方面：一是为了保持风险投资机构（或基金）经营的持续性，投入大量的时间和精力用于周期性地向风险投资者进行融资（marketing their capital resources）；二是不断寻找优良的投资项目（seeking investments）进行投资，分析项目的投资收益和风险（analyzing proposals），进行投资（making investments），并在投资之后积极参与项目的培养和孵化过程，投入大量的技术和经营管理活动，直至项目投资变现退出②。风险投资家有六个典型的特征（key characteristics）：①他们投资处于起步阶段的并快速发展的企业；②他们买入股权；③他们作为董事为所投资公司增加价值；④他们为所投资公司的新产品开发和销售提供协助；⑤他们为获得高回报准备承担高风险；⑥他们有一个长期的投资策论③。风险投资家作为所投资企业的部分股东（part owner）对于企业的管理起着非常积极的作用④。

（三）天使投资者

天使投资者是美国个人风险投资者的重要组成部分。个人风险投资者是历史最为久远的投资主体，主要投资于创业企业的发展早期。在养老基金进入风险资本市场以后，个人投资者所占比重仍占到10%左右。个人投资者分为一般个人投资者和天使投资者。一般个人投资者为专业的风险投资机构提供资本而不直接参与资本的运营；天使投资者（angel investor）一般是大公司高层、退休企业家、律师或是专业投资家，既有充足的资金，又有丰富的投资经验。“天使投资”一词源于纽约百老汇，原指富人出资资助一些具有社会意义

---

① Richard D. Harroch et al., *Start-Up and Emerging Companies: Planning, Financing, & Operating the Successful Business* § 6.01[3] (rev. ed. 1998), at 6-13.

② See Steven L. Brooks, The Venture Capital Investment Act of 2001: Arkansas's Vision for Economic Growth, 56 *Arkansas Law Review* 397, 399 (2003).

③ National Venture Capital Association: 2001 Yearbook at vii (prepared by Thomson Financial/Venture Economics, 2001), available at http://www.nvca.org.

④ Steven L. Brooks, The Venture Capital Investment Act of 2001: Arkansas's Vision for Economic Growth, 56 *Arkansas Law Review* 397, 406 (2003).

演出的公益行为。对于那些充满理想的演员来说，这些赞助者就像天使一样从天而降，使他们的美好理想变为现实。后来，天使投资被引申为一种对高风险、高收益的新兴企业的早期投资。相应地，这些进行投资的富人就被称为投资天使、商业天使、天使投资者或天使投资家。那些用于投资的资本就叫天使资本。天使资本的出现，填补了许多企业启动时期的融资空缺（capital gap）①。因此，天使投资普遍成为高增长企业启动期再融资的来源。美国的一家对接投资人与创业者的平台 Startups. co 最近刚刚发布了一个数据报告，其中总结了美国天使投资领域的现状：①在美国约有 25. 8 万位天使投资人，平均每年天使投资的金额为 200 亿美元，每位投资人的单笔投资规模在 1 万美元至 10 万美元。②每年获得天使投资的创业公司有 6 万家，其中 80%为种子或早期投资。③在这些获取天使投资的团队中，39. 2%为种子投资，40%为早期（early stage），18. 5%为扩展期（expansion），2. 3%为晚期（later stage）。④在投资行业中，获得最多投资的项目来自医疗领域，占总体的 30%，软件为 16%，生物技术占 15%，工业和能源业占 8%，互联网服务业为 5%，零售业占 5%。⑤美国每百万人口中天使投资人所占比例排在前五位的区域依次为：华盛顿、内华达州、纽约、佛罗里达州和加利福尼亚州。⑥天使投资回报率平均为 23%，传统股票投资的回报率为 10%②。这个数据报告犹如一个百花筒，虽然不很精致，但涉及的面比较广泛，让我们看到了美国天使投资的方方面面，有助于我们对美国天使投资者的现状有一个全面的了解。

在法律层面上，根据美国证券交易委员会《D 条例》第 501 条规则，只有净资产超过 100 万美元者才有资格跻身天使投资者的行列。早至 19 世纪贝尔作为天使投资者创建了贝尔科技，到 Google 早期创业阶段的天使投资支持，天使投资者对风险投资业的作用绝不可低估，他们为初创阶段的企业提供了

① Jeff Seul, Current Business and Legal Trends in the Organization, Funding, and Operation of Emerging Technology Companies, Aspatore, 2014 WL 1234398.

② 参见《美国天使投资每年投 200 亿美元》，载《中国经济导报》2013 年 9 月 26 日第 B07 版。

资金来源[①]。一旦天使投资者确认了他认为有发展前途的创业企业，他便会与创业企业家(entrepreneurs)谈判并订立天使投资合同(Angel Investment Contract)[②]。合同内容包括投资商品的选择、天使投资者的投资金额与所占股份、天使投资者与创业企业家各自拥有的所有权益比例、创业企业的控制与治理、创业企业的赎回权、天使投资者的知情权等。天使投资者所运用的主要激励机制之一，便是让创业企业家与经理层持有创业企业的股份，以勉励其管理好创业企业。现在天使投资者们还建立了自己的行业团体，如天使资本协会(Angel Capital Association)[③]。该协会目的是增进公众对天使投资者的了解，帮助天使投资者团体改善投资决策。天使资本协会成员包括了170多个天使群体和20多家分支机构，有8,000多个会员，协会的天使资本使5,000多家企业受益。

（四）美国法视角下的适格投资者

为了保护风险投资者的利益、促进行业的健康发展，世界上风险投资较成熟的国家都对风险投资者的资格作出了明确的法律规定，以保证资金进入风险投资市场的安全性，美国也不例外。美国证券交易委员会1982年颁布、1989年修订的《D条例》第501条规则(Rule 501)[④]规定，适格投资者(accredited investors)包括以下几类：第一类包括银行、保险公司、投资公司和

---

① See Darian M. Ibrahim, The (Not So) Puzzling Behavior of Angel Investors, 61 *Vand. L. Rev.* 1405, 1417 - 18 (2008) (noting that angel investors fund companies during their earliest stages, including their first year, while traditional venture capitalists typically wait longer before investing).

② See Darian M. Ibrahim, The (Not So) Puzzling Behavior of Angel Investors, 61 *Vand. L. Rev.* 1405, 1419 (2008).

③ The Angel Capital Association (ACA) is the North American trade association of angel groups and private investors that invest in high growth, early-stage ventures. The mission is to fuel the success of angel groups and private investors that invest in high growth, early-stage ventures. ACA provides professional development and delivers services and benefits to support the success of ACA members. ACA serves as the promotional voice for the North American angel community and the public policy voice for the US professional angel community.

④ 美国证券交易委员会制定的第501条到第508条规则总称为《D条例》。

雇员收益计划;第二类为商业发展公司;第三类为超过500万美元资产的慈善和教育机构;第四类为发行人的董事、高级管理人员或普通合伙人;第五类为净资产超过100万美元的个人;第六类为近两年年收入超过20万美元或与其配偶年总收入超过30万美元,且投资当年收入稳定的个人;第七类为由专业人士管理的超过500万美元的信托资产。

四、法律对风险资本退出之高风险的规制作用

经济的发展应该以资本市场为依托,新经济的发展有赖于风险投资,而风险投资通常以资本市场为基本退出渠道。风险投资的目的并不是永久持有融资企业的股份,而是为了通过在适当的时机转让股份退出融资企业以获得高额的投资回报。风险投资家从一开始的投资决策到全过程的管理介入,都是围绕着如何使融资企业成长,所持股权增值和适时退出。风险投资的最终目的就是追求收回投资、变现并取得投资收益。资本流动性的存在客观上要求资本能够退出。但是我们得看到问题的两面性,国内许多学者定义的时候只看到资本增值一面,而不见行业的风险,即最终实现资本增值的机率相对来说较低,所以除了实现资本增值外,如果创业企业亏损,退出也是降低和避免损失的必由之路。因而,我们认为,风险投资的退出机制应该被全面地定义为:风险投资机构在所投资的创业企业发展较为成熟或者不能继续很好地发展的情况下,将所投入的资本由股权形态转化为资本形态,以实现资本增值和避免或降低损失的机制。

退出是风险投资整个循环环节中的重要一环。退出制度安排的有效性,直接影响到风险投资业的生存与发展。风险投资的退出渠道主要包括:①在首次公开上市中将其持有的股份转让给认购的投资者;②通过企业并购或股份出售方式将其持有的股份转让给其他股东或者新股东;③由风险资本所投资的融资企业提供股份回购方式回购风险投资者手中的股份;④通过融资企业进行清算的方式,收回所投入的资本。一项最新调查表明,美国与欧洲风险

投资的退出渠道大致相同，但不同退出渠道的比例是不同的。

（一）首次公开发行

首次公开上市（initial public offering 或 IPO）方式是指第一次向社会公众发行创业企业的股票，其实质是推动创业企业转变为公众持股公司，从而实现股权的可流通，以便能够通过公开市场出售其持有股份，以实现资本增值。首先公开招股在美国可以通过传统意义上的证券交易所（如纽约证券交易所）来实现，也可以通过新型证券交易平台（如纳斯达克市场）来实现。证券交易所……纳斯达克市场与高科技公司密不可分，美国大部分的互联网、计算机软件、计算机硬件、电子通讯和生物技术公司是在纳斯达克市场上市的。纳斯达克市场以做市商制度为核心，由全美证券交易商协会管理，由美国证券交易委员会监管。纳斯达克三个层次市场的上市标准和上市费用都远低于纽约证券交易所。高流动性和做市商制度等优势吸引了大量的高新技术企业，包括十几年前尚处创业阶段的微软和英特尔。而纳斯达克市场的高速成长也与其容纳的高新技术上市公司密不可分。纳斯达克市场作为国际资本市场最引人注目的制度创新，造就了一大批从风险投资中脱胎而出的高新技术企业，并将其培育成了著名跨国公司，壮大了风险投资行业和国家的科技创新实力，是制度创新与科技创新良性互动创造价值的典型。

值得一提的是，首次公开上市后较长一段时间内，风险投资投资都只是部分退出（partial exit），而不是全部退出（full exit）。这其中的法律原因主要是：首先是限制性股票（restricted share）的出售限制。凡是企业董事、高层或是拥有企业 10%以上股票的股东所持有的股票，其出售时间有一定的限制。风险投资家所持有的股票一半都是属于限制性股票。美国《1933 年证券法》框架下第 144 条规则（Rule 144）[①]对限制性股票的出售做出了限制，该规则规定：除股票持有人死亡外，股票购买一年之内不得出售；购买的一到两年内，持有人

① ［美］莱瑞・D・索德奎斯特：《美国证券法解读》，胡轩之、张云辉译，法律出版社 2004 年版，第56 页。

在通知美国证券交易委员会的情况下可以有条件地、通过做市商出售；股票购买两年以后可以自由出售。其次，股票承销商与风险投资家和创业企业家可能出于保持公众投资信心考虑，在承销协议中约定所谓的“锁定条款”（lock-up clause），该条款一般约定风险投资家、创业企业家或企业高层在公开上市后一段时间内不得出售持有股份。再次，风险投资合同中可能有注册权（registration rights）的缓行条款（stand aside clause），注册权是指风险投资家所持有股份的注册登记以便能顺利出售的权利。风险投资合同有时候能够通过缓行条款延缓这种权利的实现以免对公开上市造成负面影响。

一般认为首次公开发行是一种理想的风险投资治理机制退出模式，其原因在于：首先，能够上市表明风险企业的经营管理是成功的，成长性良好，已经具备了向公众发行股票的条件；其次，如果能掌握好资本市场的适当发行时机，而且风险企业趋于成熟，其市场预期价值最大且与资本市场的繁荣相配合，那么这时候上市不仅成功的可能性大而且收益也高[①]；再次，风险投资家通过首次公开上市方式退出，表明风险投资家对该项目的投资决策正确，其声誉效应最大；第四，风险企业通过这种方式退出，可以保持企业的独立性，从而使得大股东获得更多的企业控制权，实现大股东利益的最大化，这是并购方式所不能比拟的；最后，首次公开上市融资使得风险企业获得在资本市场上持续筹资的可能性。

当然运用首次公开上市方式的退出机制也有不少弊端：

(1) 发行前的成本费用比较高昂。相较于其他退出方式，公开上市的手续比较繁琐，涉及法律、会计、中介等问题，退出成本较高，而且发行费用也十分昂贵，一般为筹资额的5%—10%，而且一旦由于政策、经济环境等不可预测的原因而造成公开上市的失败，前期投入的成本也基本不能收回。

---

① Lerner J., Venture Capitalists and the Decision to Go Public, 35 *Journal of Financial Economics*, 293-316 (1994).

(2) 对公司经营业绩的压力。必须对公司的经营和财务状况进行持续的披露,其财务状况与经营管理的重大事项就会为社会公众所知悉,甚至被竞争对手利用,使企业自身在竞争中处于被动地位。

(3) 对公司的公众监督更广泛。公司必须更规范、更严密,对上市公司各项制度的限制会增加运作成本①。

(4) 通常为了维持股价稳定,风险投资家所持的股票在上市后不能立即出售变现(通常锁定期为半年以上),如果在此期限内股票下跌,其收益也会下降。

风险企业公开上市可以选择主板上市,也可以选择在创业板市场上市。但主板市场,如美国的纽约证券交易所的上市门槛往往只适合发展成熟、经营历史较长、业绩稳定的大企业。对那些历史短、发展潜力大的中小型高科技企业更适合在创业板上市,如全美 80%以上的计算机、电子、生物技术等上市公司都集中在纳斯达克市场上,其中包括著名的微软、雅虎、英特尔、苹果、莲花等公司。

(二) 场外市场挂牌

场外交易市场不仅仅是一个项目孵化的平台,它已经成为风险投资重要的退出渠道之一。前国内风险投资公司投资资金总规模有 6 000 亿元②,还有很多项目的退出存在诸多困难。场外交易市场的建立无疑为创投机构的股权流转提供了新平台。如果大陆的场外市场能够尽快突破目前的局限,在发展中有效提升筹资和交投功能,那么在这个市场实现退出的收益不会低于中小板和创业板,这个市场对于创业投资同样具备着巨大的投资机遇。创业投资非常依赖资本市场,也非常看重与包括新三板和各地股权交易市场在内的场外市场。如果能够突破一些针对场外市场的政策性限制,未来的场外市场完

① 参见潘越,李才喜:《中国私募股权基金退出机制研究》,中国财政经济出版社 2007 年版,第 83 页。
② 参见李锐:《阚治东:场外市场已成 PE 退出重要渠道》,载《上海证券报》2013 年 5 月 28 日 A5 版。

全能够成为真正意义上的交易所。

（三）并购、股份出售和股份回购

以并购(acquisition)方式提出在风险投资退出方式中的比重越来越大，作用也越来越重要。并购是英美等国家风险投资重要的退出渠道。在美国等海外的成熟市场，风险投资有80%的项目都通过并购退出。在中国，越来越多风险投资项目通过并购退出。未来，并购模式将是退出的主渠道。2012年中国并购市场共完成991起并购交易。而2013年1—3月，国内并购完成案例177起，披露金额的166起案例共涉及交易金额53.02亿美元。近年，与风险投资相关的并购案例大幅上涨，数量从2006年的36起上升到2012年的208起[①]。多家机构预计，2014年国内并购市场仍将呈现大幅增长。参与并购的主要有进行战略投资的大公司、进行规模扩张或寻求新的增长点的大公司以及各种投资资金等。并购包括兼并收购(merger and acquisition)和管理层收购(MBO)等。

股份出售(trade-sale)，包括整体出售和二级出售(secondary sale)。整体出售是指通过收购和兼并(M&A)的方式将企业整体出售给其他的企业；二级出售是指风险投资家的股份转让给其他的机构投资者或其他的风险投资家，由他们接手进行再投资。

创业企业的兼并收购，作为一种资源的配置与重组，是对经济环境变化发展的反映，风险投资业是伴随着高新技术的突飞猛进和金融环境的日益宽松而发展起来的，大量风险投资企业的涌现对美国经济发展进入新时代起到了难以估量的巨大作用。兼并收购，作为一种久已存在的资本运营方式，为风险资本的退出提供了一条重要途径。

并购方式退出与IPO相比，对创业企业家而言很可能意味着失去对创业企业的控制权，但是并购退出的交易成本低、手续方便、时间短，而且是立即变

① 参见郭成林：《并购“傍大款” PE“试婚”应对整合风险》，载《上海证券报》2013年5月29日封三。

现，并购方式还不受企业资产和盈利状态等条件约束，受股票市场的影响是间接的且影响程度不大。可见，并购退出是一种有效的退出方式，而且被并购的公司中有很多成功的公司，如 Cerent 就以 69 亿美元被思科公司收购①。如果公开上市融资则很难融到这么大的资金量。再如 Hotmail 从创业到卖给微软仅一年时间，以上亿美元成交。这说明一些战略投资者从公司长远利益出发，愿意出高价收购那些能增强自身核心竞争力的中小高科技公司②。从技术创新角度上讲，小企业更适合创新，小企业创新的效率往往高于大企业，但大企业有生产、营销等方面的优势。因此，一旦技术创新取得成功而被大企业兼并收购可能更有效率。

股份回购（redemption）是指风险企业的管理层或企业家和风险企业回购企业的股份。股权回购是指创业企业从风险投资者手中赎回其所持有的股权，是风险投资机构实现投资退出的最保守方法。股权回购的优势在于股份收购只涉及创业企业或企业家与风险投资者两方面的当事人，产权明晰，操作简便易行，同时可以将外部股权全部内部化，使创业企业保持充分的独立性；最后，这种方式费用少、过程简单且所需时间短③。但是回购的资本收益往往低于出售方式，风险投资在公开上市过程中更容易获得几倍的收益，而股份回购则容易失去很多潜在的投资机会，也对创业企业有较高的资金要求。通常投资合同中的回购方式有三种：强制性回购（mandatory redemption），投资者选择性回购（investor optional redemption）以及公司选择性回购（optionalcompany redemption）。

股份回购条款通常包含在可转换优先股合同之中，一旦优先股转换成普

① Hellmann T.， IPOs， Acquisitions and the Use of Convertible Securities in Venture Capital， *Working Paper*， University of Stanford， 2000.

② Kortum S. & Lemer J.， Does Venture Capital Spur Innovation? *Investors and Public Policy*， 95 (1998).

③ 李磊：《私募股权基金运作全程指引》，中信出版社 2009 年版，第 257 页。

通股，也同时丧失这些权力。强制性回购要求风险企业事先确定的时间(通常按月或按年，以便减少对企业现金流的压力)和价格回购风险投资家所拥有的股份。主要目的是当企业无法上市、无法并购或者企业前景不佳的情况下，风险投资家收回投资的手段. 投资者选择性回购是风险投资合同中常见的回购方式，从本质上讲它与强制性回购相比具有更大的弹性，但这种权力使风险投资家可以在任何时候强迫企业回购自己的股份。其目的与强制性回购一样，但现实中一般是企业经营一定的时期后行使这种权力，尽管如此，这种权力对企业家而言是一种巨大的压力和约束。公司选择性回购允许公司回购风险投资家的股份，这种情况一般发生在企业经营比较成功，有足够的现金流，其价格也高于强制性回购的价格。其目的在于企业家或管理层通过回购收回对企业的控制权。

股份回购方式退出带来的投资收益远远不如前两种退出方式，对风险投资家而言是一种保护性的退出渠道，而对企业家或管理层而言，通过回购可以收回对企业的控制权。这种情况一般发生在风险投资家对企业未来增长潜力的信心不足，而企业家或管理层对企业发展有较高的增长预期。其关键在于回购的资金安排(企业盈利资金、银行贷款等)，风险投资的治理机制等。

(四) 清算

以清算(write-off)方式退出是风险投资家和企业家都不愿看到的，但风险投资的高风险性决定了它的高失败率，而且越是早期阶段的投资，失败率越高。由于高技术企业早期以无形资产为主，其清算价值很低，即使可转换优先股有优先清偿权，风险投资家一般难以回收原始投资。因此，一旦风险企业前景不好，不能带来预期的高回报，风险投资家就必须果断撤出，避免更大的损失。从而将收回的资金、时间和精力投入到其他的投资组合中。

由于风险投资具有高风险性，有相当比例的项目在经营后会不尽如人意或者失败。因而一旦风险投资家在项目监控过程中发现所投资的企业陷入困境且失去发展的可能时，清算便成为迫不得已的退出方式。清算是指企业因破产、解散而清理债权债务、分配剩余财产并注销企业的行为。根据风险投资中创业企业的解散原因不同，可以将清算分为破产清算和非破产清算。创业企业因不能清偿到期债务被依法宣告破产而进行的清算被称为破产清算；创业企业因宣告破产以外原因进行的清算为非破产清算。非破产清算的创业企业负债小于或者等于企业资产，投资者可能取得部分剩余财产；破产清算的创业企业资不抵债，投资者无法取得任何剩余财产。在美国，由于风险投资的高失败率，以清算退出的方式占很大的比重，约为30%左右①。创业企业在解散前必须登报并通过邮件通知债权人在指定的时间和地点呈报详细的债权"追索书"(claim)，清算日期一般在通知首次刊登之后至少6个月。在美国，创业企业成立时间越短，其清算程序和风险资本的退出就越容易。美国《标准公司法》(Model Business Corporation Act)在清算部分规定新成立的公司如果在两年内处于不活跃的状态，董事会可以通过决议，向州务卿提交解散申明、并向法庭递交"请愿书"(petition)，要求公司解散。如果创业企业在成立初期就有失败的趋势的话，这样的规定有助于风险资本的立即退出。此外，优先股和可转换证券的使用可以使得风险投资家在创业企业清算的时候按照索赔权绝对优先原则(absolute priority rule)享有优先权②。

然而，并不是所有投资失败的企业都会进行破产清算，因为破产清算是有成本的，而且清算程序复杂，如果风险企业没有其他的债务，那么风险投资家和企业家是不会申请破产，而是通过协商等方式进行资产分配。

（五）特别并购上市

特别并购上市是风险投资项目退出的创新模式。2013年期间，深圳市创新投资集团有限公司(简称深创投)投资企业中国疏浚集团有限公司(China

① Gordon Smith, The Exit Structure of Venture Capital, 53 *UCLA Law Review*, 315 (2005).

② 美国破产法中索赔绝对优先原则规定：破产企业的价值按照清偿优先性的先后顺序依次分配给不同的资本供应者，在较低级的债权人得到任何分配前较高级债权人应该得到全部清偿，而所有债权人也同样应该在股东得到任何分配之前得到全部清偿。

Dredging Group Co.，简称中国疏浚）采取与 SPAC（Special Purpose Acquisition Company）基金合并的方式，即特别并购上市方式，成功实现在美国那斯达克全球市场（Nasdaq Global Market）挂牌上市。合并后上市主体为“平潭海洋产业有限公司”（Pingtan Marine Enterprise Ltd.）①，证券代码为 Nasdaq：PME。PME 成为深创投第一只挂牌纳斯达克的企业。深创投通过特别并购上市方式 SPAC 为风险投资项目退出开辟了一条新的渠道。SPAC 融资方式集直接上市、合并、反向收购、私募等金融产品特征及目的于一体，并优化各个金融产品的特征，集中于一个金融产品，完成企业融资之目的。SPAC 具有以下特点：第一，融资能力强：融资能力在 5 000 万～10 亿美元之间。第二，目标明确：SPAC 公司已募集到资金；壳体公司已上市，并交易；壳体无业务，目标公司业务明确；壳体为现金公司，目标公司资产重组后资产构成明确市场：公司已上市，转板明确。第三，时间可预见：目标公司与 SPAC 公司合并后即间接上市，目标公司重组完成后，约三个月完成合并，合并后一至三个月完成转板。第四，风险可控：壳体为新公司，无业务，IPO 后，公司资产透明，完成合并前，资金为信托管理；公司已完成上市，资金已募集成功，市场因素对合并项目影响不大；壳体组建方持股三年，辅导企业熟悉美国资本市场三年，无市场陌生风险；初期费用低，无较多的沉淀成本风险。第五，全新激励：履约期权，分阶段承诺三年或更长时间的业绩实现目标，完成后，原股东及管理层可获得较高比例的上市公司股权，毋须支付对价。同时常规的管理期权依然可实施。第六，壳干净、无或有负债：壳公司里只有一笔现金供收购和收购后的营运资金；壳公司提供一个具有丰富资本市场和并购经验以及相关行业经验的管理团队。中国疏浚集团是深创投 2010 年 12 月 9 日投资的。2010 年 12 月 31 日，中国疏浚集团有限公司曾宣布计划发行价值不超过 5 000

① Pingtan Marine Enterprise Ltd. 系海洋基础设施集团公司，通过其中国运营子公司从事疏浚业务和远洋捕捞业务。

万美元的美国存托股票(ADS),所筹资金将用于购买船只及其他设备[①]。如今,借助于SPAC方式,深创投投资的公司终于在2013年2月26日宣布并购获得批准(Merger agreement approved),并成功登陆纳斯达克[②]。对于投资了目标公司正在寻求退出的风险投资机构来说,借道特别并购上市退出所获的收益与IPO是可比的。对于上市公司来说,借助SPAC上市可以省掉承销费用,并且如果上市公司需要融资的额度大于已经挂牌的SPAC基金的话,基金管理公司还可以帮助上市公司继续融资。美国市场的IPO中,有25%是通过SPAC完成的[③]。目前国内PE对借SPAC实现退出比较感兴趣,而对组建或参与组建SPAC基金尚持谨慎态度。这是因为设立一个SPAC的难度很大。目前其SPAC基金持有人确实大部分集中在美国市场,但近来中国香港市场的投资人也开始增加。SPAC基金所募资金,是放在托管账户中,这笔资金的释放需要符合一个条件,就是基金找到目标公司并进行合并。如果基金在规定的时间内没有找到合适的目标公司进行合并,则会进行清算,将款项退还给投资人。SPAC基金对目标公司的选择主要关注三点:一是目标公司所处的行业;二是目标公司在细分行业中的地位;三是目标公司是否具有成长性。总之,通过SPAC特别并购上市这种金融模式,给风险投资退出提供了一种新渠道。

(六) 退出方式的选择

由于风险投资不同于产业投资,它不通过经营产品而获得产业利润;风险投资也不是战略投资,它不是为了配合母公司的产品开发与发展战略目的而

---

① 中国疏浚集团有限公司在提交给美国证券交易委员会(Securities and Exchange Commission)的一份文件中表示,公司计划拿出4,000万美元资金为其疏浚船队新添两艘非自航绞吸式挖泥船,其余资金将用于购买辅助船只、管道及其他设备。

② China Growth Equity Investment Ltd.是一个注册在开曼群岛的特殊目的收购公司,其通过首次公开募股筹资用于收购一项专注于中国的业务。

③ 参见李小兵:《PE退出再现新招:深创投借道SPAC实现纳斯达克退出》,载《上海证券报》2013年3月7日。

长期持有所投资企业的股权；风险投资的唯一目的是获得最高资本增值收益[①]。因而，风险投资必须在适当时候从所投资企业中实现投资退出。退出是风险投资与其他投资相区别的典型特征之一。风险投资整个行业的兴起必须解决退出机制问题，而只有借助资本市场才能建立市场化的退出渠道，并促进风险投资不断循环增值。

威斯康星大学法学院教授 Gordon Smith 的研究成果表明，虽然存在多种退出方式，但是首次公开上市的退出方式是最具有吸引力的选择。通过首次公开上市方式退出，可以获得高于其他退出方式所获得的收益。同时首次公开上市退出方式不仅为创业者的努力提供了有效的产权激励，同时也为创业者提供了一种可以获得企业控制权的购买期权（call option），这对于创业者来讲是重要的激励约束制度安排[②]。再者，在首次公开上市退出方式中，由于投资银行、货币基金管理公司等专业承销商的参与，可以有效克服公众投资者因缺乏专业技能和专业知识而存在的严重的信息不对称问题，以及因股权分散而产生的集体行动和免费搭车等问题。多伦多法学院教授 Douglas J. Cumming 和 Jeffrey G. Macintosh 在一份名为《风险资本的全部和部分退出的跨国对策研究》[③]实证报告中指出，一国首次公开上市退出水平与该国的风险投资水平是密切相关的，高水平的首次公开上市退出将导致高水平的风险投资。

在以上几种不同的退出方式中，最常见的是首次公开上市。在软银风投成功投资分众传媒后，选择的退出方式也是回报率最高的首次公开发行，分众传媒股票发行成功，风险投资者软银挣得盆满钵溢。

---

① 刘健钧：《创业投资原理与方略》，中国经济出版社 2003 年版，第 111 页。

② Bernard S. Black and Ronald J. Gilson, *The Essentials of Finance and Investment*, Foundation Press, 151(1993).

③ Douglas J. Cumming & Jeffrey G. Macintosh, A Cross-Country Comparison of Full and Partial Venture Capital Exit Strategies, *Law & Economics Research Paper* No. 01 - 04(2002).

第二节　法律对风险投资行业发展的激励作用

风险和激励是一对共生的概念，人们在进行考量和取舍时所取之优势必定大于所弃，因而从这个意义上来讲，没有良好的激励制度，就不会形成集中于初期阶段的风险投资。美国学者 Christopher M. Vaughn 在研究风险投资法律规制的一篇学术论文中[①]，总结了美国风险投资成功经验，并概括出美国风险投资取得成功的五个基本要素：有巨额民间资金来源（large, independent amounts of capital），资金流动性强（liquidity），激励措施（incentives），公司雇员流动便利（labor mobility），以及风险承受能力强（risk tolerance）[②]。没有良好的激励机制，投资者和风险投资机构必定趋利避害，将资本运用于风险相对小的传统融资项目，风险投资的基本特征决定了有效激励机制存在的必要性，激励措施是美国风险投资成功的一个重要因素。

一、风险投资需要法律的激励措施

由于存在市场失灵，在某些领域，由市场机制自发形成的资源配置状态很可能是低效率或是无效率的，风险投资领域也不例外。作为公益的代表，政府不得不以法律制度来限制市场主体部分配置社会资源的自主权，其代表性手段便是实施管制。但是管制很有可能导致寻租，从而影响规制效率与企业效率。因此，20 世纪 70 年代以来，西方国家政府对市场不同程度地实施放松管制。而今，西方国家兴起了“激励性管制”，主要通过社会合同制度、成本调整合同、区域竞争、税收优惠等方式激励市场主体积极实践法律所提供的程序权

---

① See Christopher M. Vaughn, Venture Capital in China: Developing a Regulatory Framework, 16 *Colum. J. Asian L.* 227, 247(2002).

② See Curtis Milhaupt, The Market for Innovation in the United States and Japan: Venture Capital and the Comparative Corporate Governance Debate, 91 *Nw. U. L. Rev.* 865, 870(1997).

利和实体权利，积极参与到市场行为中[①]。

美国斯坦福大学法学院教授、研究公司治理和风险投资的权威罗纳德·吉尔森(Ronald Gilson)曾引领美国法学界和金融学界开展关于政府在风险投资中作用的大讨论。讨论的核心问题是政府如何才能促成风险资本市场的成功发展。吉尔森认为政府在风险投资中应该发挥市场本身所不具备的、适时积极解决风险资本市场所存在问题的管理引导(engineering)职能[②]。吉尔森将所谓"适时存在的问题"归为和三类要素有关，即资本金、金融中介和企业家[③]。他指出政府对风险投资的管理和扶持体现为对这三类要素发展和创新的激励上，尤其是资本金和金融中介这两种要素。政府的管理行为不应该是对风险投资企业投资决策的任何正式或非正式的干涉。风险投资者必须拥有选择和监督投资的主动权。在不影响这种主动权的条件下，政府对风险投资行为实施宏观的、外在的激励措施。与此同时，政府适度的、有方向性的激励措施可以推动一国高科技产业的极大发展。吉尔森还指出，风险投资市场具有一定的自我调节性，但是这是一个不断成熟的过程，具有不确定性和阶段性，需要政府辅助性地提供制度安排。正如理查德·波斯纳在《法律的经济分析》中所言："什么样的资源配置才能使利益最大化？通常情况下，这一问题是由市场决定的；但在市场决定成本高于法律决定成本时，这一问题就留给法律制度来解决了。"[④]政府的激励制度在风险投资市场自我完善的过程中对于处在不同层次和发展阶段的高科技产业来说，具有不可忽视的促进作用。

美国政府在发展风险投资过程中实施的一系列税法和融资法激励措施，

---

① [日]植草益：《微观规制经济学》，朱绍文译，中国发展出版社1992年版，第145页。

② Ronald J. Gilson, Engineering, A Venture Capital Market: Lessons From the American Experience, 55 *Stanford Law Review* (2003).

③ Christopher Gulinello, Engineering A Venture Capital Market and The Effects of Government, 37 *George Washington International Law Review*, No. 4(2005).

④ 参见[美]理查德·波斯纳：《法律的经济分析》，蒋兆康译，中国大百科全书出版社2003年版，第184页。

积极影响了资本在公开资本市场和私人权益资本市场之间的流动，加上早期风险投资成功实践所带来的巨大社会效应，促使越来越多的资金进入风险投资领域。

二、美国税法对风险投资行业发展的激励和推动

税收法律关系体现着国家与纳税人之间的权利义务关系，对一国经济产生重要的影响。经济的发展水平决定了税法的要素结构，税法也对经济产生反作用。税法对作为经济重要组成部分的风险投资业的反作用体现在：当税收法律制度适应风险投资业的发展要求时，便会促进其发展；反之，起阻碍作用。

我国学者李万福、林斌、杜静（2013）的研究成果表明：在考虑企业研发（R&D）调整成本情况下，通过从理论和实证两个视角对我国研发税收优惠政策的激励效应问题进行深入分析，结果表明，目前中国研发税收优惠政策总体上是有效的①。同样，税收优惠的激励效应在美国也非常明显。美国税收法律制度作为直接调控的经济杠杆，在推动美国风险投资产业的发展中起到了举足轻重的作用，在风险投资领域取得了巨大的成功。

现代金融学的一个基本假设就是投资者可以通过比较预期回报和风险来选择投资项目。当预期回报增大，投资者对风险的承受力增加，投资者会增加投资。同样，当预期风险减少，也能达到增加投资的效果。税收作为一项重要的经济杠杆，能够同时提高预期回报并降低预期风险，使资金流向以风险投资为代表的高回报高风险领域。具体说来，税收优惠对风险投资发展的激励作用也是由风险投资行业自身的特点决定的：首先，风险投资具有不确定性，如果对其采取和其他融资手段一样的税率，行业的优势便不明显，人们便会采取其他融资手段，对风险投资行业来讲有违于税法公平原则；其次，由于风险投资的高收益性，如果税收政策像对待普通投资行为那样对待风险投资，税收会

---

① 李万福、林斌、杜静：《中国R&D税收优惠政策的激励效应研究》，载《管理世界》2013年第6期。

侵蚀过多的风险酬金，风险投资的正常发展会收到压抑。税收对于风险投资业发展的影响是较为直接的，税收优惠也是政府降低风险投资企业成本的最主要手段。税收优惠的方式可以采取优惠税率、纳税扣除、税收豁免、税收抵免、税收信贷、延迟支付等方式。税收激励可以是直接提供给适格的风险投资企业，也可以提供给投资于风险投资企业的金融机构。

（一）拉弗的“供给学派”为实施税收激励法律制度提供了理论基础

作为开展风险投资最发达的国家，美国联邦立法虽然没有专门针对风险投资的税法，但是一些与风险投资直接相关的税收优惠均以法律形式确认，层次高，操作性强，具有较大的稳定性，对风险投资行业的繁荣起到了极大的促进作用。

在美国风险投资发展的历史上，税收充当了重要的角色。20 世纪 70 年代初到 80 年代，美国税收法律制度的改革影响深远。1973 年，西方国家因石油价格的冲击都爆发了大规模的经济危机。之后，1979 年到 1982 年之间，主要资本主义国家经济重新步入高速增长之际，又爆发了新一轮严重的经济危机。美国当时的经济也不例外，饱受其苦，处于通胀与失业并存的滞胀(stagflation)状态。这被经济学界称为典型的“凯恩斯主义后遗症”。当时的美国税收制度过于繁琐，税率档次较多纳税负担不平衡，高边际税率挫伤了人们劳动积极性，抑制了企业家精神。就在这样一种经济陷入困境、风险投资业陷入低谷的时候，有一种新的经济学理论对美国国家税收制度改革和风险投资业发展产生了导向性的作用。这就是以拉弗(Arthur Laffer)为首的“供给学派”提出的“拉弗曲线”(Laffer Curve)理论。主要代表人物拉弗把经济学解释为：“提供一套基于个人和企业激励的分析结构。人们随着激励而改变行为，为其所吸引。政府在这一结构中的任务就在于利用其职能去激励以影响社会行为[①]。”体现在具体理论上，拉弗认为税收是激励个人和企业进行经济活

① Arthur B. Laffer & Eugene F. Fama, Information and Capital Markets, 44 *Journal of Business*, 289-298(1971).

动的最主要因素，降低税率能够刺激供给，促进经济增长。企业所得税的削减，会使得投资增加，进而增加对劳动力的需求；个人所得税的削减，有利于刺激劳动者工作的经济潜力，劳动的供给随之增加，从而有利于增加社会总产品的供给；同时个人所得税的减低也利于抑制消费，增加储蓄，储蓄增加又会导致利率下降，进而进一步刺激投资的增加。

（二）美国联邦层面实施风险投资减税和抵税法律措施效果显著

供给学派的学说使得美国政府将减税理论运用到了扶持风险投资的法律法规制定实践之中。美国国会和联邦政府在税收方面制定了一系列法律和法规，这些减税和抵税法律措施概括如下。

第一，以法令形式减免投资者所得税来鼓励对新兴风险企业的投资。这些减免投资者所得税的措施包括：①给投资者的投资收益免税，如 1975 年美国修改的《国内收入法典》第 401 条和 501 条，非盈利性机构诸如养老基金、大学、慈善机构乃至一部分退休基金作为风险投资的资金投入者可以享受投资收益的免税待遇，这些机构对风险投资的资本利得享受免税，只需缴纳一次个人所得税。②允许投资者从投资收益中抵消资本损失，如 1975 年美国修改的《国内收入法典》(Internal Revenue Code)第 1224 条，允许向新兴风险企业投资达到 2.5 万美元的投资者从其一般收益中抵消由此项投资带来的任何资本损失，从而降低了投资者的税收负担。③降低投资者的资本利得税率和投资收益税率，如《1978 年收入法》(1978 Revenue Act)将资本利得税由原来的 49.5%降至 28%，这是美国自 1960 年以来首次提供的长期股市投资的税收诱因，结果是之后风险投资资金流量激增，由 1977 年的 0.39 亿美元增至 1978 年的 6 亿美元[①]。又如 1981 年美国国会通过了《1981 年经济复兴税法》(Economy Recovery Act of 1981)将资本利得税税率从 28%降到 20%，结果美国风险投资资金流量于 1981 年再度激增一倍。1997 年美国国会又通过了

① See http://www.ventureeconomics.com.

《1997年减轻纳税人负担法案》(The Taxpayer Relief Act of 1997),该税法涉及的范围广泛,规定也十分详尽。一方面它延长了税收改革法规定的减税的有效期限,另一方面又进一步降低了投资收益税率,同时对减税额和适用范围也作了严格界定。④给予投资特殊地区和特殊领域的投资者所得税抵免待遇。根据美国联邦政府2000年出台的《新市场税收抵免方案》(New Market Tax Credit),投资者如果投资在促进低收入地区发展的"社会发展基金",可从所得税中获得税收抵免,投资者投资超过7年的还可得达税收额39%的所得税抵免。另外美国还对能源和环保领域的企业实施税收抵减,使其成为风险投资的新宠。

第二,以减免新兴风险企业税负的方式扶植新兴风险企业。这些减免新兴风险企业税负的措施包括:①对新兴风险企业投入科技研发资本的部分,享受免税待遇。如《1999年研发减税修正法案》也旨在鼓励企业对科技的投入。该法案规定,企业对科技的投入可以享受一定的免税优惠,免税额度取决于企业实际研发的支出。而且研发的免税额度可以累积,即企业可以在一段时间内逐步实现其过去未能使用和尚未使用完的研发免税额度。此外,美国还对高科技开发公司的减税问题做了明确规定,给予研究与开发的新投资以更多的投资抵免,如允许小型企业投入达2.5万美元的投资者以其一般收入冲销由此带来的任何资本损失。②以实行加速折旧和特殊产业扣除、简化税制等促进了风险投资的发展。美国为促进企业提前收回成本,规定风险企业采用加速资本消耗宽减措施,如企业可实行加速折旧,时间仅为3年;未分配利润转增资本所取得的股票红利可缓纳所得税[①]。1986年是美国税史上的重要一年。在这一年,美国国会颁发了《1986年税收改革法》(Tax Reform Act of 1986),被称为是"美国联邦所得税自二战以来最为彻底的一次改革"[②],也是里

① 严华惠:《析激励风险投资的税收优惠政策》,载《重庆商学院学报》2002年第1期。

② 阿兰·J·沃尔巴克:《美国税制改革历程》,载《经济资料译丛》,2004年第3期,第24页。

根总统任职期间最广为人知的政绩之一。该法案的目标旨在通过合法运用各种税收激励措施来减少新兴风险企业税收负担。实行加速折旧和特殊产业扣除、简化税制等,促进了风险投资的发展。该法案还允许投资额的60%的税收“应有份额”(fair share)予以免除课税,其余的40%仅课50%的所得税。③对高科技创业企业给予减免税。美国联邦税法对风险投资的激励还包括抵减税收(tax credit)的措施:例如,美国的《促进产业升级条例》对高科技创业企业给予加速折旧、投资抵免、5年免税、未分配利润转增资本所取得的股票利润可以暂缓缴纳所得税。④鼓励高科技中小创业企业通过增加就业岗位来享受联邦所得税减税优惠政策。1996年的《小企业就业保障法》(Small Business Job Protection Act)授权劳工部设立工作机会抵减税收计划(Work Opportunity Credit),规定企业新雇用一个联邦政府认定的9类人员,可以相应减少联邦所得税应税收入2 400美元;1997年劳工部设立福利转就业抵减应税收入计划(Welfare-to-Work Tax Credit),规定企业新雇佣一个长期享受联邦政府补助的人员可以相应减少联邦所得税应税收入8 500美元。该项措施效果,在1993—2009年的16年期间,小企业为美国新增64%的就业岗位[①],成为美国经济发展的引擎。

第三,下调美国公司海外收益所得税率,鼓励海外资金回流到美国的新兴风险企业之中。2004年10月,美国布什政府出台了作为《2004年美国就业机会创造法》(American Jobs Creation Act of 2004)组成部分的《美国本土投资法》(Homeland Investment Act),法案明确规定:美国公司海外收益所得税税率由35%下调至5.25%,期限为一年,条件是将其收益投资于美国。美国财政部和财政部下属执行税收法的机构IRS对此国内投资的建议方案包括:员工聘用和职业培训、基础设施建设、产品项目研发、投资、收购和并购、广告等。根据JP摩根的估算,大约有5 000亿美元的海外资金因该法案而回流

① U. S. Dep't Lab., Bureau of Lab. Stat., *Business Employment Dynamics* (1993 - 2009).

美国[1],大大促进了包括风险投资在内的美国国内投资业发展。

（三）美国各州制定了风险投资税收激励的配套法律制度

美国是联邦制国家,税收激励法律政策表现为中央和地方并存并重。美国联邦一级的税收优惠主要表现在降低资本利得税,此外不将有限合伙企业作为纳税实体,以此消除对资本利得的双重征税。美国各州在风险投资的税收激励方面,搞得风生水起,有声有色。各州根据自己的情况,探索出具有本州特色的税收激励法律政策和法律制度。

第一,通过设立专门的投资管理机构来推动风险投资产业。美国阿肯色州为推动风险投资产业和创业企业的发展,专门制定了《2001 年风险投资法》(Venture Capital Investment Act of 2001)[2]。《2001 年风险投资法》[3]的宗旨是采用风险资本支持创业企业家,以此促进本州金融投资产业和创业企业的发展,获得良好的市场回报率。州政府希望通过鼓励风险投资机构在资金方面的投入来支持小企业成长。小企业的成长离不开种子基金与风险投资机构的投入。然而,由于美国各州政府在对技术型初创企业的风险投资支持方面的政策不够明确,导致这些处于初级阶段的企业仍在到处寻找更为传统的商业银行贷款。初创期企业的不确定性因素多,且长期的负现金流,导致这些初创期企业很难获得传统的商业贷款。事实证明,风险投资机构是该类初创期企业融资的有效渠道。阿肯色州《2001 年风险投资法》拟在州内建立强大的风险投资机构体系。建立风险投资机构体系,可以解决市场的低效率问题,并扩大风险投资机构在初创期企业提供资金上的作用。建立本地种子资金公司和风险投资机构,可以有效解决本州初创期企业投资项目的资金支持问题。

---

① See Homeland Investment Act and its Implications on U. S. Capital Markets, www. JPMorgan. com.

② 《2001 风险投资法》源于州参议院 808 号法案,并在 2001 年 3 月由阿肯色州第 83 届大会通过后颁布。州长在 2001 年 4 月 9 日签署该草案使之成为本州法律,即 2001 年第 1791 号法案。

③ Ark. Code Ann. §§ 15-5-1401 to-1409.

《2001年风险投资法》通过向资金提供者做出投资收益保证(即所有参与投资的私募基金都可以至少得到一个最低收益率的投资回报),来促进风险投资机构的繁荣和发展[①]。由于阿肯色州金融发展局作为依州法创立的政府机构而不能直接管理资金,因此必须建立一个可以直接管理资金的私人机构。

《2001年风险投资法》授权阿肯色州金融发展局向一个在风险资金募集和管理方面具有发放经验的私人机构发出邀请。这个被选中的私人机构将成为"指定的投资者团体"(Designated Investor Group)[②]。该指定的投资者团体负责管理阿肯色州的专项基金,并且被授权向投资该基金的投资者和债权人签发投资回报保证。指定的投资者团体还将指导私人种子基金和风险投资机构的投资。指定的投资者团体将使用私人种子投资资金和风险投资资金通过合伙方式进行投资,这些投资必须符合一定的标准以使得该法案中设定的目标得到满足[③]。为了简化投资程序,该指定的投资者团体以私人公司的形式成立,并管理募集的资金,通过该指定的投资者团体选择合适的投资项目。这样的安排,解决了阿肯色州宪法规定州政府不能在私人实体中持有股权的问题[④]。指定的投资者团体的创立,还旨在为私人资金管理提供服务,限制潜在政治因素对投资决策的影响。此外,指定的投资者团体还将负责对阿肯色州金融发展局从其他渠道募集的基金进行管理。指定的投资者团体将监督募集基金的使用,将资金投入到那些优秀的创业企业之中。这一策略将有望向阿肯色州的创业企业提供长期的资本资助。阿肯色州金融发展局本身并不直接参与投资的实际管理工作。目前它致力于引入有资格的、对帮助建立阿肯色州风险投资资本系统感兴趣的种子基金和风险投资机构。指定的投资者团体

---

① Steven L. Brooks, The Venture Capital Investment Act of 2001: Arkansas's Vision For Economic Growth, 56 *Ark. L. Rev.* 397,412(2003).

② Ark. Code Ann. §15-5-1404.

③ Ark. Code Ann. §5-5-1402.

④ Ark. Const. art. Ⅻ, §5.

的基金经理负责将资金投入到阿肯色州的创业企业中。由投资经理的选择创业企业，必须与阿肯色州的有一定关联。然而，基金经理并不会被严格限制只能在注册或位于阿肯色州的创业企业中进行投资[①]。此外，《2001年风险投资法》为向阿肯色州投资基金提供贷款的放款人提供担保。该担保由阿肯色州金融发展管理局的证券担保基金提供支持。由阿肯色州政府挑选的专业资金管理人对风险投资机构进行管理。

第二，以特殊项目并赋予税收优惠方式推动本州风险投资行业的发展。这方面的典型代表是出现于1991年的“奥克拉荷马项目”(Oklahoma Program)。奥克拉荷马州建立了性质为“基金中的基金”(fund-of-funds)的“奥克拉荷马资本投资委员会”(Oklahoma Capital Investment Board)，以“奥克拉荷马资本公司”(Oklahoma Capital Formation Corporation)为投资和监督对象。奥克拉荷马资本投资委员会经州政府授权，以有条件的税收抵免为保证向银行或公用设施财团借最高额度为1亿美元的贷款，以充实奥克拉荷马资本公司的资本，而奥克拉荷马资本公司再转向投资于致力发展奥克拉荷马经济发展的私营风险投资机构。这种有条件的税收抵免是指，如果奥克拉荷马资本投资委员会根据前次投资回笼的资金担保不能的情况下，可以在政府立法授权的范围内以每1美元的贷款对应每1美元税收抵免的比例出售税收抵免额作为担保。风险投资机构的选择审查权属于奥克拉荷马资本投资委员会所有。州长委任的五位资深投资专业人士组成奥克拉荷马资本投资委员会受托专家小组，每一季度召开委员会议，基于本州投资利益对于拟投资的风险投资机构进行筛选。奥克拉荷马资本投资委员会实质上是公益信托，有助于将政治因素和风险投资隔离，同时这样的激励设置也有利于寻求适格专业的基金管理者。这种风险投资的新颖之处在于充分利用了美国联邦制度赋予州

---

① Steven L. Brooks, The Venture Capital Investment Act of 2001: Arkansas's Vision For Economic Growth, 56 *Ark. L. Rev.* 397,415(2003).

在地方税收方面的自由，使得政府能够参与风险投资者的角色，与机构投资者、天使投资者、风险投资机构一同分担风险、享受投资回报。

第三，赋予天使投资者资本收益所得税豁免推动风险投资发展。赋予天使投资者基于投资额的所得税抵免，是各州普遍采用的一种税收激励方式。美国大多数的州都赋予天使投资者基于投资额的所得税抵免，抵免额度因州而异，一般在20%到50%之间浮动。一些州给予对经济不发达地区的投资更高的税收抵免，如缅因州和密苏里州；一些州将税收抵免延期，如爱荷华州。路易斯安那等州将税收抵免分期实现。绝大多数州对于投资者在每一年或者每一投资项目中可以享受的税收抵免都有上限的规定①。然而，这方面最典型的是阿肯色州。阿肯色州立法机关2001年通过的《资本收益税收减免法》(Capital Gains Relief Act)②规定，对于符合条件的天使投资者，给予其风险投资净收益100%的免税。在《资本收益税收减免法》中，风险投资资本收益100%减免的规定适用于除C小节项下公司之外的所有纳税人。险投资净收益税基计算方式与联邦计算方法一致，即依据《国内税收法典》(Internal Revenue Code)1211条～1237条及1239条～1257条来计算。此外，合伙企业资本收益在分摊到纳税个人时，应按照相应的资本收益率来计算。天使投资者为了获得100%的税收豁免，其风险投资行为必须通过个人投资者名义或以合伙体方式来实施③。《资本收益税收减免法》为了将可以获得100%税收豁免的风险投资收益从只能获得30%税收豁免的其他资本收益中排除出来，对风险投资进行了专门定义，该定义包括了州风险投资扶持政策所拟支持的企业类型和投资领域，其中唯一被明确排除的投资是对已经在全国性证券交易

① Rachel Griffith, Daniel Sandler and John Van Reenen, Tax Incentives for R&D, 16 *Fiscal Studies*, 21-44(1996).

② Ark. Code Ann §26-51-815(d) (Supp. 2001).

③ Steven L. Brooks, The Venture Capital Investment Act of 2001: Arkansas's Vision For Economic Growth, 56 *Ark. L. Rev.* 397,426(2003).

所(如纽约证券交易所)上市发行股票的公司的股票投资,该类投资不包括在上述的风险投资之内。

第四,通过税收激励支持风险资本公司而间接扶持本州风险投资产业。从风险投资的传统地理分布上来看,美国风险投资业集中在东北部地区和西南海岸地区。作为风险投资热点的州通常设有科技园区和高新产业开发区,并在这些园区和开发区内实施税收优惠,最典型的便是佛罗里达州[①],规定在其科技园区出售的产品可以免缴纳产品税,只对从事研发的企业征收有形财产税。相对而言,传统意义上风险投资不是很发达的美国的中部各州为打破这种旧有的地理分布,吸引投资,纷纷采取了富有特色的风险投资税收激励政策。将风险资本公司(certifiedventurecapital company)作为促进风险投资的一种手段,最早产生于20世纪80年代的路易斯安那州,之后美国很多州纷纷立法鼓励私人以这种形式进行风险投资。在1980—1990年期间,美国的风险资本公司的数目增加了两倍。促进这一发展的主要是融资可能性扩大,包括类似养老金基金会的各种公共投资机构,以及国外风险资本。在美国的外国风险企业较其国内的这类企业发展更快。到1989年其资本数额已超过美国本国的风险资本企业的资本数额。对企业家来说,实际上扩大了融资来源的选择:除个人投资家之外,一些公司也参与投资。由于企业家之间签定了战略协定而增加了额外的机会[②]。政府通过税收激励支持注册风险资本公司而间接扶持风险投资产业。注册风险资本公司在州政府注册并由保险公司出资建立,享有在10年内分摊抵减税额的优惠。有些州规定其可连续十年享有每年10%的税收抵减额,另一些州规定注册风险资本公司成立之初的两年间税收抵免延期并在两年后的八年期间享有每年12.5%的税收抵免额。作为对向注册风险资本公司投资的保险公司的激励,保险公司每投入1美元就享有保费

① 苏启林:《发达国家创业投资税收与金融激励政策分析》,载《外国经济与管理》2002年第6期,第18页。

② 冯继民:《美国的风险资本公司》,载《管理科学文摘》1994年第3期。

税的1美元抵减额。作为保险公司享有税收抵免的前提，注册有限公司必须按照一定的时间安排完成对于特定领域的风险投资。

1987年，对设在加利福尼亚、马萨诸塞和得克萨斯各州的169家美国风险资本公司进行了调查，这些公司拥用所有风险资本公司总资本的27%，调查的目的是了解公司的投资战略，包括公司的侧重投资的工业专业范围与地理区域。调查结果表明：①专门在企业“生存”的初期阶段进行投资的风险资本公司，与其他公司相比，则侧重于较窄的工业专业范围和较小的地区：②由非金融公司管理的风险资本公司侧重于较窄的工业专业范围，但在较大范围的地区投资：③大型风险资本公司既有广阔的工业专业投资领域. 也有广大的投资地区；④小型投资公司是由风险资本公司筹款，它不影响其在工业专业范围方面的战略，但促使它缩小投资地区的范围[①]。截至2001年，有关于注册风险资本公司立法的州有路易斯安那、密苏里、佛罗里达、纽约和威斯康星州，爱荷华、伊利诺斯、亚里桑那、德克萨斯、科罗拉多和北卡罗来那等州也有立法草案出台[②]。这种风险投资模式的优点在于州政府不必增加预算支出或发行债券筹资，减轻了财政负担；私人风险投资机构愿意与注册风险资本公司联合投资，有助于分散风险。但是这种模式也存在一定的弊端：注册风险资本公司主补偿主要以业绩为基础，而保险公司的补偿主要通过担保票据来实现，两者脱节造成保险公司的投资者缺乏足够的动力选择最佳的风险投资机构管理者；对注册风险资本公司的补贴率较高会损害新风险投资资本的形成；此外，注册风险资本公司按照各州立法规定通常要将40%到50%的资金投向特定领域的安全投资商品，以保证向其投资的保险公司的收益率，这样就限制了对于稚嫩产业和企业的扶持力度。

---

① 冯继民：《美国的风险资本公司》，载《管理科学文摘》1994年第3期。

② David M. Markley, Certified Capital Companies: Strengths and Shortcomings of the Latest Wave in State-Assisted Venture Capital Programs, 15 *Economic Development Quarterly*, 350 - 366(2001).

三、美国融资法对风险投资行业发展的激励和推动

（一）以融资法扶持小风险企业成为美国发展风险投资行业的重要推手

在美国政府和民众看来，小企业[①]对风险投资乃至整个国民经济有着非常重要的作用，它们不仅是技术创新和就业增长的最重要的原动力，而且也关系到美国最核心的价值观，即人们充分发挥其才智与原创精神，创造财富，而政府和社会要为实现这一目标营造一个公平竞争的空间并运用法律规定予以维护。在1990—1995年的6年期间，那些雇员人数不足500的小企业为美国提供的新的就业岗位占到了76.5%[②]。因而美国政府扶持小企业不仅可以给国家带来巨大的经济利益，同时也具有不可替代的社会意义。美国政府对风险投资的金融支持主要体现在对小企业的金融扶持政策上。

（二）贷款担保成为推动风险投资企业的重要金融法律措施

贷款担保模式是发达国家应用最为广泛的，通过融资法对风险投资行业发展的激励和推动措施，是重要的信用担保融资方式。美国在扶持风险企业的发展方面，从金融法律制度上进行了有益的探讨和创新，并取得了明显的效果。

第一，对担保对象的资质做出明确的法律规定。《小企业法》明确规定了借款企业的资质要求：①只有符合小企业标准的企业才有获得担保的资格，即该法所规定的“雇员在500人以下，或者小售额少于500万美元的独立经营的企业”[③]；②企业必须有一定比例的权益资本，新建企业必须向企业注入一定比

---

① 就企业规模来讲也作“中小企业”，为与美国法律称谓一致，本节中统一称为“小企业”。

② Duke K. Bristow & Lee R. Petillon, Public Venture Capital Funds: New Relief from the Investment Company Act of 1940, 18 *Ann. Rev. Banking L.* 393,422(1999).

③ Am I a Small Business Concern?, U.S. Small Business Admin., http://www.sba.gov/content/am-i-small-business-concern.

例的资金;③企业的现金流量能够偿还担保贷款及所有债务;④借款企业要有足够的流动资金以保证企业的正常运营;⑤企业和业主必须提供一定数量的贷款抵押,即贷款形成的资产或主要管理者、业主提供的个人抵押品。

第二,设立专门的机构作为风险投资企业的贷款担保人。1953 年美国国会通过《小企业法》(Small Business Act)①,成立小企业管理局(Small Business Administration, SBA),作为美国联邦政府的独立机构。② 小企业管理局的职责是"尽可能地帮助、援助、维护、保护与小企业密切相关的利益"。为小企业提供融资便利是小企业管理局的基本职责。③ 小企业管理局根据《小企业法》中的第七条 a 款④,推出"小企业管理局贷款担保计划"(SBA Loan Guarantee),即小企业管理局为符合条件、信用可靠的持续经营的小企业提供贷款担保,或者向其他为小企业提供贷款的金融机构提供融资,以鼓励和推动小企业的发展。小企业管理局作为保证人,以联邦政府代理机构的身份,负责执行和管理小企业担保贷款计划。私营的金融机构是这一计划的主要参与者,美国的大多数银行和非银行金融机构都在法案颁布以后参与了这一计划。贷款机构自主决定是否贷款。小企业管理局不干预贷款机构的贷款决策,但有权决定是否提供担保。第七条 a 款的贷款计划(7(a) Loan Program)涉及的是多用途贷款担保计划,小企业获得贷款的用途包括购置不动产、设备、作为流动资金或企业发展资金。第七条 a 款的贷款计划的担保额度为 500 万美元。如果贷款金额超过 15 万美元,则为贷款人提供贷款金额 75%的担保额;

① Small Business Act of 1953, Pub. L. No. 83-163, 67 Stat. 232.

② Jenny J. Yang, Note, Small Business, Rising Giant: Policies and Costs of Section 8(a) Contracting Preferences for Alaska Native Corporations, 23 *Alaska L. Rev.* 315, 319(2006).

③ David D. Chait, Small Business Financing and the Post-2008 Credit Paradigm: The U. S. Small Business Administratinand Key Factors to Support Traditional Credit Markets, 6 *Ohio St. Entrepreneurial Bus. L. J.* 411, 426(2011).

④ 第七条 a 款的立法目的是通过小企业管理局的信贷担保增强小企业的信用,以降低金融机构向其发放贷款的风险,改变小企业在信贷市场中的弱势地位,从而在一定程度上解决小企业融资难的问题。

如果贷款金额在15万美元以下的，则为贷款人提供贷款金额85%的担保额[①]。担保资金由美国联邦政府从每年预算中拨给小企业管理局。

第三，贷款担保的费用按照市场行情确定。信用担保机构在开始担保业务中向受担保企业收取一定数额的担保手续费是各国普遍做法，担保费率的确定根据担保业务经营成本、担保金额、担保期限、担保融资种类和企业融资成本而异，美国风险投资小企业管理局征收的担保费率为1%到3.5%之间[②]。此外，小企业管理局还征收相当于贷款额0.25%的年服务费[③]。有小企业管理局担保的贷款税率通常高于一般贷款税率，但是小企业能享受例如贷款期限延长等优惠，作为受益人的贷款机构有权要求贷款分期实现以及以商业发票为凭据。小企业管理局计划还采取反担保措施减少信用风险，要求第三人（美国小企业管理局）为债务人（借款企业）向债权人（贷款机构）提供担保的同时，又反过来要求债务人（借款企业）对美国小企业管理局提供担保的行为，是担保之担保，即是为担保人提供的担保。小企业管理局要求借款企业和业主必须提供一定数量的贷款抵押，即贷款形成的资产或主要管理者、业主提供的个人抵押品。美国的小企业管理局贷款担保计划作为小企业管理局的基本计划之一，为激励小企业、推动其发展发挥了重要的作用。

（三）给予符合条件的小企业投资公司诸多优惠措施

小企业投资公司（small business investment company）计划是美国风险投资所采用的典型杠杆贷款（leveraged loan）式金融政策激励手段。美国国会在《1958年投资公司法》（Investment Company Act of 1958）基础上通过了《小企

---

① Loan Program Quick Reference Guide, U. S. Small Bus. Admin., http://www.sba.gov/sites/default/files/files/LoanChartHQ20110728.pdf.

② 佘康、郭平：《国外中小企业信用担保制度及对我国的启示》，载《北方经贸》2003年第11期，第72页。

③ Joseph Anthony, 6 Things To Know About Getting An SBA Loan, available at htt p://www.microsoft.com/smallbusiness/resources/startups/startup_financing/6_things_to_know_about_getting_an_sba_loan.mspx.

业投资公司条例》(Small Business Investment Company Act)[①],作为小企业公司(small business investment company)成立的依据。

《小企业投资公司条例》规定,通过创建一项刺激和补充私人股权资本和长期贷款[②]基金流动的计划,在总体上改善并刺激美国的经济,特别是小企业部门,并且这项政策的开展必须保证最大限度地吸引私人资本的参与[③]。依该法案建立的小企业投资公司以盈利为目的,是绝大多数情况下由私人拥有和经营的混合基金,资金来源于私人资本和小企业管理局担保的证券融资。小企业投资公司允许采取多种法律组织形式。根据《小企业投资公司条例》的规定,小企业投资公司可以采取多种法律组织形式,包括股份公司、有限责任公司和有限合伙企业等方式。小企业投资公司必须接受小企业管理局的监管,包括年报制度和小企业管理局每两年一次的现场检查。小企业投资公司经美国小企业管理局特许主要以股权融资的方式投资小企业,此外也有长期贷款、股权和债权混合等投资形式。

第一,小企业投资公司的经营范围以股权投资和金融产品投资为主。《小企业投资公司条例》规定了小企业投资公司的权限,除了对符合条件的小企业进行融资,小企业投资公司也可以投资于特定的短期金融商品,如国库券(treasury bill)和大额转让定期存单(certificate of deposit),但是不能直接投资于房地产交易,也不能对贷款机构进行投资。该条例还规定,非经小企业管理局批准,小企业投资公司对单个企业的投资额不得超过小企业投资公司自有资本的20%,并且除特殊情况外,小企业投资公司不得以直接或者间接方式长期控制其投资的企业。鉴于绝大多数的小企业投资公司为私人投资者所

---

① Pub. L. No. 85 - 699,72 Stat. 102(1958).

② 小企业借贷的最低期限为5年。

③ Allen N. Berger & Gregory F. Udell, The Economics of Small Business Finance: The Role of Private Equity and Debt Markets in the Financial Growth Cycle, 22 *Journal of Banking and Finance*, 613 - 673(1998).

有，但是也有一些为商业银行拥有，一些小企业投资公司还是上市公司。根据《小企业投资公司条例》，商业银行通过其参股的小企业投资公司对小企业投资，而且商业银行所有的小企业投资公司不受美国1933年《格拉斯·斯蒂格尔法》①和《银行离弃公司法》(Bank Voiding Company Act)②对银行从事大规模权益投资的限制，但是商业银行不享有小企业管理局的担保杠杆，而是以自身信誉作担保③。

第二，给予小企业投资公司的投资，政府提供配套贷款。《小企业投资公司条例》规定：对于私人资本不超过1 500万美元的小企业投资公司，政府贷款金额与私人资本的比例为3∶1，即小企业投资公司每筹集1美元的私人资本，政府匹配3美元贷款；从1976年起，原条例的修正案又规定如果私人资本超过1 500万美元，政府匹配的贷款比例降低为2∶1，并且当小企业投资公司将其"可用于投资的全部资金"的50%委托或进行风险投资时，私人资本每投入1美元就可以从政府获得4美元的低息贷款。

第三，小企业投资公司可以与借款人协商决定贷款利率。小企业投资公司贷款的利率的决定因素很多，有小企业管理局的具体规定、投资项目受益和小企业投资公司发行公司债券的利率等。小企业投资公司和其所投资的小企业有就贷款利率进行协商的余地，前提是遵守小企业投资公司登记注册的州法律所规定的上限。

第四，给予投资于特殊地区的小企业投资公司以额外的优惠待遇。1999年9月30日，美国小企业管理局采用了促进中低收入地区(low and moderate income zones)风险投资和小企业发展的新规定，这便是所谓的新兴市场风险

---

① 该法案于1999年底被废止。

② Steven P. Galante, An Overview of the Venture Capital Industry & Emerging Changes, See www.vcinstitute.org, last visit: August 30, 2008.

③ 陈希、褚保金：《美国的小企业投资公司计划》，载《中国创业投资与高科技》2005年第11期，第79页。

投资项目(new market venture capital),是小企业投资公司计划的新发展。中低收入地区的概念已经被不同的联邦政府部门所用并予以特殊关注,主要是指美国农村和内陆城市。在新兴市场风险投资项目之前,处在这些地区的小企业虽然可以获得一定数量的债券融资,但是它们缺乏股权融资。新兴市场风险投资项目实施以后,凡是向在中低收入地区有至少50%的雇员和有形财产或是有35%的雇员居住在中低收入地区的小企业进行风险投资的小企业投资公司,可以享受一系列优惠待遇,包括以后付息债券(deferred interest debenture)的形式获得小企业管理局期限10年、1次付清并于最初5年“零息”(zero coupon)的融资,小企业投资公司从第六年开始每隔半年支付一次利息;小企业投资公司可以经小企业管理局批准暂时获得其投资的、在中低收入地区的小企业的控制权;小企业投资公司对中低收入地区小企业的风险投资可以是期限为一年的短期投资,而不必要是一般类型的5年以上长期投资;对于销售和业绩增长的科技型小企业,小企业可以经批准享有基于小企业增长业绩上的一部分投资回报(royalty return)。接受小企业投资公司融资的中低收入地区小企业根据法规规定,必须在融资前或者融资后180天内接受有关前述财产和雇员的情况调查。这一措施实施以后,很大程度上改善了美国风险投资发展的地区不均衡特征,有利于相对贫困地区的中小企业获得融资,带动了当地的经济的繁荣。

第五,政府提供专门机构为小企业投资公司发行证券融资提供担保。在小企业投资计划中,政府不作为投资者,不为小企业投资公司直接提供贷款,政府为小企业投资公司提高信用等级以便降低其从资本市场融资的成本,这主要体现在小企业管理局对小企业投资公司的担保上。小企业投资公司在出现投资损失的时候首先用私人资本承担风险,在用尽私人资本尚不能弥补损失的时候小企业管理局的担保才发生作用。小企业管理局支持小企业投资公司的方式主要是为其发行证券融资提供担保,其担保的方式主要有两种:普通债券融资计划(debenture program)和参与证券融资计划

(participating security program)。各小企业投资公司并不直接对投资者发行自己的普通债券或参与证券，而是经申请由小企业管理局指定的托管机构公开发行自己的普通债券或参与证券。托管机构将各家小企业投资公司预备发行的普通债券或参与证券集中打包后统一对投资者发行融资凭证，投资者在该托管机构登记购买融资凭证，因而是具有风险分散特征的多元化投资结构。

(四) 政府通过销售免税额度以获得现金来支持风险投资行业的发展

为开拓扶持风险投资的资金来源渠道，阿肯色州采取了创新方式。阿肯色州《2001 年风险投资法》授权阿肯色州金融发展局向其本州的其他企业销售免税额度以获得现金流，确保给资金提供者的回报不能最低于政府所作出的承诺。税收抵免额度首先由阿肯色州政府转让给阿肯色州金融发展局[①]。随后，阿肯色州金融发展局会与当前位于阿肯色州并应向该州缴纳所得税的企业签订协议，出售税收抵免额度。指定的投资者团体的众多任务之一就是将有适合且有意愿的企业召集起来。理想的情况下，税收抵免额度是与收所得税应缴数额一比一对应。由阿肯色州金融发展局发行和转让的免税额度一年不得超过 1 000 万美元，总共不得超过 6 000 万美元[②]。在形式上，《2001 年风险投资法》规定阿肯色州金融发展局发行税收抵免额度时，需要经过州财政委员会的审查。此外，如果阿肯色州金融发展局欲发行税收抵免额度来支持阿肯色州金融发展局作出的投资担保，那么它必须“书面通知参议院、众议院议长以及州长”。以上规定似乎表明立法机构对风险投资中政府支持投资，采取一定的保留态度[③]。近几年来，风险投资机构支持的许多创业企业(如加州的网络公司)业绩波动比较大导致阿肯色州立法机构很多成员在给予风险投资

① Ark. Code Ann. § 15－5－1406(a).

② Ark. Code Ann. § 15－5－1406.

③ Steven L. Brooks, The Venture Capital Investment Act of 2001: Arkansas's Vision For Economic Growth, 56 *Ark. L. Rev.* 397,425(2003).

机构进行政府担保这个问题上采取谨慎态度。然而，大多数立法者赞同，阿肯色州需要为21世纪风险投资发展计划做好准备。

（五）其他金融支持政策

除了以上两项金融激励政策，美国政府还采取了其他一些金融政策以激励风险投资的发展。

第一，为中小企业提供自然灾害恢复贷款[①]。这是美国小企业管理局的四个职责之一[②]。美国小企业管理局负责向受到自然灾害的中小企业提供自然灾害恢复贷款（small business disaster recovery loans），其中向遭受损失的不动产部分提供贷款的上限为20万美元。受损的小企业要向小企业管理局递交一份受损财产清单，并对置换和维修费用做出估算，并递交两年内的联邦所得税报告。此项特殊的帮助，目的在于使那些经营状况良好的受灾企业得以重建。就自然灾害恢复贷款的贷款协议法律条文来看，有许多柔性条款，随意性非常大，可以不包括最低还款额度，同时还款随着受损企业收入、支出以及其他可能影响企业偿还能力的因素而变化，小企业管理局可以在贷款协议中给予小企业半年左右的恢复生产期限。如果小企业的受损率经评估达到40%以上，小企业还可以就还款向小企业管理局进行再融资。同时，并不是说自然灾害恢复贷款就完全没有限制，小企业管理局贷款的范围是所遭受的损失部分，而且如果小企业贷款后又得到了保险公司的赔偿，那么这一部分赔偿超出受损的部分必须向小企业管理局上缴。这些限制性条款是自然灾害恢复贷款协议中的刚性条款。美国的很多小企业都受益于自然灾害恢复贷款，不久前美国发生了Katrina飓风、迈阿密风暴和密西西比河泛滥等一系列重大自然灾害，灾后小企业得以迅速重建、风险投资业得以保持平稳的发展势头，很大程

① Our History, U. S. Small Bus. Admin., http://www.sba.gov/about-sba-services/our-history.

② David D. Chait, Small Business Financing and the Post-2008 Credit Paradigm: The U. S. Small Business Administration and Key Factors to Support Traditional Credit Markets, 6 *Ohio St. Entrepreneurial Bus. L. J.* 411, 426(2011).

度上归功于这项金融政策。

第二，向中小企业创新计划提供资金，用于资助小企业开展科技开发和技术成果转化。为了促进小企业的科研开发，根据《小企业创新发展法》(Small Business Innovation Development Act)，美国国会于 1982 年制定了小企业创新研究计划(Small Business Innovation Research Program)，该计划针对在美国境内、由美国公民所有独立经营、以营利为目的的高兴技术小企业，旨在促进这些企业参与有商业化前景的联邦研发。凡是符合条件的小企业划拨研究与开发费用超过 1 亿美元的，政府按照一定的比例向中小企业创新计划提供资金，用于资助小企业开展科技开发和技术成果转化。计划分为可行性阶段、研发阶段和商业化阶段。政府在前两个阶段对小企业提供资助。计划的主要研究者是小企业雇员。政府提供的资金主要来源于十个政法部门和机构所保留的一定比例的研发资金，这些部门与机构为：商务部、农业部、能源部、教育部、国防部、健康和人类服务部、运输部、环保署、美国国家基金和美国国家宇航局。

第三，为小企业技术转让提供帮助。小企业技术转让计划(Small Business Technology Transfer Program)作为科技优先项目于 1992 年经美国国会批准正式启动。高新技术小企业和非营利性研究机构(诸如大学等)进行合作，研究人员不能为小企业雇员。该计划的阶段设置和小企业创新研究计划相同，经费提供者主要是国防部、能源部、卫生部、美国国家宇航局和科学技术基金。

第三节　风险投资机构组织形式的法律规制

一、风险投资机构法律组织形式的选择

风险投资机构组织形式的选择是指风险投资机构通过对现有组织形式的

选择，或者根据自己的特殊情况和条件，为了满足某种特别的需要而创设出新的组织形式。大多数情况下，风险投资机构组织机构的选择是在已有法律形式规定的多种组织形式中挑选，但也不排除在合同自由的国家风险投资主体创造出新的组织形式。

在风险投资行业，对风险投资组织机构进行选择的价值导向，是由风险投资自身的特点决定的。风险资本组织形式的法律制度存在的前提是，基于降低风险投资者和风险投资家因信息不对称而导致的道德风险、获取税收等方面的优惠，或满足风险投资机构特殊运作方式需要的考虑。

风险投资有两个基本的模式，其中构造比较简单的一种模式中，投资者本身和风险投资机构是一体的，只有由天使投资者和风险资本使用者两方主要主体参加，称为“天使融资”(angel finance)，天使投资者和附属的风险投资机构都不从外部投资者处募集资金，属于纯粹意义上的“冒险资本”(adventure capital)，是由富有个人以自己的名义直接投资于风险投资企业。

另外一种模式是我们在下文中要着重考察的，即由多数投资者共同出资组建的“集合投资制度”性质的风险投资机构，需要由风险资本提供者(投资者)、风险资本管理者(风险资本家)、风险资本使用者(创业企业)三方主要主体组成。风险投资各方参与主体关系图示如右。

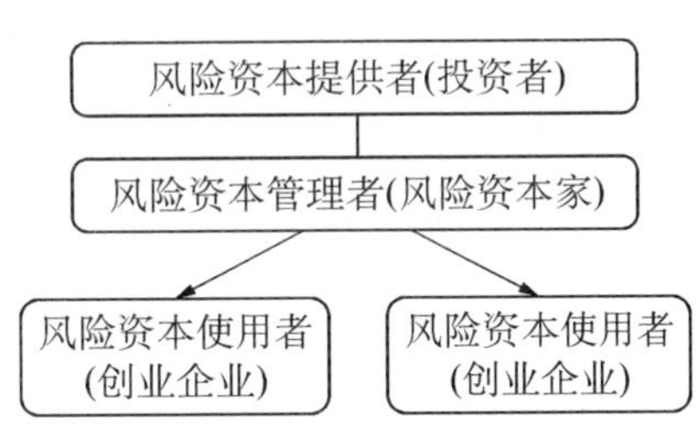

风险投资各方参与主体关系图

这种模式经过半个多世纪的发展已经产生了多种风险投资企业类型，主要有：政府主导的风险投资企业，如美国的小企业[①]投资公司；金融机构附属的

---

① 关于小企业，国内外有不同的称谓。一种将大企业以外的企业称为中小企业(small-medium business)，这主要基于大企业外的企业规模有相当大的跨度，应该细分，中国目前采用这种方法；还有将大企业外的企业统称为小企业，目的在于强调这些企业以外的大企业具有对市场的操纵和控制能力，存在市场失灵，美国目前主要采取这种方法。

风险投资企业，主要是银行、证券、保险公司等金融机构下设的风险投资企业；产业或公司附属的创业投资企业(corporate venture capital)，如英特尔风险投资公司；普通合伙公司(general partnership)；有限合伙公司(limited partnership)；业主有限合伙(master limited partnership)；信托风险投资机构(trust venture capital fund)[①]。

按照风险投资组织形式(forms of venture capital)的不同法律制度设计，现有的风险投资企业大体上可以分为公司型、基金型、有限合伙型等类型。

（一）公司型

公司型风险投资机构是出资人发起设立有限责任公司或股份有限公司，通过公司机构的商业化运作运用自有资金进行风险投资，并以股利或红利的形式对投资者进行分配的风险投资组织形式。规范各方当事人的是公司章程和公司法，资金筹集基本按照股份公司发行股票或受益凭证的资本筹集方式和程序进行。风险资本提供者作为公司股东分享公司利润，承担有限责任。风险投资家是公司的高层管理人员，如董事会成员等。

公司是最早出现的风险投资组织形式，于1946年成立的“美国研究开发公司”是第一家现代的风险投资公司，也是美国第一家公开交易的封闭式基金。其后三十年间，公司成为风险投资机构的主流组织形式，为美国风险投资的发展做出了重大贡献[②]。

---

① Steven L. Brooks, The Venture Capital Investment Act of 2001: Arkansas's Vision for Economic Growth, 56 *Arkansas Law Review* 397, 406(2003).

② 美国的公司法由三部分组成：各州立法机构即州议会通过的普通公司法、美国国会通过的联邦法以及各州和联邦法院在解释成文法过程中积累的案例法。美国的公司制法律制度以成文法为主，成文法中又以州法为主，其无论在立法还是在司法实践判例中都总结了不少行之有效的法律原则并为其他国家所仿效，它极强的竞争力体现在美国公司法律制度的不断完善和日趋成熟中。20世纪90年代以来，美国公司法简化了对有限责任公司的法律规制，改变了有限责任公司的制度设计，使之像合伙一样申请税收的豁免，享受单层征税的便利，使得公司型风险投资企业的数量又得以增加。

(二)基金型

风险投资也可以按照信托模式设计,信托风险投资企业主要以基金(fund)的形式存在,因此通常被称为风险投资基金(trust venture capital fund)[①]。在合同型的风险投资信托基金中,基金经营人和保管人为受托人,投资者为信托人,受托人根据信托合同拥有基金财产的经营权和所有权,基金管理人能以自己的名义管理基金财产,并向投资者收取劳务报酬,而经营基金所获盈利归投资者所有。投资者主要通过购买受益凭证(certificate)的方式为自己的利益设立信托,信托风险投资基金由基金管理公司通过"要约"形式向基金投资者发布,如果基金投资者认同"要约"内容,则接受基金管理人的"邀请"并出资认购基金份额,获取基金凭证。在信托法律关系中,为了监督基金受托人的投资行为,通常还设立基金保管人,其一般为商业银行等金融机构,负责保管信托财产和清算交割业务,并对受托人的投资行为实施监督,确保受托人按照公开说明书所列明的投资规定运营符合信托合同要求的风险投资项目。在实践中,如果经投资者同意,信托风险投资基金也可以不设基金保管人。基于信托财产的独立性,风险投资家仅对因其过错产生的基金亏损承担责任,投资者有权因风险投资家的经营不善要求解除合同。除此之外风险投资家对信托财产具有完全的支配权。投资者以投入的资金为限承担有限责任,并在通常情况下与信托公司约定分配一定比例的基金盈利作为对风险投资家的报酬。但是,总的来说,信托型风险投资机构在投资行为上趋向保守,一般倾向于投向成熟期或扩张期企业,投向种子期企业的比例较小。

美国虽不是信托业最早起源的国家,但却是当今世界信托业最丰富的国家。美国信托基金的发展是先有实践、后有法规,尚未有全国统一的信托业单独立法。美国最早的信托立法是1887年纽约州颁布的。1939年美国制定了

---

① 有关风险投资基金的组织形式的选择,参见 Daniel S. Goldberg, Choice of Entity for a Venture Capital Startup: The Myth of Incorporation, 55 *Tax Law*. 923(2002).

《信托合同条例》,1940年制定了《投资公司法》和《投资顾问法》,对信托基金业务做出了规范。全美律师协会在1935年出版了《美国信托法重述》,1957年得以再版,并整理了《信托法案例大成》。此外,还有美国统一州法委员会制定的《美国统一信托法》(UTC2000)。

(三)有限合伙型

在风险投资业发展的过程中,每一种机构组织形式的出现都具有内在的法律价值和合理性。有限合伙的存在价值源于其自身的商业风险和利益机制的关系。

所谓有限合伙(limited partnership)是指一个由两个或两个以上的自然人和其他法人所组成的经营商业、分享利润的盈利团体。

美国《统一有限合伙法》(Uniform Limited Partnership Act)中,有限合伙的定义是:“由两个或两个以上之人依据本州法律成立的有一个或多个普通合伙人及一个或多个有限合伙人的合伙。”根据定义,有限合伙中包括了两种合伙人,即至少有一个普通合伙人(general partner,又称为一般合伙人)以及一个有限合伙人(limited partner)。普通合伙人通常是资深的职业经理,即风险投资家,负责合伙事业的经营管理和将投资项目变现,并且对有限合伙的债务承担无限连带责任;有限合伙人一般为机构投资者,是风险资本的主要提供者,对合伙事业的经营管理仅具有有限的参与权,监督其运作,对有限合伙的债务也仅以自己对有限合伙的出资为限承担有限责任。

有限合伙制度顺应了风险投资的高风险和高回报的特点,而这种特点决定了在制度安排上必须强调有限合伙风险投资机构的运作和风险投资家利益的高度相关性。风险投资作为一种特殊的投资方式就是需要风险投资家的专业素质和经验,以及相对独立、自由的决策权,投资者对风险投资家的经营行为不能横加干涉。体现在治理结构上,就是实行所有权和经营权的分离。

有限合伙人作为真正的投资者,投入99%的资金,而不参与经营管理。风险投资中的有限合伙人通常是掌握巨额资金的养老基金(pension funds)、大学捐赠基金(university endowments)和不参与资金运作管理的其他相关组织机构。这些机构将巨额资金交付风险投资机构,就是为了分享风险投资家在风险投资管理经验和投资方面的专业技能①。投资者会选择那些以往给他们带来良好投资回报(good returns)的风险投资公司,或者享有良好声誉的风险投资公司。

普通合伙人作为真正的管理者只投入1%的资金②,而主要投入专业的管理经验和知识技能,负责经营管理以确保其有充分的管理自主权③,从而提高风险投资机构的运作效率,普通合伙人通常有权获得合伙体盈利的20%作为他们的酬金④。作为普通合伙人的风险投资家必须出于一种相对自由的环境,可以创造性地发挥他们的管理技巧和投资才能,帮助他们所投资的对象公司取得良好的经营回报。

20世纪70年代以后,美国的风险投资机构越来越多地采用有限合伙制,使其成为占主导的风险投资机构组织形式,这是因为有限合伙形式有很多优点⑤。2007年6月1日,我国修订后的《合伙企业法》正式施行,有限合伙以独特的法律特征逐渐受到风险投资基金的青睐。以国顺风险投资基金为例,该基金筹备初期预计的募集资金为1~1.5亿元,其中普通合伙份额为0.5亿元。基金从2007年12月正式开始筹备,共7个普通合伙人和30个有限合伙

① Jack S. Levin, *Structuring Venture Capital Private Equity and Entrepreneurial Transactions* § 106.3 (2001).

② In most venture capital funds organized as limited partnerships, the investors, in the role of limited partners, provide 99 percent of the capital; the venture capitalists, in the role of general partners, provide the remaining 1 percent. See George W. Fenn et al., *The Economics of the Private Equity Market* 28 (Fed. Reserve Bd. Staff Study No. 168 Nov. 1995).

③ In a venture fund organized as an LLC, there would be no inherent division of control as in a limited partnership.

④ Paul Gompers & Josh Lerner, *The Venture Capital Cycle* (2000), p. 20.

⑤ Peggy H. Fu, Developing Venture Capital Laws in China: Lessons Learned from the United States, Germany, and Japan, 23 *Loyola of Los Angeles International & Comparative Law Review* 487,493 (2001).

人参与。在有限合伙制企业中，包括了普通合伙人和有限合伙人，管理人一般由普通合伙人担任，具体负责资金的运作，并按照合伙协议的约定收取管理费，客观上，承担无限连带责任，是对有限合伙人利益的进一步保护。按照有限合伙人的形式，国顺基金最低认购单位为50万元人民币，平均每个合伙人出资超过200万。国顺基金的管理人是上海中复投资管理有限公司。上海中复投资由上海中凯企业董事长边华才、宁波德邦控股董事长周益民、江苏中大建设董事长谈义良等共同出资组建，他们将同时作为国顺投资基金的普通合伙人。基金管理年费为净资产的2%，托管年费为0.5%，均年末一次性支付。基金的存续期限为10年[①]。对于有限合伙来说，一般投资者以有限合伙人身份投入资金承担有限责任，而基金管理人则以少量资金介入成为普通合伙人并承担无限责任。合伙的优势在于本身不纳税，税收由合伙人获得收益后自行缴纳，因此存在税收递延效应，同时由于合伙人本身可能存在税收优惠，如此就存在合理规划税收的空间，这对投资收益率有提升效应。在税收上的优惠还是非常具有吸引力的。

可见，有限合伙型以其独特优势成为美国风险投资企业的主要形式之一。针对特殊风险投资企业组织形式的税收优惠，即美国风险投资企业采取有限合伙形式的一大优越性便是，美国税法不将有限合伙企业视为纳税实体，不需就企业所得缴纳所得税，只需合伙人各自缴纳个人所得税。有限合伙制是风险投资中一种重要的组织模式，也是目前美国风险投资机构中占比最高的组织模式。它能够通过有限合伙协议灵活安排保障风险投资的运行，混合责任形式也能够满足各主体的利益需求，而其内部治理结构的设计又能够降低成本[②]。按规定合伙人只需交纳个人所得税，企业不必交所得税。并且风险投资公司的主要资金投入者养老基金、大学、慈善机构，在美国为免税实体，这些机

---

① 汪涛：《私募基金第三条阳光路径：有限合伙模式出炉》，载《21世纪经济报道》2008年3月2日。

② 刘晓纯、张潇：《风险投资机构中普通合伙人激励机制创新研究》，载《中央财经大学学报》2012年第6期。

构对风险投资的资本利得免税，也就是说风险投资所得只需交纳一次个人所得税。而有限责任公司的所有者凭借 1997 年的“打钩规则”能够自行选择以合伙形式缴纳税款，使得合伙和公司组织形式的界限在税收上趋于模糊。

二、风险投资组织形式的案例分析

软银集团由孙正义先生在 1981 年在日本创立，于 1994 年在日本上市。主要致力于 IT 产业的投资包括网络和电信。从投资全球最大的互联网公司雅虎，到投资中国最成功的互联网公司盛大，再到投资中国最大的电子商务公司阿里巴巴，并且一手导演了阿里巴巴收购雅虎中国，再到本案例分析的软银投资分众传媒的轰动，软银在风险投资领域所取得的成就令人啧啧称奇。软银集团在中国市场上所采取的软银组织形式颇具代表性。在中国市场有三个以软银命名的风险投资基金，该三个基金都为私募基金。

首先最早成立的是软库中华基金管理公司：1999 年，软银在中国成立的第一个风险投资基金。由软银旗下的软库金融集团(Softbank Finance)在中国香港注册成立，基金规模为 5 000 万美元。成功注资于新浪、网易、8848、当当网上书店、携程旅行网等 20 多家国内互联网公司。

其次是软件银行中国风险投资：2000 年软银和 UT 斯达康各自大约 1 亿美元的注资成立。投资了阿里巴巴、淘宝、分众传媒等公司。

最后是软银亚洲基础设施基金(Softbank Asia Infrastructure Fund)：2001 年是日本软银公司与美国思科公司战略合作，首期资金规模为 4.04 亿美元，大部分的资金由思科承担，而日本软银仅仅是提供品牌和派遣相关人员进行管理。其杰出的投资项目包括盛大网络。软银亚洲摘取了“2004 年中国最佳创业投资机构”的桂冠，投资盛大也成为 2004 年度中国风投的最佳退出案例。

分析以上三个软银旗下的风险投资基金，不难得出，最早成立的是软库中华基金管理公司，其法律组织形式是有限公司的形式。是由软银旗下的软库金融集团在香港注册成立的全资投资子公司。而第二个基金"软件银行中国风险投资"则是基金的法律组织形式。规模最大的软银亚洲基础设施基金的法律组织形式则是典型的有限合伙制。思科类似有限合伙人，主要义务是出资，并且以出资额为限负有限责任，而软银主要义务是管理该有限合伙，负无限责任，所以为普通合伙人。

美国著名大法官卡多佐(Benjamin N. Cardozo)曾在《法律的成长 法律科学的悖论》一书中强调：司法实践必须与社会实践相适应①。庞德所谓的"将理性适用于经验之上"，即指通过对法律运行机制的不断重构与完善，最大限度地避免法律的弊端②。实践表明，每一种风险投资组织形式都有存在的利弊，我们不能单纯地得出哪一种组织形式具有绝对的优势③。风险投资组织形式的发展始终是与整个经济法律环境的变化同步的，而且不同的组织形式立法并不是绝对的界限分明，正如匹兹堡大学法学院教授 Peter B. Oh 指出的：诸多商业组织形式融合的趋势已在立法中初见端倪④。这些组织形式实际上没有绝对的孰优孰劣之分，关键是依据具体的条件进行取舍，"量体裁衣"，这才是风险投资机构组织模式选择的真正激励之道。

三、有限合伙组织形式对于风险投资的特殊法律意义

20 世纪 60 年代，风险投资组织开始采用有限合伙型组织形式⑤。从此以

---

① [美]卡多佐：《法律的成长 法律科学的悖论》，董炯、彭冰译，中国法制出版社 2002 年版，第 34 页。

② 法律的弊端，部分地源于它所具有的守成取向，部分源于其形式结构中所固有的刚性因素，还有一部分则源于其控制功能相关的限度。参见[美]博登海默：《法理学法律哲学与法律方法》，邓正来译，中国政法大学出版社 1999 年版，第 402 - 406 页。

③ For a good discussion of the choice of entity issue, see Daniel S. Goldberg, Choice of Entity for a Venture Capital Startup: The Myth of Incorporation, 55 *Tax Law* 923(2002).

④ Peter B. Oh, A Jurisdictional Approach to Collapsing Corporate Distinctions, 55 *R. Utgers. L. Rev.* 389,397(2003).

⑤ Martin Kenney & Richard Florida, *Venture Capital in Silicon Valley: Fueling New Firm Formation, in Understanding Silicon Valley: The Anatomy of an Entrepreneurial Region* 110 (2000).

后，美国的风险投资公司大量用有限合伙方式作为其组织形式[①]。许多有关风险投资的非法律的研究报告给予有限合伙以很高的评价，认为有限合伙方式在风险投资取得成功方面起着至关重要的作用，称赞有限合伙是“现代风险投资体系中唯一最重要的组织创新”[②]。由于投资者在风险投资机构中所投入的资金数额巨大，风险投资机构的普通合伙人需要获得法律的充分保护，确保其所管理的投资行为符合投资者的最大利益(investors’ best interests)。但是，经过研究发现并不存在这样的保护机制：风险投资机构投资经理事实上没有必须为其投资者获得最大利益的法律义务。近年来，风险投资行业得到了很大的发展，人们会以为风险投资者会根据有限合伙协议条款采取诉讼方式来维护自己的合法权益，但是令人惊奇的是，风险投资领域的诉讼很少发生。风险投资领域的风险投资者主要依靠市场力量，尤其是依靠职业声誉，来确保其所投资的风险投资机构的风险投资家以投资者利益最大化为其决策依据。即使在缺乏充分的法律保障的情况下，投资者的利益仍然通过风险投资行业的惯例得到保障[③]。

有限合伙法最早可以追溯到 1822 年，当时有限合伙这样的法律组织行为被美国纽约州法所认可[④]。经过多年的努力，美国于 1916 年颁布了《统一有限合伙法》(Uniform Limited Partnership Act)以及此后的若干次修订，并为各州制订州法提供了立法模范条款[⑤]。近期，特拉华州法是有限合伙法的集大成

① Duke K. Bristow & Lee R. Petillon, Public Venture Capital Funds: New Relief from the Investment Company Act of 1940, 18 *Ann. Rev. Banking L.* 393, 395(1999).

② “The single most important organizational innovation of the modern venture capital system.” See Martin Kenney & Richard Florida, *Venture Capital in Silicon Valley: Fueling New Firm Formation, in Understanding Silicon Valley: The Anatomy of an Entrepreneurial Region* 121 (2000).

③ David Rosenberg, Venture Capital Limited Partnerships: A Study in Freedom of Contract, *Colum. Bus. L. Rev.* 363, 368 - 369(2002).

④ See Lawrence M. Friedman, *A History of American Law* 199 - 200 (2d ed. 1985).

⑤ See Larry E. Ribstein, An Applied Theory of Limited Partnership, 37 *Emory L. J.* 835, 837 - 38 (1988).

者，并成为风险投资家自愿选择所适用的法律。

1. 投资者的自由进出

有限合伙体的存续期间可以由合伙当事人在起草有限合伙合同的时候通过协商方式确定。有限合伙合同通常会规定一定的存续期限(一般为10年)，并规定某一个特别的日期为有限合伙合同的终止日，但是也可以通过普通合伙人的投票来续展有限合伙合同[①]。有限合伙组织方式的投资者可以比公司制的股东更容易的方式退出合伙体。投资者只要提前一定时间发出退出合伙的通知，合伙体就会退回投资者的投资本金和投资收益。

2. 两类不同合伙人之间风险与收益相吻合的特殊制度安排

在有限合伙制风险投资机构中，普通合伙人通常出任基金管理人的角色，他们的出资数额只占资本总额的1%，主要投入表现为专业的知识、技能、管理经验和精力等人力资本。他们负责风险投资机构日常的经营活动，对企业运营享有广泛的控制权，诸如投资对象的选择、投资前的评估、尽职调查、投资实际的决定、投资定价及数量、投资协议的签订、投资后的管理、退出等权限，除非合伙协议另有规定，否则完全由普通合伙人自行决定。与这种广泛的管理权相对应的是，普通合伙人应对合伙企业的债务承担无限责任。普通合伙人因其对合伙事务的执行而取得报酬，根据国际通行的基本分配规则，投资收益总额的20%分配给普通合伙人，其余的80%由全体有限合伙人按照其出资比例分配。此外，对于普通合伙人在履行管理职责时产生的日常费用，也由有限合伙人来承担。典型的年度管理费用为企业出资总额的1%～2.5%[②]。这种分配规则最大程度激发管理者运用专业技能，实现财富增值的热情。有限合伙制保障智力投资者的较高收益也正是实现对管理者的激励，促进风险投资

① George W. Fenn et al., *The Economics of the Private Equity Market* 34 (Fed. Reserve Bd. Staff Study No. 168 Nov. 1995).

② 刘晓纯、张潇：《风险投资机构中普通合伙人激励机制创新研究》，载《中央财经大学学报》2012年第6期。

运作效益提高。

为了保证普通合伙人的经营权，大多数国家都规定有限合伙人不参与企业的日常经营[①]。美国2001年《统一有限合伙法》和中国《合伙企业法》都列明了多项不被认为是对合伙的业务控制的有限合伙人可行使的权利范围，即通常所说的"安全港"。同时，有限合伙人还享有对普通合伙人的监督权，以此防止自身权利受损。因为在对企业及其资金的管理控制权上的这种法律规定，有限合伙人处于相对弱势的地位，他们对于企业债务也仅以其出资额承担有限责任。这种权利与义务相对应、风险与收益相吻合的制度安排，既保证有限合伙制风险投资中的普通合伙人能够为了有限合伙和其他投资人的利益谨慎运用资本，避免过分的投机主义和普通合伙人的道德风险；又可以保证普通合伙人有足够的动力，能够促使他们不断运用自己的专业知识、管理经验使财富快速增值。有限合伙的这一特点旨在最大限度地激励普通合伙人的同时降低代理成本，以达到普通合伙人与有限合伙人"休戚与共"的目的。

3. 风险投资的法律适用规则

在美国的风险投资领域，风险投资合同当事人可以通过协商的方式，对其投资合同或者合伙合同条款进行谈判，对其投资关系作出特别的约定[②]。美国州法中的一些特殊规定，可以用来规制风险投资当事人之间的法律关系。这些特殊的规定被称为"默认规则"(default rules)。

默认规则，包括立法上的默认规则和司法上的默认规则。立法上的默认规则就是指立法者预先在制定法中订立的一套规则，如果合同当事人没有积极主动地采取行动改变或者规避这套预设规则的效力，那么这套规则将会自

---

① 例如，《中华人民共和国合伙企业法》第68条规定："有限合伙人不执行合伙事务，不得对外代表有限合伙企业"。但是，这一规定并不意味着有限合伙人完全丧失了对企业事务的参与。

② Stephen M. Bainbridge, Community and Statism: A Conservative Contractarian Critique of Progressive Corporate Law Scholarship, 82 *Cornell L. Rev.* 856, 860 (1998). Most discussions of contractarianism focus on the contractual nature of the corporation.

动成为合同内容的一部分[①]。司法上的默认规则是法院为具体的合同确立默示条款过程中,能够产生具体的默示条款的规则。例如,在立法上的默认规则更像标准因而也更模糊的情况下,法院就需要在具体案件中将这种立法上的默认规则进一步明确,从而确立司法上的默认规则。"默认规则"术语具有以下的特征:①如果当事人明确了一些合同的条款,法院将会执行这一条款;②如果当事人未明确一些条款,法院将会提供一个规则以填补漏洞;并且③若当事人未明确一些条款,但不想让法院填补漏洞,法院将尊重这一意图[②]。简而言之,法院所补充的条款传统上被称为"默示条款"(implied terms)而被添加的默示条款形成之前的规则通常被称为"默认规则"(default rules)[③]。在美国的风险投资中,如果当事人在合伙合同中没有对某些事项作出约定的情况下,当事人可以根据州法中对这些事项的一般性规定予以执行。例如,如果合伙协议没有明确规定在合伙人之间怎样分配利润的,则合伙合同当事人可以根据州法中的有关合伙体如何进行分配的默认规则分配利润(通常州法的默认规则会规定在各合伙人之间进行平均分配)。如果合伙合同中对利润的分配约定了某个分配比例,则按照当事人在合伙协议中的约定进行利润分配,而无须适用州法中的默认规则。

作为一般原则,普通合伙人的某些义务,如诚信义务(fiduciary duty)就是一种不得放弃的义务,不能被视为州法中的默认规则,即使合同当事人同意,也是不能通过双方的合意方式作出豁免普通合伙人诚信义务的约定[④]。但是,美国特拉华州(Delaware)在1992年通过的一项法律却明文规定允许有限合伙合同的当事人通过协议方式放弃州法中对普通合伙人所规定的责任。《特

① 王文宇:《民商法理论与经济分析(二)》,中国政法大学出版社2003年版,第157页。

② 杨圣坤:《合同法上的默认规则研究》,载《福建法学》2009年第3期。

③ [美]E·艾伦·范斯沃思:《美国合同法》,葛云松、丁春燕译,中国政法人学出版社2004年版第498页。

④ Stephen M. Bainbridge, Community and Statism: A Conservative Contractarian Critique of Progressive Corporate Law Scholarship, 82 *Cornell L. Rev.* 856,860(1998).

拉华州统一有限合伙法修订案》(The Delaware Revised Uniform Limited Partnership Act, DRULPA)规定:本章旨在赋予合伙合同当事人最大的合同自由(freedom of contract)和合伙合同的可执行性,为此:①任何普通合伙人或者合伙合同下承担管理责任的其他人,对合伙体或者另一个合伙人,或者其他人根据合伙合同条款而善意信任(good faith reliance)的任何其他人,均不承担责任;以及②普通合伙人或者其他人的责任和义务,可以通过修改合伙合同的方式予以扩大或者作出限制[①]。美国特拉华州法院明确表示认可合伙合同当事人对合伙合同责任作出变更[②]。在 Kahn v. Icahn[③] 一案中,特拉华州法院指出:第 17 - 1101(d)节作出赋予当事人充分自由和灵活性(flexibility)就是为什么众多的风险投资机构选择有限合伙组织方式的原因。上述法案的通过,使美国特拉华州成为允许合伙合同当事人对合伙合同责任作出变更的先驱者。特拉华州法在有限合伙合同上的规定所表现出来的灵活性,吸引了风险投资家纷纷选择适用特拉华州法作为有限合伙合同的准据法[④]。在特拉华州法下,风险投资的家可以根据意思自治原则,通过与投资者协商的方式,对有限合伙合同中许多责任予以删除或者放弃[⑤],而在其他州法下,这些责任是不可放弃的。有限合伙合同当事人同样可以通过协商方式对特拉华州法所规定的那些默认规则作出变更。在有限合伙合同中,风险投资家有权对其投资

---

① Del. Code Ann. tit. 6, § 17 - 1101 (2001).

② Jill E. Fisch, The Peculiar Role of the Delaware Courts in the Competition for Corporate Charters, 68 *U. Cin. L. Rev.* 1061 (2000).

③ Kahn v. Icahn, No. CIV. A. 15916, 1998 WL 832629, at * 2 (Del. Ch. Sept. 10, 1998).

④ No statistics are available regarding the choice of law preferences of venture capital funds. However, handbooks for practitioners drafting venture capital limited partnership agreements recommend using Delaware law. See, e. g. , Michael J. Halloran, *Venture Capital and Public Offering Negotiations* 1 - 88 (2001); Further research is necessary to determine the extent to which Delaware dominates as the choice of law among venture capital limited partnerships.

⑤ David B. Weinberg, Structuring Issues for Investors in Venture Capital Limited Partnerships, *The Financier*: *ACMT*, Vol. 1, No. 2, May 1994, at 35, 35, available at www. the-financier. com/finance/35v1n2. pdf.

决定权作出约定，要求投资者对投资约定不得采取任何干预措施。对投资者之所以接受这种由风险投资家单方面所设定的有限合伙合同，是因为风险投资行业本身的单一循环性(uniquely cyclical nature)[1]所决定的。其他州也在此后纷纷仿效特拉华州的做法，以吸引投资者[2]。有些州干脆就在其所通过的有限合伙法中直接拷贝特拉华州的法律条款[3]。

风险投资有限合伙体的投资者加盟合伙体的期限比较短，到期后如果投资者对风险投资家的运作及其结果感到满意，可以续展其投资。Paul Gompers 和 Joshua Lerner 在其 2000 年所发表的《风险投资周期》(Venture Capital Cycle)一书中，描述了风险投资周期各环节之间的相互关联性：风险投资可以被视为是一个周期性的活动，首先筹集风险资金，通过投资获得收益，增加风险投资基金的价值，通过风险投资家的成功运作，向投资者分配投资收益，投资者将所获得的投资收益重新交给风险投资家作为追加投资资金[4]。正如 Paul Gompers 和 Joshua Lerner 所言，投资者续展风险投资合同的关键是对风险投资家所提供的服务感到满意，风险投资周期的重新启动取决于上一轮投资的成功完成。该成功取决于风险投资家运用其投资技能和经验，选择具有发展前景的初创公司，给予公司经营管理人员以适当咨询和帮助的。特拉华州法下的有限合伙关系，对于这样的周期是十分有益的，因为该法允许当事人通过协商建立他们之间的合伙关系。在这种关系中，是信誉(reputation)[5]，

---

① In this context, the word ‘cycle’ refers to the recurring rounds of investment that typify the way venture capitalists operate. It does not refer to the ‘business cycles’ commonly discussed in the economic and financial literature.

② Ehud Kamar, A Regulatory Competition Theory of Indeterminacy in Corporate Law, 98 *Colum. L. Rev.* 1908(1998).

③ Marvin Leon & Susan D. Lewis, Limited Partnerships: The Building Blocks, 937 *PLI/Corp* 121, 124 (1996).

④ Paul Gompers & Josh Lerner, *The Venture Capital Cycle*, The MIT Press 5 (2000).

⑤ Reliance on reputation as a constraint on behavior is surely a good thing. It minimizes legal costs by omitting the need for drafting elaborate contracts, and it maximizes the emphasis on the long-run.

而不是通过诉讼威胁或者法律义务，才是制约风险投资家行为的最大的利器。风险投资家的作用，与股权专业投资者不同。风险投资家不仅需要选择投资那些初创企业具有发展前景，而且还作为所投资企业的管理人员或者管理咨询人员为所投资的企业的经营管理提供帮助。他们指导所投资企业运用新技术或者开发产品的能力对风险投资成败起着重要作用，而投资者习惯于将其更多的资金交给同一个普通合伙人所管理的新风险投资基金。

第四节　通过特殊合同条款控制风险投资之高风险

由于风险投资是一种高度专业化的投资方式，它是社会分工协作发展的结果，这使得风险投资活动在本质上成为一种间接的代理投资活动。为解决风险投资家与风险企业之间的代理问题，对于两者的权利义务以法律合同的形式固定下来，以防止当事人行为的随意性，降低风险投资活动中的代理风险。风险投资合同安排的核心内容是要解决好风险投资家与风险企业之间的监督和激励问题。对有关的合同进行研究，既有利于保护部分涉外风险投资项目参与者的利益，又有利于加速我国风险投资事业的规范化操作。

合同安排必须预见风险企业从新设立发展成长为上市公司或者并购对象的历程，并做出相应的纲领性规定。这些合同条款不但是企业在业务成长时期有关各方的法律权利义务章程，而且为企业经营者与企业的投资者之间关系定下基调，万一双方日后发生严重的意见分歧，就可以以此为依据加以解决。通常来讲，每个投资交易中的风险投资者都会与风险公司之间作出合同安排，以便保证他们的投资回报，合同一般包括投资商品的选择、投资者权利保护、风险企业核心人员股票期权奖励等内容。

一、风险投资法律文件的特殊性

风险投资法律文件(venture capital investment legal documents),是指风险投资项目中规定投融资双方权利义务和投融资相关事项的法律文件,一般包括协议清单(term sheet)、投资/增资合同(investment/capital increase agreement)、股份购买协议(equity sale and purchase agreement)、股东/股权协议(shareholders/rights agreement)、合资企业合同(joint-venture contract)、合资企业章程(memorandum and articles of association)等。在我国,部分风险投资法律文件需要经过审批部门的审批才能生效,其中的优先权利条款的效力会产生不确定性。

风险投资者进行风险投资首先要选择风险投资的创业企业,通过商业判断来决定是否对该创业企业进行投资。一旦风险投资者初步作出投资决定,便开始与创业企业进行商业谈判。一般,风险投资者会选择一个或者几个主要投资商作为“牵头投资者(leader investors)”与创业企业进行谈判,而牵头投资者将代表所有投资者的利益。这种商业谈判一般有一定的程式。

在融资中,最主要的法律文件包括优先股认购协议(preferred stock purchase agreement)、重申的公司注册证书(restated certificate of incorporation,以下简称“重申证书”)和投资者权利协议(investors' rights agreement)。

在签署正式的法律文件之前,风险投资的各方主体之间需要签署一方投资意向书(letter of intent)。风险投资意向书是风险投资者向创新企业提交的表示愿意投资的书面文件。但是,不同的风险投资者提出投资意向的方法不同,一些风险投资者甚至不直接提出正式投资意向书,只是口头提出对投资计划书的看法[①]。尽管如此,多数人还是习惯于采用意向书的形式来表达自己的

---

① David R. Navarre, Paul W. Griepentrog, Working with Buyer and Seller Clients in Private Equity and Venture Capital Deals: New Challenges and Strategies, 2014 WL 788942.

意向。风险投资意向书是介于陈述协议与有法律效力文件的一种过渡形式，是经双方协商而产生的。风险投资意向书的主要内容一般包括 5 项，即对某创新企业投资的概要说明、贷款与抵押、贷款正反两方面的条件、说明和建议、意向书兑现的条件。

这些法律文件就可以建立起风险投资融资的基本法律框架。有时，融资文件中还包括共同出售协议（co-sale agreement）、保证（warrant）以及可转换次级期票（convertible subordinated promissory note）等。

通常情况下，为了谈判能够有效进行，双方会首先起草一份投资意向书，习惯中被称为“term sheet”。这份文件将规定融资过程中的所有主要元素和条款。在投资于创业企业之前，风险投资者会坚持要求对于公司与其创始人和关键员工的关系作出约定。一般包括，有关公司向关键员工出售普通股的情况和条件的《员工股票认购协议》（employee stock purchase agreement），有关公司对于员工作出的发明的权利以及对公司的发明和商业秘密的保密措施的《保密信息和发明协议》（proprietary information and inventions agreement）等。

美国风险投资协会曾于 2004 年，在总结目前流行于欧美的风险投资国际惯例的基础之上，编写了《美国风险投资示范合同》，旨在推荐当前国际风险投资操作的一般模式，以期在一定程度上分解风险投资市场的法律风险①。《美国风险示范合同》总共有 8 个文本协议，其中包括投资条款清单、A 序列优先股购买协议、公司章程、示范补偿协议、投资者权利协议、管理权证书格式文本、优先购买权和共同出售权协议、投票协议。上述文件所涉及的权利大致可

① 美国国家风险投资协会开发本套合同，旨在：①反映当前风险投资操作的“最佳惯例”（best practice）引导形成行业标准；②不偏不倚地对待风险投资机构和公司或企业家；③提供多样选择，体现多样化的融资条款；④阐述必要的或有益的解释性评述；⑤预锁 1 和消除法律陷阱；⑥提供一套全面的内在逻辑协调统一的融资文本；⑦促进交易间的一致性；⑧降低交易成本与实践。参见北京市大成律师事务所、北京市律师协会风险投资委员会组织编译：《美国风险投资示范合同》，法律出版社 2006 年版，第 1－2 页。

以分为优先权利与特殊权利两大类[①]。优先权利包括:优先分红权、优先认购权/优先受让权、清算优先权等;特殊权利主要包括:回购权、共同出售权、强制出售权、反稀释权等。优先权利条款与特殊权利条款是控制风险投资之高风险的法律工具。下面我们将分别的优先权利与特殊权利中的典型条款进行解析。

二、通过优先权利保护条款控制风险投资之高风险

"优先权利条款"(preferential rights provisions)是指风险投资法律文件中规定的、不涉及交易价格、对投融资双方的权利做偏向性规定的特殊条款的总称,该等优先权利在本文导言部分已进行了列举。

优先权利条款的具体条文和表现形式是灵活多变的。虽然从美国的经验上看,大部分优先权利条款是附属于可转换优先股的,但是实际应用中也可以被设计为脱离可转换优先股而独立存在。这种情形在涉及中国企业的风险投资项目中经常出现。下文将逐一抽象出优先权利条款的核心内容并对其进行分析评述。

(一)优先分红权条款

优先分红权(dividends preference)是指在公司宣告分派股息时,作为股东的风险投资者有权优先取得投资额固定比例的股息的权利。根据在风险投资者优先取得固定比例股息后,是否仍可继续参与剩余股息分配,又可分为参与性和非参与性优先分红权[②]。参与性优先股在优先获取一定数额股息后,风险投资者仍可在可转换基础上,按照股权比例分配剩余股息;非参与性优先股,风险投资者在获取一定数额股息后,不再参与剩余股息分配。

优先分红权条款的目的是赋予权利人优先获得股息的权利。清算优先权

---

① 钟文海:《私募股权投资者权利研究》,西南大学 2010 年硕士学位论文,第 11 页。

② 李雨龙:《投资并购中股东优先权法律条款探析》,中华全国律师协会经济专业委员会 2009 年年会(贵州)论文集,第 121 页。

确保权利人在目标企业发展不佳时能够取回初始投资，而作为清算优先权的补充，优先分红权条款确保权利人在收回初始投资的同时还能够获得一定的内部收益率。风险投资项目中，优先分红权人通常会要求累积优先分红权(cumulative dividend preference)。依据累积优先分红权条款，目标企业将被强制每年(或每季度)提取固定比例的股息，累积至目标企业清算时分配。这种条款从本质上而言具有股权债权化的作用，不利于给予优先分红权人足够的激励，使其致力于目标企业的发展。不累积优先分红权条款对权利人提供相对较弱的保护，其股息如果不分配则不累积至以后各期。

优先分红权主要具有遏制了创业者进行分红的动力和防止创业企业出现重大经营变更的作用[①]。风险投资机构设立分的优先权不在于通过利润方式获取投资回报，而在于鼓励创业者把获取的利益投入到企业的后续发展当中。由于风险投资机构设的优先分红权的存在，以致创业者每次分红都会导致其实际利益转移给风险投资机构设，因此优先分红权也相当于由于创业者分红而给私风险投资机构设支付的违约金。如果创业者持续地进行分红，则意味着其有可能会出现套现退出，而创业者对于目标公司的放弃将对创业企业的发展产生很大的不确定性，因此优先分红权则是提前给予风险投资机构设的补偿。

我国《公司法》第 35 条规定，有限责任公司股东按照实缴的出资比例分取红利，……但是，全体股东约定不按照出资比例分取红利的除外。第 167 条的规定，股份有限公司按照股东持有的股份比例分配，但股份有限公司章程规定不按持股比例分配的除外。由此可见，我国《公司法》并未规定作为股东的风险投资者在分红顺序上的优先和劣后，但是规定股东之间可以约定股权比例与分红比例不一致。

---

① 参见李寿双:《中国式私募股权投资——基于中国法的本土化路径》，法律出版社 2008 年版，第 21 页。

（二）优先认购权/优先受让权条款

优先认购权（pre-emptive right）是指创业企业发行新股或可转换债时，风险投资机构可以按原先持有的股份数量的一定比例优先于创业企业家进行认购的权利。设立优先认购权的目的是在创业企业有扩大总股本的融资行为时，保障现有风险投资机构的持股比例和权益不被摊薄。风险投资机构购买新股票的定价往往低于新股的市价，因而优先认股权本身亦具有市场价值。风险投资机构可以自己行使该权利，也可以通过转让权利证书而将新股优先认购权转让给他人行使，也就是说，在优先认购权生效之前卖出股票。当然，风险投资机构的新股优先认购权并不是绝对的，法律确立新股认购优先权是在比较创业企业内部组织结构平衡和创业企业资本顺利扩张两种价值之后做出的判断，也就是说，在某些特定情况下，风险投资机构新股优先认购权是可以被合理排除的。这取决于风险投资机构和创业企业家的协商和约定。

优先受让权（right of first refusal）是指公司股东之一对外出让股权时，在同等条件下，作为原股东的风险投资者具有优先受让的权利。优先受让权是为了在创业企业原有股东出售股权时能够合理保障风险投资者利益的制度安排。从风险投资者的角度看，优先受让权不但可以防止因其他股东的股份转让而导致风险投资者的股份受到稀释，而且还保留了风险投资者再次出资或提高股权比例的可能性。

我国《公司法》第72条规定了有限责任公司股东的优先受让权。我国《公司法》规定的优先受让权对作为公司原有股东的风险投资者具有普遍性，主要体现在：原有股东对于对外转让的股权具有优先受让权；同时主张优先受让权的股东协商不成时按各自出资比例行使权利。我国《公司法》没有规定内部股东之间转让的优先受让权问题，但规定“公司章程对股权转让另有规定的，从其规定。”

优先认购权和优先受让权条款在功能上类似于反稀释权条款，保护权利人在目标企业的权益比例，防止目标企业管理层（多数情况下是创业企业家本身)采取某些行动稀释股权,以使其对目标企业的控制力和相应权益不因新股发行或股权转让而降低。这样,优先认购权和优先受让权条款允许权利人"维持或增强其对企业成功的利益",同时"保护其初始投资免受稀释或损失"①。

优先权认购权和优先受让权(right of first refusal)具有很多相似之处。通常情况下,它们均基于权利人的持股比例,具有规定的行权期限,均在目标企业完成首次公开上市时自动终止,同样适用于前文所述的反稀释调整的例外。因此,优先认购权和优先受让权常常被混用。但是,其法律上具有明显的不同点。优先认购权赋予权利人在新股发行时,具有按其持股比例优先认购的权利,其对象是目标企业新发行的股票。而优先受让权赋予权利人在股权转让时,具有按其持股比例优先受让的权利的,其对象是目标企业现存已发行在外的股票。

优先认购权和优先受让权均确保原有股东对被投资企业的长期投入和承诺,避免不理想和不必要的股东进入,使原有股东按持股比例承担风险和享有收益。

(三)清算优先权条款

清算优先权是指创业企业在解散、并购、破产或重大资产出售等清算事件发生时,风险投资机构可以优先于其他债权人或股东进行财产分配。清算优先权是为了防范创业企业家向风险投资机构融资的目的不在于发展企业,而在于欺诈、侵占风险投资机构的资金所采取的一种保护风险投资机构合法权益的法律工具。

清算优先权包括标准型清算优先权和参与型清算优先权两种,其功能是在目标企业清算或解散时,赋予权利人优先于非权利人取得清算收益的权利。

---

① "... maintain or increase its interest in the success of the enterprise" while receiving "protection against dilution or loss of his initial investment." Richard J. Testa, The Legal Process of Venture Capital Investment, in. Stanley E. Pratt (Ed.) *Guide to Venture Capital Sources*, Wellesley: Capital. Publishing Corporation, 34(1986).

清算优先权往往附属于可转换优先股，由风险投资机构享有。

标准型清算优先权(priority liquidation preference)条款的功能是，在目标企业清算时，确保权利人受到的损失减到最小，使其能够取回其对目标企业的投资，至多等于其对目标企业的总投资，即等于其购买可转换优先股所支付的总价格。由于风险投资机构为其可转换优先股支付的对价往往高于创业企业家为其普通股所支付的对价(在将可转换优先股视为已转换为普通股的条件下)，虽然风险投资机构会明智地将其可转换优先股转换为普通股，其取得的内部收益率①将少于创业企业家。因此，风险投资机构设计出参与型清算优先权来解决这一实际上的不公平问题。参与型清算优先权(participating liquidation preference)条款的功能是赋予权利人在取回其对目标企业的投资后，还有权按持股比例取得剩余清算收益的权利。此时，风险投资机构和创业企业家之间就会产生利益冲突。一个典型的调和这一利益冲突的方法是为参与型清算优先权设定取得清算收益的上限(cap)。上限通常被设定为清算优先权人初始投资额的三至四倍，附加已产生但未分配的股利或者随时间增长的百分率②。一个理性的风险投资机构仍然会对目标企业作出评估，选择行使清算优先权或者放弃清算优先权而转换为普通股，以获得最大收益率。

清算优先权条款在中国法律中的效力如何呢？我国《公司法》第 187 条规定："公司财产在分别支付清算费用、职工的工资、社会保险费用和法定补偿金，缴纳所欠税款，清偿公司债务后的剩余财产，有限责任公司按照股东的出资比例分配，股份有限公司按照股东持有的股份比例分配。"由于法律已明确了资产分配的原则，股东在股东协议或者章程的约定如与这一原则相矛盾，根

---

① 内部收益率是指项目净现值等于零时的折现率，表示项目收益占原始资本的比例。风险投资行业的高风险性必然要求在成功项目上取得较高内部收益率以弥补其在其他失败投资上的损失。See Jack S. Levin, Structuring Venture Capital, Private Equity, and Entrepreneurial Transactions, § 103, Little Brown, 4(1995).

② See Constance E. Bagley and Craig E. Dauchy, *The Entrepreneur's Guide to Business Law* (2nd Edition), South-Western College/West, 451(2002).

据我国《合同法》第 52 条的规定[①]。则会导致该条款的无效。因此，清算优先权直接在股东协议或章程进行约定的做法，会使得清算优先权的约定成为股东协议或章程中的无效条款[②]。但是，《中外合作经营企业法》第 23 条第 1 款规定："合作企业期满或者提前终止时，应当依照法定程序对资产和债权、债务进行清算。中外合作者应当依照合作企业合同的约定确定合作企业财产的归属。"据此，如果创业企业是中外合资企业和中外合作企业，则可以在股东协议，即《合资企业合同》或《合作企业合同》中自由约定清算优先权。可见，除非创业企业是中外合资企业和中外合作企业，否则在股东协议或章程中约定清算优先权的，该等条款将成为无效的条款。

三、通过特殊权利保护条款控制风险投资之高风险

（一）回购权条款

风险投资业务中，风险投资机构通常与创业企业家签订回购权(redemption right)条款。回购权条款，或称强制赎回条款。该条款是指风险投资机构并购完成后，创业企业在约定时间未上市，则风险投资机构有权要求创业企业以不低于投资价格的价格回赎其所持股权，或要求原股东或管理层受让其股权或将其股权转让给第三方套现，以保证其投资收益[③]。该条款的目的主要是督促创业企业及其管理层力促上市事项的完成，以便风险投资机构通过 IPO 途径顺利退出。一旦 IPO 遭遇挫折，则风险投资机构权益则转向其他补偿。回购权一般是在创业企业 IPO 无望，而且风险投资机构不想继续持有创业企业股权时才会行使，其性质上也与期权相类似。回购的价格通常等

---

① 《中华人民共和国合同法》第 52 条规定：有下列情形之一的，合同无效……（五）违反法律、行政法规的强制性规定。

② 侯利宏：《私募股权投资中投资人几个特殊权利在中国法下的运用》，载《西南政法大学学报》2013 年第 2 期。

③ 刘向东、陈奕文：《私募股权投资法律风险的分析与控制》，载《天津法学》2012 年第 1 期。

于初始购买价格加上合理的回报率[①]，或者按照公平市场价格或者原始购买价加上未支付的利息[②]。与买入期权和卖出期权类似，回购权的权利人可以自主判断是否行使或放弃回购权。

通常情况下，回购权会被授予作为小股东的风险投资机构。在目标企业的发展不足以达到首次公开上市的条件或不足以吸引潜在的收购者，风险投资机构将凭借回购权条款获得有效的退出途径。特别是当目标企业在从风险投资以外的渠道难以获得融资时，回购的压力将使目标企业的管理层受控于风险投资机构[③]。有学者认为回购权条款是风险投资机构在与创业企业家打交道时的有利杠杆。风险投资机构可以放弃回购权为条件换取额外的证券或合同权利[④]。虽然回购权条款具有其合理性并"越来越多地被授予"[⑤]，但它可能会为创业企业的未来融资产生负面影响。如果目标企业授予了回购权，后继的投资者会合理地担心其对目标企业的投资可能会被回购上一轮的投资，而不会被用于目标企业的发展。此外，新的投资者必然会将以前投资方的赎回权作为新一轮融资的一项重要的谈判内容。从风险投资机构角度而言，阻止潜在的投资者进入无疑会增加原投资者对创业企业家和后继融资的控制[⑥]。

回购权还可能因无法满足回购本身的法律要求而难以行使。根据美国的法律，通常只允许企业在盈利的情况下回购其股票而不允许企业在丧失支付

---

① George W. Dent Jr., Venture Capital and the Future of Corporate Finance, 70 *Wash. U. L. Q.* 1047 (1992).

② 参见胡晓珂:《风险投资领域"对赌协议"的可执行性研究》,载《证券市场导报》2011 年第 9 期。

③ Michael J. Halloran et al., *Venture Capital and Public Offering Negotiation*, Aspen Publishers, 8-24(1997).

④ George W. Dent Jr., Venture Capital and the Future of Corporate Finance, 70 *Wash. U. L. Q.* 1048 (1992).

⑤ See Constance E. Bagley and Craig E. Dauchy, *The Entrepreneur's Guide to Business Law* (2nd Edition), South-Western College/West, 453(2002).

⑥ George W. Dent Jr., Venture Capital and the Future of Corporate Finance, 70 *Wash. U. L. Q.* 1049 (1992).

能力的情况下回购其股票[①]。实际上回购通常会在目标企业发展不佳的时候发生,但此时目标企业可能并没有足够的现金支付其所回购的股票。此时回购权会面临无法满足回购要求而显得无意义。风险投资机构在此时可能接受比约定的价格更低的价格以退出目标企业,而创业企业家可能支付相应的价格来换取对目标企业的控制权[②]。

(二)共同出售权条款

风险投资机构进入目标企业的身份往往是小股东,其所占股份比例比较低,而且不涉及公司具体经营管理,因而风险投资机构所获企业信息不对等、话语权偏弱。在此情况下,为了更好地保护风险投资机构的合法利益,风险投资机构往往会要求在融资协议订立共同出售条款(co-sale right)。所谓共同出售权(co-sale right)是指在其他股东尤其是创业企业家欲转让或出售股票时,风险投资机构有权按出资比例以创业企业家的出售价格与创业企业家一起向第三方转让股票。共同出售权具有以下特点:①风险投资机构和创业企业家都可能被授予共同出售权。②共同出售权的行使均发生在向投融资双方以外的第三方转让其控股权时。③共同出售权的行使将对义务人的股东权产生严重的影响,但均不影响第三人的权利[③]。共同出售权条款赋予风险投资机构在创业企业家向第三方出售其控股权时加入该交易的权利,方式是在不影响被出售股权总额的情况下,风险投资机构将其部分股权替换创业企业家拟出售的部分股权。该部分所占的比例通常等于风险投资机构的持股比例[④]。共同出售权的行使大多发生在创业企业家是大股东,而风险投资机构是小股东的

① Robert W. Hamilton, *The Law of Corporations* (Fourth Edition), West Publishing Co., 508-531 (1996).

② George W. Dent Jr., Venture Capital and the Future of Corporate Finance, 70 *Wash. U. L. Q.*, 1048(1992).

③ 孟庆凯:《论风险投资法律文件中的优先权利条款》,上海交通大学2007年硕士学位论文,第28页。

④ 如果存在优先股,确定该持股比例的前提是假设优先股已全部转换为普通股。

情况下[①]。此时,创业企业家出售其控股权意味着目标企业最核心资源的退出。受让人是否有能力、有意愿继续发展目标企业尚存疑问,同时也将加剧信息不对称问题。共同出售权的目的是为风险投资机构提供一种保护,使其在创业企业家转让其在目标企业的控股权时获得一个退出目标企业的机会。

按照我国《公司法》第 72 条的规定,在有限责任公司股东转让股权时,其他公司股东享有优先转让权,但是公司章程对股权转让另有规定的,从其规定。因而如果风险投资机构所投资企业组织形式是有限责任公司,风险投资机构可以要求在公司《章程》中约定赋予风险投资机构两项选择权:可以行使优先转让权,购买拟转让股权;或直接行使共同出售权。另外《公司法》等法律对于非上市股份有限公司的股权转让,并没有明确规定优先转让权或共同出售权,因而非上市股份有限公司的共同出售权可以参照有限责任公司来做约定。故此共同出售权条款在目前的中国法律框架下并没有实质性的障碍,风险投资机构和创业企业家双方可以在投资协议中对此做出具体的约定,并将该约定反映在公司《章程》之中。

(三) 强制出售权条款

强制出售权(drag-along right),又称拖售权或者强卖权,是指作为股东的投资人有权要求其他股东以同样的价格、条款和条件、在同一时间将各自的股份/股权出售给第三方[②]。在风险投资中,强制出售权的行使通常发生在创业企业家是小股东,而风险投资机构是大股东的情况下。风险投资机构在向其他机构投资者转让其控股权时,机构投资者可能不满足于仅仅取得控股权,而希望风险投资机构通过行使强制出售权来获得目标企业 100%的股权。强制出售权可以无视小股东的反对,使这种全资收购成为可能。"就出售整个公司而言,大股东带领潜在的反对票一同出售的能力,在适当的情况下,作为强制

① Jack S. Levin, *Structuring Venture Capital, Private Equity, and Entrepreneurial Transactions* § 103, Little, Brown, 271(1995).

② Markus May, Shareholder Drag-Along Rights in Illinois, 100 *Ill. B. J.* 320,321(2012).

那些自我满足且不关心的共同投资者合作参与退出策略时，可能是经济有益的。"[①]但是，如果授予风险投资机构强制出售权，创业企业家可能在获得目标企业急需的发展资金的同时埋下完全丧失目标企业所有权的隐患。显而易见，这种带有强迫性质、违反意思自治的强制出售权对小股东(特别是创业企业家)而言是不公平、不合理的，因此通常会遭到其强烈抵触。虽然有学者对强制出售权的合法性提出了质疑[②]，但法院通常支持强制出售权条款[③]。美国特拉华州法院 2006 年在 Minnesota Inveco of RSA ＃7, Inc. v. Midwest Wireless Holdings LLC 案[④]的判决中认为，只要风险投资机构与企业原有股东签订了包含强制出售权的协议，那么即使今后公司的管理层不支持该约定，该强制出售权还是有效并且可以予以执行的[⑤]。该判例也使得强制出售权在风险投资中逐渐大行其道。美国伊利诺斯州最高法院在 Galler 案[⑥]中指出：没有任何理由禁止公司管理层对相关事务的安排，如果这样的协议经过其他股东的同意。股东协议并没有损坏其他股东的利益，也不存在欺诈和损害公共利益的情况，没有违反任何法律，因而这样的协议是有效的[⑦]。

需要注意的是，在起草强制出售权条款时，应当慎重对待双方具体的权利义务。触发强制出售权的先决条件一般包括：①未在规定时间内完成 IPO 融资计划；②未完成 IPO 之前既定的财务指标，尤其是税后净利润指标；③达到

---

① "The ability of the majority to 'drag along' potentially dissident shares in the sale of the entire company can be, in the appropriate circumstances, economically useful as an alternative method for forcing complacent co-investors to cooperate in an exit strategy." See Joseph W. Bartlett, *Equity Finance, Venture Capital, Buyouts, Restructurings, and Reorganizations*, § 10.15, 233(1995).

② Joseph W. Bartlett, *Equity Finance, Venture Capital, Buyouts, Restructurings, and Reorganizations*, § 10.15,234 - 235(1995).

③ Douglas G. Smith, The Venture Capital Company: A Contractarian Rebuttal to the Political Theory of American Corporate Finance? 65 *Tenn. L. Rev.* 79,132(1997).

④ 903 A.2d 786 (Del. Ch. 2006).

⑤ Id. at 797 - 98.

⑥ Galler, 32 Ill. 2d at 30, 203 N.E. 2d at 585.

⑦ Galler, 45 Ill. App. 2d 452,196 N.E. 2d 5 (1st Dist. 1964).

既定投资期后退出不明朗及管理层决定不实行IPO等情形[1]。具体的先决条件取决于交易各方的需求和很多方面的考量，所以，实践中它的内容也是存在差异的。为强制出售权的行使设定限制性条件是必要的。例如，规定强制出售权在授予权利人后的一定期限内不可行使，或者规定转让价格必须高于某个约定的价格。

四、通过"反稀释权条款"控制风险投资之高风险

反稀释权，也称为反摊薄权，是指在创业企业进行后续融资或定向增发时，先前的投资者有权获得免费的股份或以极低的价格获得后续新增的股份，以保持先投资者购买的股份价格不低于后投资者，换句话而言，是使后投资者在对创业企业投资相同时不能获得比先投资者更多的权益[2]。分阶段注资是风险投资的典型特征，也就是说，创业企业通常进行多个轮次的融资。公司增资带来的资本结构上的变化是稀释，表现为公司原有投资其权益和控制力的减弱。稀释(dilution)表现在资产负债表上是指每股净账面价值下降。从利益分配的角度而言，稀释意味着可获得的企业权益的减少。

有学者将稀释分为比例稀释(percentage dilution)和经济稀释(economic dilution)两种[3]。比例稀释是指投资者对公司持股比例(percentage of the entity)的下降，企业经营者为谋求市场经济最大化，可能通过股票分红、股票分割等方式使普通股持股比例产生变化，这将会导致风险投资者所持股份比例降低，造成可转换证券的现有价值的比例稀释。针对此种稀释行为，风险投资机构可以与创业企业订立反稀释条款，以遏制企业随意对新发股份定价、分

① 侯利宏:《私募股权投资中投资人几个特殊权利在中国法下的运用》，载《西南政法大学学报》2013年第2期。

② 石育斌:《中国私募股权融资与创业板上市实务操作指南》，法律出版社2009年版，第243页。

③ Michael A. Woronoff & Jonathan A. Rosen, Understanding Anti-dilution Provisions in Convertible Securities, *Fordham Law Review*, 134 - 137 (October 2005).

配和对原始股份进行分割，从而确保自己在企业中的股票份额[①]。比例稀释仅考虑公司发行新股对股权的稀释效应，与投资价值无直接关系。经济稀释是指投资者对公司投资的经济价值(economic value)的下降。经济稀释关注公司发行新股对投资者的投资价值的影响。反经济稀释其实是对风险投资机构所持股份的一种价格保护。企业在多轮融资过程中，因为对资金需求的急迫性不同，所以每轮融资过程中，每股的价格是不确定的。只有当企业股份的价格足够高且完全以市场公正价格出售时，才能保障前期风险投资者资本不受损害，反之，则造成前期风险投资者股份贬值，产生股份的经济稀释。稀释是风险投资项目中一个不可避免的问题，风险投资的分段投资特性[②]使得新一轮融资和新投资者的引入成为必然，原有投资者对目标企业所享有的权益比例必然被削弱。投资者通常会用反稀释条款来调整经济稀释，而不调整比例稀释。比例稀释由其他合同条款，例如优先认购权或优先受让权条款来调整[③]。

在公司增资的过程中，只要有新的投资者进入，或者公司原有投资者没有按照之前的持股比例向公司注资，必然伴随比例稀释。而经济稀释则发生在公司新一轮融资价格低于前期融资价格的情况，即新一轮融资中投资者以低于公司原有投资者的对价，换取了相同的公司权益，这往往意味着公司经营业绩的下滑。无论是比例稀释还是经济稀释对投资者的影响都是负面的，因此针对稀释，公司往往提供一定的机制对投资者的权益予以保护。针对比例稀释，公司法提供的机制是公司增资时的优先认购权以及股权转让中的优先购

---

① 张树、李鑫淇:《论风险投资反稀释权力保护》，载《成都大学学报(社科版)》2012 年第6 期。

② See Admati, A. R. & Pfleiderer P., Robust Financing Contracting and the Role of Venture Capitalists, 49 Journal of Finance, 371 - 402(1994); Raphael Amit, James Brander and Christoph Zott, Why Do Venture Capital Firms Exist? Theory and Canadian Evidence, 13 *Journal of Business Venturing*, 441 - 466(1998).

③ David A. Broadwin, An Introduction to Antidilution Provisions (Part 1), *Prac. Law*, 30 (June 2004).

买权。应对经济稀释的，则是反稀释条款。反稀释权条款是唯一合理的保护权利人免受信息不对称带来的影响的方法，同时也仅仅是使代理成本最小化的多种手段之一①。

广义上的反稀释权（anti-dilution right）条款可以分为结构性反稀释（structural anti-dilution）条款和非结构性反稀释条款两种②。前者针对目标企业本身非融资性股份变动（并非股东变动）情况，后者针对后续融资产生的股份变动情况。结构性反稀释是指在公司股份发生送股（stock dividends）、股份分割（stock splits）、合并（reverse splits）等股份重组情况时，原投资者持有的股份应按比例作相应调整。通常所有股东都会受到结构性反稀释条款的保护③。非结构性反稀释条款是狭义上的反稀释权条款，其目的并非维持原有投资者对公司的控制力或对分配的权益比例，而是确保在支付等额投资的情况下，原有投资者获得的企业权益不会低于新投资者所获得的企业权益，以对原有投资者提供保护。

"反稀释条款"在我国的风险投资实践中也有所运用。如在新三板挂牌的卡联科技（430130）与天津淳信、上海联创永津两家风险投资机构签有"反稀释条款"，其主要内容是：增资完成后，如果卡联科技再次增加注册资本，新股东增资前对公司的估值不应低于本次投资完成后的估值，以确保两家风险投资机构所持的公司权益价值不被稀释。如公司再次增加注册资本，新股东增资前对公司的估值低于公司投资后估值的，两家风险投资机构有权调整其在公司的权益比例，以保证权益价值不被稀释；如果公司以低于本次投资后的估值再次增加注册资本的，则卡联科技股东李兵和张捷将向两家风险投资机构进

① Michael A. Woronoff & Jonathan A. Rosen, Understanding Anti-dilution Provisions in Convertible Securities, Fordham Law Review, 132 (October 2005).

② 孟庆凯：《论风险投资法律文件中的优先权利条款》，上海交通大学法学院 2007 年硕士学位论文，第 34 页。

③ See Constance E. Bagley and Craig E. Dauchy, *The Entrepreneur's Guide to Business Law* (2nd Edition), South-Western College/West, 457 - 458(2002).

行现金补偿[①]。

如果创业企业家的谈判力较强，还可能形成一种稀释效应更弱的反稀释条款，即附带购股要求(pay to play)的条款。这种条款要求优先股持有人仅在其至少按照持股比例参与每一后继轮次的更低价融资时，才享有反稀释权。如果优先股持有人低于持股比例购买或不购买目标企业新发行的股票，其优先股上的反稀释条款将自动终止。这种条款的目的在于激励优先股持有人在每一轮融资中为公司作出贡献，因此深受创业企业家的欢迎。

反稀释条款对风险投资机构和创业企业都具有一定的积极作用。对于风险投资机构来讲，反稀释条款维护了风险投资机构持股比例，可以保护风险投资机构的利益不因创业企业进行多轮融资后导致每股对应的企业价值贬值，避免被强制性稀释而失去对创业企业的控制权和话语权，保持风险投资机构在创业企业进行多轮融资之后保持稳定的投票权。反稀释条款在很大程度上确保了风险投资机构对于企业的投资热情和动力[②]。另一方面，反稀释条款对企业经营者也起着激励作用，并监督企业经营者的决策更加科学、理性。反稀释条款能够激励创业企业以更高的价格进行后续融资，由于存在反稀释条款的制约，企业管理层必须对自己的商业计划负责，并承担因为经营管理不善所造成的不利后果，否则反稀释条款会损害普通股股东的利益。

反稀释条款回应的是创业企业的信息壁垒(information barrier)问题。创业企业处于初创期，经营环境高度不确定，同时不同于公众公司，它缺乏公开市场中基于信息披露形成的股票市场价格。对风险投资机构持有的优先股进行估值时面临严重的信息壁垒问题，如果风险投资机构参与的是创业企业初

① 吴正爵：《PE"反稀释条款"保权益新三板卡联科技尝鲜》，载《上海证券报》2012 年 7 月 11 日第 F10 版。

② 张树、李鑫淇：《论风险投资反稀释权力保护》，载《成都大学学报(社科版)》2012 年第6 期。

始轮次的融资，这种信息壁垒问题会尤为严峻[①]。反稀释条款的价格调整机制能够校正信息问题所带来的估值偏差，从而有效保护创业企业投资者的权益，促成投资者因应企业业绩的变化对风险的有效管理。

五、通过限制性约定条款控制风险投资之高风险

（一）限制性约定条款的含义及其必要性分析

风险投资活动的限制性约定（restrictive covenants）条款主要是通过法律手段，以协议方式，对风险投资的管理人（基金经理）、风险投资管理活动和对外进行风险投资的行为进行规制和限制的合同条款。

这些限制性约定条款可能是建设性的，他赋予风险投资的管理人（基金经理）一定的权利和职责，因为被称为积极的约定（positive covenants）；也可能是对风险投资的管理人（基金经理）、风险投资管理活动和对外进行风险投资的行为进行规制和限制的合同条款，即消极的约定（negative covenants），以通过限制这种方式来实施投资者对风险投资基金经理最低程度的控制。

在风险投资合同的限制性约定条款，旨在对风险投资机构所投资企业的权利的限制。从法哲学的视角看，权利本身是有限度的，而不是无限的。风险投资机构为了防止其所投资企业及其管理层滥用权利，而对权利作出某些限制，是为了防止风险投资机构的权利遭到侵害，是对社会秩序和股东利益的维护。"限制权利的目的，不是废除或者限制主体的权利，而是为了保护和扩大权利。"[②]这似乎是个悖论，其实不然。从法哲学的角度看，风险投资合同的限制性约定条款，不是为了限制风险投资机构所投资企业的权利，而是为了通过保护和扩大风险投资机构的权利，从而维护风险投资关系的稳定和发展，最终维护被限制权利的企业从原先风险投资机构手中或者其他新的风险投资机构

① 参见潘林：《美国风险投资合同与创业企业治理法律问题研究》，吉林大学2012年法学博士学位论文，第42页。

② 公丕祥：《权利现象的逻辑》，山东人民出版社2002年版，第21页。

那里获得更多风险资金的权利。这是因为，权利本身包含着责任的要求。康德说："责任的原则是理性绝对地、并且客观地和普遍地以命令的形式向个人提出的关于他应该如何行事的号令。"[①]从来就不存在拒绝一切社会责任的抽象的主体权利。创业企业从风险投资机构那里获得风险资金，这是它的权利。但是，如果经营、管理好它所募集的风险资金，保证风险投资者的价值得到提升，利益得到维护，这是创业企业及其管理层的责任。因此，通过在风险投资合同的限制性约定条款的方式，来限制创业企业及其管理层的某些权利，实质上也是为其设定相应的责任，其目的是维护风险投资机构和投资者的合法权益。

在风险投资合同中，设定限制性约定条款可以起到保护投资者的作用[②]。尽管通过掌握公司 50%的董事职位，风险投资机构可以阻止不合适的董事会决议获得通过，风险投资机构无法起诉另外 50%投反对票的董事。如果公司章程要求多数表决票通过，即使风险投资机构在董事会中占有多数席位，可能仍然缺乏经营控制权[③]。风险投资机构需要这些限制性约定来保护其合法权益，并在适当时运用这些条款。这些限制性约定在各个具体的合同条款中的措辞并不相同，因为他们通常是风险投资机构与所投资企业管理层经过激烈的讨价还价之后所达成的协议[④]。但是，也会有一些几乎所有的风险投资合同所共有的条款。只是在出现某些前提条件的情况下，这些限制性约定条款才生效或者持续有效。然而，它对那些已经控制了所投资公司董事会，但是仍然

① 康德:《道德形而上学》，引自公丕祥:《权利现象的逻辑》，山东人民出版社 2002 年版，第 21 页。

② 1 Michael J. Halloran et al., *Venture Capital and Public Offering Negotiation*, 6(3d ed. 1997).

③ Richard J. Testa et al., Venture Capital Investment, in *Venture Capital* 1991, at 21 - 22 (PLI Com. Law & Practice Course Handbook Series No. 583, 1991).

④ However, commentators contends that the negative covenants are often particularly disputed because they may greatly constrain the actions of portfolio company managers. See Richard J. Testa et al., Venture Capital Investment, in *Venture Capital* 1991, at 26 - 27 (PLI Com. Law & Practice Course Handbook Series No. 583, 1991).

希望在决定公司的重大决议时获得绝对多数通过，并能够更容易地取代管理层[①]，或者行使更大的控制权的风险投资机构来说，能够起到更好的保护作用。这些限制性约定条款可以起到直接限制管理层的作用和行为。

（二）有限合伙的限制性约定条款

风险投资有限合伙的限制性约定条款相当复杂，条款种类众多，按照其限制功能的不同，大体上可以将其分为两大类：其一，与普通合伙人个人行为准则有关的限制性约定条款；其二与基金经营、管理和对外投资活动有关的限制性条款。

1. 与普通合伙人个人行为准则有关的限制性约定条款

（1）对普通合伙人出售合伙权益的限制条款。为了不承担所选投资项目的风险，普通合伙人可能出售他们所持有的基金股份，这将削弱对普通合伙人监控投资项目的激励。因此，有限合伙协议可以明确禁止普通合伙人转售权益，或者要求这种转售必须征得大多数或绝大多数有限合伙人的同意。

（2）对增加普通合伙人的限制条款。如果新加入的普通合伙人的经验不够丰富，基金管理的质量就会下降。因此，许多合伙协议规定新的普通合伙人的加入必须征得顾问委员会或一定百分比的有限合伙人的同意。

（3）限制管理层的自我交易的条款。管理层滥用职权的最惊人的表现之一就是自我交易（self-dealing），或从事利益冲突（conflict of interest）的行为，这些行为与股东或投资者的利益背道而驰。为此，风险投资机构与有限合伙体管理层之间的投资合同往往都禁止自我交易或从事利益冲突的行为，包括限制股票买卖、限制支付股利、限制贷款、从内部人员手中回购股票（repurchases of stock）[②]。

---

① Even investors who control a board may still want restrictive covenants because replacing managers is difficult and costly .... Investors may be unable to remove managers because they have employment contracts or because better managers are not affordable or available.

② Douglas G. Smith, The Venture Capital Company: A Contractarian Rebuttal to the Political Theory of American Corporate Finance? 65 *Tenn. L. Rev.*, 112 (Fall 1997).

尽管上面所列举的这些行为，有时对有限合伙体股东是有利的，但是投资合同仍然对管理层的这些行为设置了限制性的措施，例如需要得到风险投资机构对这些交易的审阅和批准(investor review and approval of the transactions)，以便阻止那些可能损害股东利益的交易[①]。限制性约定条款对那些关联交易也规定需要经过董事会或者风险投资机构的批准。风险投资机构将审核这些关联交易对股东是否公平。为保护风险投资者的合法权益，投资合同中的限制性约定条款会对风险投资机构所投资有限合伙体管理层的最可能损害股东利益的潜在行为作出直接限制。

(4) 对普通合伙人其他行动的限制条款。由于外部活动可能会分散普通合伙人对投资的注意力，因此有的合伙协议限制普通合伙人的外部活动，或者限制其参与不属于风险投资机构所投资的企业，并要求其将大部分时间用于风险合伙的投资事业。

2. 与基金经营、管理和对外投资活动有关的限制性条款

(1) 限制发行新股与股份稀释。为了保护有限合伙体股东利益，风险投资合同中的限制性约定条款会限制所投资的有限合伙体发行新股，除非该项发行计划得到其批准[②]。如果风险投资机构批准有限合伙体发行新股，在根据风险投资合同中的限制性约定条款约定，可以对新股发行获得优先申购权。这样的规定可以确保风险投资机构所持有的有限合伙体股份不被稀释。这样的机制可以避免因为有限合伙体管理策的不当行为而损害股东的价值，使投资者利益得到充分的法律保障。

风险投资合同中的限制性约定条款会限制有限合伙体进行合并、出售或

---

① See George W. Dent, Jr., Venture Capital and the Future of Corporate Finance, 70 *Wash. U. L. Q.* 1029, 1052(1992) (noting that such transactions "are often limited rather than forbidden because, in some cases, they are desirable").

② George W. Dent, Jr., Venture Capital and the Future of Corporate Finance, 70 *Wash. U. L. Q.* 1029, 1055(1992).

者购买资产，除非这些合并、出售或者购买资产交易的计划实现得到风险投资机构的批准。同样，风险投资合同中的限制性约定条款会限制有限合伙体向其他有限合伙体进行投资。如果风险投资机构在董事会表决时没有否决权，有限合伙体很可能会作出对外投资这样的决议。如果限制发行新股一样，限制有限合伙体对外投资可以直接起到维护股东利益。

(2) 对与机构早期或晚期基金共同投资的限制条款。很多风险投资机构都同时管理着多只成立时间相差数年的基金，这有可能会导致机会主义行为。为了筹集后续基金，普通合伙人可能会设法夸大先前基金的业绩以吸引投资者。比如，一个风险投资机构的第一只基金所投资的一个企业遇到了困难，普通合伙人可能会将第二只基金的资金也投入到这个企业，企图挽救其先前的投资，进而夸大第一只基金的业绩。针对这一问题，第二只基金或以后基金的有限合伙人通常都会要求基金顾问委员会对这类投资进行评审，或者规定这类投资必须获得大多数(或绝大多数)有限合伙人的同意，并且要求前一只基金根据同一估价同时进行投资。另一种办法是，规定只有当一个或多个不相关的风险投资机构根据这一估价进行投资时，这项投资计划才能获准通过。

(3) 对合伙资本利得再投资的限制条款。由于种种原因，普通合伙人可能倾向于将资本得利进行再投资，而不想将其分配给有限合伙人。因此，有限合伙人一般要求利润再投资需要取得顾问委员会或有限合伙人的同意。还有一种办法是，协议规定在一定日期之后或者当累计的已投资额超过承付资本的一定百分比之后，利润用于再投资将被禁止。

(4) 禁止有限合伙体经理滥用有限合伙体机会并与有限合伙体进行竞争。投资合同中的限制性约定条款通常会禁止有限合伙体管理层篡夺有限合伙体商业机会①，在其他机构任职，并与本有限合伙体进行竞争，禁止有限合伙

① Seizures of corporate opportunities are also curbed by the law of fiduciary duties and by buy-sell agreements.

体管理人员个人使用或者泄露有限合伙体的财产方面的信息。投资合同中的限制性约定条款中的“合作条款”必须包含:第一,管理人员的以往的聘用合同没有任何阻止管理人员进入风险投资机构所投资有限合伙体担任经理职务;第二,即使管理人员在风险投资机构所投资有限合伙体担任经理任职期限已经届满,但是仍然愿意与风险投资机构进行合作,以完成其在有限合伙体所承担的责任。投资合同中的限制性约定条款通常约定,管理人员在风险投资机构所投资有限合伙体担任经理职务期间,不得在有限合伙体之外从事兼职工作,无论其所兼职的有限合伙体是否与本有限合伙体构成竞争。这些限制性约定条款旨在确保有限合伙体经理全心全意地将其价值全部奉献给有限合伙体,风险投资机构向有限合伙体管理梯队所作的投资不会受到损失。

(5) 与信息披露有关的限制性条款。风险投资合同中的限制性约定条款通常要求管理层提供更多更具体有关有限合伙体经营方面的信息。风险投资机构所提出的这种信息披露要求,不同于普通投资者对一般上市有限合伙体的要求。这些要求中包括有限合伙体的财务状况以及经营状况的要求。与次要求相对应的是风险投资机构的许多具体的权利,如批准风险投资基金所投资有限合伙体预算的权利[①]。

同样,风险投资合同中的限制性约定条款通常规定,风险投资机构有权检查有限合伙体的财物,有权向有限合伙体管理层提出经营管理的咨询和建议。这些信息披露要求有助于风险投资机构更好地监督管理层,是否在为股东利益最大化努力工作。风险投资合同中的限制性约定条款要求有限合伙体管理层提供某些信息资料,如果风险投资机构不是董事会成员,则要求列席董事会会议。通过持续对有限合伙体管理层的监督,来达到风险投资机构所投资到有限合伙体资产的价值不断升值。

---

① Douglas G. Smith, he Venture Capital Company: A Contractarian Rebuttal to the Political Theory of American Corporate Finance? 65 *Tenn. L. Rev.* 117 (Fall 1997).

第五章 国际融资对赌协议的高风险及其法律规制

我国企业开辟创新融资渠道，引进国际风险资本来筹集生产和经营资金所遇到的对赌协议法律问题[①]，是我国对外开放中所必须重视的一个新课题，而其中对赌协议的高风险及其法律规制研究，是国际金融法的一个前沿性研究课题。对赌协议范畴[②]凸显国际金融市场行为的创新性，反映了国际融资活动发展的最新趋势。如果说我国企业引入国际风险资本面临对赌协议命题的提出[③]，将法律调整的对象从国际融资和国际风险投资领域的具体金融行为，上升到国际金融法的研究范畴[④]，那么我国企业引入国际风险资本面临对赌协议及其高风险的法律规制研究，则凸显了法律制度的理性化和本应用法学研究课题对我国改革开放和社会发展中出现的疑难法律问题展开研究的针对性。

---

① 中国投资者关于对赌协议的认识，可以追溯到 2002 年蒙牛与大摩（Morgan Stanley）、鼎辉、英联三家外资战略投资者签署的对赌协议。在并购重组中引入期权条款，参见刘晓忠：《并购重组中的双刃剑：对赌协议与期权条款》，载《董事会》2008 年 1 期。

② 对赌协议的英文原名是 Valuation Adjustment Mechanism（简称 VAM），直译是“估值调整机制”。

③ 对赌协议在我国企业引入国际风险资本的国际融资实务中，可以是单独的法律文件，也可以是投资合同的一个附件或其中一个条款。

④ 从国际金融法学的角度看，对赌协议是一份关于企业估值的国际融资合同。投资方与融资方对于企业的现有价值暂不争议，并共同设定企业未来的业绩目标，以企业运营的实际绩效调整企业的估值和双方的股权比例。如果企业未来的获利能力达到业绩目标，则融资方享有一定权利，用以补偿企业价值被低估的损失；否则，投资方享有一定的权利，用以补偿高估企业价值的损失。

在我国，企业对资金的渴求和资本市场提供资金数量不足之间的矛盾十分突出。企业融资难，特别是初创的民营中小企业融资更难。但由于我国资本市场发育不成熟，以及法律、法规和政策等诸方面的限制，国内现有的融资渠道无法满足企业扩大生产规模和进行技术改造的资金需求。于是，越来越多的企业纷纷开辟创新融资渠道，引进跨国风险投资机构[①]，通过国际风险资本，以谋求更广阔的发展空间。而海外那些实力雄厚、经验丰富的跨国风险投资机构，如摩根士丹利、高盛、美林等[②]，都看好中国的经济前景和企业发展，并且愿意将手中所握有的资金投给那些发展前景广阔、但资金短缺的创业企业。根据《纽约时报》最新报道，包括黑石、凯雷和 Kohlberg Kravis Roberts 等在内的著名投资机构都在积极拓展中国市场。许多海外机构投资者都在积极推出人民币投资业务[③]。于是，创业企业家能人与跨国风险投资机构富人一拍即合，建立创新型投融资法律关系。我国融资企业借助于国际风险资本，可以实现跨越式发展，跨国风险投资机构则希望通过融资企业的增值实现丰厚的投资回报。

法律是具有普遍性的行为规范。所谓普遍性，是指法律从纷繁复杂的社会关系中高度抽象而来，舍弃了个别社会关系的特殊性，而表现为同类社会关系一般共性。换言之，法律主要对社会关系作类的调整或者规范调整。法律所适用的对象是一般的事件。普遍性是法律的本质要件，法律的普遍性使其保障最低限度的自由、平等、安全，并使得公平竞争和法律可预见性成为可能。根据法律普遍性规范的特点，我们对对赌协议及其高风险法律规制研究，也必须与之相适应。为此，对赌协议及其高风险法律规制研究在结构体系安排上，

---

① 风险投资机构是指由专业投资者以股权投资形式为主，通常投资于新兴的、具有高增长和迅速发展潜力的非上市公司、并最终通过股权转让或者上市退出所投资企业以获得投资回报的投资机构。See Richard D. Harroch et al., *Start-Up and Emerging Companies: Planning, Financing & Operating the Successful Business* 6.01[3] (rev. ed. 1998).

② 这些跨国风险投资机构成就了诸如 Apple、Google、Intel、FedEx、新浪、盛大、搜狐、携程、百度、如家等一系列优质公司的融资计划，并从中获得巨大的投资收益。

③ 范楷：《纽约时报全球私募基金紧盯中国瞄准民间资本》，参见风险投资网。http://www.chinavcpe.com/news/cn/pe/2009-11-21/3d1fdd692be54080.html? script-私募基金

应当包括我国企业导入国际风险资本时对赌协议运用状况分析，同时以对赌协议的法学学理分析为学术基础，对对赌协议的法律风险作出系统的分析。学理研究能够为我们对对赌协议及其高风险法律规制研究提供一个宏观层面和抽象层面的认识，能够将我们的学术研究提升到一个更高的逻辑层面，使我们对对赌协议及其高风险法律规制研究成果具有更大的普遍意义。如果我们期望相关研究成果能够为对赌协议及其高风险法律规制研究提供更有建设性和指导性的帮助，那么我们就不能仅仅局限于对赌协议及其高风险法律规制研究学理和风险分析方面所取得的成果。

在对对赌协议及其高风险法律规制研究中，一方面要以我国政府管理部门为视角，对我国政府如何加强对赌协议法律风险监管的对策进行研究，另一方还要以我国参与国际风险融资、运用对赌协议的融资企业为视角，对我国企业如何规避对赌协议法律风险的对策进行研究。为此，本文将结合近年在中国资本市场发生的与对赌协议有关的典型案例展开研究，从法学理论和法律实务的不同视角，对我国企业引入国际风险资本中使用对赌协议以及对赌协议的高风险法律规制问题进行实证研究和法律风险分析。

第一节　通过案例看对赌协议的高风险

对赌协议具有高风险性。我国在导入国际风险资本，运用对赌协议的过程中，面对对赌协议的高风险性，既有成功的经验，也有失败的教训，需要我们进行深入分析、研究和总结。理性化的法律制度并不是直接去调整那些个别存在的利益和行为，而是运用理性的抽象来形成各种形式化的法律概念和范畴，然后把各种形式化的法律概念和范畴适用于那些需要由法律来调整的社会关系①。对案例的研究、总结和提炼，就是一个抽象化的过程。这样的研究，

① 何柏生:《西方法律形式合理性形成中的数学因素》,载《法制与社会发展》2007 年第6 期。

从方法论上可以让我们从事物的特殊性上升到事物的一般性，让我们站在更高的高度来看待事物的本质和特征。以下我们将选择一个最典型的成功案例和一个最典型的失败案例，分别进行深入研究，揭示高风险性在对赌协议谈判、签署、履行等各个不同环节的不同表现。

一、成功运用对赌协议案例

由于我国大多数初创企业属于非上市公司，跨国风险投资机构在投资前要对公司的价值进行评估，但中外双方的评估标准不尽相同，对融资公司未来业绩的预测也不一致，投融资双方对公司的估值会产生分歧。另外，大多数跨国风险投资机构属于财务投资者，一般不参与公司的经营管理①。所以，投融资双方在公司事务的了解上存在信息不对称的问题，这无疑加大了跨国风险投资机构的投资风险。为解决上述问题，对赌协议便自然而然地导入到我国企业向国际风险资本融资活动之中②，成为我国企业利用跨国风险投资机构资金的重要法律文件。我国部分融资企业有效地运用了对赌协议的优势，不但成功地获得了跨国风险投资机构的资金，而且在对赌协议的履行中，得到了额外的回报，其中蒙牛乳业集团对赌协议案，就是这方面的典型代表。

（一）对赌协议在蒙牛乳业融资案中的运用

蒙牛乳业集团③在创立企业之初，曾尝试民间融资。但因种种原因未能成

---

① See Steven L. Brooks, The Venture Capital Investment Act of 2001: Arkansas's Vision for Economic Growth, 56 *Arkansas Law Review* 397,399(2003).

② 跨国风险投资机构如摩根士丹利等与我国企业签订对赌协议的目的是，在信息不对称的情况下控制企业未来业绩与发展，降低投资风险，维护自己的利益。而我国融资企业大股东签订对赌协议是为了让融资企业扩展创新性融资渠道，简便地获得大额资金，解决企业资金瓶颈问题，以达到低成本融资和快速扩张的目的。

③ 成立于1999年初的内蒙古蒙牛乳业（集团）股份有限公司（简称蒙牛乳业集团），总部设在中国乳都核心区—呼和浩特市和林格尔县盛乐经济园区，公司注册资本100万元。蒙牛乳业在创业的3个半月就实现了3 730万元的销售收入。在2000年销售收入是2.467亿元，2001年升至7.24亿元、2002年再升至16.687亿元，2003年跃过40亿元！产量由初期的5万吨增至2003年的90万吨。公司董事长、总裁牛根生被评为“第四届全国优秀乡镇企业家”、“全国奶业优秀工作者”、“2002年中国十大创业风云人物”、“中国民营工业行业领袖”。

功。国内资金的运转不通使蒙牛乳业迫切希望通过国外风险投资机构投入资本以运作不断扩大的大陆市场，跨国风险投资机构摩根士丹利[①]、英联[②]、鼎辉[③]也认可了蒙牛乳业飞速发展的业绩和广阔的发展空间。但根据中国法律，合资企业的股权转让需由商务部批准，并且两次交易的时间间隔不得少于12个月。也就是说中外合资企业的股权无法自由交易，更不用说在国际上流通。为了让投资顺利进行，双方进行了一系列的企业重组和资本动作[④]。

---

① 摩根士丹利(Morgan Stanley)，是一家成立于美国纽约的国际金融服务公司，提供包括证券、资产管理、企业合并重组和信用卡等多种金融服务，目前在全球27个国家的600多个城市设有代表处，雇员总数达5万多人。2008年9月，更改公司注册地位为"银行控股公司"。摩根士丹利总公司下设9个部门，包括：股票研究部、投资银行部、私人财富管理部、外汇/债券部、商品交易部、固定收益研究部、投资管理部、直接投资部和机构股票部。涉足的金融领域包括股票、债券、外汇、基金、期货、投资银行、证券包销、企业金融咨询、机构性企业营销、房地产、私人财富管理、直接投资、机构投资管理等。摩根士丹利在北京、上海、香港、曼谷、墨尔本、孟买、汉城、新加坡、悉尼、台北及东京均设有办事处。

② 英联投资是由一家拥有超过55年投资经验的英国政府的投资机构—英联邦投资集团(CDC Capital Partners)演变而来的，在中国、马来西亚、南亚及非洲等地积极地开展投资活动。英联投资管理着72家投资者的资金，目前管理的基金总额达27亿美元。在亚太其他地区英联有超过50年的投资历史，在北京、雅加达、吉隆坡和新加坡设有办事机构。

③ 鼎晖的前身是中金的直接投资部，鼎晖的管理团队曾取得了令人瞩目的投资业绩，主导投资的总额达到1.2亿美元，投资的年均收益率超过30%。鼎晖的投资人包括新加坡政府投资公司、斯坦福大学基金、IFC等。

④ 2002年6月5日，摩根士丹利等三家投资机构在开曼群岛注册了两家离岸公司：China Dairy Holdings(中国乳业控股，本文称为开曼群岛公司)和MS Dairy Holdings(摩根士丹利乳业控股)，第一家作为未来接收自己对蒙牛乳业投资资金的账户公司，第二家作为对蒙牛乳业进行投资的股东公司。2002年9月23日，蒙牛乳业在英属维京群岛(BVI)注册了两家新公司：金牛公司和银牛公司，两家公司注册股本5万股，注册资金5万美元，每股面值1美元。"金牛"的股东是15位"蒙牛乳业"的高管。"银牛"的16位股东除邓九强外，其他人均为"与蒙牛乳业业务关联公司的管理人员"。"金牛"和"银牛"成立后，即以面值购得了全部的开曼群岛公司股权1 000股，总代价1美元，两家各分50%，"蒙牛乳业"的势力从而得以进入境外上市的主体开曼群岛公司。2002年9月24日，开曼群岛公司扩大法定股本1亿倍，并开始对外发售股份，股份从1 000股扩大为1 000亿股，分为一股十票投票权的A类股5 200股和一股一票投票权的B类股99 999 994 800股，并规定原来的1 000股旧股算作A类股份，包含于5 200股A类股份之内。2002年10月17日，"金牛"与"银牛"以1美元/股的价格，分别投资1 134美元、2 968美元认购了1 134股和2 968股的A类股票，加上以前各自持有的500股旧股，"金牛"与"银牛"合计持有A类股票5 102股。紧随其后，三家金融机构以530美元/股的价格，分别投资17 332 705美元、5 500 000美元、3 141 007美元，认购了32 685股、10 372股、5 923股的B类股票，合并持有B类股票48 980股，三家金融机构总计为开曼群岛公司提供了现金2 597.371 2万美元。开曼群岛公司其余A类股票(98股)和B类股(99 999 994 800股)则未发行。参见王吉舟：《摩根士丹利精湛财技狩猎蒙牛，牛根生们始终被动搏命》，载《新财富》2005年第1期。

在首轮融资中，各方导入了对赌协议，并约定：战略投资者持有的B类股票在“蒙牛乳业”中每股可投1票，而蒙牛股份管理层透过金牛、银牛持有的A类股票每股可投10票。如果蒙牛股份管理层在协议约定的第一年实现年增长率50%的诺言，外资方则允许蒙牛乳业国内股东所持有的开曼公司的A类股，以1拆10的比例无偿转换为B类股份。这样，蒙牛股份管理层拥有了蒙牛乳业51%的投票权。如果蒙牛乳业管理层在第一层对赌协议中失败，第一年增长率未达到50%，则国内股东持有的A类股无法转换为B类股，三家投资机构将绝对控股蒙牛乳业，并可以随时更换蒙牛乳业股份的管理层，进而完全控制开曼群岛公司的公司账面上剩余的大笔投资现金。

2003年9月，三家跨国风险投资机构再次注资3 523万美元，认购蒙牛乳业发行的可换股债券。蒙牛乳业又与三家跨国风险投资机构签署了一份对赌协议。该对赌协议约定：如果蒙牛乳业今后三年的复合增长（以税后利润计算）超过某一数值，三家跨国风险投资机构将“赔偿”金牛公司7 800万股蒙牛乳业股份。否则，金牛公司要向三家跨国风险投资机构“赔偿”同样数量的股份，金牛公司也可以用相当数量的资金“赔偿”①。

2005年4月7日，蒙牛乳业宣布，由于公司表现超出预期，三家跨国风险投资机构股东已向金牛公司提出，以无偿方式转让一批价值约为598.8万美元的“可换股文据”作交换条件，提前终止对赌协议。蒙牛乳业的管理层在对赌协议的应用和实施中获胜。

（二）对蒙牛乳业融资案对赌协议的评析

2003年摩根士丹利、鼎晖、英联投资机构与蒙牛乳业签署了类似于国内证券市场可转债的《可换股文据》，未来换股价格仅为0.74港元/股。通过《可换股文据》向蒙牛乳业注资3 523万美元，折合人民币2.9亿元。“可换股文据”实际上是股票的看涨期权，其价值的高低最终取决于蒙牛乳业未来的业绩，如

① 参见王吉舟：《摩根士丹利精湛财技狩猎蒙牛，牛根生们始终被动搏命》，载《新财富》2005年第1期。

果未来业绩好,"可换股文据"的高期权价值就可以兑现,反之则成为一张废纸。

为了使预期增值目标能够兑现,摩根斯坦利等跨国风险投资机构与蒙牛管理层签署了基于业绩增长的对赌协议。双方约定从2003年到2006年蒙牛乳业的复合年增长率不低于50%。若达不到,公司管理层将输给摩根斯坦利等跨国风险投资机构约6 000—7 000万股的上市公司股份;如果业绩增长达到目标,摩根斯坦利等跨国风险投资机构就要拿出自己的相应股份奖励给蒙牛管理层。

2004年6月,蒙牛业绩增长达到预期目标。摩根斯坦利等跨国风险投资机构《可换股文据》的期权价值得以兑现,换股时蒙牛乳业股票价格达到6港元以上。蒙牛乳业惊人的业绩增长,最终促使摩根斯坦利等三家跨国风险投资机构提前终止了对赌协议,三家跨国风险投资机构分三次退出后获得的投资回报率至少超过了4倍,另外还兑现奖励给蒙牛管理层6,000多万股蒙牛乳业股份。

(三)蒙牛乳业融资案对赌协议成功原因分析

蒙牛乳业在导入跨国风险投资机构的两轮融资中,运用对赌协议并大获全胜,有以下几点成功的经验值得总结:

第一,是以离岸公司为平台完成对赌协议,规避了国内法律的各种限制,跨国风险投资机构可以充分应用海外多层次资本市场及其灵活宽松的法律环境[①],使用高杠杆性的"可换股文据"等金融工具和法律文件形成激励和约束机制,使融资企业尽力完成业绩目标,最终将公司运作上市。蒙牛乳业案对赌协议的设计选择方案是公司在香港上市。选择海外上市比在大陆上市更为容易,通过证券自由流通,可以让跨国风险投资机构顺利退出。

① Peggy H. Fu, Developing Venture Capital Laws in China: Lessons Learned from the United States, Germany, and Japan, 23 *Loyola of Los Angeles International & Comparative Law Review* 487, 493-495(2001).

第二，是将对赌协议设计成重复博弈结构，分步实施，降低当事人在博弈中的不确定性，为实现双赢创造条件。

第三，是设定的业绩目标比较切合融资企业的实际情况。跨国风险投资机构摩根士丹利、英联、鼎辉不熟悉乳业的经营管理活动，他们作为风险投资机构，对蒙牛乳业的投资属于财务型投资①。蒙牛乳业虽然是创业型企业，但企业管理层都是一些富有乳业行业的生产经验和管理经验的专业人员，蒙牛乳业的管理团队发挥其了解国内市场和企业实际情况的优势，在对赌协议的合同条款中所设置的业绩目标比较切合融资企业的实际情况，为对赌协议的顺利履行奠定力可靠的法律基础。

二、实施对赌协议失败案

2007 年初，太子奶集团为解资金困境和尽快实现上市，将企业名称更名为“中国太子奶(开曼)控股有限公司”，同时引进英联、摩根士丹利、高盛等跨国金融机构的风险投资 7 300 万美元，占离岸合资公司 30%股权，其中，英联出资 4 000 万美元，摩根 1 800 万美元，高盛 1 500 万美元。同时，太子奶还与跨国机构投资者签了一份对赌协议，基本内容为：在收到 7 300 万美元注资后的前 3 年，如果太子奶集团业绩增长超过 50%，就可调整(降低)对方股权；如果业绩增长不超过 30%，太子奶集团创办人李途纯将失去控股权。押下重注之后，太子奶需要做的事情就是不惜一切代价，不择手段，把目光聚焦到业绩复合年增长率。然而事情的发展远不如李途纯预计的那样乐观，在企业的运作中，太子奶的大举扩张显得力不从心。2007 年以后，太子奶的企业经营面临前所未有的困难，面对伊利、蒙牛的竞争和市场挤压，太子奶不得不采取折价销

① 有学者将风险投资机构的投资特征归纳为：投资方式以股权投资形式为主；风险投资的最终目的不是拥有或控制企业，而是通过参与企业投资，待企业成熟后以将企业通过首次公开上市、整体出售、二级出售等方式获得投资回报。参见彭丁带：《美国风险投资法律制度研究》，北京大学出版社 2005 年版，第 3 - 6 页。

售的策略，导致其毛利率大幅度下降，营业利润越来越少。2008年的雪灾、地震、金融动荡、国家宏观经济调控以及“三鹿奶粉事件”，导致太子奶的经营状况出现雪上加霜的局面①。太子奶经验陷入困境。太子奶业绩未达目标，失去退路而导致太子奶大股东向跨国风险投资机构奉送控股权②。太子奶事件成为一起因对赌协议而造成的企业业绩未达标，最终失去创始股东控股权的经典案例。

三、对赌协议失败案中的高风险问题

就如同雷曼兄弟的破产源于过高的杠杆利用一样，太子奶的对赌协议失败案也必然隐含被太子奶管理层所疏忽的问题。一家企业在市场环境比较好的时候可以获得比较高速的成长，但是一旦外部环境恶化，企业也更容易受到外部环境影响而导致业绩出现下滑。不幸的是，在太子奶欲通过上市发展的关键时刻，三聚氰胺事件以及资本市场百年不遇的金融危机，使根基不牢的太子奶受到了沉重打击。有学者认为，太子奶之困不应归罪于对赌协议③。我们不同意这样的观点。我们认为，太子奶的股东们在对赌协议下损失惨重，固然与外部经营环境和企业所遇到的困难有关，但是与对赌协议高风险性是密不可分的。而对赌协议所带来的高风险，是全球经济能维持它目前所拥有的复杂度和繁荣水平而必须承受的代价，简单的抑制或回避只能破坏金融的创新性，人们需要突破常识性理解来寻求对这一问题更为妥善的应对措施，这一点对于法律环境有待进一步优化的本土而言，显得更为重要和迫切④。所以，对于对赌协议所带来的高风险，我们应该深入研究，科学总结，采取有效的方式，来提升我们的认识和应对水平。

---

① 参见徐海仁:《太子奶:失衡的对赌》,载《商界(评论)》2009年01期。

② 金融街PE:《“对赌协议”中的风险及其防范》,载《中国财经报》2008年12月9日第008版。

③ 刘文:《太子奶之困无须归罪于对赌协议》,载《消费日报》2008年11月19日第A02版。

④ 参见胡晓珂:《风险投资领域“对赌协议”的可执行性研究》,载《证券市场导报》2011年第9期。

（一）融资企业对对赌协议的高风险性认识不足

对于融资企业的大股东和企业管理层来说，全面分析企业综合实力，充分重视和认识对赌协议的高风险性，设定有把握的对赌标准，是维护自己正当利益的关键所在。融资企业大股东和企业管理层除了准确判断企业自身的发展状况外，还必须对整个行业的发展态势，如行业情况、竞争者情况、核心竞争力等有良好的把握，正确运用对赌协议的条款，才能在与跨国机构投资者的谈判中掌握主动。融资企业在对赌机制中如果抱有不切实想法，设定了无法现实的业绩目标，一旦跨国机构投资者资本注入后，将会放大企业本身不成熟的商业模式和错误的发展战略①，从而把企业推向困境。

对赌协议是跨国机构投资者进行风险投资是常用的法律工具。太子奶的大股东以及企业管理层的在对赌协议履行期间，为了达到约定的业绩指标，重业绩轻治理、重发展轻规范，结果导致实施对赌协议履行的失败，企业缺乏后劲，元气大伤，影响企业的长远发展②。在对赌协议的履行过程中，大股东好企业管理层往往会采取短期行为，忽视企业的可持续发展后劲，使企业潜力过度开发，将企业引向过度追求规模的非理性扩张之路。理性地运用对赌战略，是融资企业及其大股东立于不败之地的前提。反之，如果融资企业对对赌协议的高风险性认识不足，一味地追求短期利益，必然导致对赌协议履行的失败。

（二）企业对规避对赌协议高风险的手段不够

由于太子奶正处于发展期，急需跨国金融机构的风险投资资金和技术的强力支持，导致太子奶股东和企业管理层对赌协议的签订缺乏理性的分析和客观的判断。

对赌协议没有事先约定弹性化指标，使得太子奶股东和企业管理层在经营环境发生逆转时没有缓冲余地。事实上，对对赌企业未来业绩，完全可以约

---

① 金融街 PE:《“对赌协议”中的风险及其防范》，载《中国财经报》2008 年 12 月 9 日第 008 版。

② 程继爽、程锋:《“对赌协议”在我国企业中的应用》，载《中国管理信息化》2007 年第 5 期。

定一个向下浮动的弹性化指标。另外，在上市时间上，企业也应该与投资人做一个较为宽松的预期。而且即使在上市方面，也可以同跨国风险投资机构作出弹性的约定，比如企业达到上市条件，但不愿上市，可以讨论增加利息允许企业回购股权[①]。

另外，在签订对赌协议时，大股东和企业管理层没有关注对方的风险规避条款，也是导致我国许多企业在利用国际风险资本时经常出现的失误。跨国风险投资机构往往以大笔资金作诱饵，然后在协议中通过优先认购权（pre-emptive right, right of first refusal）[②]、补偿权、较高的利润指标、较大的赔偿金额等转移自己的投资风险，在法律上获得胜算的优势。而我们国内企业对对赌协议的法律属性了解不够，贸然签署对赌协议，显然埋下了失败的隐患。对此，大股东和企业管理层要提高自己的分析能力和判断能力，充分了解对赌协议的风险所在，掌握规避对赌协议高风险的法律手段和技能，在导入国际风险资本、签署对赌协议时，要有一个基本的立场和原则，认清哪些是可以接受的合同条款，哪些是不能接受的合同条款，对于侵犯到企业及其他股东根本利益的不合理条款，要坚决予以拒绝。

第二节　对赌协议的法学构造

从法学的角度来看，对赌协议是跨国风险投资机构与融资企业大股东双方的一种协议安排。这种协议，在法理上属于合同法中的“无名合同”。对赌

① 金融街 PE:《“对赌协议”中的风险及其防范》，载《中国财经报》2008 年 12 月 9 日第 008 版。

② 在风险投资融资过程中，优先受让权是个基本要素。在功能上有利于保护权利人在目标企业的权益比例，防止目标企业管理层（多数情况下是创业企业家本身）采取某些行动稀释股权，以使其对目标企业的控制力和相应权益不因新股发行或股权转让而降低。这样，优先认购权和优先受让权条款允许权利人“维持或增强其对企业成功的利益”，同时“保护其初始投资免受稀释或损失”。See Richard J. Testa, The Legal Process of Venture Capital Investment, in. Stanley E. Pratt (Ed.) *Guide to Venture Capital Sources*, Wellesley: Capital. Publishing Corporation, 34 (1986).

协议最重要的特征是协议双方以未来的业绩进行博弈。由于对赌协议这种协议方式可以让跨国风险投资机构与融资企业大股东对企业估值的不同进行协调，这种协调的达成，即构成了法律上的意思表示一致。尽管在对赌这一环节，表面上看风险的承担和投资回报看似向跨国风险投资机构倾斜，但就融资企业及其大股东的机会成本、融资企业的整体融资需求和业绩提升后的回报来考察，对赌协议原则上仍然遵循了平等和等价有偿的合同法基本原则的。事实上，跨国风险投资机构与融资企业大股东双方在签订对赌协议前，都会聘请专业会计师或律师做尽职调查，这就在程序上确保了对赌协议双方对当事人的意思的真实性和可靠性。

一、对赌协议的典型条款

（一）对赌协议的典型条款列举

下面为永乐与摩根士丹利、鼎晖等跨国风险投资机构约定的一份对赌协议中的典型条款：

条款一：（原则安排）估值调整机制安排由甲方（原始股东）、乙方（风险投资人）和丙方（目标公司）共同商定，以根据经调整审核净利润调整本公司估值。根据2005年股东协议，本集团经调整经审核净利润仍按全面摊薄基准根据本公司每股盈利乘以已发行股份总数计算。

条款二：（对甲方有利情形）倘若有关年度的经调整经审核净利润高于人民币7.5亿元，估计调整将对甲方有利，乙方将向甲方转让或者相当于股本变动及资本化发行后的46 973 817股股份。倘若经调整经审核净利润高于人民币6.75亿元，但是等于或者低于人民币7.5亿元，则不进行任何估值调整。

条款三：（对乙方有利情形）倘若有关年度的经调整经审核净利润等于或低于人民币6.75亿元，但是高于人民币6亿元，估计调整将对乙方有利，甲方将向乙方转让或者相当于股本变动及资本化发行后的46 973 817股股份。倘若经调整经审核净利润高于人民币6亿元，甲方将向乙方转让或者相当于股本变动及资本化发行后的93 947 635股股份。

条款四：（进一步解释）然而，倘若已符合财务投资者的回报目标，则毋需作出任何估值调整。乙方的回报目标仍根据财务投资者于本集团作出的投资计算。估值调整必须在有关年度进行。有关年度初步确定为2007年。然而，若发生若干不可抗力事件，则有关年度将延至2008年或2009年，视不可抗力事件对目标公司业绩的影响情况而定。

（二）对赌协议的框架与安排

以下为各对赌协议所采用的合同基本条款模型①。

条款类型	关于对赌协议内容基础性安排的示例
财务绩效	如企业实现一定销售额、总利润或税前利润、净利润或利润率、资产净值或几年内的复合增长率等财务性指标，则跨国风险投资机构按照事先约定的价格进行第二轮注资（或出让一部分股权给管理层） 如企业收入未能达标，则管理层转让规定数额的股权给跨国风险投资机构，且跨国风险投资机构对公司的管理控制加强，如：增加董事会席位等
非财务绩效	如企业能够让超过约定数量的顾客购买产品并得到正面反馈，则管理层获期权 如企业完成新的战略合作或者取得某些重要的专利，则跨国风险投资机构进行第二轮注资等
赎回补偿	若企业无法按约定回购跨国风险投资机构股权，则跨国风险投资机构在董事会获得多数席位或累积股息将被提高
企业行为	若企业无法在一定期限聘任新的CEO，跨国风险投资机构在董事会获得多数席位 若某项特定的新技术成功产业化，则跨国风险投资机构转让规定数额的股权给管理层

① 资料来源：http://www.xyzlove.com/Noun/ValuationAdjustmentMechanism-ddxy.htm。

（续表）

条款类型	关于对赌协议内容基础性安排的示例
股票发行	如果企业在约定的期限内未能实现上市（可对募集资金规模等上市条件进行定义），跨国风险投资机构有权要求股东一致同意将企业出售，且各股东委托跨国风险投资机构全权处理与出售企业有关的一切事宜 如果企业成功获得其他投资，并且股价达到，则各股东授予跨国风险投资机构全权处理与出售企业有关事宜的代理权终止
管理层去向	若管理层因未实现公司经营目标或因其他约定的事由而离职或被解雇，则其将丧失未到期授予的员工股或其他期权激励计划 若管理层实现公司经营目标，则跨国风险投资机构需按照约定的条件追加一定额度的投资

二、对赌协议法律关系的特征

（一）对赌协议的双方主体是跨国金融机构和融资企业大股东

对赌协议的主体主要是在投资过程中签订对赌协议的各方合同当事人：一方为以跨国风险投资机构为代表的跨国金融机构，另一方为融资企业的大股东（而非融资企业本身）。

通过对我国近年来出现的各重要对赌协议案的比较和分析，可以看出对赌协议的投资方大多是具有外资背景的大型跨国风险投资机构[①]，他们通常实力雄厚、经验丰富。这些大型跨国风险投资机构以股权投资形式为主，通常投资于新兴的、具有高增长和迅速发展潜力的非上市公司的资本，其最终目的并非拥有或控制目标企业，而是通过长期股权投资在退出该企业时获得投资回报[②]。相对于战略投资者，跨国风险投资机构进入中国，无论是采取公司方式，

① 如摩根士丹利、鼎晖、高盛、英联等著名跨国金融投资机构。

② See Steven L. Brooks, The Venture Capital Investment Act of 2001: Arkansas's Vision for Economic Growth, 56 *Arkansas Law Review* 397, 399(2003).

还是有限合伙方式，或者是基金方式[①]，均不会过多参与融资企业的经营管理和发展战略，在获得理想的投资回报之后，跨国风险投资机构就会全身而退。

但是，随着我国企业参与创新国际融资数量的增多，除了跨国风险投资机构之外，一些国际资本市场上的战略投资者也逐渐参与国际境内企业的融资活动，在向目标公司提供国际融资的同时，收购兼并国内企业股权，也开始成为对赌协议的主体之一。

我国采用对赌协议方式融资的企业大多为民营企业，它们共同的特点是有很好的项目或者产品，企业发展前景广阔，但是企业经营或发展遇到财务困难，急需资金，而且融资渠道有限，难以从银行等金融机构获得正常的商业贷款。国内资本市场和资金市场的种种限制，导致大量急需资金的企业无法及时获得贷款和融资。这些民营企业的大股东多数兼任企业的经营管理者，具有企业的创业者和经营管理者的双重身份。他们拥有企业股份是企业的股东，同时也是企业的实际管理者[②]。

从法律角度讲，对赌协议的主体必须是拥有完全民事行为能力，即能够独立承担协议约定的义务与责任的当事人，可以是自然人，也可以企业法人。现实中，由于融资企业的特殊性，企业的管理者往往就是该企业的大股东，这种多重身份使得他们在代表企业与跨国风险投资者签订对赌协议时，能够以自己持有的股份为筹码进行对赌，从而不必涉及企业增发股份等敏感问题。因此，对赌协议的中方当事人大多是融资企业的大股东，他们以大股东的身份并以自己的名义，与跨国风险投资机构签署对赌协议。而作为融资者的目标公司，虽然是实际的融资者，是使用国际风险资金的企业，但是从法律关系的视角来分析，企业本身往往不是对赌协议的当事人，不是对赌协议的签署主体，而是对赌协议所涉及的客体。

---

① For a good discussion of the choice of entity issue, see Daniel S. Goldberg, Choice of Entity for a Venture Capital Startup: The Myth of Incorporation, 55 *Tax Law* 923(2002).

② 如蒙牛、雨润、永乐、伊利、港湾、碧桂园等企业的大股东都属于这种类型的主体。

（二）对赌协议的标的为股权/股票期权/可转换证券

对赌协议大多以股权（equity）、股票期权（stock option）[①]、可转换证券等作为对赌协议的合同标的[②]。下面，我们对这三种情况分别进行探讨。

1. 以股权/股票期权作为对赌协议的标

在以股权/股票期权作为对赌协议的标的情况下，对赌协议通常约定，如果企业的业绩达到对赌协议事先约定的标准，跨国风险投资者无偿或以较低的价格转让一定股权给企业大股东或者企业管理层，或者跨国风险投资机构追加投资，或者企业大股东或者企业管理层获得一定的股权或股票期权等。在公司法上，股权是投资人由于向企业法人投资而享有的股东权利，包括因向企业法人初始出资和受让其他股东所转让股权所享有的股东权利。对于股权，肯尼思·W·克拉克森等是这样论述的：取得股份使得一个人成为持股者和公司的股东，于是全体股东拥有了公司。尽管股东对已经属于公司的财产如房屋、设施等不再享有所有权，但是他们在公司中拥有公平的相应的利益。股权由公司章程确定之，并要符合国家公司法之规定[③]。而股票期权是企业的股东以股票期权方式来激励企业经理人员实现预定经营目标的一种手段。一般是指经理股票期权[employee stock owner (ESO)]，即企业在与经理人签订合同时，授予经理人未来以签订合同时约定的价格购买一定数量公司普通股的选择权，经理人有权在一定时期后出售这些股票，获得股票市价和行权价之间的差价，但在合同期内，期权不可转让，也不能得到股息。在这种情况下，经理人的个人利益就同公司股价表现紧密地联系起来。通过股票期权这种激励

---

① 股票期权认购权始于本世纪70年代，是西方近二十年来兴起的一种用来激励经理人员的报酬制度。对管理者来说，在期权到期时行使该权利的结果将为他带来丰厚的收入。当然，如果期权到期时的股票价格低于授权时的价格，管理者不但享受不到该期权的收益，而且还意味着他是一个失败的管理者。

② 即俗称各方“对赌”的“赌注”。

③ Kenneth W. Clarkson, Rover Leroy Miller, Gaylord A. Jentz and Frankson B. Cross: *West's Business Law*, West Publishing Company, Fifth Edition, 1992.

方案，不但可以改变经理阶层的报酬形式，而且还可以让管理者意识到实现企业的经营目标也是个人利益之所在。美国威斯康星大学法学院 Gordon Smith 教授的研究成果表明，为企业管理者提供一种可以获得企业控制权的股票期权，这对于创业者来讲是重要的激励约束制度安排[①]。美国的改革实践表明，股票期权这种企业大股东激励方案所带来的新型报酬形式改变了管理者与企业之间的关系，管理者与企业融为一体，风雨同舟，并对企业的未来充满信心。为此，以股权/股票期权常常作为对赌协议的标。除了上面的正面约定之外，对赌协议还可以做出相反的约定，即如果企业的业绩没有达到对赌协议事先约定的标准，则企业大股东转让一定股权给跨国风险投资者，或者大股东溢价收回跨国风险投资机构所持股票，或者跨国风险投资机构增加在董事会的席位等。

2. 以可转换证券作为对赌协议的标

可转换证券(convertable security)是对赌协议中经常使用的合同标的[②]。所谓可转换证券，是指持有者可以在一定时期内按一定比例或价格将其转换成一定数量的另一种证券。可转换证券的选择是利益分配和风险负担的选择。在对赌协议中，可转换证券主要包括可转换优先股和可转换债券[③]。"优先股乃为财产上有特权之股份。例如公司盈余之分配，较之普通股为优；剩余财产之享受，较之普通股为先是。唯此种特权，仅以关于财权为限，若夫表决之权，则每股一权为一般之通例，优先股亦不能有所异殊。"[④]可见，优先股是相对于普通股而言的。主要指在利润分红及剩余财产分配的权利方面，优先于

① They do have an equitable interest in the firm. The rights of shareholders are established in the articles of incorporation and under the state's general incorporation Law. See Bernard S. Black and Ronald J. Gilson, *The Essentials of Finance and Investment*, Foundation Press, 151(1993).

② Hellmann T., IPOs, Acquisitions and the Use of Convertible Securities in Venture Capital, *Working Paper*, University of Stanford, 2000.

③ 可转换优先股和可转换债券通过适当地设定转换价格，都可以达到激励企业家有效运营企业和激励投资者投资的积极性的双重目的。

④ 王效文：《中国公司法论》，中国方正出版社 2004 年版，第 177 页。

普通股。优先股有两种权利:①在公司分配盈利时,拥有优先股票的股东比持有普通股票的股东,分配在先,而且享受固定数额的股息,即优先股的股息率都是固定的,普通股的红利却不固定,视公司盈利情况而定,利多多分,利少少分,无利不分,上不封顶,下不保底。②在公司解散,分配剩余财产时,优先股在普通股之前分配。在英国和美国优先股称为"preferred share"或"preferred stock",与"common share"相对。根据美国学者罗伯特·汉密尔顿在《公司法》中的定义:优先股是指在股利的支付和/或公司主动或被动破产时剩余财产的分配上优先于普通股的股份。"优先"是指优先股股东有权在普通股股东获得股利或剩余财产分配之前获得一定数额的支付。大多数优先股同时享有股息优先权和清算优先权①。

从2014年开始,我国在资本市场上尝试发行优先股,中国证券登记结算有限责任公司还发布了《优先股试点登记结算业务实施细则》,将在沪深证券交易所、全国股转系统交易、转让的优先股登记结算业务均纳入了管理层的规范范畴。可转换优先股是在优先股的基础上赋予投资者按事先确定的转换比例将优先股转换为普通股的选择权。融资企业如果处于初创阶段或成长阶段,由于存在企业估值问题和信息不对称情况,投资双方可能会选择可转换优先股。在转换之前,由于优先股在清偿顺序和收益分配顺序上都先于普通股,投资人的利益相对于创业者而言能够得到优先保护。而创业企业一旦上市,跨国风险投资机构就可实施转换权,获得资本增值收益。可转换优先股的特点是能够在不牺牲投资者潜在利益的前提下,有效降低投资风险。此外,可转换优先股可根据投资发展各阶段的具体情况调整转换率。这种机制能够有效缓解信息不对称引发的主观风险。例如,如果在签订对赌协议时创业企业的价值被高估,经过业绩对赌后,企业真实价值的得以发现,可以通过转换率的

① Robert W. Hamilton, *The Law of Corporations in a Nutshell*, Fourth Edition, St. Paul, Minn. West Publishing Co. 1996, page 152.

调整，对创业企业的定价进行校正①。从另一个角度看，融资企业大股东事先知道高估价值会被校正，在对赌协议谈判时就会减弱高估价值的动力，否则跨国风险投资机构转换率的提高就会造成融资企业大股东股权的严重稀释。

可转换债券是公司发行的其持有人可以按约定条款(转换期限、转换价格等)决定是否将其转换为发行公司股票的权利凭证，可转换债券同时兼具债权和股权的双重属性。当发行债券的企业的经营业绩取得明显的效益时，可转换债券持有人可以在约定期限内根据约定的条件，将可转换债券转换为发行公司的股份。可转换债券的特点是跨国风险投资机构以可转换债券形式进入融资企业，可以使风险资本以债权方式在保本的情况下进入企业，当发行可转换债券的企业取得稳定收益之后，通过债权转股权的方式，获得股东的分红权利，必要时还可以用股东身份参与风险企业的管理和决策。对融资企业来说，在获得风险资本的同时，控制权没有过早地被稀释，还能够享受筹资成本低所带来的利益②。融资企业接近发展的成熟阶段，随着风险的降低和不确定性的减少，使用可转换债券方式更容易被双方接受。

在以可转换优先股或可转换债券权作为对赌协议的标的情况下，对赌协议通常约定，如果企业创业成功，可转换优先股可以在设定条件下，转换成另一种证券，如公司的普通股，保证跨国风险投资机构分享企业股票的增值。如果风险企业创业失败，可转换优先股持有人可基于优先分红权取得一定的优先分红；一旦创业企业解散或清算，可转换优先股持有人还可基于优先清算权优先于普通股的持有人即创业家在创业企业的清算财产中受偿。可转换优先证券把企业业绩不良的成本转移给企业家团队，对企业家形成了激励性补偿

① 参见王晓义:《融资工具创新与民营创业企业治理机制的研究》，天津大学 2004 年博士学位论文，第 63 页。

② 王晓义:《融资工具创新与民营创业企业治理机制的研究》，天津大学 2004 年博士学位论文，第 69 页。

和约束的双重机制[①]。可转换优先股与普通股相对应，根据股东的协议，可转换优先股可以附带许多优惠的条款和条件。

3. 以其他方式作为对赌协议的标

尽管在国际资本市场上对赌协议的标的众多，除了以股权、股票期权为对赌协议的标之外，融资企业大股东和跨国风险投资机构之间还以董事会席位、二轮注资和期权认购权等多种方式来作为对赌协议的标的。但是，在我国境内的实施的对赌协议的标的主要是融资企业的股权和股票期权。

（三）对赌协议的主要内容具有多样化特征

对赌协议的关键，是参与融资企业的大股东与跨国风险投资机构对融资企业未来价值的不同预期，具体情况不同，对赌协议双方当事人双方所关心的内容也不尽相同。对赌协议双方当事人根据各自的预期对对赌协议条款进行设计。

从法律视角看，对赌协议的内容具有多样化特征。一般而言，国际上对赌协议的内容，可以涉及财务绩效、非财务绩效、赎回补偿、企业行为、股票发行和管理层去向等各个方面的问题。①在财务绩效方面，若企业的收入或者净利润等指标未达标，大股东将转让规定数额的股权给跨国风险投资机构，或增加跨国风险投资机构的董事会席位等，使得跨国风险投资机构对所投资企业拥有更大的控制权。②在非财务绩效方面，若企业完成了新的战略合作或者取得了新的专利权，开发出新产品等，出现了有助于提升公司业绩的新情况，则跨国风险投资机构进行下一轮注资等。③在赎回补偿方面，若企业无法回购优先股，跨国风险投资机构在董事会将获得多数席位，或提高累积股息等。④在企业行为方面，跨国风险投资机构会以转让股份的方式鼓励企业采用新技术，开发新产品，或者以在董事会获得多数席位为要挟，要求企业重新聘用合适的管理人员等。⑤在股票发行方面，跨国风险投资机构可能要求企业在

① 徐姗姗:《美国式创业融资契约在中国法下的障碍与实现》，载《国际商务研究》2006 年第 3 期。

约定的时间内在资本市场上市融资，否则跨国风险投资机构有权出售其企业股权。⑥在大股东方面，协议可约定跨国风险投资机构可以根据大股东是否在职，确定是否追加投资，大股东离职后是否失去未到期的员工股[①]。可以看出，国外对赌协议约定的内容范围非常广泛[②]。

与国际上盛行的对赌协议不同的是，国内企业通常只采用财务绩效（如以某一时段的盈利、销售额、净利润、利润区间或者复合增长率）为指标，确定对赌协议双方当事人的权利、义务和责任[③]。对赌协议谈判时，跨国风险投资机构通常会给融资企业及其大股东三种选择[④]：一是设立一系列渐进目标，每达到一个指标，股权相应发生一定的变化，循序渐进。如港湾网络在接受华平的注资时约定：一旦港湾未能实现持续增长的销售额指标，跨国风险投资机构将会获得更多股权。同时规定，一旦港湾上市不成，以总裁为首的管理团队将失去对企业的控制权。二是依据单一目标，如一年的净利润或税前利润指标作为股权变化与否的条件。如雨润与高盛等在对赌协议中约定的条件是：如果雨润2005年盈利达不到2.592亿港元，投资者有权要求大股东以市场溢价20%的价格赎回所持有的股份。三是设定上下限，股权可依据时间和限制范围实现变化。这些具体标准虽然均出自财务绩效指标的衍生，但却适应了各个具体案例中双方当事人的不同选择和偏好，为对赌协议的实施通过了多种可供选择的方案。

（四）对赌协议所涉及权利义务的行为方式

法律行为方式是指法律行为得以成立或发生法律效力必须遵循的方式，借以确定当事人的意思表示。对赌协议中权利义务关系的行为方式是多样的，依双方约定而定，包括：

---

① 陈锋：《高风险激励下的对赌协议及应用》，载《财会通讯》2007年第4期。

② 陶展春：《从蒙牛公司香港上市的资本运作认识对赌协议》，载《理财视野》2009年第4期。

③ 参见周莹：《对赌协议是双向激励》，载《新财富》2006年第10期。

④ 参见陶展春：《从蒙牛公司香港上市的资本运作认识对赌协议》，载《理财视野》2009年第4期。

(1)出资行为。典型的与出资行为有关的对赌条款为:“如果被投资企业财务业绩如期达到约定指标,则投资者追加出资”①。在这一协议中,法律关系的内容是追加出资这一行为。

(2) 转让行为。典型的与转让行为有关的对赌条款为:“如果财务业绩未能达标,则企业需转让一部分股权给投资者,或者按约定价格回购投资者股权;如果企业财务业绩达标,则投资者将一部分股权转让给企业大股东”②。在这一约定中,法律关系的内容是股权的转让行为。

除此以外,还可能有调整董事会构成等企业管理结构的变动行为。

从法学理论上说,“法律行为”一词源于德国民法典,萨维尼给出的定义是“行为人创设其意欲的法律关系而从事的意思表示行为”,大多数法学家接受了这一定义。这一定义强调了法律行为的意思表示要素与所产生的私法效果。意思表示是法律行为不可缺少的核心构成要素。如果法律行为能够产生主体预期的后果,按照当事人的意思安排他们之间的权利义务关系,当事人必须要能够自主作出意思表示,而且这种意思表示能够依法在当事人之间产生拘束力。在对赌协议中,由于跨国风险投资机构投资阶段不同,融资方式不同,导致对赌协议所涉及权利义务的行为方式也不尽相同。这种不同的行为方式,恰恰反映了跨国风险投资机构和融资企业大股东在不同情景下的不同意思表示,揭示了对赌协议法律属性的多样化及其对融资企业多样化融资需求的适应性。

第三节　对赌协议的高风险表现及其法律特征

一、对赌协议的射幸性问题

我国企业大股东在与跨国风险机构签署对赌协议的时候,对相关内容安

---

① 参见李岩:《对赌协议法律属性之探讨》,载《金融法苑》2009年第1期。

② 参见李岩:《对赌协议法律属性之探讨》,载《金融法苑》2009年第1期。

排，双方都只是一种预期，而企业经营的实际情况任何，需要根据企业的运作情况而定。因此双方当事人在签署对赌协议时，对该对赌协议及其相关条款的实际效果并不知道。对赌协议的交易对象是企业未来的业绩，而业绩的好坏虽然一定程度上取决于管理者的主观能动性，但依然要受众多不确定因素的影响，因此，未来的业绩无异于未来的“幸运”。对赌协议的成立不依未来的股票股权等对赌标的物实际出现与否为转移。因此，对赌协议的双方必然会从签订“融资合同”和对赌协议的时候，就明确约定对赌协议的风险和规则，并能够独立承担责任。

从法学的角度来看，对赌协议是跨国风险投资机构与融资企业大股东双方之间的一种合同安排。目前，这种合同在《中华人民共和国合同法》所规定的各种合同模型中①尚找不到具体的模型，在合同法学理上属于《中华人民共和国合同法》中的“无名合同”，其效力在没有法律明文规定时，可以参照最相近的合同加以认定。对赌协议最重要的特征是合同双方以企业未来的财务绩效（某一时段的盈利、销售额、净利润、利润区间或者复合增长率）为指标，而未来的业绩具有不确定性，或者用法律语言来说，具有射幸性。所谓“射幸”，即“侥幸”，它的本意是碰运气的意思。是指当事人一方是否履行义务有赖于偶然事件的出现的一种合同②。这种合同的效果在于订约时带有不确定性。

从这个意义上，与对赌协议法律性质最相近的合同是射幸合同。对赌协议具备射幸合同的一般属性，有关当事人之间的权利义务关系，可以类推适用《合同法》中有关射幸合同的规定。射幸合同属于民事合同中的一种，它属于双务合同的范畴，也即缔约双方负有相互给付的义务。射幸合同的交易标的

---

① 我国《合同法》在“分则”中所规定的合同模型主要有买卖合同，供用电、水、气、热力合同，赠与合同，借款合同，租赁合同，融资租赁合同，承揽合同，建设工程合同，运输合同，技术合同，保管合同，仓储合同，委托合同，行纪合同和居间合同等。

② 如保险合同是一种典型的射幸合同。在合同的有效期间，如发生保险标的的损失，则被保险人从保险人那里得到的赔偿金额可能远远超出其所支出的保险费；反之，如果无损失发生，则被保险人只能付出保费而无任何收入。

物在合同缔结时尚不实际存在，所存在的只是获得该标的物的偶然性。根据我国《合同法》第124条规定："本法分则或者其他法律没有明文规定的合同，适用本法总则的规定，并可以参照本法分则或者其他法律最相类似的规定。"就此，射幸合同也只能在我国法律上取得无名合同的法律地位(无名合同由于缺乏典型的和具体的法律调整规范，容易导致法律适用的紊乱)。在单行法方面，我国法律上有规制的射幸合同仅有保险合同一类，而在我国的现实生活中却存在多种射幸合同。除了对赌协议之外，如期货买卖合同、彩票或奖券合同、有奖销售合同和现在的热门金融衍生工具合同如金融期货、金融期权、远期外汇买卖、股标指数交易等合同。

二、对赌协议当事人违约风险

对赌协议对于跨国风险投资机构一方当事人来说，是一种投资的保障机制，通过企业估值的调整，保证投资者持有的企业股权总价值不会发生重大变化；而对于国内的融资企业来说，对赌协议是主合同《融资合同》的随附合同或者《融资合同》中的随附条款，或者说签署对赌协议是《融资合同》生效的先决条件(condition precedent)[①]。对赌协议可以对跨国风险投资机构与融资企业大股东对企业估值的不同进行协调，这种协调的达成即形成了法律上的意思表示一致，而对企业未来价值的不同预期是对赌协议中的不确定事件，也是对赌协议射幸性的集中体现，这符合了射幸合同的最基本的特征，即合同的法律效果或者当事人之间的权利义务的存在与履行，依赖于未来不确定事件。

那么，在对赌这一环节，风险的承担和投资回报是否对等和公平呢？对此，有学者认为：就跨国风险投资机构的机会成本、融资企业的整体融资需求

① 先决条件国际融资中的限制性条款之一，是跨国风险投资机构为了保护自己的利益而通过融资附加协议或者合同条款设定的一系列条件。只有这些条件得到满足，国际融资合同才能开始正式履行或者实施。See Martin B. Robins, Negotiating Commercial Loan Transactions For Borrowers, 11 *Chicago Bar Association Record* 24 (May, 1997).

和业绩提升后的回报来考察，合同还是基本遵循等价有偿原则的[①]。我们同意这种观点。如果以当代法哲学理论上的形式正义和实质正义为指导，我们可以看到，跨国风险投资机构在中国企业融资过程中，投入了巨资。虽然事先他们对目标企业的经营管理情况做过深入系统的考察，或者聘请专业机构做过尽职调查（due diligence）[②]，但是仍然面临很多不确定因素，承担着巨大的非系统性风险。因此，跨国风险投资机构在签署《融资合同》的时候，要求融资企业的管理层或者大股东签署随附的对赌协议，从正义[③]的法律价值观来看[④]，虽然表面上是不公正的（即形式上不正义），但是在实质上是公正的（即实质上的正义），符合当代法哲学理论上所说的正义价值观由形式正义[⑤]向实质正义[⑥]转变的大趋势的[⑦]。

对赌协议的双方当事人，他们之间的法律关系，既有矛盾和利益冲突的一面，他们之间互为对赌协议权利义务的享受者和承担者，彼此以对方承担义务为自己享有权利的前提；同时，在一定条件下，又表现为利益的共同性和一致

---

① 参见胡晓珂：《风险投资领域“对赌协议”的可执行性研究》，载《证券市场导报》2011 年第 9 期。

② 尽职调查是项目审查中的最后一个也是最关键的步骤。它主要指风险投资机构在进行投资前一般要进行信息收集和核实，其中包括对企业财务、市场、客户和主要管理人员背景等调查。它主要解决项目的可行性、管理团队的能力和财务状况等信息不对称的问题。

③ 著名美国法学家罗尔斯在其名著《正义论》中开宗明义就指出：“正义是社会制度的首要价值，正像真理是思想体系的首要价值一样”。参见[美]约翰-罗尔斯：《正义论》，何怀宏、何包钢、廖申白译，中国社会科学出版社 1988 年版，第 1 页。

④ 正义作为一种首要法律价值，它对于秩序、安全等其他一切法价值具有优先性，是国际融资法律制度的最基本的价值观之一。参见卓泽渊：《法的价值论》，法律出版社 1999 年 7 月版，第 507 页。

⑤ 所谓形式正义（formal justice）是指对法律和制度的公正和一贯的执行，而不管它们的实质原则是什么，即要求在执行法律和制度时，应平等地适用与属于它们所规定的各种各样的人。因此，形式正义又被称为“作为规则的正义”（Justice as regulative）或法治。

⑥ 所谓实质正义（substantive justice）是指在确定人们实体权利义务时所要遵循的价值标准，是关于社会的实体目标和个人的实体性权利与义务的正义，是实现社会范围内实质性、社会性的正义，也是指从内容上追求一种结果公正的正义。参见肖建国：《民事诉讼程序价值论》，中国人民大学出版社，2000 年版，第 157 页。

⑦ 梁彗星教授将近代民法向现代民法转变的理念归结为形式主义向实质主义的转变。参见梁彗星：《从近代民法到现代民法》，载《中外法学》1997 年第 2 期，第 24 页。这种转变在国际融资法的价值取向反映得尤为典型。

性：他们都希望企业能够经营得好，从而获得更多的利润。在融资企业经营失败的情况下，即使跨国风险投资机构能够无偿地从融资企业的大股东那里受让一部分融资企业的股权，但是企业业绩不佳也会导致跨国风险投资机构整体投资收益下降。因此，从这个意义上说，参与对赌协议的融资企业大股东和跨国风险投资机构都面临着对赌协议对方当事人违约的法律风险，还面临着融资企业经营效益和财务指标达不到预期目标所带来的合同风险。

三、对赌协议中的期权实施风险

依对赌协议内容，融资企业在未来一定时间如果能达到一定的业绩指标，融资企业大股东即可从跨国风险投资机构手中获得部分股权；反之则跨国风险投资机构从融资企业大股东手中获得部分股权。可以说，每份对赌协议都包含了两份期权协议：对赌协议签订之日，协议双方当事人都获得了一份股票期权，每一方既是一份期权协议的买方，同时又是另一份期权协议的卖方。在这两份期权中，融资企业大股东获得的股票期权是一份接近标准定义的股票期权，只是在股票来源上不是由公司定向发行或回购，而是由其他股东转让，其他方面则都符合股票期权定义；而跨国风险投资机构获得的期权则并非我们传统意义上的股票期权，由于其本身不参与企业管理，股票期权最重要的激励作用也无从谈起，反而是在企业经营业绩不佳时，从管理者手中扣除一部分股权，调整自己的投资价值。受让双方以及行权条件的倒置，都使投资者获得的期权明显区别于股权激励意义上的股票期权，是一份特殊的看空企业业绩的股票期权。

由此可见，对赌协议包含了两份广义的股票期权计划，其中一项计划类似于现实中我们常见的股权激励计划中的股票期权[①]，而另一项却不具有这样的

① 股票期权(Executive Stock options，ESO)，是指以单一股票作为标的资产的期权合约。股票期权的法律主体包括出让主体和受让主体两个方面。所谓出让主体是指将企业的股票期权赋予企业经营者的授予人，而受让主体则是指企业股票期权的受益人。理论上对股票期权的出让主体 （转下页）

属性。在执行对赌协议时,一旦融资企业完成对赌协议所规定的经营业绩,跨国风险投资机构就可以从其持有股份的增值中获得巨额利润,与此同时他还必须向企业经营层无偿转让一定数量的公司股份。在这里,跨国风险投资机构向企业经营层无偿转让的公司股份与股票期权有异曲同工之处①。而当融资企业没能完成对赌协议约定的经营业绩的时候,签署对赌协议的企业管理层或者大股东要向跨国风险投资机构无偿转让一定数量的股份,这也与期权等传统金融工具的套期保值功能相类似。

学者们对对赌协议所涉及的期权计划有不同的看法。如北京工商大学证券期货研究所所长胡俞越认为:“对赌协议表面上披着期权协议的外衣,实际上是期货市场之外的场外交易,属于私下交易,不受监管和保护。场外交易是个无底洞,一旦中了圈套就没有办法解套。鼓动企业签署这些华尔街骗子们兜售的这些协议的是谁?有关方面要挖挖这个黑洞,这样坑蒙拐骗我们的企业是不行的!”②我们不同意这种看法,对赌协议所涉及的股票期权与期货市场之外的场外交易有着本质的区别。前者是《融资合同》的随附协议,是企业为了获得国际融资而附带签署的法律文件,后者是为了获得差价而进行的金融交易。两者相去甚远,不可同日而语。

事实上,我国法律对对赌协议问题并无明文规定,实践中最重要的两部法规《上市公司股权激励管理办法》和《国有控股上市公司(境内)实施股权激励试行办法》均难以适用。因此,也有学者主张:“由于对赌协议的法律内容是契

(接上页)有不同的意见,有人认为是企业的所有者;也有人认为是企业本身。就目前的实际情况而言,由企业本身作为出让主体得到了更多的认同,有关法律就是据此加以规定。股票期权的法律客体是指股票期权的授予人和受益人的行为所共同指向的客观对象,即认股期权。股票期权的法律内容是指法律主体(授予人及受益人)之间就法律客体(认股期权)的权利义务关系,换言之,是授予人与受益人之间的契约关系。这种契约关系至少应当包括股票期权的行权条件、行权期、行权价以及行权数量等四个要素。

① 参见姜达洋:《并购中慎用对赌协议》,载《连锁与特许:管理工程师》2006 年第 11 期。

② 蒋佩春:《对赌协议:国际资本掳掠我国财富的致命武器》,载《中国社会科学院报》2009 年 4 月 23 日第 002 版

约关系，那么就应当遵循‘契约自由’和‘意思自治’的原则，由授予人和受益人根据企业的特定情况和其各自的目标自行约定行权条件、行权期、行权价以及行权数量，只要这种约定并不违反法律的规定，也不违反社会公共利益，则其契约关系就是合法有效的。”①我们同意这样的观点。我们认为，把对赌协议作为合同来看待，把对赌协议所涉及的期权计划看作是合同的约定条款，其履行应适用《中华人民共和国合同法》的有关规定。只要对赌协议当事人在合同履行过程中，没有出现违法违规的行为，当事人之间不发生法律纠纷，应我国政府主管部门应认可对赌协议及其约定期权条款的有效性和法律效力。

四、当事人运用对赌协议的其他风险

当事人运用对赌协议还可能面临其他相关风险。

第一、因双方合同谈判力量悬殊而导致最终的成本收益不对等的潜在风险。一些跨国风险投资机构大多资金雄厚、跨国融资和投资的专业经验丰富、项目合同的谈判能力超强，有一支能征善战的业务团队，包括具有丰富经营的律师队伍，国内融资企业与之相比则处于弱势，通常都是由融资企业的大股东亲自出马参加谈判。由于这些大股东是融资企业的创始者，他们的专长大多是企业的经营管理，而非融资、商务和合同谈判，他们往往没有系统的法律专业经验，在对赌协议合同条款的谈判中常常缺乏专业法律知识，导致谈判中失去主动权，所以对赌协议中融资企业与跨国风险投资机构之间的成本收益可能存在不对等的潜在风险。这种风险的产生，大多是由于融资企业的大股东的谈判策略运用不当造成的，如果融资企业的大股东不是万事必躬亲，而是聘请商务或者法律专业人员或者团队来参与融资项目和对赌协议合同谈判，则可以大大降低这方面的风险。

---

① 参见李岩：《对赌协议法律属性之探讨》，载《金融法苑》2009 年第 1 期。

第二、融资企业未能达到设定的经营目标导致企业大股东丧失部分股权风险。跨国风险投资机构在选择通过对赌协议对融资企业进行投资时，一般会为企业的发展规定一个相对较高的经营业绩目标，这也给接受其投资的企业管理层提出了一项严峻的挑战。通过发生在我国的有关我国企业导入国际风险资本融资案中可以看出，跨国风险投资机构对蒙牛和永乐提出的业绩增长目标都相当高，尽管蒙牛达到了预期的业绩增长目标，蒙牛的大股东在对赌协议的履行中胜出，但是永乐的大股东却没有那么幸运。继向永乐提供融资之后[①]，摩根士丹利等机构投资者与永乐的企业管理层签署了一份对赌协议。协议约定：如果永乐电器 2007 年（如遇不可抗力，可延至 2008 年或 2009 年）的净利润高于 7.5 亿元人民币，外资股东将向永乐管理层转让 4 697.38 万股永乐股份；如果净利润相等或低于 6.75 亿元，永乐管理层将向外资股东转让 4 697.38 万股；如果净利润不高于 6 亿元，永乐管理层向外资股东转让的股份最多将达到 9 394.76 万股，这相当于永乐上市后已发行股本总数（不计行使超额配股权）的约 4.1%。并且规定，净利润计算不能含有水分，不包括上海永乐房地产投资及非核心业务的任何利润，并不计任何非经常收益。协议还设计了另一种变通方式，即若投资者达到回报目标，则永乐未达到净利润目标也可免于割让股份。这个回报目标是，摩根士丹利等投资机构初次投资的 3 倍（2005 年 1 月初次投资总额为 5 000 万美元，其中摩根士丹利投资约 4 300 万美元），再加上行使购股权代价的 1.5 倍（摩根士丹利在永乐电器上市前行使了约 1.18 亿港元的购股权），合计约 11.7 亿港元。依此计算，协议中的这一条款实际上是摩根士丹利为自己的投资设定了一个最低回报率底线，即约

---

① 2005 年 1 月，摩根士丹利等投行斥资 5 000 万美元收购当时永乐电器 20%的股权，收购价格相当于每股约 0.92 港元。摩根士丹利入股永乐电器以后，与企业达成协议：在未来某个约定的时间，以每股约 1.38 港元的价格行使价值约为 1 765 万美元的认股权。这一认股权利实际上是一个股票看涨期权。为使看涨期权价值兑现，摩根士丹利等机构投资者与企业管理层签署了一份对赌协议。2005 年 9 月，永乐电器在香港成功上市。

260%。永乐的大股东因为永乐未达到预期的经营业绩目标而违反对赌协议约定的条款与条件，导致惨重损失[①]。所以，对赌协议对融资企业的大股东来说，因融资企业未能达到设定的经营目标导致企业大股东违约而产生的丧失部分股权的风险，大于企业寻求海外上市或者通过银行获得商业贷款中的风险。

第四节　对赌协议高风险的规制与防范

法律对市场主体同时具有制约和激励作用。由于存在市场失灵，在某些领域，由市场机制自发形成的资源配置状态很可能是低效率或是无效率的，风险投资领域也不例外。作为公益的代表，政府不得不以法律制度来限制市场主体部分配置社会资源的自主权，其代表性手段便是实施管制。但是管制很有可能导致寻租，从而影响行政效率与企业效率。因此，20 世纪 70 年代以来，西方国家政府对市场不同程度地实施放松管制。而今，西方国家兴起了“激励性管制”，主要通过社会契约制度、成本调整契约、区域竞争、税收优惠等方式激励市场主体积极实践法律所提供的程序权利和实体权利，积极参与到市场行为中[②]。激励性管制目前是西方发达国家自然垄断产业主流的管制方式，它的核心是让企业利用其信息优势和获利动机来达到管制目标。这种情况下，企业会通过采取策略性行为来获取利润。美国斯坦福大学法学院教授、研究公司治理和风险投资的权威罗纳德·吉尔森(Ronald Gilson)曾引领美国法学界和金融学界开展关于政府在风险投资中作用的大讨论。讨论的核心问题是政府如何才能促成风险资本市场的成功发展。吉尔森认为政府在风险投资中应该发挥市场本身所不具备的、适时积极解决风险资本市场所存在问题的管

① 2006 年 6 月底，永乐公开承认，当初与大摩签订协议时预测过于乐观，未来两年，永乐盈利能力面临着压力。同年 7 月，上市仅仅 9 个月的永乐电器被以大摩控制的国美电器以 52.68 亿港元的代价所收购。

② [日]植草益著：《微观规制经济学》，朱绍文译，中国发展出版社 1992 年版，第 145 页。

理引导(engineering)职能[1]。吉尔森将所谓“适时存在的问题”归为和三类要素有关,即资本金、金融中介和企业家[2]。他指出政府对风险投资的管理和扶持体现为对这三类要素发展和创新的激励上,尤其是资本金和金融中介这两种要素。政府的管理行为不应该是对风险投资企业投资决策的任何正式或非正式的干涉。风险投资者必须拥有选择和监督投资的主动权。在不影响这种主动权的条件下,政府对风险投资行为实施宏观的、外在的激励措施。与此同时,政府适度的、有方向性的激励措施可以推动一国高科技产业的极大发展。吉尔森还指出,风险投资市场具有一定的自我调节性,但是这是一个不断成熟的过程,具有不确定性和阶段性,需要政府辅助性地提供制度安排。正如理查德·波斯纳在《法律的经济分析》中所言:“什么样的资源配置才能使利益最大化？通常情况下,这一问题是由市场决定的;但在市场决定成本高于法律决定成本时,这一问题就留给法律制度来解决了。”[3]政府的激励制度在风险投资市场自我完善及其对赌协议合法运作的过程中,对于处在不同层次和发展阶段的企业来说,具有不可忽视的促进作用。

一、我国现行法律法规对对赌协议实施的主要障碍

在目前的中国法律环境下,对赌协议在中国境内实施存在一定的法律障碍。分析和研究这些法律障碍,有利于我们找出问题的症结所在,便于我们对症下药,根据不同的情况,分别作出相应改进和完善对策和措施。

(一)我国资产评估法律制度无法适应国际惯例的要求

对赌协议双方当事人对企业价值存在不同预期。跨国风险投资机构通常

---

① Ronald J. Gilson, Engineering, A Venture Capital Market: Lessons From the American Experience, 55 *Stanford Law Review* (2003).

② Christopher Gulinello, Engineering A Venture Capital Market and The Effects of Government, 37 *George Washington International Law Review*, No. 4 (2005).

③ 参见[美]理查德·波斯纳:《法律的经济分析》,蒋兆康译,中国大百科全书出版社2003年版,第184页。

采用“动态调整评估法”来评估企业价值，企业的价值是和企业的成长性或者未来盈利能力挂钩的。虽然我国1991年的《国有资产评估管理办法》规定了收益现值法①、重置成本法②、现行市价法③等多种评估方法，2006年的《关于外国投资者并购境内的规定》对于非国有资产也明确了资产评估应采用国际通行的评估方法，但在实践中，国内企业特别是国有企业的资产评估通常采取账面价值等静态评估方法，大多未考虑企业整体资产在未来的盈利能力，这样既可能导致忽略国有产权中无形资产、市场增值乃至控制权价值等因素而导致国有资产流失，也可能忽略账面资产的流动性、技术含量低以及折旧不规范等因素而导致价格高估。这种价值评估理念和方法上的差异，很可能导致对赌协议双方当事人在企业价值评估上的“拉锯战”，也很有可能导致政府审批时以资产流失等理由阻碍交易的进行④。例如，在凯雷收购徐工案中，对赌协议最终被取消。企业价值评估的国内外标准存在差异，成为我国企业进行创新型融资、顺利金融国际融资市场的法律、法规上的一种重要障碍。

（二）可转换证券法律规则欠缺导致对赌协议的规制依据不充分

西方国家普遍采用优先股这种股份种类。我国《公司法》在修订时也为设立“优先股”留下了空间⑤。有学者认为，新《公司法》的规定表明类股份已经得

---

① 收益现值法又称收益还原法、收益资本金化法，是指通过估算被评估资产的未来预期收益并折算成现值，借以确定被评估资产价值的一种资产评估方法。从资产购买者的角度出发，购买一项资产所付的代价不应高于该项资产或具有相似风险因素的同类资产未来收益的现值。收益现值法对企业资产进行评估的实质：将资产未来收益转换成资产现值，而将其现值作为待评估资产的重估价值。收益现值法的基本理论公式可表述为：资产的重估价值＝该资产预期各年收益折成现值之和。

② 重置成本法是指在资产继续使用的前提下，从估计的更新或重置资产的现时成本中减去应计损耗而求及的一个价值指标的方法。

③ 现行市价法是指过市场调节，选择一个或几个与评估对象相同或类似的资产作为比较对象，分析比较对象的现时成交价格和交易条件，通过对此调整，估算出所需评估的资产价值的方法。

④ 参见任栋：《玩味对赌》，载《君合并购大时代》2006年第2期。

⑤ 新《公司法》承认股份存在不同种类，但未明确规定“优先股”的条款。新《公司法》第127条第1款对“同股同权，同股同利”进行了解释，即允许发行不同类型的股份，只要保证同种类的每一股份具有同等权利。

到了法律的明确承认，从而使得公司的融资手段更加多样化[①]。新《公司法》对记名股票和无记名股票进行了区分，但没有区分普通股与优先股。根据《公司法》第132条的规定，“本法规定以外的其他种类的股票”的权利授予国务院[②]。我国国务院于2005年9月7日批准了国务院下属十个部委联合发布的《创业投资企业管理暂行办法》。其中第15条规定，经与被投资企业签订投资协议，创业投资企业可以以股权和优先股、可转换优先股等准股权方式对未上市企业进行投资。但由于该暂行办法主要规制在我国境内注册成立的风险投资企业，所以该规定在实践上很少使用。

我国对可转换债券[③]的发行，已经有一些具体的规定，如2006年5月8日，中国证监会发布的《上市公司证券发行管理办法》，其中明确规定了上市公司可以公开发行可分离交易的可转换公司债券。但《上市公司证券发行管理办法》同时也规定：公开发行可转换公司债应当提供担保，但最近一期未经审计的净资产不低于人民币15亿元的公司除外；提供担保的，应当为全额担保，担保范围包括债券的本金及利息、违约金、损害赔偿金和实现债权的费用；以保证方式提供担保的，应当为连带责任担保，且保证人最近一期经审计的净资产额应不低于其累计对外担保的金额。证券公司或上市公司不得作为发行可转债的担保人，但上市商业银行除外；设定抵押或质押的，抵押或质押财产的估值应不低于担保金额。估值应经有资格的资产评估机构评估[④]。根据目前的有关规定看，我国可转换债券的发行主体主要局限在上市公司和大型国有企业中，发行可转换债还得提供担保，并且对担保范围、担保方式等提出了严

① 参见施天涛：《新公司法是非评说：八、二分功过》，载王文杰主编：《月旦民商法研究》(第11辑)，清华大学出版社2006年版。

② 我国《公司法》第127条规定“股份的发行，实行公平、公正的原则，同种类的每一股份应当具有同等权利。同次发行的同种类股票，每股的发行条件和价格应当相同；任何单位或者个人所认购的股份，每股应当支付相同价额。”《公司法》第132条规定“国务院可以对公司发行本法规定以外的其他种类股份，另行作出规定”。

③ 1992年11月深宝安集团发行了我国首例可转换债券。

④ 参见张洁：《从融资角度探讨可转换债券问题》，载《金融理论与实践》2007年第4期。

格而且全面的要求。在实践中，签订对赌协议的一方主体往往是民营初创企业，他们的规模和实力显然达不到发行可转换债券的要求。

但从目前的情况来看，我国法律对优先股和可转换优先股，虽然有一些原则性的规定，但相关的规定存在各种限制，可操作性不强。可以预见，在可转换优先股相关法律法规完善之前，普通股仍是我国股权投资的主要工具，跨国风险投资机构在仅持有普通股的情况下其优先清算与分红权难以得到我国法律的充分保护，而且如果跨国风险投资机构在创业企业中不占多数股份，则很难在其资金安全受到影响时控制创业企业的董事会。此时，跨国风险投资机构与创业家之间的融资合同由于不能得到法律的明确认可，因而难以得到有效的保护。由此可见，在实践中，可转换优先股和可转换债券是实施对赌协议最常用的投资工具。但是，在法律制度上，我国目前关于可转换证券的法律规定，使对赌协议在适用中涉及可转换优先股或可转换债券双方当事人权利义务纠纷的情况下可能出现因可转换证券法律规则欠缺导致对赌协议的规制依据不充分或者无法可依的情况。

（三）《公司法》对股权的限制不利于对赌协议实施

对赌协议是英美普通法的产物，对赌协议的实施与其独特的法律制度和完善的资本市场相联系。英美公司法普遍实行授权资本制①。包括股份的发行、转增股本、股权转让、股份回购等事宜可由公司自行处理，股东和外部投资人的出资及相对应的股东权利和义务，也可由各方自由协商确定②。风险投资

---

① 按资本在公司设立时一次性形成或分次形成、注册资本是授权资本还是发行资本，以及注册资本是否有一定严格的限制一系列方面，对资本的形成方式划分三种制度形式：法定资本制度、授权资本制度和折中资本制度。法定资本制度基本由大陆法系国家使用，确立目的是为了巩固公司资本结构，维护交易安全，遏制公司滥设。授权资本制度则是为了筹集资金灵活方便，发挥资本的效用，以美、英为典型。折中资本制度是吸收了法定和授权的优点而设立的制度形式，德、法已逐渐吸收此制度。

② 例如，实施“棘轮条款”的一个关键环节是对股份在一定条件下设定转换价格，如果后续融资时的股份价格低于前面融资的股份价格或者企业在规定时间内没有达到业绩目标，那么跨国风险投资机构将免费得到赠股或有权调高其股权比例。

机构与融资企业大股东的股份比例可以随公司业绩的变化不断调整。英美法灵活的公司法律制度以及完善的资本市场为实施对赌协议提供了理想的环境。加拿大多伦多法学院 Douglas J. Cumming 教授和 Jeffrey G. Macintosh 教授在一份名为《风险资本的全部和部分退出的跨国对策研究》[①]实证报告中指出，一国首次公开上市退出水平与该国的风险投资水平是密切相关的，高水平的首次公开上市退出将导致高水平的风险投资。我国目前的法律制度对于跨国风险投资机构所投资企业在中国境内成功上市和顺利退出，还存在着一定的法律障碍。

我国《公司法》修改没有采用授权资本制，而是在法定资本制下，从原来的一次缴纳改为分批缴纳。《公司法》还要求公司章程载明公司股份总数、每股金额、注册资本、各股东的股份数等内容[②]。总的来说，我国公司法对股份发行、股份种类、股份的转让以及股份回购等股权运作事宜的规定与国际资本市场上的成熟做法有很大不同。另外，我国境内企业上市，无论是国内证券市场上市，还是海外直接上市都费时费力。我国的产权交易市场也不发达，交易成本较高，交易量不活跃，同时在产权交易形式上以非证券化的实物型产权交易为主，产权交易监管滞后，统一的产权交易市场没有形成，跨行业跨地区的产权交易难以实现[③]。我国关于股权运作较为严格的法律规定和不完善的资本市场，在一定程度上影响了对赌协议的实施。

---

① Douglas J. Cumming & Jeffrey G. Macintosh, A Cross-Country Comparison of Full and Partial Venture Capital Exit Strategies, *Law & Economics Research Paper* No. 01 - 04 (2002).

② 我国《公司法》第 126 条和第 127 条规定，股份有限公司的资本划分为股份，每一股的金额相等。《公司法》第 143 条增加了公司回购公司股份的情形. 但又对回购股份设定了严格条件和程序，比如，为实施股权激励而回购股份不得超过公司已发行股份总额的百分之五；用于收购的资金应当从公司的税后利润中支出；所收购的股份应当在一年内转让给职工。回购公司股份还要经过繁琐的变更登记等过程。

③ 参见刘喜梅：《中国力图突破风险投资法规瓶颈对公司法和合伙企业法进行大修改》，http://www.sn.xinhuanet.com/2004-06/22/content_2357799.htm.

二、我国与对赌协议相关法律与监管制度的完善建议

法律是人们凭借其理性而创设的行为规范或制度，法律的发展是渐进的，法律对社会经济生活的调整有一个发展的过程。对于法律的这种发展过程，韦伯[①]曾经做过这样的论述："从理论的观点看，法及其法律进程的总的发展，可以认为是经过了以下几个阶段：其一，经由'法的先知预言家'超凡魅力而来的法律启示。其二，经由法律'名望人士'而来的对法律的经验性设立和发现。其三，世俗的或神学的力量对法律的促进。最后一点，法律阐述的系统化和司法行政的专业化，即有已接受过带有学术性和规范条理性性质的法律培训的人们来司法。经过这样的途径，法律的形式上品质就如此地呈现了出来：成长于由神秘的形式主义和非理性的启示的结合而来的最初法律进程中，时常走过神权政治的，或家长制条件的以及非形式化的理性的弯路，逐渐经历了一个特殊化的司法的、逻辑理性的和系统化的过程……最终，它们表现出……一种逐渐增长着逻辑升华和严密演绎品质，一种理性渐增的技术，也在此阶段发展起来。"[②]西方一些法学家将法律发展分为五个发展阶段，即原始法阶段，严格法阶段、平衡法阶段、法律成熟阶段、法律社会化阶段。[③] 法律社会化，即指法律在立法、执法、司法和普法环节中，将相关的法律法规规范与现实的具体情况相结合，使法律合乎社会现实发展的需要，从而使法律真正体现整个社会的公平、正义的理念。法律规制必须要适应整个社会现实的发展需要。

目前，对赌协议的社会实践已经有了很大的发展，但是必须承认的是，金融法制的发展严重滞后于对赌协议的社会实践的发展。对赌协议的社会实践

---

① 马克斯·韦伯(1864—1920)是近代社会科学发展史世界公认的最有影响的人物之一。他的思想理论和研究方法论，影响了从历史学到法学众多学科的学者们，尤其对德国近现代和当代法学产生了深刻的影响。

② [德]克斯勒：《马克斯·韦伯的生平、著述及影响》，郭锋译，法律出版社2000年版，第178页。

③ [美]罗斯科·庞德：《法理学(第一卷)》，邓正来译，中国政法大学出版社2004年版，第370页。

的进一步发展急切呼唤法律的引导、规范和保障。由于以合同法、公司法等为主干构建的传统金融法制，其基本原则和规则体系均形成于对赌协议的社会实践产生之前，因此政府行政管理机构对于如何规制对赌协议的社会实践，显得心有余而力不足。这对金融法制建设提出了新的挑战。

近年来，随着外资的不断涌入，外资在中国境内并购活动的升温，中国政府正在出台一系列外资并购境内企业的反垄断审查措施。同时为了打击资本非法外逃、缓解人民币升值压力、防止税收流失等原因，中国政府加强了对海外离岸公司运作方式的监管，有利于强化对对赌协议的监管和健康发展。

（一）通过反垄断立法，加强对对赌协议效力的监管

如果对赌协议的一方当事人是跨国风险投资机构，对赌协议所涉及的有关国家安全的行业，如银行、证券、保险，公共产品部门以及机械、建材等行业以及资源矿产部门的龙头企业或者是大型国有企业，这时对赌协议的内容和效力涉及反垄断审查的法律问题，如“凯雷收购徐工”案中的对赌协议。

在“凯雷收购徐工”案中，2005 年 10 月 25 日，徐工集团与凯雷投资集团凯雷签署了股权收购协议和对赌协议。“凯雷收购徐工”案被媒体披露后，引起社会各界激烈争论。2006 年 7 月中旬，商务部召集所有与凯雷徐工并购案相关的单位开听证会，审查交易是否合规。2006 年 8 月 8 日中国商务部发布了修订后的《关于外国投资者并购境内企业的规定》，专门在第五章中明确表示了商务部对外资并购中国企业拥有反垄断审查权。2006 年 10 月 16 日，徐工集团、徐工机械和凯雷签署修订协议，将收购比例和增资价格进行调整，最终持股比例由原先的 85%降至 50%，金额则从 3.7 亿美元减少到约 18 亿人民币(约折合 2.25 亿美元)。修订后的新方案取消了原有的对赌协议条款。

根据我国《中华人民共和国反垄断法》及六部委《关于外国投资者并购境内企业的规定》，凡是涉及反垄断审查的，并购协议和对赌协议等相关法律文件要报送商务部和国家工商行政管理总局审查同意。在国家主管部门正式批复之前，并购协议和对赌协议的效力将长期处于不确定状态。一些跨国风险投资机构从长远利益出发，有时愿意出高价收购那些具有很强自身核心竞争能力的目标公司[①]。国际大鳄凯雷正是看中了徐工集团的核心竞争能力。但是，因“凯雷收购徐工”案而引发全社会对跨国风险投资机构在我国境内并购行为的广泛关注，促使国家出台了一系列反垄断法律和法规[②]。《中华人民共和国反垄断法》及六部委《关于外国投资者并购境内企业的规定》出台后，投资协议和对赌协议不能再触及反垄断审查的标准[③]。这些法律法规的颁布，不但规制了跨国风险投资机构在我国境内并购行为，同时也对相关的对赌协议的运用、安排和实施作出了规范和一定的限制。

美国著名大法官卡多佐[④]曾在《法律的成长 法律科学的悖论》一书中强调：司法实践必须与社会实践相适应[⑤]。美国 20 世纪著名法学家罗斯科·庞德[⑥]也提出“将理性适用于经验之上”，即指通过对法律运行机制的不断重构与完善，最大限度地避免法律的弊端[⑦]。通过颁布《反垄断法》，建立反垄断审查法律制度，可以在一定程度上规范对赌协议的交易行为，对不恰当的对赌协议条款起到一定的规范作用。有利于控制和监管对赌协议，降低对赌协议法律风险所带来的消极影响，对于维护我国企业的合法权益具有积极的作用。

（二）我国对离岸对赌协议监管的立法完善

鉴于对赌协议在中国法下实施存在的一些法律障碍，跨国风险投资机构

---

① Kortum S. & Lemer J., Does Venture Capital Spur Innovation? *Investors and Public Policy*, 95 (1998).

② 参见陈永坚：《中国风险投资与私募股权》，法律出版社 2007 年版，第 307 页。

③ 在实务中外资并购通常采用联合持股、通过国内企业间接持股或成立许多中小公司进行化整为零的蚕食并购等方式绕过政府审批或法律限制。

④ Benjamin N. Cardozo，1870—1938 年，是美国历史上最伟大的法官之一，社会学法学的代表人物，被公认为全美最聪明的法学家。

⑤ 卡多佐：《法律的成长 法律科学的悖论》，董炯、彭冰译，中国法制出版社 2002 年版，第 34 页。

⑥ Roscoe Pound(1870 年—1964 年)是美国著名法学家、社会学法理学的创始人。

⑦ 法律的弊端，部分地源于它所具有的守成取向，部分源于其形式结构中所固有的刚性因素，还有一部分则源于其控制功能相关的限度。参见[美]E. 博登海默：《法理学法律哲学与法律方法》，邓正来译，中国政法大学出版社 1999 年版，第 402－406 页。

往往利用离岸公司的法律特征[①],并以离岸公司为平台,实施对赌协议[②],以此来绕开中国法律的某些障碍。离岸公司的界定与离岸法域相关[③]。离岸公司指的就是非当地投资者在离岸法域内成立的有限责任公司或股份有限公司[④]。跨国风险投资机构利用海外多层次资本市场和灵活的法律制度,在恰当的时机通过IPO,不仅上市成功的可能性大,而且收益也高[⑤]。但是,值得一提的是,如果跨国风险投资机构希望在通过在美国上市的方式退出,则风险投资机构的所持股份只能是部分退出(partial exit),而不是全部退出(full exit)[⑥]。这其中的法律原因主要是美国《1933年证券法》框架下第144条规则(Rule 144)[⑦]

---

① 离岸公司有以下法律特征:①离岸公司必须在特定的离岸法域成立,这是离岸公司的地域因素;②离岸公司注册资本来源于离岸法域之外的投资者的投资,或者说离岸公司的投资者或设立人具有非当地性;③离岸公司成立的法律依据必须是离岸法域专门的离岸公司法规范,这是离岸公司的法律因素。比如,在维尔京,其为《维尔京国际商务公司法》,在开曼,其为《开曼群岛公司法》第七章下的豁免公司规范;④离岸公司不得在离岸法域内经营,或者说离岸公司是排除其在本土经营的公司。这是离岸公司的运营因素。

② 以离岸公司为平台实施对赌协议的程序主要分为四步:①注册离岸公司,选择可靠的中介机构,在某一离岸地注册两家离岸公司,其中一个由职工联合设立,假设为B公司,另一个由公司的管理层设立,假设为C公司,由管理层控股;②由风险投资机构向C公司投入风险资本,同时让B公司参股C公司。由C公司控股国内的A公司,将境内资产或权益注入离岸C公司。这样也实现了风险投资的间接注入。通过离岸资本运作,最终,境内企业成为境外离岸公司的下属子公司,所以,境内股东和外资投资机构在境内企业的权益实质是由海外离岸公司股东权益结构来决定。海外离岸公司属于境外企业,对赌协议只需遵守离岸中心的法律即可。借此操作,规避了境内烦琐的法律程序和严格的监管。

③ 为鼓励贸易与投资,世界上一些国家和地区如新加坡、英属维尔京群岛、开曼群岛、巴哈马群岛、百慕大群岛、库克群岛等以法律手段制订并培育出一些特别宽松的经济区域,允许非本国人士或法人在这些经济区域内成立公司,并在其领土之外的地区经营运作。国际投资界将这些区域称为离岸法域。参加张虹:《对赌协议规范的理性选择:载舟式的策略》,载《西部法学评论》2011年第1期。

④ 离岸公司在不同的离岸法域有不同的称呼。例如,在英属维尔京群岛称为国际商务公司,在百慕大群岛则称为豁免公司,库克群岛称为国际公司。参见郭琼:《资金供给充裕私人股权基金投资中国难在何处》,载《财经》2005年第18期。

⑤ Lerner J., Venture Capitalists and the Decision to Go Public, 35 *Journal of Financial Economics*, 293-316(1994).

⑥ 徐冬根:《国际金融法高级教程》,对外经济贸易大学出版社2009年版,第206页。

⑦ [美]莱瑞·D·索德奎斯特著:《美国证券法解读》,胡轩之、张云辉译,法律出版社2004年版,第56页。

对限制性股票(restricted share)[①]的出售做出了限制,跨国风险投资机构所持有我国企业在美国上市的股票大多属于限制性股票,所以只能通过分批出售的方式退出。而一旦上市遇到障碍,则可以方便地通过清算方式退出[②]。

最近几年,许多对赌协议通过离岸公司这个平台实施的。离岸中心为对赌协议的实施提供了一个宽松的法律环境。离岸公司具有让对赌协议当事人自由选择所适用的法律、降低由于法律不完善或者法律的僵硬而阻碍对赌协议当事人灵活设计对赌条款的法律障碍。在中国法律框架下,对法人国籍的确定采用注册登记主义。依据中国法律成立的公司为具有中国国籍的公司。而外国法人则以其注册登记地国为国籍国。离岸公司其注册和设立地是离岸法域,因此其据以设立和运作的准据法是离岸法域的离岸公司法,据以运作的基础性法律制度是离岸法域法律制度[③]。而离岸法域一般属于英美普通法体系。在以美国为代表的英美普通法体系下,其灵活的法律制度和法律规则为风险投资的发展提供了广阔的发展空间[④]。离岸法域的公司法非常灵活,对股份发行、股份性质、股东的权利义务等都可以进行约定。这样,在离岸公司这个平台上,投融资双方对对赌协议条款的设计,可以适用宽松而自由的离岸公司所在地的法律,将有关法律障碍降到最低。

这几年来,为加强打击资本非法外逃、缓解人民币升值压力、防止税收流失等,中国政府对以"离岸"方式实施对赌协议的监管在不断加强和完善。目前,我国已经建立了比较完整的离岸对赌协议监管法律制度:

第一,允许国内居民和企业在境外设立离岸公司,并通过离岸公司在境外

① 根据美国法律规定,凡是企业董事、高层或是拥有企业10%以上股票的股东所持有的股票,都是属于限制性股票。

② 在美国,由于风险投资的高失败率,以清算退出的方式占很大的比重,为30%左右。See Gordon Smith, The Exit Structure of Venture Capital, 53 UCLA Law Review, 315(2005).

③ 陈武清:《对赌协议的实践运用与法律风险防范研究》,华东政法大学2008年法律硕士学位论文,第20页。

④ Curtis J. Milhaupt, The Market for Innovation in the United States and Japan: Venture Capital and the Comparative Corporate Governance Debate, 91 *NW. U. L. Rev.* 865,879-80(1997).

进行股权(包括可转换债融资)融资等资本活动[①]。从法律法规的角度,明确规定允许居民和企业进行海外投资,开放中小企业参与国际融资活动,有利于改善我国企业,尤其是中小企业的融资瓶颈,使中国居民和企业能够更多地利用国际市场的资金。研究表明,美国通过创建刺激私人股权资本的计划,最大限度地吸引私人资本的参与,在总体上起到了改善并刺激美国的经济的作用[②]。因此,我国政府对国内居民和企业在境外设立离岸公司的开禁,体现了国家监管机构与时俱进的态度,符合国际融资市场发展的大趋势。

第二,境内居民为换取境外公司股权凭证及其他财产权利而出让境内资产和股权的,应取得国际主管部门的审核和批准,尤其是必须经过外汇管理部门的核准[③]。通过外汇管理的手段,便于国家主管机关随时掌握我国国内居民和企业在境外设立离岸公司,进行股权运作的基本情况。

第三,境内居民个人和企业将境内资产、股权注入境外企业并直接或间接持有境外企业股份、股票的,应到企业所在地外汇局补办境外投资外汇登记,并且之后境外企业如发生增资、减资、股权转让、合并、分立、对外股权投资、涉及境内资产的对外担保等重大事项,境内居民个人和企业应于重大事项发生之日起 30 日内,向境外投资登记地外汇局办理外汇登记变更或备案手续[④]。

第四,外国投资者收购境内企业和资产,以及国内居民在境外设立离岸公司,收购境内企业和在境外上市,将受到中国监管部门的各种监管[⑤]。我国的

---

① 参见 2005 年 10 月 21 日,外管局颁布了《关于境内居民通过境外特殊目的公司融资及返程投资外汇管理有关问题的通知》(第 75 号文)。

② Allen N. Berger & Gregory F. Udell, The Economics of Small Business Finance: The Role of Private Equity and Debt Markets in the Financial Growth Cycle, 22 *Journal of Banking and Finance*, 613 - 673(1998).

③ 参见 2005 年 1 月 24 日,外管局颁布了《关于完善外资并购外汇管理有关问题的通知》(第 11 号文)第 2 条的规定。

④ 参见 2005 年 4 月 8 日,外管局颁布《国家外汇管理局关于境内居民个人境外投资登记及外资并购外汇登记有关问题的通知》(第 29 号文)。

⑤ 参见 2006 年 8 月 8 日,中国商务部、国资委、国家税务局、工商管理总局、证监会以及外管局六部委联合颁布了修订的《关于外国投资者并购境内企业的规定》(第 10 号文)。

上述新规定，如限制境外公司收购境内公司股份、增加境内公司个人获得境外公司股权的登记申报程序给中国企业通过离岸模式实施等，客观上还是对对赌协议的运用和实施设置了比较大的法律限制。

三、强化对赌协议监管与便利企业创新融资的关系

如何完善与对赌协议相关问题的法律和监管制度，是一个十分复杂的系统工程。对政府管理部门而言，在加强对对赌协议法律风险进行反垄断监管和离岸监管的同时，我们必须摈弃传统的"堵"和"卡"的思维定势，采取开放和引导的方式，树立政府为我国中小企业提供专业指导和服务的意思，建立服务型政府，理顺政府、市场与社会三者之间的关系①，为我国中小企业的融资打开方便之门。胡锦涛同志在中共中央政治局第四次集体学习时曾强调，要扎扎实实推进服务型政府建设　全面提高为人民服务能力和水平②。在政府对对赌协议监管中导入为中小企业创新融资提供指导与服务的理念，是时代的呼唤，是社会发展的需要。

美国政府在这方面有许多宝贵经验值得我们借鉴。美国政府通过《1953年小企业法》(Small business Act of 1953)，成立小企业管理局(Small business Administration)，作为美国联邦政府的独立机构，其职责是"尽可能地帮助、援助、维护、保护与小企业密切相关的利益"③，负责实施"普通债券融资计划"④和"参

① 参见安卓：《中国改革发展研究院院长迟福林：建立服务型政府》，载《第一财经日报》2009年11月16日T18版。

② 胡锦涛强调，建设服务型政府，是坚持党的全心全意为人民服务宗旨的根本要求，是深入贯彻落实科学发展观、构建社会主义和谐社会的必然要求，也是加快行政管理体制改革、加强政府自身建设的重要任务。要在经济发展的基础上，不断扩大公共服务，逐步形成惠及全民、公平公正、水平适度、可持续发展的公共服务体系，切实提高为经济社会发展服务、为人民服务的能力和水平，更好地推动科学发展、促进社会和谐，更好地实现发展为了人民、发展依靠人民、发展成果由人民共享。参见胡锦涛：《推进服务型政府建设提高为民服务能力和水平》，新华社2008年2月23日。

③ 徐冬根：《国际金融法高级教程》，对外经济贸易大学出版社2009年版，第220页。

④ 采用普通债券融资计划的小企业投资公司计划融资凭证期限为十年，采用固定利率，利息的支付为每半年一次，到期支付本金。小企业投资公司可以在任何时候提前偿还普通债券，但是必须全部付清。小企业管理局对普通债券的偿还付担保责任。

与证券融资计划"[①]，为美国中小企业获得资金提供大力帮助。[②] 我国可以借鉴美国的成功经验，设立专门负责为中小企业融资提供帮助的机构，为中小企业的融资提供便利、帮助，甚至提供融资担保；通过各种有效的方式，普及对赌协议知识，通过举办专业培训班等方式，提高我国中小企业对对赌协议法律风险的了解和认识，提升他们在与跨国风险投资机构的谈判中的专业知识和对赌协议的运用技巧，使得我国政府对金融市场的监管和对中小企业融资服务落到实处，从而推进我国与对赌协议相关的法律制度得以更加完善。

四、我国企业规避对赌协议法律风险的对策

如果说对对赌协议的及其高风险法律规制研究的法学学理进行考量，和对相关法律风险进行分析是法律普遍性特征的要求，有利于维护对赌协议的法律风险防范中的法律一般正义的话，则对对赌协议的法律风险防范中的我国参与国际风险融资企业的具体对策进行研究，则是为了实现法律的个别正义。我们在关注法律一般正义的同时，兼顾法律的个别正义，使我们的研究体现出多层次性和多视角性，使我们的研究结果具有更大的科学性。

（一）准确分析对赌协议利弊，设定适当的企业业绩目标，并尽量采用柔性指标作为对赌协议的评价标准

以对赌协议作为先决条件的跨国风险融资是一种高风险融资企业式，融资企业大股东作出这一融资决策时，必须以对融资企业未来行业的发展和企

① 参与证券融资计划是小企业投资公司以股权投资的形式投资于没有稳定现金流的种子期或初创期风险投资企业。发行参与证券的小企业投资公司要将累计利润的一部分分配给小企业管理局和购买参与证券的投资者，其余部分由小企业投资公司按小企业管理局保证"流动性"(liquidity)的规定和出于投资安全的考虑予以自我保留。小企业投资公司每一季度支付受益，受益的形式取决于参与证券的形式。参与证券最常用的形式是具有优先股特征的有限合伙权(preferred limited partnership)，受益为优先回报(preferred return，或者称为 prioritized payment)。

② Joseph W. Bartlett, Government-Enhanced Equity Available for Investment In Traditional Venture Capital and Buyouts: The New SBIC Participating Securities Program, *Columbia Business Law Review*, 591(1994).

业经营业绩的信心为条件。一旦市场环境发生变化，参与融资的企业不能达到原先约定的经营业绩目标，融资企业的大股东将通过割让大额股权等方式补偿跨国风险投资机构，融资企业大股东的风险和利益损失将是巨大的。融资企业大股东在决定是否采用对赌协议方式融资时，应谨慎考虑各种外界因素与企业内部的实际情况，权衡利弊，避免产生不必要的损失。

企业在与跨国风险投资机构签定对赌协议时，要把对赌协议的业绩目标设定在企业能力范围之内。“适度”是融资企业的大股东的基本原则，确立对赌的业绩目标时，融资企业的大股东一定要依据根据企业以往的历史业绩，制定短期可以实现的业绩目标，并且留有余地。此外，企业经营业绩目标的实现，应主要通过常规方式，以内生性增长为基础。如果大量采用并购整合的方式，虽然可以迅速达到目标，但是其中的不可预测的因素很多，容易出现计划失败①。

融资企业大股东在决定签订对赌协议之前，可以充分研究和借鉴国际资本市场上的成熟做法，吸取有益的经验，在对赌协议条款中设计一些盈利水平之外的柔性指标作为对赌协议的评价标准，避免企业出现巨大的经营压力。这些柔性指标可以包括对跨国风险投资机构的其他权利的增加或损失的补偿②；在赎回补偿方面，如果企业无法回购优先股，可以提高累积股息；这些柔性指标也可以是对管理层权利的限制③；管理层如果离职可能失去未到期的员工股或支付赔偿金④。但是，值得注意的是，在将柔性指标作为评价标准的对赌协议谈判中，跨国风险投资机构还可能会提出获得董事会多数席位，限定上市时间否则出售股权或回购股权等要求，这对企业的控制权或生产经营会发

① 参见徐玮：《国际投行与国内企业对赌演绎大开大合故事》，载《中国证券报》2007 年 8 月 25 日第 9 版。

② 例如赋予跨国风险投资机构二轮注资的优先权。

③ 例如协议可以约定跨国风险投资机构有权根据管理层是否在职来决定是否追加投资。

④ 例如在蒙牛乳业的对赌案例中，蒙牛董事长牛根生被要求做出五年内不加盟竞争对手的承诺。

生重大影响，融资企业在条款设计时应坚持原则，把握底线。融资企业大股东应该在“适度”的前提之下，灵活处理对赌协议的条款，留出足够的安全边际，维护自己的合法权益。

（二）谨慎设计对赌协议条款，设定企业控制权保障条款，锁定跨国风险投资机构的退出方式

对赌协议的核心条款包括两个方面的主要内容：一是对赌协议双方当事人约定未来某一时间判断企业经营业绩的标准，我国目前较多使用的是盈利水平，如以某一净利润、利润区间或者复合增长率为指标作为对赌的标准。二是对赌协议双方当事人约定的对赌赌注与奖惩方式。对赌协议大多以股权、股票期权等作为对赌赌注，而其中控制权是对赌协议条款设计中核心问题之一。跨国风险投资机构在对赌协议赌注的设计上，往往经过周密的财务和市场预测。一旦融资企业未能达到约定的业绩目标时，跨国风险投资机构从融资企业大股东手中其所获得的无偿转让的股份，一方面是弥补了跨国风险投资机构的投资损失，另一方面也是为跨国风险投资机构取得融资企业的控制权提供了法律依据①。因此，在对赌协议中，融资企业大股东应努力对控制权设定保障条款，以保证自身对企业最低限度的控股地位。比如约定无论换股比例如何调整，跨国风险投资机构的股权比例都不能超过作为第一大股东的企业大股东持股数量②。通过灵活运用控制权保障条款，确保融资企业大股东对企业的控制权不因为对赌协议的设定而旁落。

在对赌协议的履行中，如果跨国风险投资机构认为融资企业在资本市场上进行IPO没有希望，有可能会将融资企业的股权出售给上游企业或者融资企业的竞争对手。在永乐对赌协议案中，摩根士丹利虽然可以在永乐IPO后

---

① 参见任栋：《玩味对赌》，载《君合并购大时代》2006年第2期。

② 例如“尚德BVI”与高盛、龙科、英联、法国Natexis、台湾Bestmanage和西班牙普凯签订对赌协议时，“尚德BVI”在对赌协议中对控制权设定了一个万能保障条款：无论换股比例如何调整，外资机构的股权比例都不能超过公司股本的40%。

套现获利，但出于对永乐发展前景的不乐观，摩根士丹利仍然利用了市场手段促使了国美对永乐的并购。摩根士丹利一方面在禁售期前调低对永乐的评级，并在市场作出反应前配售永乐股票，另一方面增持国美股份，无形提高国美换股收购永乐的价格，使其在并购溢价和对赌协议中可能获得双丰收。由此可见，如果融资企业对赌协议中对跨国风险投资机构套现策略不做相应限定性安排，一旦跨国风险投资机构将其所持的股权转让给融资企业的竞争对手，则意味着融资企业的控股股东或实际控制人不仅仅是输掉了资金，也很有能丧失了企业的控制权，损失惨重。为此，融资企业大股东一定要运用好法律工具，通过设定相应的协议条款，堵塞这个漏洞，避免遭受永乐对赌协议案中类似的双重打击。

（三）灵活设计对赌协议框架结构，提前设定对赌协议终止条款

跨国风险投资机构在签署《融资合同》的过程中，要求融资企业签署附加的对赌协议，通过法律手段，锁定跨国风险投资机构的投资风险。因此，灵活设计对赌协议框架结构，采用分层博弈的方式，提前设定对赌协议终止条款，能够大大降低合同当事人，尤其是融资企业大股东在跨国融资博弈中的不确定性。蒙牛乳业与大摩等投资机构签订的对赌协议是一种典型的分层博弈。2002—2003年蒙牛乳业大股东与大摩所签署的对赌协议是一种初步的、试探性的博弈的法律文件，是对赌的第一阶段所设定的双方之间的法律关系。这一阶段的博弈为下一阶段的博弈提供了丰富的数据，一旦在第一阶段的博弈中出现了明显的不可持续性迹象，博弈的任何一方都可以终止博弈，以减少损失。提前设定对赌协议终止条款，对合同当事人，尤其是融资企业大股东来说，犹如电路中的保险丝，在跨国融资博弈中，一旦出现预期之外的问题，立刻可以终止"游戏"，避免对赌协议双方当事人损失的进一步扩大。对赌协议中设定的大摩等有权更换管理层的约定，表明协议中存在着终止博弈的触动条款。这一合同条款的设置，为合同双方当事人是否继续博弈提供了选择权利。事实上，在第一阶段的博弈中，蒙牛乳业管理层通过当年税后利润从7 786万元增长至2.3亿元,增长194%,为继续进行对赌或博弈增强了信任。随后,于2003年10月,大摩等三家外资战略投资者再次斥资3 523万美元,购买3.67亿股蒙牛乳业可转债,双方最终确立了6 000万至7 000万蒙牛股份的第二轮对赌筹码。因此,在设计对赌协议时,不同的博弈阶段如何设定分层博弈条款就变得尤为重要。积极的重复博弈有一个层层加码的筹码结构,初期筹码小些,之后的筹码可以累进。若在初次博弈中一方由于特殊原因在博弈中失利,且双方仍存在继续进行博弈的诉求,就可以通过变更一些条款来维持博弈继续进行①。这样一方面避免了由于武断结束博弈所产生的错杀后果,另一方面也为失利方提供了扭转局面的机会,从而为实现双赢创造条件。

由此可见,结合对赌协议的法律特点,提前设立终止对赌协议的适当条款,可依确保双方当事人享有继续合作或者博弈的选择权,一旦任何一方发现继续合作或者博弈将出现不利局面时,都可依合理、及时地要求终止合同,避免损失的进一步扩大。

值得一提的是,对赌协议要有明确的有效期,这也是设定对赌协议终止条款的具体表现。双方当事人可以在对赌协议中约定,到企业公开发售、企业被兼并或销售时,对赌协议就告终结,否则将会影响融资企业在公共市场或条件有利时兼并、销售筹资的能力。无锡尚德曾经约定"一旦企业上市,'对赌协议'随之终止"的条款②。相比之下,中国永乐融资案中的对赌协议就欠缺此类条款。在永乐融资案中,早在中国永乐上市前跨国风险投资机构已经行使了认股权并获利丰厚,但是中国永乐上市后,中国永乐的大股东仍受对赌协议的约束,造成大股东一直处于十分被动的处境。显然,无锡尚德对赌协议案中,大股东对对赌协议法律属性的理解,以及对对赌协议条款的灵活运用,还是值得称道的。

---

① 刘晓忠:《并购重组中的双刃剑:对赌协议与期权条款》,载《董事会》2008年第1期。

② 参见李树仁:《相处的艺术》,载《中国商业评论》2006年第8期。

结　语

创新是学术研究的重要价值所在。对高风险金融交易法律规制的研究，就是一个创新课题研究。本书以“事物的普遍性与特殊性的关系”这一哲学思想为基础，通过对包括风险投资机构对创业企业股权的投资行为，利用远期、期货、期权、互换等衍生品进行金融投资和金融交易，以及国际融资机构在我国股权投资过程中通过对赌条款追求高风险利润投资行为等这些以追求高额利润回报而自愿冒高风险的行为所具有的共同性特点，在逻辑上可以将其归纳为同一类的事物或者行为的情况，我们在本书的学术研究中，首次提出了“高风险金融交易”这一范畴。所谓的“高风险金融交易”，主要是指以金融衍生交易为代表的从事高度风险的金融投资行为和交易行为，包括风险投资机构对创业企业股权的投资行为，利用远期、期货、期权、互换等衍生品进行金融交易的行为，国际融资机构在我国股权投资过程中，通过对赌条款追求高风险利润的投资或交易等各种高风险金融投资和交易行为的总称。这里所称的高风险金融交易，是我们对那些以为追求高额利润回报而自愿冒高风险进行投资和交易的金融行为的概括和提炼。

在本书绪论中，我们通过美国加州奥兰治县投资金融衍生品失败案、英国巴林银行破产案、美国信孚银行危机案、日本住友银行危机案等一连串由不当从事高风险金融交易而引发巨额亏损案，揭示了高风险金融交易的高风险性。论证了对高风险金融交易法律规制进行研究的重要意义。

在绪论中，我们交代了本书的研究思路：以法学分析为主线，以多学科为视角，提出“高风险金融交易”这一类型概念，并进行了充分论证，在此基础上对“高风险金融交易”的相关行为及其法律规制进行系统研究。我们论证了高风险金融交易法律规制研究的跨学科性：一方面是因为问题本身具有跨学科性；另一方面是因为跨学科研究可以在学科分工的前提下为进一步完善并发展本学科所进行的以其他学科知识概念体系为借鉴的本学科的理论创新过程。跨学科研究是国际金融法学科理论创新的一种方法。在绪论中，我们还对高风险金融交易法律规制相关问题学术研究成果进行了检索和梳理，发现中外学术界对高风险金融交易法律规制相关内容的研究状况，我们认为有以下几个明显的特点：第一、整体上，从法学角度对高风险金融交易相关内容进行的研究程度远远不及其他学科对高风险金融交易相关内容的研究。第二、从法律的视角出发的对高风险金融交易，包括风险投资机构对创业企业股权的投资行为，利用远期、期货、期权、互换等衍生品进行金融投资和交易的行为的学术研究成果以集中某一特定领域或者某一具体交易方式为主。第三、大陆法学者对高风险金融交易相关内容的研究较英美法学者远为不足。第四、从民商法角度对高风险金融交易相关内容的研究，相较对高风险金融交易相关内容监管的研究远远不足。

在本书第一章中，我们提出了“高风险金融交易”的新概念，并从法学、金融学、逻辑学、哲学、语言学等多学科视角对“高风险金融交易”的新概念进行了分析和论证。对于“高风险金融交易”这个概念/范畴/术语而言，我们查阅和检索了在全世界范围内社会科学领域里具有重要影响力和代表性的律商联讯(LexisNexis)数据库以及法律在线(Westlaw)数据库，发现英文学术数据库中，有以“高风险”为主题的研究成果，也有以“金融交易”为主题的研究成果，但是没有以“高风险金融交易”这个概念/范畴/术语为主题的研究成果。所以说，提出“高风险金融交易”这个概念，在学术研究上属于“概念的创新”。高风险金融交易概念属于类型概念、具有外延开放性。

在本书第二章高风险金融交易法律规制基本原理的探讨中，我们对四个不同层面的问题进行了探讨。第一个层面的问题是金融交易法律规制的经济学分析。这一层面的理论集中于高风险金融交易法律规制的理论依据、经济全球化下国家对规制与效率的选择、金融创新与高风险金融交易法律规制的关系等问题。第二层面的问题是高风险金融交易法律规制的法理学分析。这一层面的研究主要聚焦在高风险金融交易法律规制的法理基础之上，我们提出并论证法律规制是高风险金融交易实现正义的保障、法律规制是通过法律对高风险金融交易进行调控的活动。高风险金融交易法律规制是一项法治系统工程，我们关注的内容包括高风险金融交易法律规制的先决条件、实现目标、法律规制内容和形式等。第三个层面的问题是高风险金融交易法律规制的国际金融法分析。第四个层面的问题是高风险金融交易法律规制的国际法分析。高风险金融交易是一种跨国性、全球化的金融投资和金融交易行为，也是国际法学科的研究范畴。高风险金融交易法律规制的前提是坚持国家主权，同时加强国际合作。高风险金融交易的法律规制还要受到国际经济组织法律体系和规章制度的规制，我们必须关注国际组织对高风险金融交易主体国际法地位的有关法律规定。

第三章高风险金融交易之金融衍生品的法律规制，主要分析了金融衍生品的迅速发展的原因和对高风险金融交易发展的作用。阐明了金融衍生品的神秘性来自其本身的私募发行特征和金融衍生品的杠杆效应的使用。同时也得出金融衍生品给高风险金融交易带来低成本、高风险和高收益的结论。本章提出了对金融衍生品进行法律规制的方法和层次，在此基础上，提出了针对高风险金融交易投资金融衍生品的法律规制的建议。高风险金融交易之所以能在金融危机中攻城拔寨，就在于它复杂的包括各种金融衍生品的投资组合和高杠杆使用产生的巨大势力；同样，高风险金融交易之所以会面临巨额的损失导致灭顶之灾，也是因为金融衍生品的高杠杆性和快速流动性，使得高风险金融交易的资产在瞬间可以损失殆尽。因此，对高风险金融交易的法律规制是与金融衍生品的法律规制密不可分的。

法学视角下的金融衍生品交易是一个双边合同或者支付交换协议。金融衍生产品在为单个经济主体提供市场风险保护的同时，将风险转移到另一个经济主体身上。这样就使得金融风险更加集中、更加隐蔽、更加猝不及防，增强了金融风险对金融体系的破坏力。丰富多样的金融衍生品，是其高风险存在和爆发的重要因素。

在法律上，由于商品设计不同，衍生品交易的规范性质难以定位。本书以合同关系和侵权关系作为研究的理论路径，对金融衍生品交易的合同属性、金融衍生品交易合同生效的法律风险、金融衍生品交易合同的法律性质、主要金融衍生品交易合同的特征以及国际互换与衍生品协会及其总协议的法律问题进行了系统的分析和研究。同时，本书还对金融衍生品交易中的欺诈侵权责任风险及其表现方式、金融衍生品交易侵权责任风险的承担以及其中因信息不对称而产生风险的法律规制问题进行了研究。在此基础上，本书又对金融衍生品市场及其高风险规制的必要性、规制的层次性以及基本监管模式进行了讨论。在本章的分析中，结合了宝洁公司诉信孚银行案，来分析金融衍生品交易的合同法律问题和侵权法律问题。在金融衍生品交易侵权责任部分，本书还结合了其他相关典型案例，如摩根斯坦利英国集团(公司)诉普格里斯案、加拿大纽卡雷尼信贷联合诉纳斯比特公司及其经纪人案、信孚银行诉达哈马拉公司案等案例分析，分别对因违反诚实信用原则侵害交易对手的信赖利益的侵权责任问题、因违反信任义务未充分揭示交易风险的侵权责任和因不实陈述构成对无经验交易对手的侵权责任问题进行了研究。

在第四章高风险金融交易之风险投资的法律规制中，第一节对法律在规制风险投资之高风险中的特殊作用问题进行研究。法律的作用是指法律对于人们的行为、社会生活和社会关系发生的影响。因此，对于高风险金融交易来说，法律是高风险金融交易过程中非常重要的调整与控制手段。对于高风险金融交易中的不同交易方式，法律的地位和调整方式、所起的作用，有很多差异性。相对而言，法律在规制风险投资之高风险中，尤其是对风险投资者的规制和对风险资本退出的规制方面，具有特殊的作用。第二节我们把研究焦点对准法律对风险投资的激励作用。拉弗的“供给学派”为实施税收激励法律制度提供了理论基础，供给学派的学说使得美国政府将减税理论运用到了现实中扶持风险投资的法律法规制定实践之中。我们对美国推动风险投资业发展的激励机制进行了重点研究。我们认为，风险投资是一种行之有效的、支持创新及其产业化的融资机制。美国是世界上运用和规制风险投资最好的国家，早在20世纪就意识到通过立法激励风险投资和推动国家创新产业发展的重要性。无论是资本市场建设的法律法规，还是美国的商业组织形式立法，美国都一直在实践中探索，并本着行业的需求出发，适时地制定系统性的相关政策。同时美国政府还积极地从税收、企业担保和政府采购等方面加强配套立法，使得创新企业，特别是中小企业在创建和融资之初就能以政府为后盾，充分发挥潜力。中国的风险投资近年来成为受关注的焦点。在经济一体化和全球化趋势下，政府和民众都意识到了风险投资对一国经济发展的重要作用。美国是联邦制国家，税收激励法律政策表现为中央和地方并存并重。美国国会和联邦政府在税收方面制定了一系列法律和法规，包括以法令形式减免投资者所得税来鼓励对新兴风险企业的投资，美国联邦层面实施风险投资减税和抵税法律措施效果显著。美国联邦一级的税收优惠主要表现在降低资本利得税，此外不将有限合伙企业作为纳税实体，以此消除对资本利得的双重征税。美国各州在风险投资的税收激励方面，搞得风生水起，有声有色。各州根据自己的情况，探索出具有本州特色的税收激励法律政策和法律制度。如美国阿肯色州为推动风险投资产业和创业企业的发展，专门制定了《2001年风险投资法》，通过设立专门的投资管理机构来推动风险投资产业。奥克拉荷马州通过“奥克拉荷马资本公司”来推动风险投资行业的发展。此外，美国还以融资法扶持小风险企业成为美国发展风险投资行业的重要推手，为风险投资机构向创业企业的贷款提供融资担保。第三节从法律视角对风险投资的组织形式，尤其是有限合伙的组织进行系统研究。鉴于合同安排是风险投资中降低风险投资家风险的重要法律措施，我们在第四节的研究中，分别就风险投资中常见的优先权条款和限制性条款等合同条款及其相关法律问题，进行系统研究和分析。

本书第五章重点研究了对赌协议及其高风险的法律规制。对赌协议广泛运用于为我国境内企业导入国际风险投资的融资交易之中。签订对赌协议意味着投融资双方对公司发展战略达成共识。融资方签订对赌协议后可以获得大额资金，解决资金短缺问题，实现其低成本融资和快速扩张的目的。国际风险投资机构则通过对赌协议激励管理者，控制企业未来业绩，降低投资风险，维护自己的利益。对赌协议融资是一项高风险融资方式，是否对赌要因公司而异，不是所有企业都适合这种战略，也就是说不是所有企业都适合签订对赌协议。从现有的发生的案例看，对赌协议在风险投资领域广泛应用，尤其是我国企业在导入跨国国际风险投资机构的过程中，频繁出现应用对赌协议的案例。事实上，对赌协议的应用范围远远不止于风险投资领域，其运用的领域非常广泛。目前，我国企业在许多领域对它进行了有益的尝试，如股权分置改革①、大股东激励②等。因此，本项研究虽然只是以发生在国际风险资本导入

① 我国股权分置改革尝试应用了对赌协议。例如在现有的上市公司的股改方案中，华联综超(600361)尝试应用了对赌协议。华联综超在股改方案中约定：如果2006年度公司扣除非经常性损益后的净利润未达到1.51亿元，非流通股股东承诺按照现有流通股股份每10股送0.7股的比例，无偿向支付对价的股权登记日在册的流通股股东追加支付对价。参见吕爱兵、王晨宁：《愿赌不输—对赌协议实证分析及应用》，载《首席财务官》2005年第12期。

② 如董事会与经理层确定第二年的经营目标时，往往会确定一个基数集，包括销售收入、利润、净资产收益率等关键绩效指标。如果经营层达到了相关的目标，则会得到事先约定的年薪；如果超过了预期的目标，则会得到一个相应的奖励；如果达不到目标，经营层的绩效工资将会减少，即经营层不能全额得到约定的年薪。营销政策的设计上，对赌协议用于渠道的管理以及营销人员的管理。对赌的筹码往往为与结果相关的奖金。

的领域的案例为典型案例进行研究。但是，该项研究所进行的归纳、提炼，该成果所得出的研究结论，同样也是类推适用于其他领域中的对赌协议所涉及的法律问题。对赌协议是一把“双刃剑”。运用得好，“对赌协议“对企业的融资和进一步发展能够起到事半功倍的作用；同时，对赌协议具有双向激励功能，提升公司管理层积极性和公司质量，努力实现企业盈利水平最大化，有效保护投资者利益①。从这个意义上说，对赌协议的应用有利于提高交易质量。反之，如果对赌协议运用得不好，风险大，可能会极大地损害企业创始人、持股经营者的股权风险，导致企业创始人、持股经营者对企业控股权的旁落。

对赌协议的出现，对国际融资风险防范和法律监管提供了全新的认识和影响，有助于我们树立法律如何降低风险的正确理念，即从根本上讲，法律规范对对赌协议风险的完全消除是不现实的，法律规范的功能应立足于为对赌协议提供了一个公正透明的法律环境，并为我国众多企业导入国际风险资本，应用对赌协议提供充分有效的法律保护制度。“法律是规范金融行为的重要工具”②。20 世纪 90 年代以来，各国无不重视加强对国际风险资本投融资行为的法律规制。“法律重要的不是写在纸上，而是要付诸实施，要用于指导和规范人们的行为，解决现实生活中的种种纷争或其他问题”③，通过法律规制的实施，为对赌协议提供一个健康和有序的市场。而我国目前现行的法律制度，对对赌协议的实施，还存在着一些法律障碍，导致许多对赌协议的当事人选择离岸方式来降低法律障碍。近年来，中国主管部门正在加强融资法制的完善，不断出台和完善相应的法律，以便对对赌协议在中国境内的运用和实施提供一个更加完善的法律环境，在为对赌协议当事人提供便利的同时，也进一步推进了中国金融法律制度的建设和完善。

对于中国这样的发展中国家，对赌协议风险防范及其规制法律制度的逐

① 参见陶展春：《从蒙牛公司香港上市的资本运作认识对赌协议》，载《理财视野》2009 年第 4 期。

② 徐冬根：《国际金融法高级教程》，对外经济贸易大学出版社 2009 年版，第 1 页。

③ 胡平仁：《诉讼艺术初探》，载《法制与社会发展》2008 年第 2 期。

步确立，具有积极的意义。当下中国，建设法治国家已经成为一种浓重的时代诉求。然而，冷静的观察、体验和分析难免会使我们感受到，法治更多体现在话语上，而没有很好地进入制度，变成现实的运行机制和行为准则[①]。我国的市场经济正在逐步建立之中，我们在逐步建立基本适应市场经济的法律规章制度的同时，不仅要掌握市场经济的发展规律，也要充分研究和认识市场经济法律制度的发展趋势。同时，随着我国金融市场逐步国际化，需要我们充分借鉴国际成熟市场的发展经验和法律制度，正确树立金融监管和风险防范的观念，充分认识对赌协议的高风险性，为中国发展风险资本市场，正确运用和实施对赌协议，确立适合国情的对赌协议风险控制法律体制和规范内容。

以学术研究的角度看，在经济学研究领域，以金融衍生品为主要内容的金融工程学已经成为世界范围最前沿的学科。我们相信，对同样以金融衍生品为代表的高风险金融交易法律规制的研究，也必将是当前世界范围国际金融法学在最前沿研究课题之一。由于“高风险金融交易”是我们在此文中首次提出的一个创新性的概念，目前国内外直接以高风险金融交易及其法律规制为主题的研究成果尚付阙如，但是对“高风险金融交易”所涉及的相关内容，如风险投资、远期、期货、期权、互换、衍生品等的研究，已经取得丰硕的成果。我们相信，随着时间的推移和社会经济生活的发展，“高风险金融交易”这一概念由于其本身对与社会发展和金融生活的重要性，对高风险金融交易法律规制这一主题，必将成为业界和学界的热门研究问题。

就当前研究水平而言，尤其是与金融工程学的研究成果和学科发展程度相比，国际金融法学的研究成果和发展水平还有相当的差距，国际金融法学领域对以衍生产品为主要支柱的金融交易法律规制等方面的研究尚显薄弱[②]。包括风险投资机构对创业企业股权的投资行为，利用远期、期货、期权、互换、

---

① 杨震：《法治秩序的私法文化基础》，载《法制与社会发展》2008年第4期。

② 参见陈欣：《衍生金融交易国际监管制度研究》，北京大学出版社2006年版，第2页。

国际融资机构在我国股权投资过程中通过对赌条款追求高风险利润投资行为，融合了现代金融商品的各种理论、技能、技巧，其复合性、高杠杆性等特征，使得问题的研究难度大大增强。为了使法律能够对国际金融领域的新生事物作出发展及时进行调整，为了使我国的国际金融法学能够对本学科发展最前沿的新问题及时进行追踪和研究，并抢占学术研究的“制高点”，提升我国国际金融法学研究在世界同行业研究领域中地位和扩大我们的学术影响力，我们需要对作为金融和国际金融法学最前沿的课题进行追踪和研究。我们认为，高风险金融交易法律规制，就是国际金融法学领域的一个前沿性研究课题，通过研究高风险金融交易法律规制问题，有助于提升我国国际金融法学术研究地位。

后　记

本著作是作者在国际金融法的科研和教学中对高风险交易法律规制进行研究的成果。我们在本课题的研究过程中，非常关注对高风险交易法律规制问题学术研究的最新成果，尽可能多地参阅国内外同仁的学术文献、论文和资料。我们希望通过广征博引，尽量在本著作中反映出对高风险交易法律规制问题立法、实践和学术科学所取得的最新成果。

我们深知，对高风险交易法律规制问题的研究，是国际金融法学领域中一项难度很大的基础性理论科研工作。一方面，由于高风险交易法律规制问题在学术研究领域中属于一个前沿课题，前人对于高风险交易法律规制问题的研究，无论国内还是国外，都是不充分的。我们可以参照的中文文献和英文文献均非常有限。另一方面，高风险交易法律规制制度本身是一种非常特殊的法律制度，这种制度发端于英美法系资本市场发达国家，但是从世界范围看，各国对高风险交易法律规制问题的理解、认识和规制的差异比较大。就我国现行法律制度而言，离高风险交易法律规制制度的完善，无论在理念上还是制度上，均还有一定的距离，还有很多工作要做。许多新问题的不断出现，客观上使得我们的项目研究难度大大增加。

本研究成果是许多人共同努力的结果。部分博士研究生、硕士研究生参与了本项研究的资料收集、文献整理、初稿撰写和文字校对工作。其中徐达维参与了第一章(高风险金融交易概念创新与法律规制)的部分研究工作;陈肇强参与了第二章(高风险金融交易法律规制的学理分析)的部分研究工作;乔喆、潘晓燕、孟庆凯参与了第三章(高风险金融交易之风险投资的法律规制)的部分研究工作;管建军、张敏、杨镇宇、沈亚岚、郑娇妍参与了第四章(高风险金融交易之金融衍生品的法律规制)的部分研究工作。薛飞、刘丽娟参与了第五章(国际融资对赌协议的高风险及其法律规制)的部分研究工作。原旷怡参与了本书目录的翻译工作和参考文献的整理工作。还有许多其他人员对我们的研究给予了各种帮助,在此一并予以致谢。本著作的许多内容经过多年的研究,反复研讨、提炼、修改和完善,最终完成了本研究成果《高风险金融交易法律规制研究》专著。

值本著作出版之际,作者也衷心感谢上海交通大学出版社各位编辑对于本著作的出版所给予的大力支持。

徐冬根教授

上海交通大学法学院

2014 年 12 月 21 日

参考文献

中文著作

蔡建民主编:《财务管理学》,立信会计出版社 1997 年版。

陈安:《国际经济法学新论》,高等教育出版社 2007 年版。

陈安主编:《国际经济法论丛》(第 2 卷),法律出版社 1999 年版。

陈安、刘智中编:《国际经济法资料选编》,法律出版社 1991 年版。

陈安主编:《国际货币金融法》,北京大学出版社 1999 年版。

陈春山:《证券投资信托契约论》,台湾五南图书出版社公司 1987 年版。

陈浩:《证券民事赔偿制度的法律经济分析》,中国法制出版社 2004 年版。

陈学彬、邹平座著:《金融监管学》,复旦大学出版社 2004 年版。

陈欣:《衍生交融交易国际监管制度研究》,北京大学出版社 2006 年版。

崔建远:《合同法》,法律出版社 1997 年版。

高岚:《日本投资信托及投资法人法律制度研究》,法律出版社 2007 年版。

公丕祥:《权利现象的逻辑》,山东人民出版社 2002 年版。

顾功耘主编:《金融衍生工具的法律规制》,北京大学出版社 2007 年版。

国世平主编:《香港金融监管》,中国计划出版社 2002 年版。

胡华勇:《股票市场操纵行为监管研究》,法律出版社 2005 年版。

胡继之主编:《金融衍生产品及其风险管理》,中国金融出版社,1997 年版。

胡玉鸿:《法学方法论导论》,山东人民出版社 2002 年版。

黄茂荣:《法学方法与现代民法》,台大法学丛书 1999 年增订版。

姜波克:《国际金融新编》,复旦大学出版社 1997 年版。

姜纬:《金融衍生市场投资:理论与实务》,复旦大学出版社 1996 年版。

李道军:《法的应然与实然》,山东人民出版社 2001 年版。

李豪明:《英美银行监管制度比较与借鉴》,中国金融出版社 1998 年版。

李丽著:《金融交换实务》,台北三民书局 1995 年版。
李曙光:《转型法律学——市场经济的法律解释》,中国政法大学出版社 2004 年版。
李双元、徐国建主编:《国际民商新秩序的理论构建》,武汉大学出版社 1998 年版。
李永军:《合同法》,法律出版社 2004 年版。
李磊:《私募股权基金运作全程指引》,中信出版社 2009 年版。
李寿双:《中国式私募股权投资——基于中国法的本土化路径》,法律出版社 2008 年版。
梁慧星:《民法解释学》,中国政法大学出版社 2000 年修订版
梁上上:《论股东表决权——以公司控制权争夺为中心展开》,法律出版社 2005 年版。
梁西:《国际组织法》(第四版),武汉大学出版社 1998 年版。
林义相:《金融资产管理—金融产品与金融创新》,五南出版社 1998 年版。
刘丰名:《国际金融法》,中国政法大学出版社 1996 年版。
刘健钧:《创业投资原理与方略》,中国经济出版社 2003 年版。
刘连煜:《公司法理论与判决研究(一)》,元照出版社 1995 年版。
刘颖、吕国民编:《国际经济法资料选编》,中信出版社 2004 年版。
龙超著:《证券市场监管的经济学分析》,经济科学出版社 2003 年版。
陆丁:《寻租理论》,载《现代经济学前沿专题(第二辑)》,商务印书馆 1993 年版。
宁敏:《国际金融衍生交易法律问题研究》,中国政法大学出版社 2002 年版。
彭丁带:《美国风险投资法律制度研究》,北京大学出版社 2005 年版。
潘越,李才喜:《中国私募股权基金退出机制研究》,中国财政经济出版社 2007 年版,第 83 页。
齐振海主编:《认识论新论》,上海人民出版社 1988 年版。
曲振涛、杨恺钧:《法经济学教程》,高等教育出版社 2006 年版。
石育斌:《中国私募股权融资与创业板上市实务操作指南》,法律出版社 2009 年版。
生柳荣:《当代金融创新》,中国发展出版社 1998 年版。
陶琲、李经谋:《中国期货市场理论问题研究》,中国财政经济出版社 1997 年版。
王爱俭:《金融创新与风险管理》,中国金融出版社 1996 年版。
王贵国教授在 1996 年中国国际法学会国际经济法研讨会的发言,载《中国国际法年刊》,法律出版社 1996 年版。
王建国、刘锡良主编:《衍生金融商品》,西南财经大学出版社 1997 年版。
王金胜:《立法效益研究》,中国法制出版社 2003 年版。
王利明主编:《民法》,中国人民大学出版社 2000 年版。
王铁崖主编:《国际法》,法律出版社 1995 年版。
王苏生:《证券投资基金管理人的责任》,北京大学出版社 2001 年版。
王文宇:《新金融法》,中国政法大学出版社 2003 年版。
王文宇:《民商法理论与经济分析(二)》,中国政法大学出版社 2003 年版。
王勇飞、刘金国:《反腐法治论》,高等教育出版社 2003 年版。

王中华、万建委:《国际金融》,首都经济贸易大学出版社2001年版。
文海兴:《期货交易法律关系研究》,法律出版社1995年版。
文杰:《投资信托法律关系研究》,中国社会科学出版社2006年版。
吴志攀主编:《市场转型与规则嬗变》,北京大学出版社2004年版。
谢剑平:《期货与期权—金融工程入门》,人民大学出版社2004年版。
谢鹏程:《基本法律价值》,山东人民出版社2000年版。
谢哲胜、张静怡、林学晴著:《选择权》,五南出版社2003年版。
徐冬根:《国际金融法高级教程》,对外经济贸易出版社2009年版。
徐冬根:《国际金融法》,高等教育出版社2006年版。
徐冬根主编:《国际金融法律与实务研究》,上海财经大学出版社2000年版。
徐国栋:《民法基本原则解释——成文法局限性之克服》,中国政法大学出版社1992年版。
许文彬、张亦春:《信息结构、制度变迁与金融风险演进》,中国财政经济出版社2004年版。
杨华志:《证券法律制度研究》,中国政法大学出版社1995年版。
杨良宜:《国际商务游戏规则—英国合约法》,中国政法大学出版社2000年版。
杨桢:《英美契约法论》,北京大学出版社1997年版。
杨桢:《英美契约法论》,北京大学出版社2003年版。
易继明:《私法精神的制度选择》,中国政法大学出版社2003年版。
余波:《金融产品创新的经济分析》,中国财政经济出版社2004年版。
余辉:《英国信托法:起源、发展及其影响》,清华大学出版社2007年版。
余劲松:《国际投资法》,法律出版社1997年版。
袁文平:《投资基金》,西南财经大学出版社1998年版。
张乃根:《法经济学——经济学视野里的法律现象》,中国政法大学出版年2003年版。
张文显主编:《法理学》,高等教育出版社、北京大学出版社1999年版。
张五常:《卖桔者言》,四川人民出版社1988年版。
张五常:《经济解释》,商务印书馆2002年版。
张涌泉、姚莉主编:《当代国际金融》,中国金融出版社1997年第2版。
张忠军:《金融监管法论》,法律出版社1998年版。
郑木清:《养老基金投资监管立法研究》,中国法制出版社2005年版。
周立:《金融衍生工具发展与监管》,中国发展出版社,1997年版。
周业安:《金融市场的制度与结构》,人民大学出版社2005年版。
周子衡:《金融管制的确立及其变革》,上海三联书店2005年版。

中文论文

巴曙松:《对冲基金:日本的经验可资借鉴》,载《广州日报》2006年9月14日。
鲍尔:《经济结构性失衡下的"流动性泛滥"》,载《中国房地产报》,2007年6月4日。
蔡丽玲:《美国长期基金会经纪公司事件始末》,载《证券暨期货管理》1998年12期。

陈嘉明:《现代西方哲学方法论的宏观分析》,载《中国社会科学院研究生院学报》1989 年第 3 期。
陈全伟、秦波:《全球对冲基金透视》,载《国际经贸探索》1999 年第 1 期。
陈少波:《香港批准发行三只零售对冲基金》,载《国际金融报》2002 年 11 月 29 日。
陈舜:《对冲基金对我国金融体系的影响》,载《经济分析》2007 年第 3 期。
陈业宏:《发展我国风险投资的相关法律问题探讨》,载《投资研究》2002 年第 11 期。
陈希、褚保金:《美国的小企业投资公司计划》,载《中国创业投资与高科技》2005 年第 11 期。
陈肇强:《论经济法中的私权保护》,载《经济与法》1999 年第 9 期。
陈肇强:《香港对冲基金监管制度评析》,载《财贸研究》2003 年第 4 期。
陈斌彬:《论我国私募基金的法律监管》,载《上海金融》2009 年第 5 期。
丛佳佳:《全球对冲基金上半年回报 10 年最佳》,载《第一财经日报》2009 年 7 月 10 日
戴相龙:《为建立现代金融体系、金融制度和良好的金融秩序而努力》,载《中国金融》1998 年 2 月 4 日。
邓翠薇:《试论金融衍生产品的法律风险问题》,载《商业研究》2004 年第 5 期。
丁大卫:《全球衍生金融交易合约的泡沫杀伤力》,载《第一财经日报》2008 年 5 月 7 日。
杜志华:《欧盟消费合同不公平条件指令评析》,载《法学评论》2004 年第 3 期。
范柏乃:《发展我国风险投资业的法律保障问题研究》,载《管理学报》2006 年第 6 期。
付建利:《欧洲央行行长支持对冲基金自律》,载《证券时报》2007 年 5 月 21 日。
冯继民:《美国的风险资本公司》,载《管理科学文摘》1994 年第 3 期。
郭成林:《并购"傍大款"PE"试婚"应对整合风险》,载《上海证券报》2013 年 5 月 29 日。
何柏生:《西方法律形式合理性形成中的数学因素》,载《法制于社会发展》2007 年第 6 期。
胡德胜:《建立对冲基金国际监管制度刍议》,载《河南财政税务高等专科学校学报》1999 年第 4 期。
胡平仁:《诉讼艺术初探》,载《法制与社会发展》2008 年第 2 期。
黄继汇:《对冲基金日益成为企业贷款主源》,载《中国证券报》2007 年 4 月 3 日。
黄思璇:《交换交易法律规范之研究》,政治大学法律研究所 2004 年硕士论文。
吉青:《二季度全球对冲基金资产增千亿美元至 1.43 万亿》,载《第一财经日报》2009 年 7 月 22 日。
简坚训:《ISDA 合约法务控管初探》,台湾《期货与衍生商品学刊》2005 年第 3 期。
贾月青、王伟:《对冲基金运作、影响及监管研究》,载《财经研究》1999 年第 4 期。
江念慈:《银行以自有资金操作衍生性金融商品之监理》,东吴大学法律研究所 1996 年硕士论文。
江莹:《研究型大学在知识创新中的源头作用》,载《江苏高教》2002 年第 2 期。
侯利宏:《私募股权投资中投资人几个特殊权利在中国法下的运用》,载《西南政法大学学报》2013 年第 2 期。
胡晓珂:《风险投资领域"对赌协议"的可执行性研究》,载《证券市场导报》2011 年第 9 期。

寇祥河:《税收政策支持风险投资的必要性》,载《中国风险投资年鉴》2008 年 4 月 30 日。
赖建平:《债权转股权法律理论与实务》,载《中国投资》2000 年第 8 期。
李稻葵、江红平、冯俊新:《国际金融危机未来半年演进的六个预判》,载《第一财经日报》2009 年 6 月 11 日。
李鹏、蔡庆丰:《全球流动性过剩、对冲基金发展与中国金融稳定》,载《上海金融》2008 年第 3 期。
李勋:《我国发展对冲基金的法律研究》,载《法治论丛》2007 年第 4 期。
李勋:《论中国对冲基金监管制度之构建》,载《华南农业大学学报》2007 年第 4 期。
李勋:《关于对冲基金的若干法律问题研究》,载《行政与法》2008 年第 2 期。
李勋:《德国对冲基金监管制度研究》,载《时代法学》2007 年第 4 期。
李鹏程:《金融衍生工具的风险及其监管》,载《南方金融》1999 年第 12 期。
李小兵:《PE 退出再现新招:深创投借道 SPAC 实现纳斯达克退出》,载《上海证券报》2013 年 3 月 7 日。
李万福、林斌、杜静:《中国 R&D 税收优惠政策的激励效应研究》,载《管理世界》2013 年第 6 期。
刘向东、陈奕文:《私募股权投资法律风险的分析与控制》,载《天津法学》2012 年第 1 期
李雨龙:《投资并购中股东优先权法律条款探析》,中华全国律师协会经济专业委员会 2009 年年会(贵州)论文集,第 121 页。
李锐:《阚治东:场外市场已成 PE 退出重要渠道》,载《上海证券报》2013 年 5 月 28 日 A5 版
刘建洲、丁楹:《机构投资者的发展对资本市场的影响——以美国为例的分析》,载《证券市场导报》2002 年第 5 期。
刘晓纯、张潇:《风险投资机构中普通合伙人激励机制创新研究》,载《中央财经大学学报》2012 年第6 期。
刘传葵:《投资基金业如何应对 WTO》,载《国际金融报》2001 年 11 月 12 日。
林仁光:《论证券业对客户信息揭露之规范》,载《月旦法学》第 126 期,台北元照出版社 2005 年版。
林淑闵:《金融交换交易相关法律问题之研究》,政治大学法律研究所 1997 年硕士论文。
罗文辉:《还有多少"不凋花"正在操纵能源期货市场?》,载《第一财经日报》2009 年 8 月 18 日。
莫憬华:《金融衍生工具市场法律监管问题研究》,华东政法大学法律 2005 年硕士学位论文。
孟庆凯:《论风险投资法律文件中的优先权利条款》,上海交通大学 2007 年硕士学位论文
欧阳昌民:《中国风险投资契约关系》,中国农业大学 2004 年博士学位论文。
秦国荣:《知识经济及其全球化对中国法律发展的影响》,载《法律科学》2001 年第 3 期。
孙琦子:《"沃尔克规则"生效美国金融监管收紧》,载《经济观察报》2014 年 3 月 31 日第 007 版。

萨奇:《“市场神话”的终结》,载《国际金融研究》1998年第10期。
施纯贞:《店头市场衍生性金融商品相关法律问题之研究》,台湾地区东吴大学法律研究所2003年硕士学位论文。
舒时:《道富银行:对冲基金面临更严格监管》,载《第一财经日报》2009年6月13日A3版。
苏启林:《发达国家创业投资税收与金融激励政策分析》,载《外国经济与管理》2002年第6期。
唐波:《改革开放三十年来期货市场及其法律建设历程》,载《华东政法大学学报》2009年第3期。
唐建辉:《美国信托法之受托人投资标准初探》,载《上海金融》2006年第4期。
童宛生:《正确认识我国期货市场发展中的三个基本问题》,载《价格理论与实践》2004年第3期。
吴正爵:《PE“反稀释条款”保权益新三板卡联科技尝鲜》,载《上海证券报》2012年7月11日第F10版。
王立国:《创业投资研究》,东北财经大学2003年博士学位论文。
王丽娜:《深交所:衍生品亏损逾千万须及时披露》,载《上海证券报》2009年8月31日。
王娇莺、李梅静:《场外金融衍生产品交易监管不足与改进》,载《第一财经日报》2009年3月17日。
王庆华:《透视美国对冲基金》,载《江苏统计》1999年第6期。
王涛等:《“巴林银行破产案”沉思录(二)》,载《南方金融》,1995年第6期。
王万山:《庇古和科斯的规制理论比较》,载《贵州财经学院学报》2007年第3期。
王蔚祺:《SEC再念紧箍咒:美对冲基金不得欺瞒投资者》,载《第一财经日报》2007年7月13日。
王旸:《衍生金融工具基础法律问题研究》,载《法学家》2008年第5期。
王旸:《衍生金融工具法律问题研究》,中国政法大学2006年博士学位论文。
汪涛:《私募基金第三条阳光路径:有限合伙模式出炉》,载《21世纪经济报道》2008年3月2日。
魏红欣:《美对冲基金拟2.27亿英镑收购英超球队纽卡斯尔》,载《国际金融报》2006年12月20日。
晓雷、梓栋:《风险投资法律文书研究》,载《证券市场导报》2000年第10期。
熊玉莲:《金融衍生工具法律监管问题研究》,华东政法学院2006年博士学位论文。
徐冬根:《论高风险金融交易法律规制》,载上海市社会科学界联合会编:《社会主义与中国现代化—政治、法律与社会》(第25卷),上海人民出版社2009年版。
徐冬根、徐达维:《高风险金融交融法律规制之创新研究》,载《江西社会科学》2010年第1期。
徐冬根:《从多元价值观谈国际金融法的细分》,载《政治与法律》2004年第3期。
徐冬根、姚约茜:《国际项目融资浮动担保的法律经济学分析》,载《河南省政法管理干部学院学报》2005 年第 1 期。
徐冬根:《创新与法制改革:全球金融大趋势》,载《当代金融法制》1996 年创刊号。
徐冬根:《论上海国际金融中心法制建设》,载《金融论坛》2005 年第 7 期。
许多奇:《英美金融监管制度改革及我国之借鉴》,载《法学》2004 年第 5 期。
许进胜:《店头市场衍生性金融商品管理之研究》,中正大学法律研究所 1999 年硕士论文。
徐明琪:《美国金融衍生市场近期的发展与监管趋势》,载《世界经济研究》1997 年第 1 期。
徐士英:《市场秩序规制与竞争法基本理论初探》,载《学术季刊》1999 年第 4 期。
杨燕青、赵刚:《专访索罗斯:美国监管环境应倒退半个世纪》,载《第一财经日报》2009 年 6 月 16 日。
杨永清:《论期货合约的概念》,载《法学研究》1995 年第 3 期。
杨震:《法治秩序的私法文化基础》,载《法制与社会发展》2008 年第 4 期。
杨圣坤:《合同法上的默认规则研究》,载《福建法学》2009 年第 3 期。
严华惠:《析激励风险投资的税收优惠政策》,载《重庆商学院学报》2002 年第 1 期。
易纲、赵晓、江慧琴:《对冲基金・金融风险・金融监管》,载《国际经济评论》1999 年第 1 期。
易宪容:《金融监管改革旨在重建美国金融体系信心》,载《上海证券报》2009 年 6 月 26 日。
银华基金:《美国大萧条后的基金立法》,载《第一财经日报》2009 年 6 月 29 日。
曾欣:《我国创业投资事业制度缺陷分析》,载《产业投资》2000 年第 3 期。
詹庭祯:《从美国法制论我国店头金融衍生性商品之法律规范》,政治大学法律研究所 1998 年硕士论文。
张帆:《虚幻的"国际金融制度改革"》,载《世界经济》,1999 年第 7 期。
张汉青,庹泓:《金融衍生品市场深发展大幕拉开,四大金融高官共推》,载《经济参考报》2006 年 10 月 25 日。
张军奎、蔡从燕:《功能扩张正具创新与英美信托法之受托人制度》,载《东南学术》2001 年第 6 期。
张陶伟等:《长期资本管理公司的兴衰及启示》,载《国际金融研究》1999 年第 1 期。
张文显:《法治宣言法学文献——十七大报告的法学解读》,载《法制与社会发展》2007 年第 6 期。
张树、李鑫淇:《论风险投资反稀释权力保护》,载《成都大学学报(社科版)》2012 年第6 期。
曾维涛、张国清:《养老基金投资的谨慎人规则及其在我国社保基金投资管理中的适用》,载《当代财经》2005 年第 8 期。
钟文海:《私募股权投资者权利研究》,西南大学 2010 年硕士学位论文。
章彰:《可转换证券与创业投资中的委托代理关系》,载《证券市场导报》2000 年第 11 期。
赵珍珍:《日本证券交易监管委员会:将加强对对冲基金的监管》,载《世华财讯》2007 年 8 月 17 日。
赵刚:《7 月净流入 21 亿全球对冲基金"吸金"量连增 3 月》,载《第一财经日报》2009 年 8 月 20 日。

朱伟一:《华尔街使出浑身解数死守衍生品》,载《上海证券报》2009 年 6 月 26 日。
朱周良:《全球对冲基金上演“绝地大反攻”》,载《上海证券报》2009 年 8 月 3 日。
朱周良:《美启动金融监管大变革拟设金融“消协”》,载《上海证券报》2009 年 6 月 18 日。
左小蕾:《监管对冲基金需未雨绸缪》,载《中国证券报》2006 年 8 月 14 日。
中国银行上海分行:《货币互换在国内业务中的运用与实践》,载《上海金融》1993 年第 1 期。
普氏能源资讯:《美强化能源交易场外监管》,载《上海证券报》2009 年 6 月 25 日 A4 版。
普氏能源资讯:《对冲基金“叫板”CFTC 交易限制建议》,载《上海证券报》2009 年 7 月 22 日 A3 版。

中文译著

A. L. 科宾:《科宾论合同》(一卷下册),王卫国等译,中国大百科全书出版社 1998 年版。
阿瑟・库恩:《英美法原理》,陈朝璧译注,法律出版社 2004 年版。
博登海默:《法理学:法律哲学与法律方法》,邓正来译,中国政法大学出版社 1999 年版。
波斯纳:《法律的经济分析》,中信出版社 2003 年版。
本杰明・N・卡多佐:《法律的成长法律科学的悖论》,董炯、彭冰译,中国法制出报社 2002 年版。
Coopers & Lybrand:《交换交易与金融工程学》,环宇证券投资顾问公司译,台北寰宇出版社 1997 年版。
Donald R. van Deventer and Kenji Imai:《信用风险模型与巴塞尔资本协议》,李佩芝译,台湾金融研训院 2004 年版。
Don M. Chance:《衍生性金融工具与风险管理》,中信出版社 2004 年版。
Erik Banks:《金融风险管理的简要规则》,倪鹏祥、张晓英译,清华大学出版社 2005 年版。
E・艾伦・范斯沃思:《美国合同法》,葛云松、丁春燕译,中国政法人学出版社 2004 年版第 498 页。
海因・克茨:《欧洲合同法》(上卷),周忠海、李居迁、宫立云译,法律出版社 2001 年版。
John J. Stephens:《用金融衍生工具管理货币风险》,徐杰译,人民大学出版社 2004 年版。
加里・S・贝克尔:《人类行为的经济分析》,王业宇、陈琪译,上海三联书店 1993 年版。
John Smith:《合同法》,张晰译,法律出版社 2004 年版。
克斯勒:《马克斯・韦伯的生平、著述及影响》,郭锋译,法律出版社 2000 年版。
科斯、阿尔钦、诺斯等:《财产权利与制度变迁—产权学派与新制度学派译文集》,刘守英等译,上海三联书店 2005 年版。
克利夫德. E. 凯尔什主编:《金融服务业的革命》,刘怡、陶恒等译,西南财经大学出版社 2004 年版。
罗斯科・庞德:《法理学》(第一卷),邓正来译,中国政法大学出版社 2004 年版。
莱瑞・D・索德奎斯特:《美国证券法解读》,胡轩之、张云辉译,法律出版社 2004 年版。
理查德・波斯纳:《法律的经济分析》,蒋兆康译,中国大百科全书出版社 2003 年版。

罗斯科·庞德:《法律史解释》,曹玉堂、杨知译,华夏出版社 1989 年版。

罗斯科·庞德:《通过法律的社会控制—法律的任务》,沈宗灵、董世忠译,商务印书馆 1984 年版。

《法国民法典》,罗结珍译,中国法制出版社 1999 年版。

梅耶、杜森贝里、阿利伯:《货币、银行与经济》,林宝清等译,上海三联书店、上海人民出版社 1994 年版。

P. S. Atiyah:《合同法导论》(第五版),赵旭东、何帅领、邓晓霞译,法律出版社 2002 年版。

三宅辉幸:《金融衍生商品》,科学出版社 2004 年版。

约翰·史密斯爵士:《合同法》(第四版),张晰译,法律出版社 2004 年版。

约翰·J·斯蒂芬斯:《用金融衍生工具管理货币风险》,徐杰译,人民大学出版社 2004 年版。

植草益:《微观规制经济学》,朱绍文等译,中国发展出版社 1992 年版。

巴塞尔银行监管委员会:《巴塞尔银行监管委员会文献汇编》,中国金融出版社 1998 年版。

国际货币基金组织:《国际资本市场发展、前景和政策》(中译本),中国金融出版社 1997 年

国际货币基金组织:《国际资本市场发展、前景和政策》,中国金融出版社 1996 年

国际货币基金组织课题编写组:《国际资本市场发展、前景和政策》,中国金融出版 1995 年版。

国际清算银行:《巴塞尔银行监管委员会文献汇编》,中国金融出版社 1998 年。

《意大利民法典》,费安玲、丁玫译,中国政法大学出版社 1997 年版。

国际统一私法协会编,《国际商事合同通则》(2004 年修订版,中英对照),中华人民共和国商务部条约法律司编译,法律出版社 2004 年版。

巴塞尔银行监管委员会:《巴塞尔银行监管委员会文献汇编》,中国金融出版社 1998 年版。

西文著作和论文

Admati, A. R. & Pfleiderer P., Robust Financing Contracting and the Role of Venture Capitalists, 49 *Journal of Finance*, 371 - 402(1994).

Alastair Hudson, *The Law on Financial Derivatives*, London, Sweet & Maxwell, 2002.

Allen & Overy, *An Introduction to the Documentation of OTC Derivatives*, 2002.

Allen N. Berger & Gregory F. Udell, The Economics of Small Business Finance: The Role of Private Equity and Debt Markets in the Financial Growth Cycle, 22 *Journal of Banking and Finance*, 613 - 673(1998).

Andrew Clark, UK Court Limits Duty of Care in Derivatives Transactions, 14 *International Banking & Financial Law*, 13(Feb. 1996).

Anne Tergesen, Time to Hedge on Hedge Funds? New Research Shows that Returns Are Sliding, and Some don't Help you Diversify, *Business Week*, Sept. 13,2004.

A. R. Waldman, OTC Derivatives & Systemic Risk: Innovative Finance or the Dance Into the Abyss, 43 *The American University Law Review* 1023,1040(1994).

Arthur B. Laffer & Eugene F. Fama, Information and Capital Markets, 44 *Journal of Business*, No. 3, July 1971.

Beck, Saving Long-Term Capital on a Short Deadline, *American Lawyer*, Nov. 1998.

Bernard S. Black & Ronald J. Gilson, Venture Capital and the Structure of Capital Markets: Banks Versus Stock Markets, 47 *J. Fin. Econ.* 243,245(1998).

Bernard S. Black and Ronald J. Gilson, *The Essentials of Finance and Investment*, Foundation Press (1993).

Bryan A. Garner, *Black's Law Dictionary*, West, Thomson Business 2004, 8th ed.

CFTC, Working Paper 7A: Glossary, *Derivative Markets Report*, 7A－3,1993.

Charles W. Smithson & Clifford W. Smith, Jr. With D, Sykes Wilford, *Managing Financial Risks*, 1995.

Chris Frankie, Registered Hedge Fund Demand on the Rise, *Investment Mgmt.* Wkly, Sept. 6,2004.

Christine Williamson, Allocation Decision: Hedge Funds Riskier for Smaller Non-Profits, Study Says, 43 *Pensions and Investments*, Sept. 20,2004.

Christine Williamson, Hidden Risk: Investors Skim over Questions of Fund Valuation, *Pensions and Investments*, July 12,2004.

Christopher Gulinello, Engineering a Venture Capital Market and the Effects of Government, 37 *George Washington International Law Review*, No. 4(2005).

Christopher Style & Stuart Dutson, Minimizing the Risks of Financial Selling, *International Financial Law Review*, April 1999.

Christopher M. Vaughn, Venture Capital in China: Developing a Regulatory Framework, 16 *Colum. J. Asian L.* (2002.).

Colin Mason and Richard Harrison, Venture Capital, the Equity Gap and the 'North-South Divide' in the United Kingdom, in *Venture Capital: International Comparisons* 202,209 (Milford B. Green ed., 1991).

Constance E. Bagley and Craig E. Dauchy, *the Entrepreneur's Guide to Business Law* (2nd Edition), South-Western College/West, (2002.).

D. Gordon Smith, The Exit Structure of Venture Capital, 53 *UCLA Law Review*, 315 (2005).

Danièle Nouy, Indirect Supervision of Hedge Funds, *Financial Stability Review*-Special Issue on Hedge Funds, No. 10, April 2007.

Dale A. Oesterle, Regulating Hedge Funds, *Public Law and Legal Theory* Working Paper Series, No. 71.

Daniel S. Goldberg, Choice of Entity for a Venture Capital Startup: The Myth of

Incorporation, 55 *Tax Law* 923(2002).

David A. Broadwin, An Introduction to Antidilution Provisions (Part 1), *Prac. Law*, 30 (June 2004).

David B. Weinberg, Structuring Issues for Investors in Venture Capital Limited Partnerships, *The Financier: ACMT*, Vol. 1, No. 2, May 1994.

David C. Sienko, The Aftermath of Derivatives Losses: Can Sophisticated Investors Invoke the Suitability Doctrine against Dealers under Current Law? 8 *Depaul Bus. L. J.* (1995).

David D. Chait, Small Business Financing and the Post-2008 Credit Paradigm: The U. S. Small Business Administration and Key Factors to Support Traditional Credit Markets, 6 *Ohio St. Entrepreneurial Bus. L. J.* 411,426(2011).

David M. Markley, Certified Capital Companies: Strengths and Shortcomings of the Latest Wave in State-Assisted Venture Capital Programs, 15 *Economic Development Quarterly* (2001).

David Rosenberg, Venture Capital Limited Partnerships: A Study in Freedom of Contract, *Colum. Bus. L. Rev.* (2002).

Darian M. Ibrahim, The (Not So) Puzzling Behavior of Angel Investors, 61 *Vand. L. Rev.* 1405, 1417 - 18(2008)

D. C. Sienko, The Aftermath of Derivative Losses: Can Sophisticated Investors Invoke the Suitability Doctrine, *Depaul Business Law Journal*, (August 1995).

Denis M Forster, Procter & Gamble Settlement Leaves Questions Unanswered, *International Financial Law Review*, 12 (August 1996).

Desmond Eppel, Risky Business: Responding to OTC Derivatives Crises, *Columbia Journal of Transactional Law* (2002).

Douglas G. Smith, The Venture Capital Company: A Contractuarian Rebuttal to the Political Theory of American Corporate Finance, 65 *Tenn. L. Rev.* (1997).

Douglas J. Cumming & Jeffrey G. Macintosh, A Cross-Country Comparison of Full and Partial Venture Capital Exit Strategies, *Law & Economics Research Paper* No. 01 - 04 (2002).

Duke K. Bristow & Lee R. Petillon, Public Venture Capital Funds: New Relief from the Investment Company Act of 1940, 18 *Ann. Rev. Banking L.* (1999).

Duke K. Bristow, Benjamin D. King, Lee R. Petillon, Venture Capital Formation and Access: Lingering Impediments of the Investment Company Act of 1940, *Colum. Bus. L. Rev.* (2004).

Ehud Kamar, A Regulatory Competition Theory of Indeterminacy in Corporate Law, 98 *Colum. L. Rev.* 1908(1998).

Eric Bettelheim, On-exchange Derivatives Face Comprehensive Global Regulation,

International Financial Law Review, 43 (October 1996).

Erik J. Greupner, Hedge Funds are Headed Down-Market: A call for Increased Regulation? 40 *San Diego L. Rev.* (2003).

Frank Partnoy, ISDA, NASD, CFMA, and SDNY: The Four Horsemen of Derivatives Regulation? Public Law and Legal Theory Working Paper 39, *University of San Diego School of Law* (2002).

Franklin R. Edwards, Hedge Funds and the Collapse of Long-Term Capital Management, 13 *J. Econ. Persp.* 189,190(1999).

Franklin R. Eewards, Hedge Funds and Investor Protection Regulation, *Economic Review* (Federal Reserve Bank of Atlanta), Fourth Quarter 2006

Gamez, Michael S. and Karen McCann, A Simplified Approach to Valuing an Option on a Leveraged Spread: The Bankers Trust, Proctor and Gamble Example, *Derivatives Quarterly* 1,4(1995).

George Cranford and Bidyut Sen, *Derivatives for Decision Makers—Strategic Management Issues*, Published by John Wiley & Sons, Inc. 1996

George W. Dent Jr. , Venture Capital and the Future of Corporate Finance, 70 Wash. U. L. Q. 1047(1992).

George W. Fenn et al. , *The Private Equity Industry*: *An Overview*, *Fin. Markets*, *Institutions*, and Instruments, Nov. 1997.

George W. Fenn et al. , *The Economics of the Private Equity Market* 28 (Fed. Reserve Bd. Staff Study No. 168 Nov. 1995).

Global Derivatives Study Group, *Derivatives*: *Practices and Principles*, Washington DC, July, 1993.

Gordon Smith, The Exit Structure of Venture Capital, 53 *UCLA Law Review*, 315(2005).

Graham P. N. Phillips, *The regulation*, *Taxation and Distribution of Hedge Funds in Europe-Changes and Challenges*, *Industry Views*, 4th Edition, Jun. 2006.

Group of Thirty, Global Derivatives Study Group, *Derivatives*: *Practices and Principles*, p. 29,1993.

Harry M. Markowitz, Portfolio Selection, 7 *J. Fin.* 82(1952).

Henry Hu, Sellers Remorse and OTC Derivatives, *International Financial Law Reviews* 44,(1995).

Henry T. C. Hu, Hedging Expectations: "Derivative Reality" and the Law and Finance of the Corporate Objective, 73 *Tex. L. Rev.* 985(1995).

Henry T. C. Hu, Misunderstood Derivatives: The Causes of Informational Failure and the Promise of Regulatory Incrementalism, 102 *Yale L. J.* 1457,1464(1993).

Houman B. Shadab, The Challenge of Hedge Fund Regulation, Regulation, Vol. 30, No.

1, Spring 2007.

H. S. Scott, Bankers Trust v. Dharmala: The English Court Inject Commercial Sense into the Debate over the Scope of a Derivatives Dealer's Duty to an End-user, *BFLP*162.

IMF's Rato Voices Concern over Big Mergers, *Reuters*, Jun. 8,2007.

ISDA, 2005 *Market Survey*, 2005.

ISDA, *Comments on Market Manipulation*, 2005.

ISDA, *Comments on Standards and Rules for Harmonising Core Conduct of Business Rules for Investor Protection*, 2001. 3.

Jack S. Levin, *Structuring Venture Capital, Private Equity and Entrepreneurial Transactions* § 103, Little, Brown (1995).

James D. C. Barrall & Sandra B. Epstein, Using Equity and Equity Based Plans to Compensate Executives of Venture Capital Companies, in *Venture Capital*, 331 - 32,342 - 44(1991).

James Rowe, De Rato Voices Hedge Fund Concerns, *IMF Survey Online*, May 16,2007

Jane K. Winn, The Impact of the Internet on US Regulation of Securities Markets, *Yearbook of International Financial and Economic Law* (1997), Kluwer Law International, 1999.

Jeffrey N. Gordon, The Puzzling Persistence of the Constrained Prudent Man Rule, 62 *N. Y. U. L. Rev.* 71(1987).

Jenny J. Yang, Note, Small Business, Rising Giant: Policies and Costs of Section 8(a) Contracting Preferences for Alaska Native Corporations, 23 *Alaska L. Rev.* 315,319 (2006).

Jill E. Fisch, The Peculiar Role of the Delaware Courts in the Competition for Corporate Charters, 68 *U. Cin. L. Rev.* 1061(2000).

John D. Finnerty, Mark S. Brown, An Overview of Derivatives Litigation—1994 to 2000, 7 *Fordham J. Corp. & Fin. L.* 134(2001).

Jonathan Kelly, United Kingdom Legal and Regulatory Issues in Derivatives—Past, Present and Future, A special *IFLR* supplement, April 1999.

Joseph Hellrung, Hedge Fund Regulation: Investors are Knocking at the Door, but Can the SEC Clean House Before Everyone Rushes In? 9 *North Carolina Banking Institute*, (2005).

Joseph W. Bartlett, *Equity Finance: Venture Capital, Buyouts, Restructurings and Reorganizations*, 2nd ed. 1995.

Joseph W. Bartlett, *Venture Capital: Law, Business Strategies, and Investment Planning*, Wiley Law Pub, March 1988.

John Kiff & Ron Morrow, Credit Derivatives, *Bank of Can. R.* 3,7(2000).

John Kelly, New Products Open Banks to New Risks, *International Financial Law Review*, 24(1998 June).

Jonathan H. Gatsik, Hedge Funds: The Ultimate Game of Liar's Poker, 35 *Suffolk U. L. Rev.* (2001).

Jonathan Kelly, United Kingdom Legal and Regulatory Issues in Derivatives—Past, Present and Future, A special *IFLR* supplement, April 1999.

Joseph Hellrung, Hedge Fund Regulation: Investors are Knocking at the Door, but Can the SEC Clean House Before Everyone Rushes In? 9 *North Carolina Banking Institute* 317, 319(2005).

Joseph W. Bartlett, Government-Enhanced Equity Available for Investment in Traditional Venture Capital and Buyouts: The New SBIC Participating Securities Program, *Columbia Business Law Review*, 591(1994).

Josh Lerner, The Government as Venture Capitalist: The Long-run Impact of the SBIR Program, National Bureau of Economic Research, *Working Paper* 5753(1996).

Kortum S. & Lemer J., Does Venture Capital Spur Innovation? *Investors and Public Policy*, 95(1998).

Larry E. Ribstein, An Applied Theory of Limited Partnership, 37 *Emory L. J.* 835,837 - 38(1988).

Lawrence M. Friedman, *A History of American Law*, 199 - 200(2d ed. 1985).

Lawrence M. Friedman, The Dynastic Trust, 73 *The Yale Law Journal*, 552 - 553(1964).

Lee R. Petillon, Designed to Scale: The Ability of Small Companies to Raise Capital Has Been Dramatically Eased by Federal and State Securities Rules, 19 *Los Angeles Lawyer* 31(1997).

Lerner J., Venture Capitalists and the Decision to Go Public, 35 *Journal of Financial Economics*, 293 - 316(1994).

Lewis Knox, The Hedge Fund: Institutional Money is Swelling the Coffers of the World's Largest Hedge Fund Managers, 28 *Inst. Investor* (International Edition). July 1,2003.

Lisa L. Broome & Jerry W. Markham, *Regulation of Bank Financial Service Activities* 585(2d ed. 2004).

Louis Loss & Joel Seligman, Fundamentals of Securities Regulation 900(3d ed.), 1995

Margaret Grottenthaler, Canada Enhances Netting-friendly Status, *International Financial Law Review*, 48 (September 1996).

Martin Kenney & Richard Florida, Venture Capital in Silicon Valley: Fueling New Firm Formation, in *Understanding Silicon Valley: The Anatomy of an Entrepreneurial Region* 110(2000).

Marvin Leon & Susan D. Lewis, Limited Partnerships: The Building Blocks, 937 *PLI/*

Corp 121,124(1996).

Markus May, Shareholder Drag-Along Rights in Illinois, 100 *Ill. B. J.* 320, 321(2012).

Max M. Schanzenbach & Robert H. Sitkoff, Did Reform of Prudent Trust Investment Laws Change Trust Portfolio Allocation?, 50 *J. L. & Econ.* 681,683(2007).

Michael J. Halloran et al., *Venture Capital and Public Offering Negotiation*, Aspen Publishers, 8 - 24(1997).

Michael A. Woronoff & Jonathan A. Rosen, Understanding Anti-dilution Provisions in Convertible Securities, *Fordham Law Review*, (October 2005).

Michael J. Halloran et al., *Venture Capital and Public Offering Negotiation*, 6(3d ed. 1997).

Michael S. Lukaj and Girard M. Healy, Hedge Fund Regulation: Current Trends in the Industry, *Journal of Investment Compliance*, Vol. 8, No. 1,2007.

Miriam Leuchter, Banks Dive into Hedge Funds, *US Banker*, October 1998

Neal Lomax, Hedge Fund Regulation in the Cayman Islands, 9 *Managing Partner Magazine* (Aug 2006).

Norman Menachem Feder, Deconstructing Over-The-Counter Derivatives, *Colum. Bus. L. Rev* (2002).

Norman S. Poser, Liability of Broker-Dealer for Unsuitable Recommendations to Institutional Investors, *B.Y.U. L. Rev.* 1493, 1495,1520 - 1524(2001).

Note, Fiduciary Standards and the Prudent Man Rule under the Employment Retirement Income Security Act of 1974, 88 *Harvard Law Review*, 960 - 979(1975).

Paul A. Gompers, The Rise and Fall of Venture Capital, 23 *Business and Economic History*, No. 2(1994).

Paul Gompers & Josh Lerner, The Venture Capital Cycle, *The MIT Press* (2000).

Peggy H. Fu, Developing Venture Capital Laws in China: Lessons Learned from the United States, Germany, and Japan, 23 *Loyola of Los Angeles International & Comparative Law Review* 487,493(2001).

Peter B. Oh, A Jurisdictional Approach to Collapsing Corporate Distinctions, 55 *R. Utgers. L. Rev.* (2003).

Philip McBride Johnson, The American Derivatives Revolution, *International Financial Law Review*,(March 2001).

Philip J. Ruce, The Trustee and the Prudent Investor: the Emerging Acceptance of Alternative Investments as the New Fiduciary Standard, 53 *S. Tex. L. Rev.* 653,677 (2012).

Rachel Griffith, Daniel Sandler and John Van Reenen, Tax Incentives for R&D, 16 *Fiscal Studies* (1996).

Raphael Amit, James Brander and Christoph Zott, Why Do Venture Capital Firms Exist? Theory and Canadian Evidence, 13 *Journal of Business Venturing* (1998).

Rasiah Gengatharen, *Derivatives Law and Regulation*, Kluwer Law International, 2001

Registration Under the Advisors Act of Certain Hedge Fund Advisors, 17 *C. F. R.* 230. 501 (a). (2004).

Richard A. Posner, Theories of Economic Regulation, *The Bell Journal of Economics and Management Science*, Vol. 5, No. 2 (Autumn, 1974).

Richard D. Harroch et al., *Start-Up and Emerging Companies: Planning, Financing & Operating the Successful Business* 6. 01(3). (rev. ed. 1998).

Richard J. Testa et al., Venture Capital Investment, in *Venture Capital* 1991, at 21 - 22 (PLI Com. Law & Practice Course Handbook Series No. 583, 1991).

Robert G. Morvillo and Robert J. Anello, Regulation and Prosecution of Hedge Funds, *New York Law Journal*, Vol. 236, No. 21, Aug. 2006.

Robert T. Willis, Prudent Investor Rule Gives Trustees New Guidelines, 19 *Est. Plan.* (1992).

Robert W. Hamilton, *The Law of Corporations* (Fourth Edition)., West Publishing Co. (1996)..

Robert E. Fink and Robert B. Febuniak, *Futures Trading*, New York Institute of Finance Practice-Hall, 1988.

Robert H. Mundhiem, Professional Responsibilities of Broker-Dealer: The Suitability Doctrine, *Duke L. J.* 445, 449(1965).

Roberta Romano, A Thumbnail Sketch of Derivatives Securities and Their Regulation, 55 *Md. L. Rev.* 1(1996).

Robin Sidel, J. P. Morgan Invests $200 Million in the Movies, *Wall Street Journal*, Dec. 3, 2007.

Roger B. Blair, ERISA and the Prudent Man Rule: Avoiding Perverse Results, *Sloan Mgmt. Rev.* 21(1979).

Ronald. J. Gilson, Engineering a Venture Capital Market: Lessons from the American Experience, 55 *Stanford Law Review*, April 2003.

Russ Wiles, One Way the Rich Get Richer-Hedge Funds a Risk not all can Take, *Arizona Republic*, Mar. 18, 2002.

Saul S. Cohen, The Challenge of Derivatives, 63 *Fordham L. Rev.* 1993, 1997(1995).

Stanley E. Pratt & Jane K. Morris, *Pratt's Guide to Venture Capital Sources*, 11th ed. 1987.

Stephen M. Bainbridge, Community and Statism: A Conservative Contractarian Critique of Progressive Corporate Law Scholarship, 82 *Cornell L. Rev.* (1998).

Steven L. Brooks, The Venture Capital Investment Act of 2001: Arkansas's Vision for Economic Growth, 56 *Arkansas Law Review*, (2003).

The Lesson from Barings, *Business Week*, March 13,1995.

Thomas L. Waterbury, *Materials on Trusts and Estates*, West Publishing Co. 1986.

Ukrainian, Canada's First Case on Duty of Care in Derivatives Transactions, *International Financial Law Review*, Feb. 1996.

Ukrainian, Canada's First Case on Duty of Care in Derivatives Transactions, 14 *International Banking & Financial Law*, 93 - 97 (Feb. 1996).

United State General Accounting Office, *Financial Derivatives: Actions Needed to Protect the Financial system*, Washington, D. C. , May 1994.

Walter Updegrave, Hedge Your Bets? Hedge funds are Opening Their Doors to Investors Who Don't Have Millions to Invest, *Money*, Aug. 2003.

Willa E. Gibson, Is Hedge Fund Regulation Necessary? 73 *Temp. L. Rev.* (2001).

Willa E. Gibson, Investors, Look before You Leap: The Suitability Doctrine Is not Suitable for OTC Derivatives Dealers, 29 *Loy, U. Chi. L. J.* 527,528 - 532(1998).

William A. Sahlman, The Structure and Governance of Venture-Capital Organizations, 27 *J. Fin. Econ* (1990).